鸣谢： LI KA SHING FOUNDATION
李嘉誠基金會

汕头大学国际潮学丛书

蓝十春秋

新加坡潮人善堂考

【新加坡】李志贤 著

社会科学文献出版社
SOCIAL SCIENCES ACADEMIC PRESS (CHINA)

序　一*

丁荷生（Kenneth Dean）

新加坡国立大学中文系主任，莱佛士人文学科讲座教授

这部专著是李志贤教授对新加坡善堂及其在广东潮州地区的渊源进行研究的成果，是李教授过去 15 年呕心沥血之著作。他记录了新加坡善堂的发展脉络、领导层和每一所主要善堂的历史，并以一本专书的形式征引了丰富的文献，做出了详细的分析。李教授也根据信众对宋朝僧人宋大峰的崇拜，审视了他们的仪式传统。

善堂之所以与众不同，是因为其主要成员都参加祭祀仪式，他们穿着白色长袍，一起诵经。许多善堂里还设立了祭祀先祖的大厅，为集体悼念先人提供了场所。善堂以扶乩仪式著称，乩手在铺满沙子的木制乩盘中挥舞柳笔。李教授在书中解释了这些与神灵沟通的技艺的传统，包括详细描述传统仪式、神圣空间的使用，以及这些宗教仪式传统在本区域的演变。

这本书为华人民间宗教信仰研究在理论层面上做了重要的贡献。李教授指出，善堂网络不只包括乡村礼仪领域，也包括更广泛的“神明信仰领域”，它让众多机构参与其不断扩大的网络，包括寺庙、酒店、旅行社、广告和媒体公司、戏剧团体、茶庄、花店、香烛和祭祀用品商店、餐馆和饮食店、诊所、政府机构和其他华人社团等。他接着指出，现今善堂通过深入参与全岛社区的社会服务，已远远超出潮人社群的范畴。李教授也提出一个重要的论点：正是善堂的宗教礼仪慈善活动和由此二者延伸出

* 原序以英文撰写，作者提供中译。

来的商业网络的三重互动，使它成为一个独特的文化机构，并拥有充满活力的未来。他认为，宗教仪式与慈善活动是分不开的，而没有商业网络的联系，两者都不可能发挥作用。他指出，潮州方言和文化价值观正是在宗教仪式活动中有机地传递给年轻一代；而年轻一代当中有不少是被善堂出色的慈善活动以及与商界和政府机构的紧密联系所吸引。通过这些吸引人的方式，年轻人被带进了构成善堂传统核心的祭祀活动。

李教授勾勒出善堂在蓝十总会组织中不断演变的慈善角色，追溯到日本占领新加坡时期，善堂对伤者和病患所做出的救济与抚恤的贡献。他进一步说明善堂通过赞助免费中医诊所、乐龄人士福利中心、洗肾医疗设施、学术奖学金和一系列其他活动，展现出其持续性的慈善事业。

李教授是撰写新加坡善堂研究专著的不二人选。他是新加坡潮州社群的杰出代表，也是一位为新加坡潮州人编纂了两大册新加坡潮人社群历史文献参考书目的学者。这两本文献分别编录了新加坡潮州人历史的主要原始文献和有关的研究资料。他对善堂这个潮州社群的重要机构进行了十数年的研究，并以英文和中文发表了一系列有关潮州善堂的重要文章。在他的许多论文和这本书中，李教授详细分析了潮州人商业网络与善堂经营之间的关系，揭示了宗教网络和商业网络之间的密切关系，并追溯了新加坡善堂通过“分香”在马来西亚建立分堂的历史。

他的研究也追溯到善堂在中国潮州地区的发源地，这是他的研究中最引人注目的内容之一，因为两地善堂之间的种种联系近年来迅速恢复，潮州地区的许多善堂是在新加坡善堂的帮助下重建起来的。潮州的这些庙宇和新加坡的善堂一样壮观，象征着对中华传统美德的尊重和传承。这些都是神殿，李教授给了我们一份珍贵的礼物，让我们可以借此进入神殿，对神殿的历史、发展历程、成就和对新加坡社会的巨大贡献有更深一层的了解。

2017 年 10 月 24 日

序　二

蔡志祥

香港中文大学历史系教授

养生送死、济难施贫是宗教慈善组织的主要功业。对于客居异乡的人来说，宗教慈善组织尤其重要。如同乡、同宗、同业团体，宗教慈善组织通过神明信仰协助旅居异地的乡人融入新的社会环境；更重要的是其舒缓了异乡人对于死亡、魂魄归所的不安。宗教慈善组织通过周期性的救赎仪式，为亡者祓度；通过宗教的力量，令亡魂不致沦为无主游魂，骚扰生者的安宁。从另一角度来看，宗教慈善是一种社会文化资本。群体以宗教的力量、共同的信仰、集体的仪式行为，以具体的仪式实践慈善的道德伦理规范，同时建立信任体系和网络关系。因此，对宗教慈善组织的研究，可以帮助我们进一步理解海外华人从移民、适应到落地生根的过程，也可以帮助我们了解原乡与异乡的族群和文化的互动关系，以及原乡文化在异地的实践过程中如何传承、调整和变迁。宗教慈善组织研究也可以从本土慈善、本土化和国际化的角度考察，也就是说，从慈善事业的历史发展过程，考察在不同的历史节点上，宗教慈善组织如何变动，如何发展成为无私的、无差别的社会公益团体，如何从原乡的宗教慈善组织发展成为独特的本土团体，同时通过信仰的实践和协作，建立跨国、跨地域的宗教和族群组织。这也是作者指出的本书的主旨为：(1)“论述新加坡潮人善堂如何从一个源自中国侨乡的传统宗教组织，蜕变转型，成为现代社会慈善与福利体系的重要一环”；(2)“分析潮人善堂的宗教仪式及其所体现的象征意义和文化内涵，进而说明善堂如何有效地融合慈善活动与宗教仪式，在潮人社群中促进归属感与认同意识，加强社群的凝聚力”；（3）“探讨善堂如何在日常运作中通过以崇奉大峰祖师的信仰为核心，结合其他群体产生多层面的互动，建构起一个跨区域的信仰网络”。本书作者指出宗教慈善机构在不同的历史宏观环境中的不同功业、服务对象和伦理规范，在动态的历史观以外，明证宗教慈善的研究不能墨守成规、一成不变。

海外潮州人建立的善堂，可以说是研究宗教慈善组织的典范。本书作者以细致的研究方法，爬梳政府档案和民间文献，同时辅以历史记忆和口述历史的方法，条理有序地阐述太平洋战争时期在新加坡成立的中华善堂蓝十救济总会及其下属十所团体会员善堂的历史发展过程。本书跳脱一般社团纪念刊的写作方式，以缜密的、史料交叉互证的方法，考据各善堂以及蓝十总会的历史，有力地论证了新加坡各个潮人善堂的历史渊源、组织和发展过程。本书显现出作者的历史考据功力，在善堂的宗教仪式如祖师寿诞、祭祖、扶乩和做功德等各部分，巧妙地以边缘的本地人（marginal native）的身份，深刻地描述仪式的内容、结构、过程和功能，是一部有分量的参与观察者的民族志。对于研究者来说，本书不仅可以与“施善教化”的历史研究和救世济民的当代社会学研究对话，更重要的是透过宗教慈善组织的个案，把本地史（新加坡）和侨乡联系起来，联结不同的人文社会学科领域，既有大历史宏观的论证，也有人类学微观的描述，充分展现了历史人类学研究的方法和视野，是一部精辟严谨的著作。

2017 年 10 月 18 日

目　录

绪 论

一 选题意义

潮人善堂乃源于宗教组织和由地方政府与乡绅所办的慈善机构的结合，是潮人独特的文化资源。一个世纪以前，善堂随移民从中国潮汕地区“过番”到新加坡，并在当地传播与发展。今天，新加坡的潮人善堂已经通过更为广泛和多元化的社会活动，成功地纳入不分种族、宗教、语言和社会阶层的国家社会福利体系，对当地的慈善事业做出了不小的贡献。

据彭松涛编《新加坡全国社团大观（1982～1983）》的记录，在20世纪80年代，单是在社团法令下注册为非营利民间慈善机构的新加坡善堂就有26所之多。而据中华善堂蓝十救济总会（简称“蓝十总会”或“蓝十”）所做的不完全统计，新加坡目前有28所潮人善堂。[①] 这些善堂虽不尽相同，但其基本理念和施善活动大体相似，“均奉祀神、佛以及宋大峰祖师……平时主要活动为诵经礼佛、超度亡魂、施医赠药、赈灾济贫，兼及一切慈善公益事业，故不但为宗教团体，亦属慈善机构也”。[②]

笔者认为善堂虽是一个宗教场所，它所从事的各种善举也是一种慈善精神的体现，但其组织与活动却不能被视为一种简单的社会现象。事实

---

① 中华善堂蓝十救济总会总务杨训忠访谈记录，手机短信，2017年7月26、27日，8月1日。

② 彭松涛编《新加坡全国社团大观（1982～1983）》，新加坡：文献出版公司，1983，第N－203页。

上，无论是在中国原乡还是在东南亚各地，潮人善堂文化的形成都有其复杂的历史和人文因素，其内涵以及和社群的互动关系尤其重要，这一点经常为人们所忽略。国学大师饶宗颐就曾指出："善堂文化是潮汕文化的一个组成部分，我们提倡'潮州学'，如果摒弃善堂文化的研究，就有遗珠之憾。"① 同样的，我们若要研究海外潮人，善堂文化亦是不可或缺的研究课题。新加坡潮人善堂的百余年历史，在很大程度上也反映了潮人社群在当地的发展轨迹，为我们审视新加坡早期移民社会和现代慈善福利体系提供了一个重要的渠道。仅从这个层面来看，本书选题的重要意义已然显而易见，不言而喻。

二　研究回顾

潮人善堂虽然自明代后期就一直存在于潮汕各地区，但直到 20 世纪 80 年代才开始受到学者关注。学者梁其姿和夫马进（Fuma Susumu）虽然较早便对善堂善会产生兴趣，但他们都把研究焦点置于江南一带，他们的专著也迟至 1997 年才付梓。② 在中国，由于受到"文化大革命""破四旧"等的影响，潮汕善堂于 20 世纪 50 年代初即停止活动，其发展备受冲击，一直到 1984 年，潮阳和平报德古堂才以"福利会"的形式恢复一些福利慈善活动。在这段时期，潮人善堂的研究条件面对许多局限，且不受学者的重视，其原因也就不难理解了。

到了 20 世纪 90 年代，在饶宗颐的倡导和呼吁下，潮州地区才重新关注善堂文化的重要价值。1996 年 6 月，中国人民政治协商会议汕头市升平区委员会文史委员会编印《潮汕善堂专辑（1）》，收录于《升平文史》创刊号。③

---

① 参见林俊聪《饶宗颐纵谈善堂文化》，中国人民政治协商会议汕头市升平区委员会文史委员会编印《升平文史》创刊号《潮汕善堂专辑（1）》，1996，第 6 页，原载《汕头日报》1995 年 4 月 18 日，第 8 版。

② 梁其姿：《施善与教化——明清的慈善组织》，台北：联经出版事业公司，1997；〔日〕夫马进：《中国善会善堂史研究》，京都：同朋舍出版社，1997。

③ 《升平文史》创刊号《潮汕善堂专辑（1）》全册厚 170 页，分为"善堂春秋"、"善人楷模"、"善堂碑记"及"善堂名录"四部分内容。

个别善堂福利会也出版纪念刊。[①] 这些出版物对潮州地区善堂的历史做了详细的介绍，提供了不少宝贵的资料。此外，民间学者出版的善堂史略汇编也颇为全面，出版年份较早者有林俊聪编著《潮汕庙堂》，马希民、际云《潮汕善堂大观》。[②] 这两本书，无疑为后来学者在搜集潮汕善堂参考资料方面提供了许多方便。2003 年，金文坚和陈景熙陪笔者走访潮汕善堂，将他们收集的其中三所善堂（潮阳报德善堂、潮阳棉安善堂和揭阳梅云觉世善堂）的部分原始资料，包括碑版、匾联、柱石、铭刻、稿本等，详加辑录、校点，整理成《潮汕善堂文征》一文，供研究者参考，为潮汕善堂研究做了重要的基础工作。[③]

迨至 2000 年以后，中国学者才陆续发表了多篇有关潮汕善堂和大峰祖师信仰的学术论文，包括陈春声的《侨乡的文化资源与本土现代性——晚清以来潮汕地区善堂与大峰祖师崇拜的研究》、徐苑的硕士学位论文《大峰祖师、善堂及其仪式：作为潮汕地区文化体系的潮汕善堂综述》、郑群辉的《论潮汕善堂的历史起点》，以及王惠的《海外移民与宗教仪式回传——甲午新加坡修德善堂养心社宋大峰祖师金像百年回銮》。陈春声指出，作为一种重要的本土文化资源，潮人善堂“自 19 世纪末以来，在侨乡发展的不同阶段，为不同背景的商人和华侨所利用，在具有复杂国际色彩的文化环境中，不断改变形象及其‘合法性’相关的历史记忆”。他认为这种现象反映了“侨乡文化”的某些特质，也可能成为中国社会未来民间信仰发展的某种新的形式。[④] 徐苑尝试从潮汕地区善堂网络的现状以及其特有的仪式两个层面，审视并重构这一信仰文化体系形成的历史。作者强调潮汕善堂自

---

① 出版年份较早的有潮阳和平报德古堂福利会编印《潮阳和平报德古堂：恢复十二周年纪念特刊》，1996；大吴修德善堂福利会编印《潮安：大吴修德善堂养心社新堂宇落成庆典纪念册》，2001；大吴修德善堂养心社编印《大吴修德善堂养心社创立百周年庆典纪念特刊（1902～2002）》，2002；陈若苹主编《存心堂务（1899～2014）》，存心善堂，2014。

② 林俊聪编著《潮汕庙堂》，广东高等教育出版社，1998，第 545～678 页；马希民、际云：《潮汕善堂大观》，汕头大学出版社，2001。

③ 金文坚、陈景熙：《潮汕善堂文征》，《汕头大学学报》（人文社会科学版）2003 年第 S1 期，第 93～100 页。

④ 陈春声：《侨乡的文化资源与本土现代性——晚清以来潮汕地区善堂与大峰祖师崇拜的研究》，赖宏主编《第六届潮学国际研讨会论文集》，澳门潮州同乡会，2005，第 666～687 页。

清末以来的扩张过程“不仅包括了外向的，地理上逐渐将整个潮汕地区地理面积包融进该网络体系的过程，也包括内向的，向纵深的农村及山区渗透，将这些社区吸纳入更大的潮汕善堂体系的过程”。这样，善堂文化体系不仅成为地方社区结构的有机组成部分，且对后者起着一定的形塑作用。① 郑群辉考察地方志的记载，指出潮汕最早的善堂应是位于揭阳的慈济会堂。潮汕善堂的出现有两个重要的因素：一是受明末清初以来全国性善堂善会大量产生的潮流所影响；二是潮人底蕴深厚的慈善传统基础。他认为潮人善堂体现了儒家的“善与人同”思想和佛教的布施功德观念的有机统一。② 王惠则以当代为时间轴，讨论海外华人将原乡的传统信仰习俗回传对当下中国乡村社会所产生的影响。她指出，大峰祖师百年回銮及仪式促成该信仰体系的循环与完善，结合中国本土宗教文化的复苏，在一定程度上影响原乡地方社会的信仰体系，对发展地方慈善事业也产生积极的作用，还会促进乡村的地方经济发展。③ 以上这几篇论文颇见功力，为过去逾半个世纪备受忽略的潮人善堂文化的研究提供了新的动力、视角和理论。

日本学者志贺市子也加入潮汕善堂的研究行列，发表了《潮汕善堂所刊鸾书及其救济思想》一文。作者以潮汕善堂所刊印的鸾书为文本，从救济思想切入，探讨潮汕地区善堂于清末扶鸾结社运动中的普遍性和地域性。她指出潮汕善堂鸾书与其他地方的鸾书有不少共同点，但也有其他地方鸾书所没有的特色，这说明了潮汕善堂跨越潮汕地区的普遍性和限于潮汕地区的地域性。④ 此文的特色在于作者突破前人的研究视角，将潮汕善堂和同时代兴起的宗教运动有机地联系起来讨论。这一点对笔者在论析新加坡潮人善堂的扶乩活动和乩文的内容方面有很好的借鉴意义。志贺市子的另一篇文章《潮人善堂仪式在东南亚华人社会的传承与转化》，采用

---

① 徐苑：《大峰祖师、善堂及其仪式：作为潮汕地区文化体系的潮汕善堂综述》，硕士学位论文，厦门大学人类学与民族学系，2006。

② 郑群辉：《论潮汕善堂的历史起点》，黄挺主编《朝学研究》新 2 卷第 2 期，韩山师范学院、国际潮学研究会，2012，第 33～45 页。

③ 王惠：《海外移民与宗教仪式回传——甲午新加坡修德善堂养心社宋大峰祖师金像百年回銮》，《华侨华人历史研究》2016 年第 3 期，第 59～67 页。

④ 〔日〕志贺市子：《潮汕善堂所刊鸾书及其救济思想》，陈春声、陈伟武主编《地域文化的构造与播迁：第八届潮学国际研讨会论文集》，中华书局，2013，第 130～141 页。

比较研究的方法，以中国香港及马来西亚、越南、泰国的潮人善堂为个案，介绍彼等超度亡灵仪式的特征，讨论其对建构和维持“潮州人”族群的作用。作者指出潮人善堂在各地区社会所起的作用有所不同，但从仪式这一点来说，却有惊人的共通性，仪式的程序和内容、法坛的布置、经师作法、服装、乐器以及音乐等基本上相同。作者因此认为各地潮人善堂对潮州式超度亡灵仪式的结构、做法和音乐具有一定的共识，这些是上一代传承下来的潮州式超度亡灵仪式的标准。此文采用了大量田野调查所得的原始资料，对案例的分析不可谓不详尽，也提出许多值得思考的观点。可惜的是，此文选择的案例不包括新加坡，故作者的结论是否可以概括和说明新加坡潮人善堂的情况，则有待更全面的研究。①

关于潮人善堂的研究，必须提到的还有中国学者林悟殊撰写的《泰国大峰祖师崇拜与华侨报德善堂研究》。这本专著在1996年出版，可谓开潮汕善堂研究风气之先。林悟殊对大峰祖师崇拜在泰国的推广及当地报德善堂对泰国华人的深远影响，做了微观深入的研究和精湛的论述，是研究东南亚潮人善堂不可缺少的参考专著。②

关于新、马潮人善堂的介绍及其史略之汇集，最早见于潘醒农1950年编著的《马来亚潮侨通鉴》一书，③ 其后，有彭松涛于1983年编写的《新加坡全国社团大观（1982～1983）》。④ 潘氏在书中“慈善团体”一栏，辑入同奉善堂、同敬善堂、南安善堂、修德善堂及普救善堂互益社史略，也简单追述了“新加坡中华善堂蓝十字救济总会”的创立与发展历程。彭氏则对新加坡善堂组织及其活动，以及日据时期五间善堂（修德、普救、南洋同奉、同敬、南安）组成的蓝十总会的结构与运作予以介绍。这两本出版物均对两地潮人善堂近况略做介绍，没有太多的讨论，但不失为基本的参考资料。

步入21世纪，新、马两地大学的研究生相继完成了三本有关善堂文化、大峰祖师崇拜和仪式的论文。新加坡国立大学中文系的陆秀玉最早以

① 〔日〕志贺市子：《潮人善堂仪式在东南亚华人社会的传承与转化》，张禹东、庄国土主编《华侨华人文献学刊》第2辑，社会科学文献出版社，2016，第148～174页。

② 林悟殊：《泰国大峰祖师崇拜与华侨报德善堂研究》，台北：淑馨出版社，1996。

③ 潘醒农编著《马来亚潮侨通鉴》，新加坡：南岛出版社，1950，第328～330、334～335页。

④ 彭松涛编《新加坡全国社团大观（1982～1983）》，第N－205页、Q－107～111页。

"新加坡善堂的功德仪式"作为其硕士学位论文的研究课题，其《新加坡善堂及其功德仪式研究》不仅叙述了新加坡潮人善堂的发展历史和组织结构，还以蓝十总会属下各善堂为案例，通过田野调查，图文并茂地说明善堂一些常见仪式的由来和特点，记录仪式的过程，并说明科仪背后的意义，是一篇结构严谨、内容翔实的学术论文。① 《宋大峰崇祀、新加坡修德善堂暨其新马分堂：创建历史及其仪式研究》是吉隆坡马来亚大学中文系曾衍盛2013年的硕士学位论文，② 该文以马来文撰写，笔者因不谙马来文，未曾阅读，故不做评论。另一篇是新加坡国立大学中文系黄洁馨于2016年完成的荣誉学士学位毕业论文《新加坡潮人善堂的扶乩仪式——修德善堂的个案研究》，同样是通过文献考据结合田野调查，聚焦于善堂扶乩仪式的研究。该文指出扶乩仪式具有"中华性"和"当地性"，也讨论了扶乩仪式与新加坡社会的关系，具有突出的分析视角，但整体而言，论文没有太大的原创性，未跳脱出前人研究的框架。③

马来西亚学者陈志明发表了"Shantang—Charitable Temples in China, Singapore and Malaysia"一文，重点在于指出地方精英和绅商对推动中国和东南亚善堂发展所做出的贡献。陈氏发现不同政治环境中的善堂都能以各自独特的方式稳健发展，而宗教性和慈善活动都有助于提高对政治和社会环境的适应能力。④ 另一位马来西亚学者苏庆华分别于2003年及2016年发表了两篇论文《新马潮人的宋大峰崇奉与善堂：以南洋同奉善堂为例》《新、马潮人的宋大峰崇祀与善堂：以修德善堂养心社为例》。前者阐述新加坡南洋同奉善堂及其属下三所分布于马来西亚柔佛、雪兰莪和槟

① 陆秀玉：《新加坡善堂及其功德仪式研究》，硕士学位论文，新加坡国立大学中文系，2000。

② Chan Yann Sheng, "Pemujaan Song Dafeng dan Tokong Amal Seuteck Di Singapura dan Semenanjung Malaysia: Tinjauan Sejarahdan Aktiviti Amal", M. A. dissertation, University of Malaya, 2013.

③ 黄洁馨：《新加坡潮人善堂的扶乩仪式——修德善堂的个案研究》，荣誉学士学位论文，新加坡国立大学中文系，2016。

④ Tan Chee Meng, "Shantang—Charitable Temples in China, Singapore and Malaysia", *Asian Ethnology*, Vol. 71, No. 1, November 2012, pp. 75 - 107. 中译文见《善堂——中国、新加坡和马来西亚的慈善寺堂》，孟庆波译，《华侨华人历史研究》2014年第2期，第24~39页。

城的分堂，“如何在以宋大峰为号召的崇拜系统和组织架构下，开展其宗教和社会福利活动”，并通过潮人善堂扶鸾宣谕和宣化的传统切入，突出了“善”与“乩”两个因素如何影响善堂之运作；后者讲述了新、马两地修德善堂在海外开枝散叶的历程和新加坡总堂如何完成宋大峰祖师乩谕建立修德一系“一总六分”的组织架构，并讨论其对中国潮安大吴乡母堂的重建所做出的贡献。这两篇文章对后人研究新、马潮人善堂的网络建构和它们与原乡善堂组织的互动，以及宗教仪式的回传有一定的启发，也为笔者撰写本书提供了许多思考的空间。①

笔者自21世纪初即往返于新加坡与潮汕之间，热衷于潮人善堂的研究，并陆续将十数年来积累的研究心得整理为文，自2004年开始，于国内外学报和论文集发表。这些论文包括《新加坡潮人善堂溯源——兼论其在早期移民社会的建构基础》、《柳缘渡人：从宗教仪式看新加坡潮人善堂信仰的文化内涵——以“扶乩”仪式为例》、《跨越南中国海的信仰网络——潮人善堂文化在新加坡的传播与发展模式》、《香茶水的信仰网络——新加坡潮人善堂宗教仪式的观察》、“Charity, Ritual and Business Network of Teochew Charity Halls in Singapore”、《做功德：新加坡潮人善堂的救赎仪式》、《潮人善堂鸾治与中医活动之考察：以新加坡修德善堂为例》。② 这些

---

① 苏庆华：《新马潮人的宋大峰崇奉与善堂：以南洋同奉善堂为例》，李志贤主编《海外潮人的移民经验》，新加坡：新加坡潮州八邑会馆、八方文化企业公司，2003，第201～212页；《新、马潮人的宋大峰崇祀与善堂：以修德善堂养心社为例》，张禹东、庄国土主编《华侨华人文献学刊》第2辑，第127～147页。

② 李志贤：《新加坡潮人善堂溯源——兼论其在早期移民社会的建构基础》，黄挺主编《潮学研究》第11辑，汕头大学出版社，2004，第240～270页；《柳缘渡人：从宗教仪式看新加坡潮人善堂信仰的文化内涵——以“扶乩”仪式为例》，刘宏主编《海洋亚洲与华人世界之互动》，新加坡：华裔馆，2007，第94～122页；《跨越南中国海的信仰网络——潮人善堂文化在新加坡的传播与发展模式》，周照仁主编《2009海洋文化国际学术研讨会会后论文集》，高雄海洋科技大学，2009，第14～26页；《香茶水的信仰网络——新加坡潮人善堂宗教仪式的观察》，周照仁主编《2009海洋文化国际学术研讨会会后论文集》，第38～44页；“Charity, Ritual and Business Network of Teochew Charity Halls in Singapore”, *Asian Culture*, Vol. 33, June 2009, pp. 37－55；《做功德：新加坡潮人善堂的救赎仪式》，张禹东、庄国土主编《华侨华人文献学刊》第2辑，第175～194页；《潮人善堂鸾治与中医活动之考察：以新加坡修德善堂为例》（与杨妍合撰），严家建主编《多元一体的华人宗教与文化：苏庆华博士花甲纪念论文集》，雪兰莪：马来西亚文化事业有限公司，2017，第176～202页。

论文或讨论新加坡潮人善堂的建构与早期移民社会的互动，或审视新加坡潮人善堂拓展其跨域网络的三大层面，即宗教仪式、慈善活动、经济关系以及三者的内在关系，或分析其宗教仪式和各种科仪的内涵与象征意义，或提出潮人善堂未来要面对的挑战与发展趋势。这些研究成果都为笔者日后深化对潮人善堂的研究打下重要的基础，提升了研究问题的逻辑思维能力，也组成了本书的主要框架、内容和观点。

三 问题意识与章节分布

客观而言，新加坡人对善堂的了解不深，就连潮籍人士对自身社群这个独特的宗教和慈善组织也是一知半解。新加坡潮人善堂的历史、组织、运作和活动如何？有些什么特色？自创立至今的一个世纪里，它如何与不断变迁的时空对话？善堂自身的思维、结构、性质和功能发生了什么变化？它如何在新加坡这样一个多元种族和多元文化而又备受西方文化冲击的社会里，寻找到新的定位以凸显自己的角色？面对 21 世纪的资讯化时代和全球化的大趋势，新加坡的潮人善堂又将何去何从，以迎接更大的挑战？这些都是值得思考的问题，也是本书所要探讨的重点。

本书的问题意识与核心内容可归纳为三方面。其一，通过回顾与梳理新加坡中华善堂蓝十救济总会及其下属 10 所团体会员善堂的历史与发展脉络，并以之为案例，论述新加坡潮人善堂如何从一个源自中国侨乡的传统宗教组织，蜕变转型，成为现代社会慈善与福利体系的重要一环；其二，分析潮人善堂的宗教仪式及其所体现的象征意义和文化内涵，进而说明善堂如何有效地融合慈善活动与宗教仪式，在潮人社群中强化归属感与认同意识，增强社群凝聚力；其三，探讨善堂如何在日常运作中通过以崇奉大峰祖师的信仰为核心，结合其他群体，产生多层面的互动，建构起一个跨区域的信仰网络。

除“绪论”“余论”外，本书共分五章。第一章探讨潮人善堂的起源与变迁，以及其在早期的新加坡移民社会的建构基础；第二章主要论述新加坡中华善堂蓝十救济总会的初创背景，考证其成立年代，厘清其组织结构，分析其对本地善堂组织的制度化和网络构建所起的关键作用；第三章梳理新加坡中华善堂蓝十救济总会10所会员善堂的历史和发展脉络，勾勒出个别善堂的特色和整体的社会功能；第四章介绍潮人善堂经常举行的重要仪式，凸显其反映潮人传统观念和民间习俗的科仪特色与程序，观察其作为善堂文化载体的内涵和象征意义；第五章论述新加坡潮人善堂建构其跨域网络的三个主要层面（宗教仪式、慈善活动、商业关系）如何相辅相成，促成善堂与社会的紧密联系与互动，从而在现代化的社会场域中仍然占据一席之地。本书余论部分除总结前面各章内容要点外，还提出大峰祖师信仰传承和潮人善堂未来发展的趋势及所面对的挑战。书末还附录了新加坡中华善堂蓝十救济总会现行章程、总会与10所团体会员善堂的通讯录、大峰祖师崇拜大事年表、报德古堂珍藏的祖师佛像、祖师灵签与药签。

四　研究方法与资料来源

本书篇幅不小，在行文用语上力求平易简练，不用艰涩难懂的术语，以增强可读性。笔者以学者的独立身份，遵循严谨的学术规范，从学术的角度，客观地探讨和分析书中所涵盖的各个问题。笔者也避免将一些深奥玄虚的“理论”，生搬硬套地用来阐述和解释潮人善堂文化，而是着重使用新发现的一手史料，适当地运用前人学者所提出的一些简单贴切的概念，实事求是，从宏观和微观兼具的视角切入进行分析和探讨，并采用多元的研究方法，除了历史学科的文献考据，也包括社会学和人类学学科的田野调查、问卷调查、访谈、参与观察等。

必须指出的是，善堂在潮汕地区的发展情况，有地方志、金石碑文和其他文献可考，也有许多相关专著，例如前述学者夫马进的《中国善会善堂史研究》、梁其姿的《施善与教化——明清的慈善组织》，还有陈宝良的《中国的社与会》[1] 等。他们运用了许多原始资料，对中国善会善堂的各个层面做了系统和广泛的研究。相对而言，现存关于新加坡潮人善堂的原始文献相当零散，至今也还未见有前人的研究专著。本书乃根据大量

① 陈宝良：《中国的社与会》，浙江人民出版社，1996。

的档案资料，包括中华善堂蓝十救济总会和个别善堂留存下来的章程、报告书、通告、账簿单据、议案簿、便条、手抄笔记、行政文书、来往公函、会议记录、纪念特刊、通讯录、宗教经文、疏文、签诗、科仪牍文和旧照片等，辅以中英文报章的新闻、专题报道、宣传广告，以及田野调查记录、口述历史、采访和问卷调查所得的第一手资料，并参考古籍方志、专著论文和互联网资料，悉心考据，探其端倪，深入思考，批判分析，客观论述，以期对新加坡潮人善堂有较全面的了解。

笔者于 2003 年获得新加坡国立大学文学院教学人员研究基金，开启了对潮人善堂的研究，此后陆续在国内外举办的多个学术研讨会上以新加坡潮人善堂的相关问题发表论文，并刊登于各地学术期刊和论文集。长期以来，笔者虽然对潮人善堂文化密切关注，研究兴趣与日俱增，投入了大部分的科研时间与精力，但大峰祖师信仰源远流长，潮人善堂文化博大精深，笔者对潮人善堂的认识实尚为肤浅，不足为道，本书所讨论的内容也只是潮人善堂文化的一小部分，还有许多问题需要深入研究。路漫漫其修远兮，吾将上下而求索，敬请各位方家学者和善堂诸前辈不吝赐教。

第一章

善堂溯源：从原乡到异地

第一节　在潮汕地区的起源与变迁

善堂文化作为一种文化，虽是潮人特有的，但善堂作为一种民间组织在历史上并非潮汕地区所专属。诚如徐苑指出："善堂并非潮汕地区的独特发明，而是随着明清以来善堂善会大量产生的全国性潮流相应而生。"① 据历史文献所载，潮人善堂与流传广泛的民间善会有密切的关系。曾有学者考证，明宪宗成化年间（1465～1487），潮汕地区已有官办的"养济院"之类的善会，收留地方上的孤老残疾者；至清光绪初年，开始出现民办的善堂组织。② 20 世纪上半叶，尤其是到了 20 世纪 40 年代后，战祸与天灾接踵而至，民不聊生，大量饥民流离失所，亟待救济。许多善堂因此应运而生，带来了潮人善堂发展的巅峰期。饶宗颐在《潮州志》的《风俗志·序》里就指出，日军入侵当地后，"幸而存者，如救灾恤邻，赈贫苦，抚孤寡，病者药之，死者埋之，则犹有昔人遗愿，故善堂之设，随街巷皆有之"。③ 据不完全统计，当时分布在韩江流域的善堂便超过 500 家，开展多种类别的慈善活动，包

---

① 徐苑：《大峰祖师、善堂及其仪式：作为潮汕地区文化体系的潮汕善堂综述》，硕士学位论文，厦门大学人类学与民族学系，2006，第 4 页。

② 《解放前汕头市善堂组织简介》，《升平文史》创刊号《潮汕善堂专辑（1）》，第 3 页；林俊聪编著《潮汕庙堂》，第 539 页。

③ 饶宗颐总纂《潮州志》第 8 册《风俗志》，潮州市地方志办公室，2005，第 3389 页。

括施衣赈食、施医赠药、过境接济、施棺收殓、消防救护、防洪巡堤、兴办义学等。①

一　从明清与民国的善会善堂说起

“善堂”一词，究其字义，乃指兴办慈善活动之场所。明末清初，民间善会风行，善堂林立。有学者认为“善会是一种以行善为目的的民间结会”,② 它具有经济互助的性质，可以说是源自“似在唐宋之间”便在民间开始出现的“合会”这种“民间旧式经济合作制度，救济会员相互间金融之组织也”。③ 但根据梁其姿的考证，中国民间慈善组织的出现，可以追溯至南北朝时期。可是，这些慈善组织的主要推动力量是宗教，与明末清初的善会或善堂在意识形态上有所不同。明清的善会或善堂不属于宗教团体或某一家族，多属地方绅衿商人等集资合办和管理的慈善机构，通常没有重要的经济功能。④ 显然，这里的经济功能是一种以营利为目的的经营。另外，夫马进也以梁武帝时代便已经出现的“放生会”为例，说明“无论是由宫廷或地方官府主办的放生会，还是由僧侣或百姓举办的放生会，都不过是一种集会、祭祀或法会，没有明末那样明确的结社意识”。⑤ 尽管学者对明清善会或善堂的起源有不同的观点，但不可否认的一点是，明末的善会名目繁多，逐渐发展成为民间慈善活动的重要组成部分，尤其是在江南地区的市镇内。若据其行善活动之内容与形式的不同加以分类，便有“惜字会”、“保婴会”、“施棺会”、“恤嫠会”、“掩骼会”、“益寿会”、“祭祀善会”、“安老会”、“扶藜会”、济急会“、”拯灾会“、“同义善会”、“惜谷社”、“检心社”以及“茶社”、“灯会”等。有些善会还兼举诸善，属于混合型的慈善组织。如上海的“同愿留心社”便同时提倡惜字，办理赊棺，兼检埋孩尸遗骸等慈

---

① 《大力发展潮汕慈善事业》《解放前汕头市善堂组织简介》《解放前潮州的善堂善事概述》，《升平文史》创刊号《潮汕善堂专辑（1）》，第4、3~5、6~14页。

② 陈宝良：《中国的社与会》，第182页。

③ 王宗培：《中国之合会》，中国合作学社，1935，第1、5~6页，转引自陈宝良《中国的社与会》，第161、171页。

④ 梁其姿：《施善与教化——明清的慈善组织》，第1页。

⑤ 〔日〕夫马进：《中国善会善堂史研究》，伍跃等译，商务印书馆，2005，第130页。

善活动。[1]

清初的善堂与明末的善会在很大程度上是一脉相承的。清善堂之施善活动与明末善会大同小异，除了一部分官督绅办或官督商办机构外，主要也是以民间力量来推动其组织和运作。但是，相对而言，善堂的组织结构更为严密，运作机制更为完善，也有比较固定的活动“堂”所，内设专职人员，根据所建立的一整套规章制度对善堂做较为系统化的管理。正是因为在有稳定的人力及财力情况之下，能拥有自建专用的建筑物，清初的民间慈善组织开始称作“善堂”。雍正皇帝登基后次年（1724）下谕嘉奖和鼓励善堂的成立，[2] 更推动了善堂的普遍设立；除了京城之外，在府、州、县各级地方，善堂的设立也很普遍，而其施善活动也成为朝廷蠲恤政策的一部分。[3] 各地善堂利用来自朝廷的资助和地方官民的捐款，购置房产和田地，还以此收取租息维持日常开销与支付善举活动之经费。归纳而言，清代各地的善堂，所行善举大致可分为施医、赠药、赡老、恤嫠、养疾、育婴、教幼、惜字、赈米、施衣、救生、济灾、施棺及提供义扛、义冢等。值得注意的是，比起前朝，善堂的慈善活动也越来越趋向综合性质。有些善堂还设有分堂，由分堂各司专职。如南京的普育堂，下分老民、老妇、残疾、育婴、清节、崇义、义学七个分堂，“总其事于育婴堂”。[4] 这些慈善机构不仅挽救了许多孤贫残疾者的生命，还以通俗的教化或救困扶危的行动达到了劝善的目的，而这种劝善对于培养淳风、维护乡里的安定起了不可低估的作用。

民国肇始，中国旋即进入北洋军阀混战时期，这是一个兵残匪蚀、灾害频仍、百姓流亡、生计困窘的艰难时代，尽管政府对于民众的惨状有所察觉，但危殆时局，丛生事变，已难以顾及黎民百姓，只有依靠民间慈善组织来承担地方上繁重的救济工作。在这种情况下，全国各地，尤其是东南地区各省份出现了许多规模庞大且名目繁多的慈善

---

① 陈宝良：《中国的社与会》，第 192 ~ 197 页。

② 《清实录》第 1 册《世宗宪皇帝实录》卷 19，台北：华文书局，1969 年影印本，第 9 页上至下。

③ 陈宝良：《中国的社与会》，第 197 页。

④ 陈宝良：《中国的社与会》，第 203 页。

机构，而传统的善会善堂也纷纷向近代慈善团体转型，使各地的善堂在地方上继续发挥重大的社会服务功能，对民国社会的维系和东南各地社会的变迁有着举足轻重的作用。周秋光和曾桂林曾针对这一点撰文分析，此不赘述。①

二　释大峰的传说与潮人善堂的起源

宋朝高僧释大峰（1039～1127）的事迹，可以从记载潮汕地区善堂的文献中看到。《潮州府志》卷10《杂记》载：

> 大峰和尚造和平桥，尝牒文于城隍及水府，潮水为之不至者凡七日云。又大峰始至闽，募缘创此，辄将施钱以归，人多讶之。一日复来，则木石粮糗已毕备矣。②

《潮阳县志》有更详细的记载：

> 宋大峰，不详里氏，始来自闽。县西和平里，有大川横截，广而深，波流湍急，每遇风涛，行者以覆舟为患。大峰发愿，欲建石梁以渡众生。闻者笑之。于是募众出资，度水之浅深高下，计木石工役。众莫测其施为。宣和癸卯，大峰悉载前所施钱归闽，人讶之。越五载，忽航海至，糗粮、木石工作咸备，周岁而桥成，计十九洞，惟南北枕岸两洞未完。是岁，大峰圆寂，邑人蔡贡元（即蔡谆）完之。相传大峰造桥时，牒城隍及水府潮汐不至者七日。其神异如此，里人立庙祀之，额其堂曰“报德”。③

上述两则资料对大峰和尚的生平来历皆语焉不详。《潮阳县志》提及的“报德”是指潮阳和平报德古堂。该善堂编印《宋大峰祖师传》第一段就

---

① 周秋光、曾桂林：《近代慈善事业与中国东南社会变迁（1895～1949）》，《史学月刊》2002年第11期，第84～94页。

② 《潮州府志》卷10《杂记·大峰和尚》，潮州市地方志办公室，1999，第488页。

③ 《潮阳县志》卷18《仙释》，清光绪甲申本，1884。

对大峰和尚的身世做了清楚的叙述。

> 大峰者，来之闽地也，俗姓林，名灵噩，字通叟。宋宝元二年（1039）诞于豪门。幼性聪颖，才思敏捷，且勤研，遂成大器，金榜题名，名列进士。
>
> 公凭学识而入仕途。为官数载，睹时之朝纲腐败，弗愿同流合污，遂弃官削发，然非因此遁入空门，乃发愿普济众生。为僧后，公云游四方，博览广采，终成博学多才之一代高僧。①

释大峰于宣和二年（1120）自闽游缘至潮阳之蚝坪乡（即今潮阳区和平镇）。时逢旱灾及瘟疫肆行，大峰结庐于桥尾山“后灵豁”（今灵泉寺），又在“狮尾石”（今大峰石）设坛为民祷祝治病。就在同一时期，他为了使乡民免受大川横截而覆溺之难，故而发愿造桥，募众出资，并在宣和五年（1123）亲自返闽采购造桥所需之木石材料，至靖康二年（1127）将材料航运回来，开始展开建桥工程。大峰和尚在当年便建成了16个桥孔，只有首尾两孔尚未完工，因操劳过度，在同年十月圆寂，享年88岁，被安葬于桥尾山中的雄狮山。绍兴二十三年（1153），即释大峰圆寂后26年，乡贡元蔡谆继承其遗志，捐资续建东西枕桥两孔，全桥长30余丈，终告完工。蔡谆还“为此腾让书斋，建坛崇祀公恩，曰报德堂”，闻名遐迩的宋大峰古墓也经过后人多次修复，至今仍然保存，并被列为国家重点文物。② 其实，关于大峰和尚，民间还流传着许多逸事，如“乘伞渡舟”“八仙看日”等；潮汕境内至今也保留着其他不少传说中宋大峰的足迹和遗迹，如灵泉寺、大峰石、大峰古泉、大峰陵园、和平桥、建桥巨石等。郑彝元编《大峰祖师传略》里便引用了《潮阳县志》、《潮阳文物志》以及和平报德善堂的文

---

① 《宋大峰祖师传》，《和平报德古堂特刊》，转引自《大吴修德善堂养心社创立百周年庆典纪念特刊（1902～2002）》，第88～89页。

② 潮阳市地方志编纂委员会编《潮阳县志》，广东人民出版社，1997，第1036页。《潮阳县志》卷4记载宋大峰祖师建桥时间为宣和二年，卷21载（元）徐来所撰《报德堂碑记》则作宣和五年。

献，对它们做了生动的描述。① 但正如林悟殊所说的，我们必须认识到，“历史上，当某个人物为民间所崇拜时，那么，随着时间的推移，必有越来越多的奇迹或佳话附会到该人身上，这已成为民俗学的常识”。林氏在《泰国大峰祖师崇拜与华侨报德善堂研究》一书里，对释大峰其人也有详细考证，并指出许多关于释大峰生平的记载，“与其说是史传，不如说是民间文学作品”。②

从现存史料追溯，潮汕地区第一所善堂，应该就是远在宋代时属潮郡潮阳邑和平里的乡民为感念释大峰的善举而建的报德堂。堂内除置大峰像，尊其为祖师，还奉拜弥陀佛像，并保存古碑两块，一块为元朝至正庚寅年（1350）立，由惠州路总管府从官徐来撰写碑文，另一块则是在清乾隆乙巳年（1785）蔡君畅同住持僧重修古堂所立，名为《报德堂记》。报德古善堂编印的《大峰祖师传》主要是根据徐来的古碑文而撰，兹辑录于下，以资参阅：

报德堂记

潮郡之下邑有三：海阳、潮阳、揭阳是也。独潮阳当道要冲也。县治之西南三十里，有地曰“和平”，民居众广，往来络绎，文邑之乡。其间乃有大川横截，历代皆济以舟；或逢风涛时作，潢潦奔溢，不免覆溺之患。凡贡水土诸物品，受上府教令，往往病涉。宋宣和丙申，浮屠氏大峰师祖，始自闽来，宏发至愿，谓宜建石桥以度往来，以通上下。遂募众资，期底于成。于是度水之浅深高下，计石木若干，独运诸心，不喻于人。宣和癸卯，师祖载施钱归闽，人尽讶之。至建康丁未，越五载，师祖航海而来，糗粮、木石、工用毕至。不逾年而桥成一十六间，惟南北距岸两间未获尽完。是岁十月辛亥，师祖归禅。绍兴癸酉完之，蔡贡元（讳谆）也。由是往来之人，虽逢风涛时作，潢潦奔溢，而道无苦病，公私便之。乡人感恩，建堂崇祀，名曰“报德”。其本堂上奉慈尊，示庄严也。然自宋迄今二百余载，

① 〔泰〕郑彝元编《大峰祖师传略》，曼谷：泰国华侨报德善堂，1993。

② 林悟殊：《泰国大峰祖师崇拜与华侨报德善堂研究》，第 1 ~ 39 页。

莫能纪其事。于至正庚寅，里士许□、黄仲元，集乡老相议，惧夫愈久而终于湮没，遂请记于予，勒之金石。予谓昔子产以乘舆人于溱洧，孟子曰："焉得人人而济之？"今大峰浮屠氏乃能普惠以济人，其功岂不居于子产之右乎？兹勒其实，以垂永久，使知创始有自云。

元至正庚寅惠州路总管府从官徐来记①

图 1－1　潮阳和平里报德古堂

资料来源：《大吴修德善堂养心社创立百周年庆典纪念特刊（1902～2002）》，第 101 页。

必须注意的是，据上述地方志和碑文所载，报德堂建堂之初，乡民祭祀释大峰仅为报德，自什么时候开始，潮汕地区的善堂才发展成为倡行善举的慈善组织的呢？据民间传说，明末清初，灾难荐至，乡民传言梦见祖师指示，嘱收尸施药等，便信而行之。自此，报德善堂率先弘扬大峰祖师美德，遵行祖师圣训，"立善堂，行善事，利人必利己，救人必自救，积善之家，天必赏之"，② 济贫扶危，造福民众。马来西亚沙巴州斗湖德教

① 《潮阳县志》卷 21《艺文中二》。原文与堂内古碑文略有出入。

② 李声标编《新加坡修德善堂养心社庆祝宋大峰祖师圣诞暨成立七十五周年钻禧与兴建新堂落成十周年纪念特刊》，新加坡：修德善堂养心社，1992，第 56 页。

会紫辰阁的一本纪念特刊里也有一段有趣的传说：

> 至明末清初，天灾横行，祖师昙花东向，现身说法，极为玄妙，提倡修拾骷髅，掩埋路尸，敬惜字纸，赠医施药等举，利人济物……如逊清庚申之灾、壬寅之难，有求必应，益感祖师慈悲，威灵昭著。自此粤东潮属，先后崇奉者凡五百余处，咸沾恩泽矣。①

当然，这只是民间口耳相传，不足为据。另有文章指出，在明朝成化五年（1469），潮汕一些县开始设专用以收留孤老残疾和无依流丐的“养济院”。② 这种说法较为可信。据史书所载，明朝自开国以来，便保留了元代的“惠民药局”及“养济院”两种民间慈善组织，而到了成化年间，由于“京师街市多有疲癃之人，扶老携幼，呻吟悲号，徒足以干天地之和，而四夷朝使见之亦或将为所议”，朝廷遂下令“道途乞丐残疾之人，有家者责亲邻收管，无家者收入养济院，照例给薪米，并外来者亦暂收之，候和暖，量与行粮，送还原籍”。养济院因而除了为孤老残疾之人提供栖身之地外，也多了收容冬寒流丐的任务。③

清康熙三十六年（1697），潮汕地区又设育婴堂；乾隆三十六年（1771），揭阳设普济院；光绪二十六年（1900），惠潮嘉道设育婴堂，潮州府设养济公所，海阳县设辅仁堂。“逢灾荒之年，由地方县令查勘上报撒赈；正常年份，仅拨部分孤贫口粮、瘸民口粮或瞽目老民疯疾口粮等。”④ 除了这些官办的善堂组织之外，自光绪年间开始，潮汕地方绅商也积极倡办善堂，如光绪六年（1880），乡贤丁日昌倡办揭阳善堂，“专事赈饥寒、恤孤独、施医药、戒鸦片、刊善书、育婴幼，口碑载道”。⑤

---

① 苏庆华：《新马潮人的宋大峰崇奉与善堂：以南洋同奉善堂为例》注 4，转引自《斗湖德教会紫辰阁新阁落成暨创阁十二周年纪念特刊》，沙巴，1988，第 11 页，李志贤主编《海外潮人的移民经验》，第 202 页。

② 《解放前汕头市善堂组织简介》，《升平文史》创刊号《潮汕善专辑（1）》，第 3 页。

③ 梁其姿：《施善与教化——明清的慈善组织》，第 32～33 页。

④ 《解放前汕头市善堂组织简介》，《升平文史》创刊号《潮汕善堂专辑（1）》，第 3 页。

⑤ 林俊聪编著《潮汕庙堂》，第 539 页。

又如光绪二十七年（1901），清朝参将陈承田在潮安庵埠创建太和善堂，尔后其分堂遍布潮安及汕头各地，“举凡义医赠药、施粥放赈、造桥修路、救死扶伤、恤贫解困、赠棺助葬，泽及枯骨……种种善举太和善堂从不后人”。[①] 其他善堂或善会也相继成立。据现存文献和金石资料的不完全统计，除报德古堂外，民国时期，潮汕各地的善堂总数在160座以上。[②] 20世纪90年代末，堂址可考且仍然有活动的善堂，还有42座之多。它们绝大多数供奉宋大峰祖师，但也有个别供奉吕祖、玄天上帝、华佗仙师、齐天大圣等，甚至把生前行善救人、为民造福的先哲作为崇拜对象。[③] 这些善堂、善社为更便于开展各项救济福利事业，先后建立了一些附属机构，例如，医疗有同济、存心、诚敬等医院，义学有存心、诚敬、诚心、养莲等学校和存心幼稚园，教养有存心、诚敬等教养院，消防有存心善堂水龙局、诚敬善社灭火局、延寿善堂消防救护队、诚敬善堂水上救生队等，收殓有存心善堂义冢并附设吊唁厅、诚敬善社收殓所、慈爱善社收殓所、诚心善堂义山管理处等。[④]

自民国开始，潮汕善堂也由移民境外的潮人传播至各地的潮人聚居区。据学者在20世纪末所发表的报告，“远在东南亚及港澳台等有潮人居住的地区也有善堂之设，据不完全统计也有100多座”。[⑤] 除中国台湾、美国、澳洲及欧洲等地不得其详外，其中中国香港有12座，泰国26座，新加坡26座。[⑥] 在马来西亚，据苏庆华调查，“崇祀宋大峰的善堂，除了（新加坡）南洋同奉善堂设于柔佛（1960）、雪兰莪（1962）及槟城（1967）的三间分堂以外，尚有属‘明系’的五间善社，以及集中于霹雳州内，已加入成为德教会的振系诸（导）善社”。[⑦] 新加坡最早成立的潮人善堂则是于1916年创立的修德善堂养心社。

---

① 王昌熹：《陈衣圃与庵埠太和堂》，《升平文史》创刊号《潮汕善堂专辑（1）》，第84页。

② 林俊聪：《潮汕的善堂》，《升平文史》创刊号《潮汕善堂专辑（1）》，第15页。

③ 林俊聪编著《潮汕庙堂》，第545～658页。

④ 《解放前汕头市善堂组织简介》，《升平文史》创刊号《潮汕善堂专辑（1）》，第3页。

⑤ 《善堂春秋》，《升平文史》创刊号《潮汕善堂专辑（1）》，第1页。

⑥ 林俊聪：《潮汕的善堂》，《升平文史》创刊号《潮汕善堂专辑（1）》，第15页。

⑦ 苏庆华：《新马潮人的宋大峰崇奉与善堂：以南洋同奉善堂为例》，李志贤主编《海外潮人的移民经验》，第204页。

第二节　在新加坡的传播与建构基础

1916年农历四月，吴立声、陈四顺、杨永潮和陈荣安等人，从中国潮安县浮洋镇大吴乡的修德善堂养心社恭请祖师“圣驾”南渡新加坡，袭用“修德善堂养心社”为堂名，创立新加坡第一座潮人善堂，发扬大峰祖师积善救人的精神，并奉由“生、老、病、死、苦”五字所组成的“五善”为“祖师圣训”（见表1－1），堂员视之为金科玉律，身体力行，以弘其旨。① 自此，“五善圣训”成为潮人善堂思想意识的主体以及举办各种慈善活动和宗教仪式的基本推动力量。在接下来的一个世纪里，潮人善堂在新加坡稳健发展，开枝散叶，并随着时间的推移和时代的发展而嬗变、转型，建立了稳固的社会基础，成为新加坡重要的慈善团体。

有学者认为，“善堂是中国的慈善文化与地方文化混合产生的文化资源之集合体”。② 笔者同意这个观点。但在新加坡，潮人善堂在这个多元种族、多元文化的社会场域里，又具有哪些文化资源？以怎样的定位和角色立足和发展呢？这是我们更应该关注的问题。在探讨本地潮人善堂的创立背景时，我们须从现实功能与文化特色两个层面切入，分析其与早期移民社会的关系，从而了解其在新加坡社会的建构基础。

表1－1　潮人善堂“祖师圣训”

生	生身本有道，人生我，我生人，生生又生生。生而有养，苟若无教，则愚民呆子，难成大业。开学堂，启蒙塞，明人伦，晓大义。此一善也
老	幼吾幼以及人之幼，老吾老以及人之老。老者爱子及于人子，而子孝其亲老，也应及于人老。老者辛辛勤，垂老依依人。设养堂，以安之。养堂者即现代之安老院。此一善也
病	人非铜铸金刚，也非铁打罗汉。一生碌碌奔波，四肢五脏六腑，积劳罹疾，咸所难免。学岐黄，设医馆，为之回春，医馆者即今之施诊所，志在施医赠药，此一善也

① 有关新加坡修德善堂养心社的创建详情，参见本书第三章第一节。

② 〔日〕志贺市子：《潮人善堂仪式在东南亚华人社会的传承与转化》，张禹东、庄国土主编《华侨华人文献学刊》第2辑，第149页。

续表

死	芸芸众生，肉体之躯，日有西坠，月有收圆，收圆者溘然去也。去者瞑之化土归真，端赖生者为其善终。苟无嗣裔善后，施之以棺，赠之以葬，是为克全。此一善也
苦	世事漫漫难以预料，叵测多变，有幸有不幸。不幸者每为环境之所苦，心身蹇忧，苦苦不安。是故有幸者享福人生，自应伸出援手，体恤其苦，疏解其苦。此一善也

资料来源：李声标编《新加坡修德善堂养心社庆祝宋大峰祖师圣诞暨成立七十五周年钻禧与兴建新堂落成十周年纪念特刊》，第 77 页。

图 1－2　潮安县浮洋镇大吴乡的修德善堂养心社旧照

资料来源：《同德善堂念心社金禧纪念特刊（1949～1999）》，新加坡：同德善堂念心社，1999，第 384 页。

一　创立背景：与发源地迥然不同的移民社会

鸦片战争爆发后，中国经历了长期的政治、经济与社会的动荡不安，城市居民失业，农村出现过剩的劳动力。于是许多在家无法生存下去的中国人只好“过番”寻求出路，尤其是沿海地区有大批的居民离乡背井到世界各地寻找生计。当时，处于社会与经济开发期的东南亚各地急需大量的劳工投入生产。于是，在东南亚对劳动力需求的外在拉力（pull factor）和中国华南社会大量过剩人口的内在推力（push factor）的交织作用下，[①] 移居到东南亚和世界各地谋生的华人日益增加，尤其是深具海洋文化背景的闽粤华人更加明显。[②]

被潮人俗称为“石叻”[③] 的新加坡，在开埠前已有不同种族居民在当地生活。自 1819 年开埠以后，中国移民大量涌入，故而其多元种族的移民人口结构以华人为多数，约占总人口的 70%。华人移民主要来自中国东南闽粤一带，包括今天潮汕地区。王赓武指出：“它（新加坡）是华人移民的一个主要目的地，并且由于它的卓越地理位置而具有极端的重要性。从 19 世纪 50 年代起的数十年里，每年都有日益增多的华人来到新加坡或经过新加坡前往别处。”[④] 虽然在开埠以前，新加坡早有中国移民居住，而相传潮汕移民在此之前也已涉足东南亚，但潮人最早流徙新加坡的具体年代已不可考。[⑤] 宋旺相在《新加坡华人百年史》记载潮侨先贤佘有进（1805～1883）于清道光三年（1823）从汕头到新加坡，书中还叙述了他的身世，以及他来到这个英国殖民地后所参与的一些重要的政治、经济和社会活动，这是至今关于潮人最早到新加坡谋生的有史可查的文字记载。[⑥] 据海峡殖民地的人口统计资料，1881 年，新加坡的华人移民总共已约有 86800 人，其中潮籍移民便有 22650 人左右，占华人移民总数的

---

① 社会学者针对历史上的移民现象提出“推－拉理论”，认为迁出地存有一些推力因素，在迁入地也存有一些拉力因素，两地所存在的这些因素相互作用所产生的综合效应就是导致移民行为发生的原因。详阅 Donald Joseph Bogue, *Principles of Demography* (New York: Wiley, 1969), pp. 753－754。

② 有关鸦片战争后闽粤人大量流徙东南亚的原因及其与海洋文化的关系，参见黄洁玲《鸦片战争后闽粤人大量移居东南亚的原因及其文化背景》，《汕头大学学报》（人文社会科学版）1999 年第 2 期，第 92～94 页；隗芾《论潮人文化的海洋性特征》，《韩山师范学院学报》1998 年第 3 期，第 65～69 页。

③ “石叻”源自马来语 Selat，意指海峡。新加坡当时为英国殖民地。

④ 王赓武：《中国与海外华人》，香港商务印书馆，1994，第 198 页。

⑤ 潘醒农编著《马来亚潮侨通鉴》，第 29 页。

⑥ Song Ong Siang, *One Hundred Years' History of the Chinese in Singapore* (Singapore: Oxford University Press, 1984), pp. 19－22.

26.1%（见表1-2）。① 随着潮人移民的渐增，潮汕侨乡的民间信仰也在20世纪初期由中国潮州传入新加坡。

表1-2　1881~1957年新加坡华人各帮人口及其占比

单位：%，万人

	1881年	1891年	1901年	1911年	1921年	1931年	1947年	1957年
福建	28.8	37.6	36.0	41.7	43.0	43.0	39.6	40.6
潮州	26.1	19.5	16.8	17.1	16.8	19.7	21.6	22.5
广东	17.1	19.2	18.8	22.2	24.9	22.5	21.6	18.9
琼州	9.6	7.1	5.8	4.9	4.6	4.7	7.1	7.2
客家	7.1	6.1	5.2	6.6	4.6	4.6	5.5	6.7
福州					4.0	1.6	1.3	1.5
三江					0.4	N. A	N. A	1.0
兴化					0.5	N. A	1.0	0.8
福清					1.8[2]	2.1[2]	0.9	0.7
广西					a	0.2	0.1	a
其他	0.3			7.5	2.2	1.6	1.3	0.1
海峡华人	11.0	10.5	9.4	N. A	N. A	N. A	N. A	N. A
人口数	8.68	12.19	16.40	21.96	31.75	41.86	72.95	109.06

资料来源：Cheng Lim Keak, *Social Change and the Chinese in Singapore* (Singapore: Singapore University Press, 1985), p. 14。

然而，人类宗教信仰的产生和延续，除了有特定历史与社会背景外，还必须以现实依据为基础，潮人崇拜大峰祖师的民间信仰传播也不例外。善堂之所以从中国潮汕地区“过番”到新加坡，并在此扎根，开枝散叶，蓬勃发展，成为新加坡潮人社群的一大特色，究其原因，最主要是有客观的生活需求与主观的文化认同两大基础。

二　现实功能：满足移民生活上的需要

早期的中国移民大多数只身南来谋生，不带家眷“过番”，他们多是以契约劳工的身份来当苦力，有许多还是被拐骗或卖到“番畔”的“猪

① Cheng Lim Keak, *Social Change and the Chinese in Singapore*.

仔”。[①] 赖美惠在《新加坡华人社会研究》一书中分析道：

> 二十世纪之前…………移殖的华人一向很少携带家属同来，其中一个原因是他们有中国传统思想“安土重迁”的观念，喜欢把他们的妻子儿女放在故乡，而且他们大多数无力携带家眷远涉重洋。另一个原因是中国政府当局，对于出国的男性移民关限很宽，然而在防止妇女被携出国一事上却极为慎重；后来对妇女出国的禁令，渐渐松弛，最后终于废除规定。[②]

故此，早期的移民都是孤身一人在人生地不熟的“番畔”生活，他们大多数抱着一种暂时“流寓”的心态，希望能在“番畔”苦干一段时期后，或能衣锦还乡，与家人团聚，或能落叶归根，安享晚年。但是，在20世纪初，这些落脚到东南亚各地的中国移民，却因生活环境的恶劣而经常要面对病痛与死亡的威胁。以新加坡为例，当时华人移民的死亡率一直超过10‰（见表1－3）。因此，对自身的生老病死如何妥善处理，也自然成了生活在异乡的移民最关切的共同问题。他们渴望在自己患病时能够有人照料，年老后若无法回乡，生活仍然有所依靠，在死后也有人办理自己的身后事。对孑然一身、生活清贫的移民来说，最有可能满足他们这种要求的便是同在异乡的乡亲族群。[③] 在这种客观的因素下，当时在新加坡的一些潮籍侨领和善心人士便发起成立“善堂”，以潮汕地区的善堂为模式，秉承祖师遗训，积极开展慈善事业，为潮籍移民提供如施医赠药、收埋遗体等各种福利。新加坡潮人善堂这种以血缘和地缘作为基础的独特慈善组织，便在这种客观需求之下应运而生。

---

① 潘醒农：《潮侨溯源集》，新加坡：八方文化企业公司，1993，第9～15页。

② 赖美惠：《新加坡华人社会之研究》，台北：嘉新水泥公司文化基金会，1979，第15页。

③ 虽然多数潮人移民皆只身南来，但也有许多是所谓的“链式移民”（chain-migration），亦即是“经由亲属纽带关系，彼此攀沿依附，逐渐从家乡迁出部分亲属”。换言之，这些移民主要是在“南洋的同族或同乡的经验与协助”下“过番”，而“这些迁民前辈，对于后来者大致有血统、友谊或邻居的关系，或广义的同乡关系”。参见谢剑《香港的惠州社团——从人类学看客家文化的持续》，香港：香港中文大学出版社，1981，第9页；陈达《南洋华侨与闽粤社会》，商务印书馆，1938，第51～52页。

表 1-3　二战前后新加坡人口数、人口死亡率

单位：人，‰

年份	人口总数	死亡人数	死亡率	华裔人口总数	华裔人口死亡人数	华裔人口死亡率
1901	227600	—	—	164000	—	—
1911	303000	—	—	219600	—	—
1921	420004	—	—	315877	—	—
1931	559946	13623	24.20	419564	10599	25.26
1932	580392 *	11840	20.40	434990 *	9013	20.72
1933	514438 *	11580	22.51	383559 *	8749	22.81
1934	525426 *	12647	24.07	391012 *	9353	23.92
1935	572368 *	13920	24.32	427918 *	10668	24.93
1936	603188 *	14567	24.15	455197 *	11430	25.11
1937	651457 *	14306	21.96	495787	11299	22.79
1938	710070 *	15160	21.35	548138 *	12070	22.02
1939	727729 *	14198	19.51	565092 *	11364	20.11
1940	750717 *	15705	20.92	584002	12521	21.44
1941	—	15978	—	—	—	—
1942	—	29833	—	—	22678	—
1943	—	21936	—	—	16300	—
1944	—	42751	—	—	27541	—
1945	—	35330	—	—	21561	—
1946	—	25287	—	—	11357	—
1947	940824	12511	13.34	730133	9368	12.78

注：* 是论文作者依据死亡率和死亡人数计算所得人数。

资料来源：范叔钦《新加坡的人口》，《南洋文摘》第 10 卷第 3 期，第 166 页；郁树锟主编《南洋年鉴》，新加坡：南洋报社，1951，第乙 9～19 页，转引自陆秀玉《新加坡善堂及其功德仪式研究》，硕士学位论文，新加坡国立大学中文系，2000，第 11 页。

善堂满足了移民对宗教信仰的需要。随着移居新加坡的潮人与日俱增，潮人移民社群逐渐形成和壮大，对宗教信仰的需求也日益增强。正如颜清湟所说："中国移民非常清楚地意识到，在新的土地上需要宗教信仰。由于前途未卜及航海中的危险无法预料，宗教信仰便成为他们精神生活的最重要的部分。"① 宗教信仰除了是移民从祖籍地带到移居地的一种

① 〔澳〕颜清湟：《新马华人社会史》，粟明鲜等译，中国华侨出版社，1991，第 10 页。

传统文化外，也是他们在彷徨和承受极大压力的生活中祈求心灵安宁与寻求精神寄托的重要渠道，已经成为他们生活中不可分割的一部分。所以，以奉祀释大峰祖师为主的善堂，在行善之余，其堂内所奉祀诸佛也降鸾扶乩，为善信指点迷津，赐符保身，善堂还举行其他宗教仪式，祈福消灾，因此和其他寺庙一样，在满足移民的宗教生活方面扮演着重要的角色。

善堂也兼顾潮人对祖先崇拜的需求。深受儒家思想影响的祖先崇拜，自古以来就属中国文化里小传统习俗的主要内容。对于离开祖籍地的移民来说，他们虽然脱离了原有的社会文化脉络，但并没有忽略祖先崇拜和祭祀活动的意义，尤其是移居至东南亚的华人，其祖籍地主要是“明清以来宗族组织较为发展的闽粤地区”，对祖先的崇拜与祭祀就更为重视和讲究了。同样，移居新加坡的潮人也把祖籍地对先人逝后的安葬和祭祀的传统习俗带来，特别是在远离故土，面对陌生和变幻莫测的自然与人文环境时，更加渴望得到先灵的保佑与降福，这种心态使潮人移民社群更加重视先人的丧礼与祭祀。①

善堂的基本组织传统上皆分为两部分：一部分是“救济部”，办理施医赠药、施殓施棺、救贫济困、养老育婴、发埋孤骨、敬惜纸字及兴办义学等事项；另一部分便是“经生部”，负责礼诵佛经、超度孤魂等宗教仪式。② 善堂多设经乐股来负责诵经礼忏、办理堂员亲属殡丧事宜和超度亡魂的工作。举凡有堂员或其家属逝世，都“优礼以殓葬其遗骸，诵经礼忏，以超拔其魂魄，使其往生极乐”，③ 希望借着这种超度亡魂的“功德”，使死者脱离世俗的痛苦，往生西天，并福荫后人，安慰亡者在世的子孙，使生者得到心灵上的慰藉。此外，许多善堂也为堂员提供安奉长生禄位、先人神主牌以及骨灰瓮的场所，定时享祭。显然，善堂所提供的这些殡丧服务和“做功德”，超度与追念祖先的宗教法会和仪式，满足了当时潮人移民在祖先崇拜方面的实际需要。无怪乎善堂的活动在早期潮人社群中得到广泛的欢迎。

---

① 曾玲、庄英章：《新加坡华人的祖先崇拜与宗乡社群整合：以战后三十年广惠肇碧山亭为例》，台北：唐山出版社，2000，第 178 页。

② 参见彭松涛编《新加坡全国社团大观（1982～1983）》，第 Q109 页。

③ 《宋大峰菩萨传》，沙捞越：云南善堂编印，1997，第 10 页。

一言以蔽之，潮人善堂所秉承的“祖师圣训”和以“五善”为指导思想的各种善举，正切合当时潮人移民社群在生活中各方面的实际需求，这是潮人善堂得以在新加坡这个和其原乡迥然不同的社会环境里创立后稳健发展的关键因素，大峰祖师信仰也因此迅速在新、马各地传播开来。

三　文化认同：潮人的独特民俗与地缘归属

新加坡的潮人善堂源于侨乡的社会与文化资源，对潮人而言，大峰祖师信仰在祖籍地潮汕已有悠久的历史，是潮人独特的民俗，甚至是其生活的一部分。民俗是一种社会文化，最具有传统性和乡土性，它由民众创造，又由他们传播，传承于乡间故里，具有深厚的社会基础。善堂文化不仅是潮人祖籍地社会文化的组成部分，在“番畔”亦是如此。新加坡的善堂，举凡礼佛仪式、神台供品、春秋祭祀、谶疏祝文、施孤济幽、生老礼俗、修斋诵经、祈福保安、谢恩酬神、梨园助兴、音乐锣鼓、彩绣楹联，纯属潮州传统礼俗，可谓潮人宗教民俗的一个整体写照，在“番畔”潮人社群里对侨乡的社会文化起着传承的重要作用；而源自侨乡的善堂，也不仅是潮人移民参与宗教活动的重要场所，更寄托着他们对家乡亲人的深切怀念，并令他们产生一种对自身文化的归属感。早期旅居海外的潮人仍然受到家乡传统文化心态影响，强烈的“根”的观念仍然深深刻在他们的意识中。这种心系故土的情怀也就直接促使善堂这种源自家乡的社会与文化资源很快在本地的族群中发展起来。

饶宗颐曾指出，“潮汕善堂文化的特色，是潮汕人现实主义的处世观点，糅合释、儒、道的哲理思想，所形成的特殊文化”。[①] 对饶氏的观点，有学者做了进一步的阐释：

> 潮汕善堂最大的特色是“释、道、儒”三教融于一体。因为善堂的主旨是宣扬“为善至乐”，这与释、道、儒三教的教义都出于同源；它的楹联、碑记也蕴含着以儒释道、以道解儒的哲理；它的音乐

① 参见林俊聪《饶宗颐纵谈善堂文化》，《汕头日报》1995 年 4 月 18 日，第 8 版。

> 既有佛的梵音，也有道的颂曲，更糅合儒家礼乐，形成独特的潮汕善堂音乐；它膜拜的偶像，佛、道、儒一视同仁……三教互融在潮汕善堂得到充分的诠释。[①]

诚如上述，潮人善堂作为一种文化现象，其特色表现在“释、道、儒”三教融于一体。儒以治世，道以救世，释以度世，三教融通，善与人同。善堂所崇奉的大峰祖师是位信而有征的历史人物，出自禅宗大乘佛门，善堂奉行大峰祖师圣训，从事慈善活动，广义上履行佛教讲求因果报应、劝人行善、慈悲救世的宏愿。道家也有劝善去恶言论，如《老子》第七十九章云：“无道无亲，常与善人。”儒家更是以宣扬仁爱博施、养老慈幼、恤贫济苦为伦理核心。善堂便是用佛理启导人们做善事，先修行而后布施行善，又通过佛、道的宗教仪式、经文音乐以及善举的实践，两者结合以宣扬儒家的博爱精神与孝道思想，启化人心弃邪归正，向上向善。换言之，潮人善堂文化明显体现出中华文化儒、释、道三教融于一体的传统特征，它之所以能广被海外华人移民认同和信仰，也就不足为奇了。

善堂文化也符合潮人的民间信仰取向。林悟殊认为善堂文化充满浓厚的民间色彩，是慈善活动与民间信仰的紧密结合。他指出，“事实上，不少善堂的前身，本来就是念佛社之类的民间信仰组织，尔后才演化升格为善堂或善社，与民间信仰的传播是分不开的”，是“民众逐步把大峰升格为消灾纳福之善神，尊为祖师，虔诚崇祀”。[②] 志贺市子的研究也说明潮州善堂的“母体”除了“念佛社”外，还有“施棺掩埋会”、“父母会”和“茶社”等地缘性的民间自发组织。[③] 虽然林悟殊和志贺市子指的是潮汕地区善堂的发展情况，但新加坡潮人善堂的日常善举也不乏经乐法事、施棺义殓、施茶济食等源自潮汕原乡善堂的传统活动。

---

① 《升平文史》创刊号《潮汕善堂专辑（1）》，“编前话”，第 11 页。

② 林悟殊：《关于潮汕善堂文化的思考》，陈三鹏编《第三届潮学国际研究会议论文集》，花城出版社，2000，第 468 ~ 469 页。

③ 〔日〕志贺市子：《潮人善堂仪式在东南亚华人社会的传承与转化》，张禹东、庄国土主编《华侨华人文献学刊》第 2 辑，第 151 页。

潮州地区背五岭而面南海，早在先秦时期，地处百越的潮州受楚人“信巫鬼，重淫祀”[①] 的影响，多神崇拜已是其先民的传统习俗。另外，潮州地区又是一个移民社会，从秦末开始，南北朝、唐、宋、明末各个历史时期的大规模移民潮，皆有众多中原人士移居至此。他们也带来了故土的宗教信仰。因此，这些不同时期的移民所带来的各地的各种系统的神明，加上原来的地方神，就促成了潮州地区的神明愈来愈多，形成不同的神祇系统，除了拜佛和祭祖外，潮人将祈拜这些神明统称为“拜老爷”。[②] 若将潮人崇拜的神祇系统分类，除了祖先崇拜之外，还有自然物崇拜、儒教崇拜、佛教崇拜、道教崇拜、民间传说俗神崇拜、先贤和英雄崇拜以及西方宗教崇拜。[③] 因此，明清以来，历代地方志多谓潮人俗尚多神，例如明嘉靖《广东通志》记述潮人“信尚巫鬼”；[④] 万历二年（1574）陈天资修《东里志》也指出“粤俗尚鬼，祠庙兴矣”；[⑤] 清光绪《海阳县志》载潮人“贫富咸信鬼神，疾病托命于巫。……其祠庙庵观，无一都一乡不有，每有所事，辄求珓祈签，以卜休咎”。[⑥] 换言之，敬神祀神是潮州族群的一种文化现象，多神崇拜则是潮州人信仰习俗的重要载体，是潮州很突出的地方特色。

再看新加坡的潮人善堂，它们除了崇奉大峰祖师、佛祖和诸菩萨外，也供奉其他神明，如孚佑帝君、道济和尚、圣母娘娘、玄天上帝、观音、关帝、华佗仙师、护天元帅、大伯公、虎爷、门神等民间诸神。这些“老爷”，其特点是因善而成神，而在神像的安置上，佛道诸神同供的现象也经常可见，有些在墙壁上还刻有儒家二十四孝图。由此可见，潮人善堂佛道和地方诸神兼供奉膜拜的形式，在潮州极为普遍，从这个意义来

---

① 《汉书·地理志八下》，中华书局，1999，第 1327 页。

② 有关潮州地区的多神崇拜习俗，可参见陈汉初《潮俗丛谭》卷 1《潮汕神文化》，汕头大学出版社，2002，第 5～22 页；隗芾《潮人与神》，香港：天马图书有限公司，2002，第 8～73 页。

③ 隗芾：《潮人与神》，第 8～12 页。

④ 嘉靖《广东通志》卷 20《民物一》，广东省地方史志办公室，1997，第 510 页。

⑤ 万历《东里志》卷 1《疆域·祠庙》，潮州市地方志办公室、潮州市档案馆编印，2004，第 35 页。

⑥ 光绪《海阳县志》卷 7《风俗》，潮州市地方志办公室、潮州市档案馆编印，2001，第 60 页。

看，它充分展现了潮汕的原乡传统民间信仰形态纷繁杂陈的特色，而其宗教仪式、祭祀活动和所举办的一些节日庆典等构成善堂文化的重要资源，均具浓厚民间信仰的性质，就不言而喻了。①

善堂主要是以大峰祖师为信仰核心，作为开展慈善活动的动力，而宗教仪式是大峰祖师信仰和善堂运作的重要基础。例如，在很大程度上，善堂便是借“扶乩”仪式上神明的“乩示”推动许多慈善活动和管理本堂的事务，而善堂的功德仪式在宣扬孝道方面也有其特殊的意义。② 早期从潮汕南来新加坡的移民多是从事粗活的劳工，出身社会底层，受教育水平和文化修养皆不高，他们的宗教意识层次也只停留在人类学家所谓小传统层次的民间信仰和祭祀礼仪。③ 社会学家陈达指出：南洋闽粤移民的民间信仰对象，除祖先崇拜外，大多来源于道教和佛教的通俗方面，虽具有佛教、道教的形式，却少有其宗教上的意义。④ 所以善堂所具有的民间宗教信仰的特色，可说是融合了早期潮人移民的宗教信仰取向。必须指出的是，这种现象也是海外华人传统宗教信仰的本土化和具有包容性的一个明显的反映，在研究新加坡潮人善堂文化时，这是必须注意和值得进一步探索的。

在华人社会，人们的善行义举也往往与光宗耀祖有密切的关系。传统伦理观念中的“孝”与“义”都是备受重视的道德行为，而义举又经常归本于孝思，行义是一种尽孝的表现。《论语 · 学而》谓“三年无改于父之道”，儿女才算是尽了孝道。所以，在道德行为上，儿女应该以“义”来体现不忘父训，彰显和延续父祖的义举美德，以尽孝道。行善既可以体

① 有关善堂举办的节日庆典、祭祀和宗教仪式，参见本书第三章、第四章。

② 有关善堂的“扶乩”和“做功德”仪式，详阅本书第四章第四节、第五节。

③ 人类学家罗伯特 · 雷德菲尔德（Robert Redfield）在30年代针对文化的层次提出大传统和小传统的观念。大传统主要是由思想家和宗教家经过深思所产生的精英文化传统，体现了社会上层生活和知识阶层代表的文化。大传统的成长和发展倚靠学校和寺庙，比较集中于城市地区，因此又称都市文明。小传统指地方性的乡土文化，是乡村社区俗民（folk）或乡民（peasant）生活所代表的文化，一般指没有接受过教育的社会大众的下层文化。小传统以乡民为主体，基本上是在农村传衍。详阅 Robert Redfield, *Peasant Society and Culture: An Anthropological Approach to Civilization*（Chicago: University of Chicago Press, 1956）。

④ 陈达：《南洋华侨与闽粤社会》，第270页。

现父祖家训的道德观和价值观，而远亲近邻、社会人士对子孙义举的颂扬，也会追及父祖，从而得以光宗耀祖。所以急公好义既是子孙们所应克尽的孝道，光宗耀祖亦是义举重要的驱动力，而参与善堂的慈善活动，虽然也受“义”的精神感召，但也成为一种发扬父祖乐善好施的高尚品德，借以光宗耀祖的途径。[①] 此外，像“积善之家必有余庆”“施恩布德，世代荣昌”等古训，当然也是许多善信投入慈善工作的一种精神力量。在新加坡潮人善堂中，就有不少董事继承了父祖的慈善工作，全力投入善堂的活动，出钱出力，服务社群。

地缘关系与方言群的身份认同对新加坡华人社会的影响是广泛的，这方面也明显反映在善堂这个潮人的特殊组织上。就如早期其他庙宇一样，善堂并非只是潮人膜拜祖师神祇及祭祀与追思先人的场所，也不仅是办理各种善事的慈善机构，还是潮籍移民联络感情、建构人脉网络的一个重要平台。当时，各方言社群都有自己的庙宇，是乡亲族群开展祭祀活动、联络乡谊和解决纠纷的场所，这些庙宇和各自的族群会馆有密切的关系。潮人社群主要庙宇除了有义安公司所管理的粤海清庙之外，还有各大善堂。作为一个源自潮汕地区、以潮人为主要成员的民间组织，善堂的宗教仪式和祭祀活动自然也依据潮人的习俗来办理，诵经乩示皆用潮语，堂员间的沟通语言主要还是自己的家乡话——潮语，善信表现出很强的方言族群认同和地缘性的凝聚力。正由于具有这种地缘关系，善堂得以通过它为会员所提供的各种慈善与宗教活动，在早期的潮人社群中负起实质性的族群联谊功能，以及由此功能所展开的商业网络。这一点和其他华人宗乡会馆的成立背景与功能是相似的。[②] 所不同的是，善堂的民间信仰和宗教活动还在潮人社群中构成一种神缘关系，越发巩固了原有的地缘关系和增强了族群的凝聚力。

总的来说，潮人善堂在1916年传入新加坡后，基于社会功能与文化

① 参见黄挺《从沈氏〈家传〉和〈祠堂记〉看早期潮侨的文化心态》，《汕头大学学报》（人文社会科学版）1995年第4期，第89～94页。

② 有关华人会馆和社团组织的成立背景与功能，参见李明欢《当代海外华人社团研究》，厦门大学出版社，1995，第七章；刘宏《东南亚华人社团与跨国社会/商业网络：兼论客属与非客属之异同》，《中国—东南亚学——理论结构·互动模式·个案分析》，中国社会科学出版社，2000，第141～161页。

认同两个有利的因素，在当地茁壮成长，成为当地潮人社群重要的组织。在修德善堂成立之后，潮人侨领又于1929年和1937年先后创办了普救善堂和南洋同奉善堂，均秉承宋大峰祖师济世救人之宏旨，致力于赈灾恤难、扶贫济困之社会公益，长期造福广大民众而备受称誉。太平洋战争爆发后，1942年2月，日军攻占新加坡，而日据时严重的社会危机却将善堂带入其发展历程中的另一个新阶段。

第二章

创立蓝十：本地潮人善堂网络的建立

第一节 日据的契机

潮人善堂在新加坡有一个世纪的历史，但新加坡中华善堂蓝十救济总会却是二战时特定历史背景下的产物。

继1937年日本发动全面侵华战争之后，又发动太平洋战争，并于1942年1月占领马来半岛后，迅速从柔佛新山登陆新加坡岛。同年2月15日，驻守新加坡的英军向日军投降，新加坡沦陷，一直到1945年9月12日日本投降，才重归英国殖民地政府的管辖。新加坡人民在日本军政府统治下，度过了三年七个月的黑暗时期。

日军占领是新加坡潮人善堂发展史上一个转折点。

一 蓝十总会成立的背景

日军占领新加坡之后，将其改名为“昭南岛”，随即在全岛开展“大检证”的肃清行动，列入肃清名单榜首的是那些曾以各种方式参与或支持中国抗日战争的华人，领导抗日救国运动的华人侨领更是首当其冲。与此同时，几乎所有民间社团都被禁止一切活动。为何日军如此痛恨华侨和华人社团呢？究其原因，早在20世纪初，新加坡华侨便表现出了强烈的反日救国意识。自1915年日本向袁世凯提出“二十一条”令愤怒的华侨对之展开经济抵制活动，到1938年陈嘉庚成立“南洋华侨筹赈祖国难民总会”，组织华侨机工回国服务，新加坡的华侨以各种形式掀起一波波的抗日救国运动。1941 年太平洋战争爆发后，日军南侵，新加坡中华总商会遂成立“星华救济会”，积极筹款并开展救护工作，号召华侨全面抗战，组织华侨义勇军，协助英国军队，参加保卫新加坡的战争。[①] 所以，日军视新加坡华人和华人社团为心腹大患，必欲将这些抗日组织及其成员消灭，以绝后患。据保守估计，在“大检证”行动下，有 5000～10000 人被“肃清”，惨死在日军的刀下，[②] 但也有人指出受害者超过 2 万人，[③] 甚至超过 5 万人。[④]

继“大检证”后，日军又在 1942 年 3 月向新、马华侨强征 5000 万叻币的“奉纳金”，以换取日军停止屠杀华侨并没收他们的财产，其目的在于勒索新、马华侨财产的半数，用来应付军政府在占领地的庞大开支。为了达到榨取资源的目的，便于日本政府管理和控制整个华人群体，日军强迫华人侨领成立“昭南岛华侨协会”，指令华侨协会理事会负责筹足日军所要求的“奉纳金”。在日军威胁下，许多侨领为了换取自身和家人以及其他华侨的安全，无奈对日本军政府的统治表示支持，表面上与日军“合作”，但事实上他们多采取消极抵抗的态度。例如当时被迫出任华侨协会会长的林文庆就常借酒消愁，假装醉酒，他曾对家人说“Now we Chinese are safe”。[⑤] 在潮人社群中，最早被指定为潮帮代表的华侨协会理事会成员是李伟南、杨缵文、李合平和陈锡九。当时林文庆“选定了列有三百数十名人员的名册”交给日本军政部，[⑥] 其中有不少潮社精英，包括潮人善堂的执事者如林树森（见图 2－1）、叶平玉（见图 2－2）等人。

---

① 详见崔贵强《新加坡华人——从开埠到建国》，新加坡：新加坡宗乡会馆联合总会、教育出版私营有限公司，1994，第 189～201 页；林远辉、张应龙《新加坡马来西亚华侨史》，广东高等教育出版社，1991，第 381～404 页。

② 崔贵强：《新加坡华人——从开埠到建国》，第 215 页。

③ 郁树锟主编《南洋年鉴》，第 15 页；*Singapore Annual Report for 1946*, pp. 35－36，转引自崔贵强《新加坡华人——从开埠到建国》，第 215 页。

④ 蔡史君：《昭南岛的沧桑——华侨“排斥论”与“利用论”交织下的军政》，柯木林主编《新加坡华人通史》，新加坡：新加坡宗乡会馆联合总会，2015，第 578 页。

⑤ 〔日〕篠崎护：《新加坡沦陷三年半》，陈加昌译，新加坡：泛亚通讯社，1982，第 20 页。

⑥ 详见〔日〕篠崎护《新加坡沦陷三年半》，第 22 页；李恩涵《一九四二年初日本军占领星洲“检证”之考实》，《南洋学报》第 1、2 期，1986 年，第 1～19 页；崔贵强《新加坡华人——从开埠到建国》，第 212～218 页；许云樵、蔡史君编《新马华人抗日史料 1937～1945》，新加坡：文史出版私人有限公司，1984。

图 2 - 1　林树森

资料来源：李谷僧、林国璋《新加坡端蒙学校三十周年纪念册》，新加坡端蒙学校，1936。

图 2 - 2　叶平玉

资料来源：潘醒农编著《马来亚潮侨通鉴》，第 179 页。

由于受到战火的蹂躏，当时新加坡的物资（包括日用品、粮食、医疗用品）严重不足。失业者和老弱残疾者与日俱增，民众流离失所，营养不良，免疫力差，许多人患上脚气病、糙皮病、肺结核等，加上恶劣的公共卫生条件，导致疟疾、伤寒及痢疾等流行病暴发，哀鸿遍野，病亡者日众，不计其数的死尸无人收殓。① 尤其是到了1945年日据后期，英美联军开始反攻，空袭频繁，市区一带满目疮痍，民众伤亡无数。海上运输线遭联军封锁，日军在本地的供应线被切断，物资来源几乎断绝，虽然日本军政府实行粮食配给，但都为日本军政府作为后台的日本商家或少数本地投机商人所操纵，黑市交易猖獗。加上日本军政府滥发纸币，导致急剧的通货膨胀，物价直线上升。在这种混乱的时局下，许多贫困市民或因断粮而饿死，或因缺乏药物而不治，或因医疗设备不敷而伤亡，产生极度严重的民生问题。时任昭南特别市厚生科科长的篠崎护（Mamoru Shinozaki）承认“战时一切都是军事优先，民生问题是次要。以市民的福利为前提的主管单位厚生科，对于解决市民的穷困根本无能为力”。② 可见日本军政府已无力调控亦无心缓解这种严重的问题。

如前文所述，在二战前新加坡已经有数座潮人善堂出现。日据时期，除了原有的修德善堂、普救善堂、南洋同奉善堂之外，在日本政府的允许之下，修德善堂于1942年在合春园（即今大巴窑）设立分堂，同敬善堂、南安善堂也相继于1943年、1944年成立，一时间潮人善堂阵容更为壮大。日军占领新加坡，为了消灭反日势力和杜绝抗日活动，对华人会馆严加审查，禁止华人社团活动，使会馆业务停顿，只有那些军政府特别批准或指定的社团才能获得合法的地位。虽然潮人善堂的一些领袖也曾被日军囚禁，或被迫加入华侨协会，但善堂和少数一些慈善组织如同济医院、广惠肇医院、世界红卍字会星洲分会、南洋圣教总会、昭南佛教协会、中华佛教救恤会（由佛教居士林临时组成）以及其

---

① 杨妍：《中医在新加坡（1867～2016）：政府与民间组织之作用与互动》，博士学位论文，新加坡国立大学中文系，2018，第46～53页。

② 〔日〕篠崎护：《新加坡沦陷三年半》，第91页。

他各大宗教团体还是被允许继续运行。[①] 这说明军政府认为它们不会对其统治造成威胁或带来负面影响，反之，在当时疾病肆虐、饿殍遍野的现实状况下，军政府迫切需要依赖这些慈善和宗教组织协助处理善后事宜，面对当时物资短缺、饥荒严重的恶劣环境，军政府也要这些慈善组织协助筹集物资，参与施赠救济的工作，以缓解社会危机。毕竟对于当时已自顾不暇的日本军政府来说，当地社会的稳定在一定程度上对巩固其统治还是具有重要的作用的。

就在新加坡历史上这段最惨烈时期的大背景下，潮人善堂获得了一个发展的契机，中华善堂蓝十救济总会也因此应运而生。

二　社会精英危机应对之抉择

根据许多善堂文献的记载，蓝十救济总会是在潮人侨领林树森的倡议下成立的。[②] 日本军政府办的英文报章《昭南新闻》（*The Syonan Shimbun*）在 1945 年 1 月 19 日报道《华侨成立一强有力机构救援空袭受难者》，也指出该机构乃是在本地华商积极努力下成立的一个联合会，其中包括分别当选首任主席和管委会主任的林树森和陈廷章，上文提到的昭南市政府民生部厚生科科长篠崎护是该联合会的顾问。[③]

当时的潮社精英叶平玉在其自传里对林树森倡议成立蓝十还有一段更生动的描述：

> 没有人比林树森感到更讶异。他刚刚接到篠崎护的要求，要新加坡人主动缓解生活的苦难。篠崎护承诺充当人民和日本当局之间的桥

---

① 《昭南岛时期》，《同济医院一百二十周年历史专集》，新加坡：同济医院，1989，第 115 页；区如柏：《日侵——难忘的日子》，新加坡：胜友书局，1995，第 35～38 页；传发法师：《新加坡佛教居士林简介》，新加坡：新加坡佛教居士林，1995，第 2 页；" 'As Long as There Is Food in Syonan, None Shall Go Hungry, Suffer Distress' -Charitable Co-workers' Resolution", *The Syonan Shimbun*, February 7, 1945; "Syonan's Charitable Bodies Pooling Resources for more Effective Relief", *The Syonan Shimbun*, April 11, 1945.

② 参见各善堂周年纪念特刊内对中华善堂蓝十救济总会的介绍。

③ "Chinese Forming Strong Body to Provide Assistance to Air Raid Victims, Fully Supported by Authorities", *The Syonan Shimbun*, January 19, 1945.

> 梁，以避免人民遭受压迫。林树森向当时聚集在善堂里的人表示："我们惧怕被随意逮捕，也深感周遭环境所带来的痛苦，我们为何不组织起来着手解除所面对的危难呢？"
>
> 接着他请我加入，和他一起发动一些救济活动。我问他：作为一名基督教徒，我如何帮得上忙？他说这没关系，宗教因素不应该是慈善的障碍。他要我充当联络人，号召新加坡的慈善团体共襄盛举，大家可以结合资源来提供人民所需。
>
> ……在这一次的会议结束后，当时的五所善堂便联合组成一个团体，那就是蓝十。会员承诺同心协力，恤苦救难，服务社群。①

由此可见，林树森把握住了篠崎护提出要求的大好时机，做了正面的回应。他号召二战前已经成立的修德善堂、同奉善堂和普救善堂，以及日据期间才创建的同敬善堂和南安善堂联合组成蓝十，他的积极态度获得其他潮社精英的支持。林树森前往市政府厚生科谒见篠崎护，在其斡旋之下，日本军政府授予蓝十总会470号准证，特别允许蓝十总会带领新加坡各善堂，处理收埋尸骸的善后工作。②

从深一层分析，蓝十总会的成立，未尝不可视为日据时期潮人善堂在社会精英的带领下，对当时面临的社会危机所采取的一种应对之策。③ 林树森、叶平玉都是当时颇有声望的潮人侨领。

1898年出生于中国潮安的林树森，16岁渡洋来到新加坡从商，由于中英文兼通，善于经营，其商业领域日益扩大，涉及胡椒、甘蜜、树胶等土产贸易，又兼营轮船业、药材，除新加坡的数间公司外，在东马也设分行，很早便建立了多元化和区域性的商业系统。林氏的岳父廖正兴是新加坡潮籍银行家，四海通银行的联合创办人，也是20世纪初年赫赫有名的

---

① Yap Peng Geck, *Scholar*, *Banker*, *Gentleman Soldier*: *The Reminiscences of Dr Yap Pheng Geck* (Singapore: Times Books International, 1982), p. 86.

② 《本会简史》，刘英才、黄朝隆主编《中华善堂蓝十救济总会庆祝成立七十一周年纪念暨蓝十彩虹疗养院十一周年纪念特刊》，新加坡：中华善堂蓝十救济总会，2013，第50~51页。

③ 王惠在《危机下的新加坡善堂：日治时期新加坡潮人社团的因应之策，1942~1945》（未刊会议论文，2016）中也提出了同样的观点。

侨领之一。而林氏在二战前已跻身华社精英之列，他创设南洋新加坡圣教总会，历任该会和其他社团，如实得力孔教会、中华总商会、义安公司、潮州八邑会馆及多所学校的董职位，更因为热心公益、对社会贡献良多而被英国殖民地政府聘为参事局绅、保良局绅及樟棋山检疫所委员。[①] 林氏人脉关系之广和社会权力[②]之大可想而知。

叶平玉则是出身教育界的潮人知识分子。叶氏于1901年出生于马来亚柔佛州，20岁于香港大学教育系毕业后被母校华英学校聘为教员，一直到1932年辞去教职后出任华侨银行秘书，后来被英国殖民地政府委任为新加坡工部局委员。教师出身，"身材魁梧，赋性爽直，善辞令，勇于任事，富正义感"的叶平玉，年轻时就加入新加坡义勇军，还被擢升为队长。他在协助林树森宣导创立蓝十总会的过程中和之后的管理中皆扮演重要的角色。[③]

在"大检证"、强索"奉纳金"的阴影笼罩下，日据初期的新加坡华人时时生活在恐惧和彷徨之中，社会精英更是如履薄冰。要如何才能安身立命，继续生存下去，是民众和社团最切身和最关心的问题。在军政府统治下，尤其是在社会秩序尚未恢复的日据初期，只有获得日军警备司令部发放的"保护证"才能确保安全。[④] 然可想而知，要获得军政府"保护证"的个人或团体，前提不只是必须让军政府相信自己对日本帝国的统治没有危害，同时要表明愿意与日本合作，会为军政府效力，对安定社会、建立"大东亚共荣圈"做出贡献。

日据初期，日本军政府警备司负责发放"保护证"的官员正是篠崎护。[⑤] 他原来是日本派到新加坡的情报工作人员，在日侵前被英殖民地政

---

① 潘醒农编著《马来亚潮侨通鉴》，第108页。

② "社会权力"为帮权社会结构下一项重要的权力，其来源主要集中在控制潮人社会组织如会馆和宗亲会。Yen Ching-Hwang，"Power Structure and Power Relations in the Teochew Community in Singapore, 1819 - 1930"，*The Ethnic Chinese in East and Southeast Asia*: *Business*, *Culture and Politics* (Singapore: Times Academic Press, 2002), pp. 273 - 306。

③ 潘醒农编著《马来亚潮侨通鉴》，第179页。关于叶平玉的生平，详阅 Yap Peng Geck, *Scholar*, *Banker*, *Gentleman Soldier*: *The Reminiscences of Dr Yap Pheng Geck*。

④ 〔日〕篠崎护：《新加坡沦陷三年半》，第4页。

⑤ 〔日〕篠崎护：《新加坡沦陷三年半》，第4页。

府拘捕监禁，日军占领新加坡后被委任为警备司令部特派员，担任日军与市民的联络官，后来改任民生部厚生科科长。[①] 厚生科负责管理民生福利，工作以“照顾市民、搜集失踪者、救济灾民、收回被军队占据的民屋、保护教会、寺院及供给食米食盐等杂物为主”。[②] 因此，篠崎护和华人侨领，包括林树森等热心于社会慈善公益的华社精英，自然有较密切的联系，华侨协会就是由篠崎护出面“规劝”林文庆牵头成立的，他也充当协会与军政府的联络人。二战后，篠崎护曾透露，1943 年军政府下令疏散昭南岛市民到马来亚和印尼的移植区，林树森曾在他的要求下，帮忙将输入苏门答腊的咖啡粒运到曼谷换米，为政府和市民提供粮食。[③] 曾被委为华侨协会秘书的陈育崧回忆，林树森和另一侨领曾到华侨协会找他“暗中转达篠崎护的意见，要华侨协会正面申请释放黄氏（古晋侨领黄庆昌，前大华银行主席黄祖耀之父）”。[④] 可见篠崎护对林树森并不陌生，而篠崎护在转任厚生科科长后向领导善堂事务的林树森表示“要求新加坡人主动缓解生活的苦难”也就不足为奇了。

林树森对篠崎护的要求做出正面的回应是无可厚非的，且是一种积极和务实的应对策略。面对高压的统治和极端的迫害，市民与社团对自身安全自然产生强烈的保护意识。要如何保护民众周全，如何让善堂在危机中得以生存？摆在林树森和其他善堂领导人眼前的是一次重要的抉择。在无助和无奈的情况下，与其坐视生灵涂炭而束手无策，不如选择相信篠崎护强迫林文庆成立华侨协会时所说的：“最好创立一个组织，表面上和‘日军合作’，其实却以‘保护华侨及其安全’为目的。”[⑤] 从这个“前提”考量，最为务实和有效的方法莫过于发挥善堂自身的传统功能，为生活在苦难中的黎民百姓提供救援，协助日本军政府处理战后社会民生的善后工作，包括救灾、公共卫生与福利。这样不仅可以满足军政府的要求，以获得其支持，进而保证善堂的正常运作和堂员的安全，还可以彰显大峰祖师

---

① 〔日〕篠崎护：《新加坡沦陷三年半》，第 19、26、79 页。

② 〔日〕篠崎护：《新加坡沦陷三年半》，第 26 页。

③ 〔日〕篠崎护：《新加坡沦陷三年半》，第 111 页。

④ 陈育崧：《〈新加坡沦陷三年半〉读后感》，《椰阴馆文存》第 2 卷，新加坡：南洋学会，1983，第 330 页。

⑤ 〔日〕篠崎护：《新加坡沦陷三年半》，第 16 页。

慈悲为怀、广行善举的精神与宏愿，并将潮人善堂抚生恤死、救贫济困的宗旨与目标在社会危机中付诸实施。

在林树森、叶平玉等潮人精英的策划与推动以及其他侨领的响应下，中华善堂蓝十救济总会顺利成立，负起救伤恤贫的社会救援责任，为各族居民施医赠药、赈济茶粥衣物、收尸义殓。① 篠崎护以日本军政府厚生科科长的名义颁发身份证明书，并特别给予蓝十会员“豁免奉仕队工作及其他服役”之特殊待遇。于是，许多居民纷纷申请加入善堂，以至当时五所善堂的堂员总人数骤增数倍，“飙升至3000余人之盛”。② 自此，新加坡潮人善堂的慈善活动再也不分种族、籍贯和宗教，也即是说潮人善堂的传统功能跨越了潮人族群地缘的门槛，走进广大社会，扩展了功能和使命，也深受其他社群的认可。迨至20世纪60～80年代，又有另五所善堂，即同德（1950年）、报德（1959年）、南凤（1961年）、众弘（1974年）与崇峰（1977年）先后加入蓝十总会。③

总之，日据时期，新加坡陷入前所未有的社会动乱，人民过着凄惨和充满恐慌的生活。但是，新加坡历史上这段最黑暗的时期，却为当地潮人善堂提供了一个发展的契机。在社会精英的领导下，各潮人善堂秉承大峰祖师慈悲为怀和恤贫救难的精神，充分发挥了各自的力量，并通过整合资源、加强凝聚力、深化协调合作，扩大了它们的活动范围，提高了它们作为民间宗教和福利团体的层次和地位。潮人善堂不仅获得了日本军政府的认可，也保护了许多堂员的生命财产安全，并为解救民生的苦难做出了不容忽视的贡献。从这个角度来看，潮籍社会精英面对当时的危机所采取的应对策略是应该受到肯定的。

---

① 参见蔡欣洁《新加坡善堂医疗服务面面观》，《新加坡中医学院第三十三届毕业特刊》，新加坡中医学院，1993，第104页。

② 《本会简史》，刘英才、黄朝隆主编《中华善堂蓝十救济总会庆祝成立七十一周年纪念暨蓝十彩虹疗养院十一周年纪念特刊》，第50页。唐史青在《新嘉坡善堂的今昔观》（《南洋商报》1947年12月15日）一文中指出篠崎护“准予每善堂免转业之人数，由四百五十名至千名之间”。

③ 《本会简史》，刘英才、黄朝隆主编《中华善堂蓝十救济总会庆祝成立七十一周年纪念暨蓝十彩虹疗养院十一周年纪念特刊》，第50页。

第二节 善堂组织的制度化

1945 年 1 月 19 日，日军政府的英文报章 *The Syonan Shimbun* 以《华侨成立一强有力机构救援空袭受难者》为题，宣称军政府已经批准本地华侨成立一个“中华慈善机构联合会”（Chinese Charitable Institutions' Union），总部设于市区菲利普街（Phillip Street）粤海清庙内，由林树森和陈廷章分别担任主席与管委会主任，昭南市政府民生部厚生科科长篠崎护担任联合会顾问。①

这则新闻所指的“中华慈善机构联合会”，即“中华善堂慈善救济总会”，因以蓝色十字为会徽图样，又被称为“中华善堂蓝十救济总会”，②俗称“蓝十总会”或“蓝十”。关于这则新闻，有两点值得我们注意：蓝十总会成立的年代及其组织结构与运作方式。

一 蓝十总会成立年代商榷

彭松涛编《新加坡全国社团大观（1982～1983）》在介绍蓝十总会的篇章里，竟然完全没有提及其成立年代，这不免令人纳闷。③ 以现存新加坡日据时期的出版物来看，*The Syonan Shimbun* 的新闻报道是最早出现“中华慈善机构联合会”这个名称的官方声明。也即是说，在官方的记录里，蓝十总会宣布正式成立的时间是 1945 年 1 月 19 日。潘醒农在《马来亚潮侨通鉴》中介绍“新加坡中华善堂蓝十救济总会”时应该也是根据这则史料，指出其成立年代为“民国三十四年（1945）春”。④ 20 世纪中叶曾在东南亚各地潮人社群广泛流通和具有相当影响力的《潮州乡讯》报道蓝十总会于 1950 年举行的职员就职典礼也明确指出：“查该会之创立，远在第二次世界大战日本陷星期间之 1945 年，由已故之林树森氏推动修德、

---

① “Chinese Forming Strong Body to Provide Assistance to Air Raid Victims, Fully Supported by Authorities”, *The Syonan Shimbun*, January 19, 1945.

② 《中华善堂蓝十救济总会章程》第四条“旗式”，1947，新加坡国家档案馆馆藏，微胶卷号：NA541。

③ 彭松涛编《新加坡全国社团大观（1982～1983）》，第 N－203、Q－107～109 页。

④ 潘醒农编著《马来亚潮侨通鉴》，第 334～335 页。

普救、同奉、南安、同敬五善堂联合组织而成，论历史仅有七年……”① 然而，善堂界人士，乃至潮人社群中许多人都认为蓝十总会早在1942年已经成立，而且非常活跃地参与救灾活动。

事实上，在今日可见的文献资料中，第一次提到蓝十总会成立于1942年的是迟至二战结束10年后，《南洋商报》在1955年10月24日所刊登的一篇报道：

> 总会成立于一九四二年日本占领本坡期间，由于当时市民遭炮火之轰，死伤枕藉，尸体横陈遍地，乏人收殓，因此一部分以慈善为怀之人士，遂发动成立此“蓝十字中华慈善救济会”，直至现在，辗转已十余年，为当地人民播下无量功德。②

这则新闻里所说的“该会成立于一九四二年日本占领期间”，后来为媒体所沿用。如《联合早报》在1990年2月25日一则介绍蓝十总会的报道中即有：“自1942年中华善堂创办以来，在各灾区救死扶伤，不遗余力，同时，平日还赠医施药、给钱送棺，使到众多身陷困境的不幸人士死里逃生或度过困厄。”③ 又如《联合早报》在2003年12月16日发表了一篇署名简桥的潮人作家黄淑麟的短文，回忆儿时印象中的蓝十总会，赞扬其对社会所作之贡献，更将蓝十总会的成立时间提前一年，写成“日占时期的1941年”。④ 这明显是作者的笔误，因为日军是在1942年初才占领马来半岛和新加坡的。必须指出的是，以上这些报章的报道和文章都没有交代资料来源，究竟是有所根据，还是以讹传讹，抑或是作者记忆的偏差，我们皆无以为证。尽管如此，1942年这个年份，竟也在蓝十总会自己的表述中被采用。例如2003年12月28日，蓝十总会在《联合早报》上刊登整版广告，庆祝成立61周年，由此推算，其将成立的时间认定为

① 《救济贫难办理善举——为星洲蓝十字中华善堂救济总会就职典礼而作》，《潮州乡讯》第7卷第3期，1950年，第5页。

② 《蓝十字救济总会庆祝复兴五周年昨鸡尾酒会为况殊盛》，《南洋商报》1955年10月24日。

③ 《慈善晚会赞助者　新加坡中华善堂蓝十救济总会》，《联合早报》1990年2月25日。

④ 简桥：《中华善堂蓝十救济总会》，《联合早报》2003年12月16日。

1942 年。[1] 在蓝十总会成立 71 周年纪念特刊中，其对外介绍本会历史时也写道：

> 为求结合力量，集中资源，并提高行政效率，上述善堂（指日据前已经成立的修德、普救、南洋同奉和日侵后修德于 1942 年在大巴窑设立的分堂、1943 年创立的同敬和 1944 年创办的南安）遂联合发起“中华善堂蓝十救济总会”，期于众擎易举，统筹兼备，俾为难民请命及提供必要援助。1942 年间，在向昭南特别市厚生科管理局登记备案，并获授第 470 号准证后，本会于是宣告正式成立，隶属该科直接管辖，负责领导各堂处理全岛灾区善后工作。[2]

更令人感到困惑的是，和蓝十总会很早便有往来互访的中国汕头存心善堂在它的一份出版物里附有一张老照片（见图 2－3），上款为“新加坡中华善堂救济总会施赈潮汕贫民委员会汕头分会”，并附带说明：“1939 年新加坡中华善堂救济总会与汕头存心善堂联合，在汕头市外马路存心善堂成立施赈潮汕贫民委员会汕头分会。图为新加坡中华善堂救济总会诸位理事在存心善堂前合影。”[3]

为考证此照片的日期，笔者特赴存心善堂采访该善堂会长蔡木通。据蔡氏的了解，在 1939 年汕头沦陷之前，新加坡的善堂和存心善堂已经有密切的交流，但当时应该不是以中华善堂蓝十救济总会的名义来汕头活动。他指出“新加坡中华善堂救济总会施赈潮汕贫民委员会汕头分会”成立应该是在二战后汕头连年发生灾荒的那几年。[4] 蔡木通在存心善堂保存下来的文献中未找到相关的资料，只有上述照片原件的电子档。笔者后来从电子档上发现照片原件上清楚写着“存心善堂理事合影拍摄于 1948 年”一行字，还

---

① 《中华善堂蓝十救济总会庆祝成立六十一周年纪念暨属下蓝十彩虹疗养院一周年庆典联欢晚宴，敦请教育部暨社会发展及体育部政务部长曾士生先生为大会贵宾》，《联合早报》2003 年 12 月 28 日。

② 刘英才、黄朝隆主编《中华善堂蓝十救济总会庆祝成立七十一周年纪念暨蓝十彩虹疗养院十一周年纪念》，第 50 页。

③ 《中国汕头存心善堂善堂文化交流参访团》，存心善堂，2013，第 4 页。

④ 中国汕头存心善堂会长蔡木通访谈记录，中国汕头存心善堂办公室，2017 年 5 月 15 日。

列出照片中人物姓名。很明显，因为存心善堂出版物里的同一张照片上不知何故没有这行字，该出版物编者或因为误置照片，或因为笔误，在说明照片来源时错写为1939年拍摄。照片原件年份1948年不仅印证了蔡木通的说法，也否定了中华善堂蓝十救济总会在1939年就已经在汕头活动的说法。

图2－3 新加坡中华善堂救济总会施赈潮汕贫民委员会汕头分会合影（1948）

资料来源：汕头存心善堂提供。

换言之，诚如存心善堂出版物里老照片上款所显示，新加坡中华善堂蓝十救济总会曾经正式成立了“施赈潮汕贫民委员会”，组织过这个庞大的跨域救济活动，但那也是在1946年或之后的事。因为潮汕在二战后屡遭天灾，饥民无数，海外潮团，包括新加坡潮州八邑会馆，纷纷捐资救济，[①] 蓝

① 参见陈传忠编《新加坡潮州八邑会馆成立七十周年纪念特刊》，新加坡：潮州八邑会馆，1999，第142页。

十总会也于 1946 年成立赈灾委员会协调救灾工作。这个推论，可以从潘醒农编著《马来亚潮侨通鉴》的记载获得进一步的佐证：

> 于民国三十五年五月，以潮汕战后叠遭灾祸，亟需救济，乃特组“中华善堂救济总会施赈潮汕贫民委员会”，首先向万国红十字会索得旧衣服共五千四百余件，运配至潮汕施赠各市县贫民；并汇款交潮汕各慈善机关，负责施济云。①

潘醒农记载蓝十总会于 1946 年 5 月成立“中华善堂救济总会施赈潮汕贫民委员会”应该更为可信。潘氏不仅是一位著述丰富的文史工作者，还长期在潮人社团服务，对潮人社团的许多事务可谓了如指掌，而且担任中华善堂蓝十救济总会创会秘书，对潮人善堂的历史与发展概况所掌握的原始资料理应更为全面，故其专著《马来亚潮侨通鉴》中所载相对更为可靠。

另外，查阅蓝十总会对本会的介绍，不难发现其中有互相抵触之处。在庆祝成立 71 周年纪念特刊里，《本会简史》一文写道：

> 为应付地方上之迫切需求，新的善堂亦告纷纷成立。1942 年，修德善堂率先在合春园设置分堂，1943 年，“同敬善堂”继在火城土桥头（加冷路）诞生，1944 年，乌桥区也创办了“南安善堂”，使善堂阵容不断壮大，更多灾黎获得关切与照顾。②

文章的下一段随即声称“上述善堂遂联合发起‘中华善堂蓝十救济总会’……1942 年间，在向昭南特别市厚生科管理局登记备案，并获授第 470 号准证后，本会于是宣告正式成立，隶属该科直接管辖，负责领导各堂处理全岛灾区善后工作”。若照后一段所说的“中华善堂蓝十救济总会”是由“上述善堂”所联合发起的，那其正式成立时间为“1942 年间”是不合逻辑的，因为上述善堂中的同敬善堂和南安善堂的成立时间

---

① 潘醒农编著《马来亚潮侨通鉴》，第 334 ~ 335 页。

② 刘英才、黄朝隆主编《中华善堂蓝十救济总会庆祝成立七十一周年纪念暨蓝十彩虹疗养院十一周年纪念》，第 50 页。

分别为1943年和1944年。换言之，蓝十总会在其纪念特刊中对本会成立年代的陈述不甚准确。

再看创会团体会员之一的修德善堂，在讲述其历史，提及当年参加蓝十总会一事时也说："……故堂务日进。及至星洲沦陷，乃暂告停顿。越年承林树森君之倡导，与同奉、同敬、普救、南安等善堂，共组蓝十字中华善堂救济总会。"① "及至星洲沦陷……越年……" 指的即是1943年，那蓝十总会的成立时间就不可能是1942年。

以上分析，皆表示善堂界一直认为蓝十总会在二战爆发即成立的观点有商榷的必要。但尽管如此，笔者相信媒体或善堂界之所以有蓝十总会成立于1942年之说，并非空穴来风，我们有必要再做探讨。尤其值得注意的是，在成立蓝十总会过程中扮演重要角色，后来曾担任蓝十总会主席的叶平玉在其自传中说："在艰苦的日据初期自发出现的其中一个机构是蓝十。"②

既然蓝十总会创立初年的会议记录不复可见，我们只得从当时已经成立的其他五所善堂的历史仔细考察。结合这些善堂早期的活动和发展情况来看，虽然修德善堂、普救善堂、南洋同奉善堂在日据前已经长期致力于扶贫救困、赈灾恤难的慈善活动，但这些多是个别善堂独立进行的善举，其活动范围也多具有局部性，善堂彼此甚少联合举办大型慈善活动，在资源调配与财务运作上，各所善堂亦由个别理事会独立决策，各自为政。③日侵之际，新加坡饱受战火蹂躏，生灵涂炭，统治昭南市的日本军政府无力兼顾战区善后工作，故各善堂自发性地投入救伤消防、收尸殓葬、安顿流民、施赈济贫等各种救援活动。从这一视角来看，新加坡沦陷后，在日本军政府的高压统治下，这些善堂不仅面对相同的命运，也有了一致的目标。日据时期获准成立的修德善堂大芭窑分堂、同敬善堂和南安善堂自然也聚焦于这些救援活动，这五所善堂因而逐渐被视为一个"联合体"。不过，这或许只是出于民众的一种错觉，或是善堂界人士的一种共同想象和

① 《新加坡修德善堂养心社庆祝宋大峰祖师圣诞暨成立八十五周年千禧纪念特刊》，新加坡：修德善堂养心社，2001，第124页。

② Yap Peng Geck, *Scholar, Banker, Gentleman Soldier: The Reminiscences of Dr Yap Pheng Geck*, p. 85.

③ 参见本书第三章第一节、第二节、第三节。

期待。在这期间，我们不能排除这五所善堂在社会救援工作上或有一定程度的合作与协调，但从体制和结构上来说，则谈不上所谓的“联合会”的组织，遑论是一个有正式组织架构和功能系统的“总会”。经过两三年的酝酿，在林树森的号召与斡旋下，这个自发性的联合体水到渠成，经昭南市政府厚生科批准，于1945年设立了一个有正式组织架构的慈善“联合会”，成为当时新创立的一个合法的慈善机构。[①] 然而，在善堂界和许多民众的印象中，这个组织早在日据初期就似乎已经存在了，这也就是叶平玉说蓝十是“在艰苦的日据初期自发出现的其中一个机构”的原因。另外，他在自传中也描述了蓝十总会的筹备过程，并清楚指出“这些是发生在日据第二年的事”。[②] 可见他所指的“初期”是日据的第二年，即1943年。依当时的社会情况来看，从酝酿、斡旋、筹备、申请准证，到获得日本军政府正式批准，耗时两三年，直至1945年初才正式宣布成立蓝十总会，也不是不可能的。

我们还可从日据时两份官方报章报道蓝十总会新闻的落差窥视一二。英文报 *The Syonan Shimbun* 不仅最先宣布蓝十总会成立，过后也频频发布蓝十总会的会务和活动情况，对该会进行密集的宣传。检索中文报《昭南日报》，对蓝十总会的相关报道仅有四篇，都集中在1945年，而且相对简单。英文报 *The Syonan Shimbun* 对蓝十总会的成立、成立之后组织上的发展与变化，以及蓝十总会的主要活动都报道得较多，而中文报《昭南日报》关注点主要在蓝十总会提供义诊的信息（见表2-1）。笔者认为两份报章之所以在新闻数量和焦点上产生如此的差异，主要是因为英文报读者群中大部分非华人读者对善堂和蓝十总会相对不甚熟悉，所以对此机构的进展报道得较为详细。华人族群对善堂与蓝十相对了解较多，因此，中文报对此机构的组织发展报道就无须广泛，而是择重宣传。这可从侧面说明，1945年蓝十总会正式成立之前，潮人各善堂即已活跃多时，它们的社会功能，包括日侵后在救济和慈善活动方面的集体合作，已经给华人社群留下深刻的印象，无怪乎他们会认为蓝十在日侵初期已经存在。

---

① 详阅本章第一节。

② Yap Peng Geck, *Scholar, Banker, Gentleman Soldier: The Reminiscences of Dr Yap Pheng*, p. 87.

表 2－1 日据时期官方报章有关蓝十总会的部分新闻报道

The Syonan Shimbun

日期	新闻标题	内容摘要
1945 年 1 月 19 日	Chinese Forming Strong Body to Provide Assistance to Air Raid Victims, Fully Supported by Authorities（华侨成立一强有力机构救援空袭受难者）	“中华慈善机构联合会”（指蓝十）乃是在本地华商积极努力下成立的，包括分别当选首任主席和管委会主任的林树森和陈廷章。昭南岛厚生科科长篠崎护乃是该会之顾问。蓝十之设立，除了救济空袭的受难者外，同时也会给本坡贫苦人士提供免费医疗服务，并展开收尸及施棺等慈善活动。日军政府以身作则带头捐出 3000 元，以鼓励华商踊跃献款于该会。该会总部设于市区菲利普街粤海清庙内
1945 年 1 月 23 日	Chinese Charitable Union Gets to Work-Bureaux Formed（中华慈善机构联合会开始运作，属下各部门宣告成立）	蓝十总会于 1945 年 1 月 20 日在菲利普街总部召开首次董事会会议。会议决定成立六个部门，分别为 General（总务）、Finance（财政）、Liaison（联络）、Medical（医药）、Rescue Squads（救援小组）和 Medical（此处重复，或另指义诊部），并聘请华侨侨领担任各部门负责人。为响应日军政府向蓝十慨捐 3000 元，全体董事与蓝十总会各发起善堂亦于当场宣布认捐 33 万元。救援部门也已招募到 2000 名工作人员，并计划分发印有红圈蓝十字标志的身份证明给所有工作人员。至目前为止，该会共筹得 40 万元善款，而其中 1 万元已移交昭南岛厚生科科长，救济近期惨遭空袭的死伤人士
1945 年 1 月 27 日	Relief & Charity（社论：救援及慈善）	对蓝十总会的成立大表欢迎，并呼吁各界人士在财力上或人力上多予以支持
1945 年 1 月 30 日	Charitable Union's Fund Tops $ 1000000 Within Week of Start（慈善机构联合会成立不到一个星期，所筹到的善款已突破 100 万元）	据日本战时“同盟通信社”（Domei News Agency）报道，在各界人士踊跃捐款下，蓝十总会成立不到一周，所募集到的慈善基金已突破 100 万元
1945 年 2 月 5 日	Charitable Institutions Union Holding Big Confab Tomorrow（慈善机构联合会订于明日召开特大会议）	随着蓝十属下“救援部”之成立，总会将于明日下午 3 时正，假位于菲利普街的粤海清庙内开会，讨论有关救援工作等议题。据了解，总会已议决为贫苦病人提供免费医药及医疗服务，同时为贫困死难者施棺义葬；在遭空袭时，蓝十也将协助展开紧急救济工作。为使救援工作取得更大的成效，总会希望本岛其他慈善团体委派代表出席明日之会议，共同讨论如何在这方面加强合作等事宜

续表

日期	新闻标题	内容摘要
1945 年 2 月 7 日	"As Long As There Is Food in Syonan, None Shall Go Hungry, Suffer Distress"—Charitable Co-workers' Resolution (慈善工作人员议决:只要昭南岛上仍有足够食物,将确保无人挨饿受苦)	蓝十总会于 1945 年 2 月 6 日在粤海清庙召开大会,本地天主教、基督教、卫理公会、佛教、伊斯兰教等多个宗教团体皆派代表列席,共商如何救济本地贫苦人士。该会顾问昭南岛厚生科科长篠崎护在致辞时对各宗教界人士出席会议表示赞扬,并吁请大家携手合作,为本地慈善事业尽一份力。在接受记者访问时,蓝十总会一名董事代表该会主席表示,蓝十成立宗旨乃是加强与日军当局以及其他慈善团体间的合作,以期促进岛上民众的福利及更有效地解决民间苦难等。大会结束前,全体与会人士发表联合声明,宣称将诚心合作,确保岛上贫苦人士,不分种族、宗教,皆能获得温饱
1945 年 2 月 22 日	Chinese Undertakers Form Unit to Help Bury Dead After Raids (华人寿板店成立一组织安葬空袭死难者)	本地寿板店业者为义葬在空袭中罹难的贫困人士而在近日成立一名为"黑十字总会"的组织,并将与蓝十总会紧密合作
1945 年 3 月 17 日	Raid Relief Helpers Receive Certificates From Commander (空袭救济队成员获颁奖状)	1945 年 2 月 24 日,英美联军对昭南岛的日军据点进行大规模轰炸造成多人死伤。当晚参与救援工作的多名华人领袖事后获日军政府颁发褒扬奖状,其中包括蓝十总会主席林树森和顾问叶平玉,以及蓝十与黑十字会丧葬服务联盟领袖蔡和安
1945 年 3 月 20 日	Selflessness of Voluntary Workers Will Not Go Unrecognized by Charitable Union: Generous Compensation Scheme (蓝十肯定义工之无私奉献,将提供丰厚伤亡赔偿计划)	蓝十总会宣布,凡在执行公务时受伤或死亡的救援人员,其本人或家属将获得优厚赔偿,赔偿金额:班长 10000 元,组长 8000 元,工人 5000 元。总会亦会为殉职人员举办特别追悼会以示表扬。蓝十已专门成立了"工人赔偿基金",并收到 10 万元的捐赠
1945 年 3 月 28 日	Free Food Centres Being Opened to Give Succour to Syonan's Destitute: Blue Cross Workers' Laudable Scheme (设施食中心为岛上贫苦人士提供免费食品:蓝十工作人员善举值得称许)	蓝十总会将于星期日在戏馆街(Carpenter Street)开设一施食中心,并定每天两次(上午 11 时及傍晚 5 时)为岛上贫苦人士提供免费饮食。第一次的施食将安排在城镇中心人口很多的地方以扩大影响,以后将在城市的其他地方设立更多的施食中心。报道总共分成三个部分:第一部分详细讲解了施食中心的施食对象,及如何在施食中心取得帮助;第二部分宣称部分穆斯林慈善团体也加入了蓝十字会,并强调蓝十是当时本市最大、最权威的慈善机构,有强大的经济支持;第三部分重点介绍了加入蓝十成为捐助人将能获得的待遇

续表

日期	新闻标题	内容摘要
1945 年 4 月 2 日	Three Chinese Relief Bodies Amalgamate（三华人救援机构宣布合并）	为更有效地服务民众，本地三家慈善团体，蓝十总会、黑十总会以及南洋圣教总会在 3 月 30 日于里峇峇里律（River Valley Road）南洋圣教总会开会决定合并
1945 年 4 月 3 日	Mass Feeding of Poor People Starts in Syonan：2100 Blue Cross Workers Giving Good Service（昭南岛大型施食计划展开：2100 蓝十义工为本岛贫苦人士提供优质服务）	蓝十总会位于戏馆街的施食中心于 1945 年 4 月 1 日正式开放，当天共有 800 名贫困人士（主要为华人，其中包括 150 名穆斯林及数十名印度人）到中心享用两顿免费餐食。另外，蓝十总会还在复活节当天送餐到杨厝港麻风医院供病患者享用。 根据报道，中心开放前三天，蓝十执事者在粤海清庙开始接受贫困人士前来报名登记，领取免费餐食，此外也有一些执事者在岛上各处为一些贫困病患及无家可归者登记。所有报名登记的人士都会获得一张卡片，他们可凭此张卡片到中心领取两顿餐食（上午 11 时及下午 5 时）。报道也称，义工人数超过 2100 名，而施食中心每日运作成本为 5000～7000 元。其他施食中心也将开张。此外，报道亦介绍了各理事及义工在整个施食行动中所负责的工作等，并强调执行这项慈善工作的辛劳，故理应得到众人尊重
1945 年 4 月 11 日	Syonan's Charitable Bodies Pooling Resources for More Effective Relief（昭南岛各慈善机构拟共用资源以期达到更有效的救援目标）	随着昭南岛上三家慈善机构（蓝十、黑十及南洋圣教总会）日前宣布合并计划，岛上另外两家慈善组织昭南佛教协会及世界红卍字会也表示有意与蓝十加强合作，探讨如何共用资源等措施，以期更有效地为岛上贫困人士服务。据估计，他们将有超过 1000 万元的资金支持，而且这些资金多来自组织内部，而不是靠外界的资金或物资捐赠。他们还有好几千人的工作人员，因此，有能力迅速组织起各种慈善施济活动
1945 年 4 月 18 日	Feeding Centre in Syonan Closed for Time Being（施食中心暂时关闭）	蓝十总会位于戏馆街之临时施食中心将暂时关闭，该会理事告诉记者，总会目前正在各处寻觅较合适且较方便之地点，以便兴建一个固定之施食中心
1945 年 4 月 28 日	Blue Cross to Treat Lepers（蓝十总会将医治麻风病人）	蓝十总会将联合本地基督教会，为全岛大约 280 个麻风病人预备特别节目。除了于当天前往本地麻风病人医院布施食物之外，也会分发提炼过的红棕油给他们。这些麻风病人住在城郊的医院里，政府和基督教会给予他们非常好的照顾。这也是蓝十总会成立以来，第二次特别为麻风病人举办的善举，第一次是在复活节当天举行
1945 年 7 月 14 日	Evacuees' Relief Fund（疏散人员救援基金）	蓝十总会将于月底举办一场拳击活动，为疏散人员救援基金募集善款。同时，昭南商品配给协会（Syonan Busshi Haikyu Kumiai）捐赠该基金的 2600 元已由 Mr. T. Ouchida 交给厚生科

续表

日期	新闻标题	内容摘要
《昭南日报》		
1945 年 3 月 24 日	中华善堂救济总会服务人员获有保障	中华善堂设有专款将近 10 万元，留给服务人员，以便奖励劳绩，抚恤伤亡
1945 年 4 月 15 日	蓝十字施食施衣并济药	蓝十在施食中心亦有义诊活动，免费诊病施药，得到广大民众的认可与踊跃参与。并报道蓝十在本月 4 日曾进行过施旧衣的活动
1945 年 5 月 1 日	中华善堂救济总会施粥并向患麻风者布施	报道蓝十在 4 月底进行的施粥与向麻风患者布施食物及药物的活动
1945 年 6 月 15 日	端午节施粥并施医赠药	蓝十总会在粤海清庙提供义诊，详细地罗列了参与义诊的医生名单、义诊时间，并预报该会将在端午节在全市进行巡回义诊及施粥

注：报章新闻原文是以 dollars（元）为单位，没有注明是什么货币。从年份（1945 年）和数目来推论，当时日本军政府已经统治新加坡两年，民间使用的应该是日本军政府占领新加坡后发行的纸币（俗称“香蕉票”），不会是币值较高的新马货币。

上述各点，只是笔者根据现有的档案文献一一抽丝剥茧，细加考证后所做的推论，以期为蓝十总会正式成立的时间应为 1945 年这个观点提供一个较客观和合理的解释。笔者希望未来能发掘新的原始资料，再行考证，对这个问题做进一步的说明。

二 组织架构与运作方式的确立

日本军政府通过 *The Syonan Shimbun* 宣布成立“中华慈善机构联合会”后不久，该报又于 1 月 23 日报道联合会召开了第一次董事会会议的新闻，并简单介绍了联合会的组织架构、基本职能以及已经募集到的资金。报道中指出 1945 年 1 月 20 日在菲利普街总部召开的首次董事会会议上，议决成立六个部门，并聘请华人侨领担任各部门负责人。此外，救援部门也已招募到 2000 名工作人员，且计划分发印有红圈蓝十字标志的身份证明给所有工作人员（见图 2－4、图 2－5、图 2－6）。①

① “Chinese Charitable Union Gets to Work-Bureaux Formed”, *The Syonan Shimbun*, January 23, 1945.

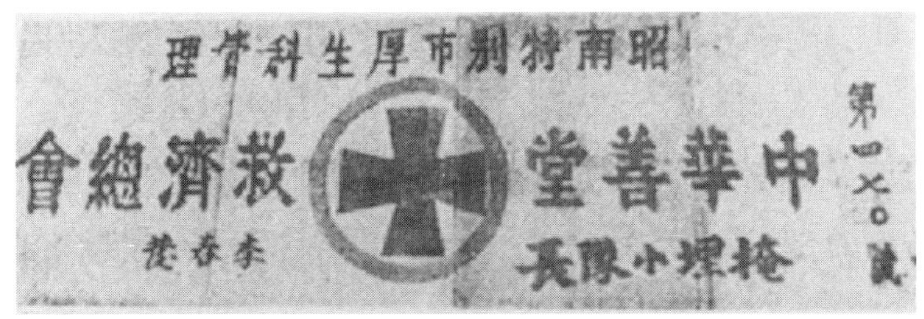

图 2-4　日本厚生科发给蓝十总会会员的臂章

资料来源：区如柏《日侵——难忘的日子》，第 38 页。

图 2-5　日本厚生科发给蓝十总会会员的胸徽

资料来源：南洋同奉善堂。

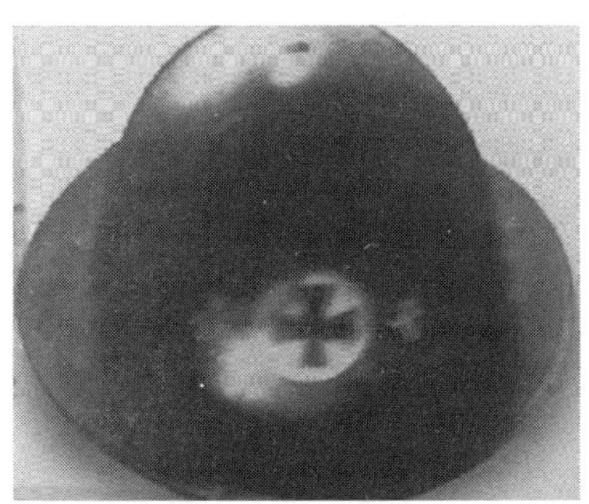

图 2-6　蓝十总会会员的头盔，用英国军用头盔漆上蓝十会徽

资料来源：黄兰诗《漫谈“蓝十字”》，《源》2017 年第 2 期，第 10 页。

另外，据潘醒农记载，新加坡中华善堂救济总会在1945年成立时，“推林树森君为主席，林雨岩及叶平玉二君为副主席，潘醒农君为秘书，李仰光君为总务部长，李松泉君为财政，林应标君为医药部长，林守明君为募捐部长等”。[①] 潘氏的记载显示蓝十总会初立时已经设立募捐部，并且清楚列出各部的负责人，却没有提到联络部和救援队。叶平玉的自传做了补充，他透露自己当时被委任为副主席，负责联络部的工作，还有一些他已经不记得名字的成员分管其他部门。叶氏自传里所列各部门负责人虽与潘氏所载略有出入，但主要成员都列在内。[②] 自成立之后，正副总（总理，即主席）、司（司理，即总务）、财（财政）和这些部门构成了蓝十总会的主要成员和基本组织架构，至今保持不变，只是理事会的阵容扩大了，从成立之初“设理事会全体理事定为十人”，[③] 增加至现行章程里规定从团体会员代表选出“共三十八名组织理事会”。[④]

中华善堂蓝十救济总会采用蓝十字为徽。黄兰诗在《漫谈“蓝十字”》一文中指出，“蓝十字是有些国家医疗保险的标志，其历史可以追溯到1929年塔克萨斯（Baylor Texas）的贝莱尔大学所提倡的‘蓝十字’运动（Blue Cross Movement）……一般认为此运动为美国现代医疗保险概念的雏形”。但诚如黄氏所说，“蓝十字”运动当年是否对新加坡有影响，仍有待查考。[⑤] 据协助起草联合会章程和参与设计会徽的叶平玉所描述，当时“以白色背景下红色圆圈内的蓝十字作为会徽，是为了要和兽医部门简单的蓝十字标志有所区分”。[⑥] 其实，采用蓝十字为徽，“图简意赅”，它构成团体会员善堂堂徽的基本图案，具有特殊的意义。中华善堂救济总会1947年订立的章程称：

---

① 潘醒农编著《马来亚潮侨通鉴》，第334页。

② Yap Peng Geck, *Scholar, Banker, Gentleman Soldier: The Reminiscences of Dr Yap Pheng Geck*, p. 87.

③ 《中华善堂救济总会章程》第六条“组织”（四），1947。

④ 《新加坡中华善堂蓝十总会章程》第七条“组织”，第19～20页。印行日期不详。

⑤ 黄兰诗：《漫谈“蓝十字”》，《源》2017年第2期，第10～11页。

⑥ Yap Peng Geck, *Scholar, Banker, Gentleman Soldier: The Reminiscences of Dr Yap Pheng Geck*, p. 87.

> 本会会旗白地蓝十红圈为本会旗式，取义国际以红十字救济救伤黑十字施棺收尸，红黑两十字色合为蓝色十字旗，徽边红圈系以示赤诚团结，表扬国际救济施棺善举之义。①

照蓝十总会的解释，"'红十'象征'赈济救伤'，'乌十'则代表'收尸埋葬'，两色十字互叠，即成'蓝十'，意指两种善务兼顾"。② 蓝十字这个标志可谓形象地诠释了该会施医、赠药、施粥、收尸、救伤、恤贫的主要工作，而从另一个视角来看，其会徽的设计含义，显现出蓝十总会甫立时就已经具有一定程度的国际化视野。

图 2-7　中华善堂蓝十救济总会会旗

资料来源：《中华善堂救济总会章程》，1947，新加坡国家档案馆藏，微胶卷号：NA541。

必须注意的是，中华善堂蓝十救济总会虽然"以修德、普救、同奉、南安及同敬五善堂为主"，其会徽也结合善堂的元素和宗旨来设计，但它"乃由林树森君发动"，"并加入各热心慈善人士组织委员会"。③ 林树森、叶平玉等发起人和一些理事，都非出自以上五所善堂的领导层。况且，《中华善堂救济总会章程》中规定："凡属慈善界人士或慈善团体善堂，赞同本会救济善举福利贫难者（不违犯当地法律）"，有资格申请为会

---

① 《中华善堂救济总会章程》第四条"旗式"，1947。

② 刘英才、黄朝隆主编《中华善堂蓝十救济总会庆祝成立七十一周年纪念暨蓝十彩虹疗养院十一周年纪念》，第 50 页。

③ 潘醒农编著《马来亚潮侨通鉴》，第 334 页。

员。[①] 因此，在总会成立后就有其他慈善团体加入善堂的救济活动。例如蓝十总会在2月6日召开特别大会，讨论关于救援工作等相关议题，并号召民众与各机构参与，当日参加会议的不单是善堂的成员，另有本地天主教、基督教、卫理公会、佛教、伊斯兰教等多个宗教团体的代表列席。[②] 两周后，本地殡葬业者在蔡和安的带领下，成立了一个名为“黑十字总会”的组织，与蓝十总会紧密合作，协助收埋遭英美联军空袭日军据点遇难而无人认领的尸体。两个机构的领导人过后还获日军政府颁发褒扬奖状。[③] 紧接着，3月28日，*The Syonan Shimbun* 报道部分穆斯林慈善团体加入蓝十字会；[④] 4月2日，又报道本地两家慈善团体黑十字总会和南洋圣教总会（Nanyang Sacred Union）开会议决与蓝十总会合并。[⑤] 4月中旬，另外两家慈善组织昭南佛教协会及世界红卍字会也表示有意与蓝十总会加强合作，探讨如何共用资源等措施，以期更有效地为岛上贫困人士服务。[⑥]

可见，在日据时期成立的中华善堂蓝十救济总会虽然确立了正式的组织架构，但严格地说，它并不是一个单纯由善堂组成的“善堂总会”，而是如报章所称的，是一个较多元的，获得日本军政府支持的“慈善机构联合会”，它是战乱时期民间各慈善机构自发组成的救济与灾区善后工作的协调机关，它将当时参与或联办救济与慈善活动的个别团体串联起来，但它们彼此之间并没有实质的隶属和权力关系。它成立之初虽于粤海清庙内设立临时办公室，但为了促进各会员善堂之间的交流，一直采用每隔一个月或两个月轮流在各所会员善堂堂所开会的方式流动办公，一直到21

---

① 《中华善堂救济总会章程》第五条“会员”，1947。

② “‘As Long as There Is Food in Syonan, None Shall Go Hungry, Suffer Distress’—Charitable Co-workers' Resolution”, *The Syonan Shimbun*, February 7, 1945.

③ “Chinese Undertakers Form Unit to Help Bury Dead After Raids”, *The Syonan Shimbun*, February 22, 1945; “Raid Relief Helpers Receive Certificates from Commander”, *The Syonan Shimbun*, March 17, 1945.

④ “Free Food Centres Being Opened to Give Succour to Syonan's Destitute: Blue Cross Workers' Laudable Scheme”, *The Syonan Shimbun*, March 28, 1945.

⑤ “Three Chinese Relief Bodies Amalgamate”, *The Syonan Shimbun*, April 2, 1945.

⑥ “Syonan's Charitable Bodies Pooling Resources for More Effective Relief”, *The Syonan Shimbun*, April 11, 1945.

世纪才决定设立固定会址。[①] 这个组织架构与运作模式，奠定了此后善堂网络制度化的基础。

在财政方面，蓝十总会成立之初，日本军政府以身作则，带头捐出 3000 元，以示支持，[②] 并在报章上为蓝十做了密集的宣传，呼吁民众要积极投身慈善事业，鼓励华商踊跃为该会捐款，为蓝十募捐。[③] 值得一提的是，蓝十总会创会章程规定“本会经济由会员及慈善家乐捐之”。[④] 叶平玉在自传中也声称，“虽然日本军政府允许蓝十总会自由运作，并表示愿意支持，但当时蓝十的政策是只寻求公众人士的支持，避免向政府要求任何津贴”。[⑤] 在当时的政治背景下，蓝十总会坚持这个筹募基金的原则并不令人感到意外，而蓝十的善举果然获得各界人士在财政和物资上的大力支持。在 1945 年 1 月 20 日召开的首次董事会会议上，为“响应”日本军政府对蓝十总会慨捐 3000 元，全体董事与蓝十总会属下各发起善堂亦当场宣布认捐 33 万元。会上也宣布该会共筹得 40 万元善款，而其中 1 万元已移交昭南岛厚生科科长，以救济在近期空袭中死伤的人员。[⑥] 1 月 30 日，*The Syonan Shimbun* 引述日本战时“同盟通信社”（Domei News Agency）的报道，谓在各界人士的踊跃捐款下，蓝十总会成立不到一周，所募集到的慈善基金已突破 100 万元，其中许多捐款人是有名望的华人。此外，蓝十总会也收到大量的物资援助。[⑦] 由于逐渐获得稳定善款和物资的捐赠，蓝十总会宣布，凡因执行救援任务而受伤或死亡的救援人员，本人或其家属将获得优厚赔偿，赔偿金额为：班长 10000 元，组长 8000 元，工人 5000 元。此时，蓝十总会专门成立了“工人赔偿基金”，并且总会

---

① 刘英才、黄朝隆主编《中华善堂蓝十救济总会庆祝成立七十一周年纪念暨蓝十彩虹疗养院十一周年纪念特刊》，第 51 页。

② “Chinese Forming Strong Body to Provide Assistance to Air Raid Victims, Fully Supported by Authorities”, *The Syonan Shimbun*, January 19, 1945.

③ “Relief & Charity”, *The Syonan Shimbun*, January 27, 1945.

④ 《中华善堂救济总会章程》第九条“救济”，1947。

⑤ Yap Peng Geck, *Scholar*, *Banker*, *Gentleman Soldier*: *The Reminiscences of Dr Yap Pheng Geck*, p. 89.

⑥ “Chinese Charitable Union Gets to Work-Bureaux Formed”, *The Syonan Shimbun*, January 23, 1945.

⑦ “Charitable Union’s Fund Tops $1000000 Within Week of Start”, *The Syonan Shimbun*, January 30, 1945.

成员捐献了共10万元的基金。[①] 随着其他慈善团体陆续加入蓝十的救济工作，蓝十总会在各项救济工作与慈善活动中的财力、物力和人力资源也大大增强。据估计，在黑十、南洋圣教总会、昭南佛教协会及世界红卍字会四家慈善团体加入后，蓝十将有超过1000万元的资金，还有数千名工作人员。[②]

总之，蓝十总会在成立以后，在财政上并未遇到太大的困难。主要原因并不是有官方的津贴或援助，而是有赖于理事自发性的捐款和社会各界人士的善款，以及采取和其他慈善团体共享资源的运作方式。这种财政上的运作方式，使其有能力迅速地组织起各种慈善施济活动，更有效地为社会民众的福利做出贡献。

战后，随着救援与善后工作的结束，其他慈善团体逐渐淡出蓝十总会的活动。另外，获日本军政府批准成立为合法社团的蓝十总会，也在新加坡光复后依据英国殖民地政府的规定，重新进行注册以取得合法社团地位，并修改章程。新章程规定，在日据时已经成立的任何新加坡潮人善堂，只要在国家社团法令下注册成立，并严格遵守和实践救济贫难、积极举办慈善公益活动之宗旨，且符合蓝十总会章程所规定的各项条规和程序，即可申请为总会团体会员。战后至今，有五所新创的善堂——同德（1950）、报德（1959）、南凤（1961）、众弘（1974）和崇峰（1977）——陆续获得批准，成为团体会员。蓝十总会自此虽以这10所善堂为基础，但其组织架构与所扮演的角色并没有太大的改变，蓝十总会和本地政府福利机构、民间慈善团体，以及和其他地区的善堂之间的合作与互动也有增无减。所不同的是，蓝十总会所有理事皆从10所团体会员善堂的代表中选出，不复有“并加入各热心慈善人士组织委员会”的条规。[③] 因此，蓝十总会实质上不仅是10所团体会员善堂的代表机构，也成了新加坡潮人善堂的中心。许多全国性和区域性的大型救济工作、慈善计划和区域交流活

---

① “Selflessness of Voluntary Workers Will Not Go Unrecognized by Charitable Union: Generous Compensation Scheme”, *The Syonan Shimbun*, March 20, 1945.

② “Syonan's Charitable Bodies Pooling Resources for More Effective Relief”, *The Syonan Shimbun*, April 11, 1945.

③ 详见《新加坡中华善堂蓝十救济总会章程》，第四条“会员”、第六条“权利”、第七条“组织”，第18~20页。

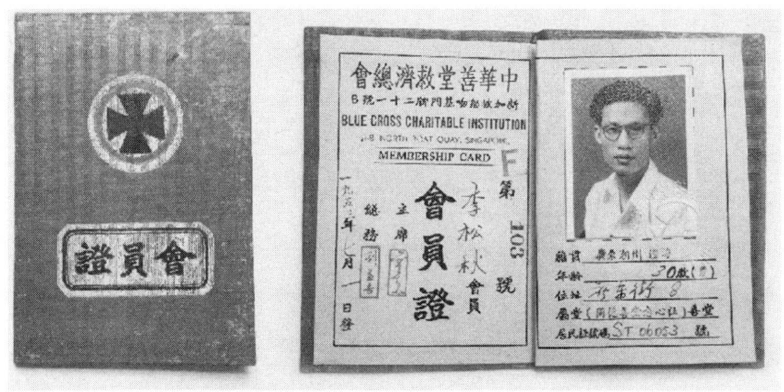

图 2－8　中华善堂蓝十救济总会会员证（1953）

资料来源：笔者私藏。

动都在总会策划，以总会的名义主办，由总会协调 10 所团体会员善堂和其他参与者的人力与物力，活动范围也跨越国界，形成一个以蓝十总会为中心的善堂网络。① 在这个机制下，蓝十虽是潮人善堂的中心，却不是集权的“中央”，对各团体会员善堂并不具备管理权，与个别团体会员善堂的关系是平行的，各团体会员善堂仍然有其独立自主的理事会，同时也是蓝十总会的理事成员，对总会的会务有平等的话语权与决策权。这样的组织架构，有效避免了各善堂争取总会控制权所带来的纷争。在章程和政府条规的制约下，总会核心领导人不得长期连任，各团体会员善堂的代表因此得以轮任不同领导职位。② 故而团体会员善堂既是善堂网络的个别重要组成部分，也是网络的核心成员之一。这种双重身份和不同角色的兼容，反映的是蓝十总会和团体会员善堂间在各个层面上一种良好和正面的互动关系。

---

① 关于蓝十总会的慈善活动，详阅本章第三节。

② 《中华善堂救济总会章程》第六条“组织”规定：“本会各职员概属义务，任期以二年为限，惟财政被选不得连任，其余被选得连任之。”蓝十总会现行章程对此做了修订，第十条“任期”规定：“本会每届理事会职员及理事，任期二年，除正副财政一职不得连任外，其余各职，连选得连任，同时，主席一职不得超过连任二届。”在 2006 年修订的章程里则规定主席不得连任超过三届。新加坡政府修订的《慈善团体和公益机构监管准则》明确规定，从 2018 年 1 月 1 日开始，慈善团体若委任个别董事连续超过 10 年，必须在年报中解释原因。这些机制主要是鼓励慈善团体为管理层更新做好准备。《慈善团体监管新准则，董事任期逾 10 年须解释》，《联合早报》2017 年 4 月 7 日。

综上所述，蓝十总会组织的制度化和运作机制，不仅能确保本地潮人善堂在慈善事业上有较为一致的方针，也深化了个别善堂之间在堂务方面的合作与互补，提高整体的工作效率，更重要的是为各所会员善堂创造了一个共同身份，这对增强彼此的认同感与归属感以及广大堂员之间的凝聚力，有不可忽视的积极作用。

第三节　蓝十的嬗变与发展

在日据期间创办的蓝十总会，甫立之际即投入救灾赈济、施棺赠医的慈善活动中，并由此成为当时极具影响力的一个慈善团体。如前文所述，蓝十总会是一个建立在跨越信仰与族群基础之上的组织，因此，它的出现结束了之前华人的慈善组织各自为政的状态，时逢日军实行高压统治，人们生活在水深火热之中，它提供了一个平台，让各慈善组织以新的方式展开各种救济和慈善活动，使各个社群在面临灾难之际得到空前的团结与相互支持的强大动力。

蓝十总会已成立七十多年，随着时代的变迁、社会的发展，它的救济与慈善工作也发生了许多变化，但这么多年来它一直秉承着宋大峰祖师的慈悲精神，以救贫济难为宗旨，与时俱进，开展慈善救济工作。

一　成立初期以施棺赠葬、救死扶伤为主的救济工作

蓝十总会成立之时，正值新加坡被日本占领统治，经济萧条，民不聊生，社会上有众多的贫困者需要救助，而日本军政府方面为了应付战争的庞大开支而加紧搜刮物资，对日渐严峻的民生问题无暇处理。所以，蓝十总会成立初期的慈善工作基本上是围绕着战争善后的相关救济工作展开的。这些救济工作在一定程度上缓解了日军统治带来的社会苦难，减轻了日军政府对地方治理的压力，这或许可以说明为何蓝十总会在政策上与宣传上都得到日军的支持。

1. 施棺赠葬

叶平玉在自传里提到蓝十成立之后所进行的救济工作，最主要的一项

即为收埋在战乱、疾病与饥饿中死去的无人掩埋的尸体：

> 一天，当我一个人经过珠烈街（Chulia Street）要去位于那条街的华厦（China Building）时，我看到路边有两具尸体，散发着令人作呕的气味，将死尸从街上移走的想法第一次进入我的脑海。死者是被带到日本军队中当苦力的印尼年轻人，他们当中有些人从苦力营中逃出后，被同伴抛弃。他们一度流落在市里许多地方，从垃圾箱、街上、排水沟里寻找食物维生，晚上则蜷缩在五脚基下过夜，他们当中不知有多少人死于疾病。①

他随后向蓝十的其他成员提议进行收尸殓葬的善后工作，很快得到了响应与支持，并在日本军政府厚生科科长筱崎护的支持下，获得了卫生部门的许可。开始时蓝十的义工以一天 7 ~ 10 具尸体的速度收埋，后来得到更广泛的支持，速度加快许多。当蓝十总会的这一善举得到了报章进一步的宣传之后，本地殡葬业者成立了“黑十字会”，主席为蔡和安，加入了施棺赠葬的行列。②

叶平玉的建议之所以能在蓝十及社会引起迅速而广泛的响应，原因在于：第一，施棺赠葬是善堂的一个传统的重要慈善工作；第二，这对于城市的卫生极为重要，新加坡地处热带，病菌繁殖与传播的速度极快，此善举可以防止恶性传染病暴发，并可以有效地改善市容；第三，叶氏的提议最为宝贵的一点在于，它跨越了种族和国籍的藩篱。他看到印尼劳工的尸体无人掩埋，能因此建议蓝十总会将慈善事业扩大至不同的族群，而正是这样的善举，激起了人们的恻隐之心，加强了各种族人民的团结，得到了社会各界的支持。

施棺赠葬的活动从蓝十总会一成立便成为其慈善活动中非常重要的一部分，但限于资料，现在我们已经无法得知在日据后期该会为多少贫苦人

---

① Yap Peng Geck, *Scholar, Banker, Gentleman Soldier: The Reminiscences of Dr Yap Pheng Geck*, p. 87.

② “Chinese Undertakers Form Unit to Help Bury Dead after Raids”, *The Syonan Shimbun*, February 22, 1945.

士施棺赠葬。战后蓝十总会组织架构有所改变，成为较为单纯的潮人善堂的联合会，这项慈善工作就由其下属的各个善堂具体施行，直至今日。蓝十总会的这一善举给人们留下了深刻的印象。二战结束后不久，《南洋商报》刊登了一则评论谈道：

> “昭南时代”施棺收尸的工作，特别繁重，粮食医药奇缺，饿死病死于街头巷尾之中的不可胜数。在善堂未展开收埋工作之前，陈尸三四天后再行收埋者，真是常事。蓝十总会之负盛名，就在这个时期。①

在文末，作者唐史青还因为善堂在战后“门庭冷落”而大有抱不平之势。在2003年的《联合早报》中，另有一篇文章也提到，“于是在恶劣的治安环境下，成立后的中华善堂蓝十救济总会，即与属下各善堂，踊跃地到处去救济各族难民，并天天出去掩埋各族腐尸。这种广行善事、施济贫苦的精神，深深地受到了各族同胞的敬重和爱戴”。② 可见其施棺赠葬的善举所形成的深远的影响。

2. 施粥济贫

除了日常固定的施茶③之外，施粥济贫也是善堂传统的慈善功能之一，因此，蓝十总会成立不久，便进行了大规模的施食工作。据叶平玉回忆，蓝十在当时有两个固定的施食中心，其中一个在粤海清庙，另一个在新桥路（New Bridge Road）与戏馆街交叉路口的废弃菜市场的空地。④ 1945年4月1日，蓝十总会在戏馆街正式设立施食中心，那天共有800名贫困人士（包括150名穆斯林及数十名印度人）到施食中心享用两顿免费餐食。但这个施食中心在当年4月18日疑因遭周边居民的反对而关闭。

---

① 唐史青：《新嘉坡善堂的今昔观》，《南洋商报》1947年12月15日。

② 简桥：《中华善堂蓝十救济总会》，《联合早报》2003年12月16日。

③ 施茶是潮人善堂传统的日常施济活动。由于新加坡地处热带，气候炎热干燥，许多善堂就用一些有助于清凉解暑的中草药熬煮成茶水，在堂所或附近某处设立固定的施茶亭，每天从早晨到傍晚为公众免费提供凉茶。据悉，目前只有同德善堂还提供施茶服务。

④ Yap Peng Geck, *Scholar, Banker, Gentleman Soldier: The Reminiscences of Dr Yap Pheng Geck*, p. 88.

难能可贵的是，一个施食中心每日需义工人数超过 2100 名，运作成本为 5000～7000 元。[①] 这些义工与善款均由蓝十总会召集与筹措，避免从政府处拨款。另外，蓝十还有能够移动的厨房设施，这样方便在有需要的地方进行施粥。[②]

蓝十的施粥善举不仅在战时坚持不懈地进行，战后每当新加坡出现重大的火灾、水灾等灾难，蓝十也都不遗余力地进行灾后的施赈，施粥一直是最为重要的一项赈灾善举。

3. 施医赠药

施医赠药，也是善堂的一项传统善举，蓝十总会成立之时即设有医药中心，义诊与施食工作大约同时开始。参加义诊的医生绝大多数是中医师，他们的籍贯不限于潮籍，计有“闽、粤、潮、客、琼、诏安”等籍，[③] 大部分来自于同济医院与广惠肇医院这类慈善医疗机构。蓝十总会的医药部有 60～70 名中医义务为民众看诊，甚至还免费送药给病人，那些急需治疗的严重病患则会被送往医院。[④] 蓝十总会的义诊地点最初设在粤海清庙，每日自下午 2 时起至 4 时止（东京时间）为施诊及施药时间，每周由 3 名医生轮流为病人施诊。有时这些医生也随到各地施粥的义工队伍到周边及郊区进行义诊，[⑤] 后来，总会甚至在每个施粥中心设立医药部。

蓝十总会的施医赠药活动一直延续到战后，直至今日，其善举多与施医赠药相关，如在赈灾的同时施医赠药，为麻风病人施医赠药，支持洗肾中心，为贫困无钱治病者赞助医药费，甚至承办彩虹疗养院等，这些善举均是对宋大峰祖师慈悲为怀与济贫扶弱精神的传承和在新时代里的延续。

---

① “Mass Feeding of Poor People Starts in Syonan: 2, 100 Blue Cross Workers Giving Good Service”, *The Syonan Shimbun*, April 3, 1945.

② 《中华善堂救济总会端午节施粥并施医赠药》，《昭南日报》1945 年 6 月 15 日。

③ 《中华善堂救济总会端午节施粥并施医赠药》，《昭南日报》1945 年 6 月 15 日。

④ Yap Peng Geck, *Scholar, Banker, Gentleman Soldier: The Reminiscences of Dr Yap Pheng Geck*, p. 89.

⑤ 《中华善堂救济总会端午节施粥并施医赠药》，《昭南日报》1945 年 6 月 15 日。

4. 救灾消防

二战即将结束之际，盟军对新加坡的轰炸越来越频繁，当时的消防设备不足以应对，日本统治者也无力增加消防力量，蓝十总会义无反顾地承担起了部分救火救人的消防任务。组成蓝十总会的五所善堂散布在新加坡不同的角落，空袭警报拉响之后，各间善堂的成员迅速赶到各自所在的善堂集合，并配合“救火队”，通知所在区域的居民熄灯、隐蔽。[①] 如果燃烧弹落到本区域，各善堂成员便立即组织起来，往往能在第一时间赶到现场，他们一般会在专业消防人员赶到之前通知受灾居民转移，让其先到附近的宫庙寺院或学校等待救援。蓝十总会为了更好地参与救助，甚至配备了一整套救援和安置灾民的工具，如罗厘车、大锅和巨大的灶等。叶平玉在回忆录里指出，蓝十总会的消防救灾工作之所以能取得巨大的成功，就在于组织方式具有很强的灵活性与适应性。[②]

消防救灾的宝贵经验，也使得蓝十总会成为战后直至20世纪60年代新加坡社会非常著名的社会赈灾组织，几乎每一次火灾与水灾的救济都可以看到蓝十总会的身影，并被民众誉为当时新加坡民间社团在这方面的佼佼者。

二　战后至20世纪80年代以赈灾为主的社会福利事业

二战结束后，饱受战争创伤的新加坡满目疮痍，人们面对亟须重建的家园，也空前团结在一起，社会各界人士、社团、组织齐心协力为创造更美好的家园贡献出自己的一分力量。蓝十总会在这一过程中，也发挥了重要的作用。

由于当时新加坡的房屋大部分是亚答屋和锌板建筑，因此，经常发生火灾。这些建筑往往相连成片，所以只要一间屋子着火，火势瞬间就蔓延开来，一发不可收拾，酿成严重的火灾，受灾面积通常很大。

---

① 谢启发口述《日治时期的新加坡》，新加坡国家档案馆口述采访录音，1984年1月5日，编号：000358，Reel/Disc 8。

② Yap Peng Geck，*Scholar*，*Banker*，*Gentleman Soldier*：*The Reminiscences of Dr Yap Pheng Geck*，pp. 89 – 90.

1951 年 8 月 1 日上午 9 时左右，位于加冷河（Kallang River）边甘榜武吉士（Kampong Bugis）① 的一家包装运输公司的仓库突然爆炸起火，由于当天风势很大，虽然火患很早被发现，但无法控制，到下午 1 时左右火势基本被扑灭，但大火已经烧了三条街，400 多间房屋被焚，2000 多人无家可归，灾民们几乎所有财产毁于一旦。万幸的是因为火灾是白天发生的，只有数人因灾受伤。② 如此重大的灾情震惊了新加坡各界，大家纷纷自发到灾区进行救援。

但是，当时的救援与善后行动进展相对缓慢，于是蓝十总会的工作人员在 8 月 4 日取得政府福利部救济组的同意后，8 月 5 日开始在太原火锯厂进行施粥，每日两次，连续 10 天，以帮助灾民渡过难关。③ 施粥第一天即有约 2000 名灾民前往受赈。由于受灾居民人数众多，因此施粥场面甚大，从施粥第二天起，政府官员、社团领袖、慈善人士、报业记者纷纷前来探访并尽力帮助灾民解决难题。例如：同样作为善堂领导成员的四海栈东主张泗川在施粥第一天即捐助了白米 20 大包；长德金店主人滘汝昌获悉灾民领粥后缺乏食器，亲自赴灾区蓝十总会办事处，捐赠饭碗、汤匙及竹箸各 3000 件，菜盘 1000 件。④ 此类善举比比皆是。因为施粥每日都进行，所以蓝十总会在灾区的办事处成为热心人士贡献自己力量的最好场所，蓝十总会陆续收到了数十万元善款及各种物资的捐助。新加坡的其他社团组织，也到灾区协助蓝十施粥、发赈，如红十字会在施粥处设立医疗服务处，帮助生病的灾民；红十字会、佛教总会、马华公会、圣约翰救伤队在发赈物时都前来协助维持秩序，帮助灾民将赈物运送回家；还有一些热心的民众，如三轮车夫在发赈之时，义务运送灾民，不取分毫。由此可见，新加坡的各社群在这样巨大的灾难面前，表现出了团结一致、同舟共济渡过难关的精神，而蓝十总会所起的

---

① 当时对这个村子有很多称呼，报章里有时称为火城、武义村、武吉士、武疑士，本书采用现在通用的名称武吉士。

② 《火城大火焚毁三条街八千灾黎待赈急本报今日派员在灾区登记难民各方仁款昨日已收到三千余元力克与本报蓝球队定五日义赛》，《南洋商报》1951 年 8 月 2 日。

③ 《蓝十字中华善堂明日在灾区施粥一连十天每日上午十时及下午四时二次》，《南洋商报》1951 年 8 月 4 日。

④ 《蓝十字中华善堂定十五日施米》，《南洋商报》1951 年 8 月 7 日。

带头作用是不容忽视的。

据《南洋商报》统计，此次武吉士村大火，救济灾民加上为灾民筹款建屋，共收到善款近 50 万元，[①] 其中捐至蓝十总会各办事处给灾民的善款达到万余元。[②] 蓝十总会施粥 10 天，花费 1 万元，但其自行承担了这笔花费，没有动用民众捐赠的善款。这些善款后来均转交给新加坡联合救济总会[③]，用于给无家可归的灾民筹划建屋。[④]

武吉士村大火之后，几乎每次火灾蓝十总会皆积极参与救灾赈济，而其参与火灾救济的方式也成为当时慈善组织的一个典范。一般火灾发生当时，蓝十及在灾区附近的团体会员善堂即出动人员参与疏散、转移民众，扑灭大火，然后安排临时施济地点（一般为附近学校或工厂的仓库或厂房），筹备生活必需品，灾后第二天即开始施粥，等物资备好后，组织蓝十及其团体会员善堂成员随即分发赈品给灾民，灾民凭借社会福利部发放的卡片（武吉士村大火时，由《南洋商报》负责登记灾民）领取。[⑤]

由于带领蓝十总会救灾有功，对社会民众做出重大贡献，1952 年初，蓝十总会主席叶平玉荣获英皇颁赐 MBE 勋章（大英帝国勋章）。[⑥]

1953 年 7 月 16 日上午，芽笼三巷（Lorong 3，Gaylang）亚答屋区发生大火，造成 2700 余人无家可归，蓝十总会当日即到灾区展开施粥、施茶与用牛乳喂养婴儿等工作。其迅速高效的救济工作，得到了社会的广泛

---

① 《人民已尽最大力量与政府合作　政府亦应与灾民合作解决屋荒》，《南洋商报》1951 年 9 月 8 日。

② 《蓝十字中华善堂救济总会补赈火城灾民四户六名赶印收据将于日间发出》，《南洋商报》1951 年 8 月 25 日。

③ 该组织是在 1951 年 8 月 13 日由福利部华民政务司主持，参与武吉士村大火救济的慈善组织联合建立的，是为了能从根本上解决武吉士村灾民的住房问题（参见《积极筹建住屋安顿火城灾黎，联合救济总会已组成，华民政务司任主席，李玉荣、林庆年等九人为委员。快乐世界商展延长三晚大义卖，本报代收仁款达二十一万余元》，《南洋商报》1951 年 8 月 14 日）。此后该组织积极参与新加坡的各种社会救济活动。

④ 《蓝十字发赈白米衣物　蔡杨素梅女士亲助灾民搬运》，《南洋商报》1951 年 8 月 16 日；蓝十总会理事会第 11 次会议记录，1951 年 8 月 30 日。

⑤ 《芽笼灾民二千七百六十五人再领到约三万元赈物　蓝十字在灾区工作昨日下午四时结束　叶平玉盛谢圣约翰救伤队及警察》，《南洋商报》1953 年 7 月 27 日。

⑥ 《蓝十字中华善堂等团体联合宴贺叶平玉荣膺英皇 MBE 勋章叶氏表示愿毕生尽力为人群谋福利》，《南洋商报》1952 年 1 月 10 日。

认可。《潮州乡讯》专门发表了一篇评论，高度赞扬蓝十总会在此次赈灾救济过程中的作用：

> 吾人知之，蓝十中华善堂救总会，是由同敬、同奉、修德、普救、同德（按：应为南安）五个善堂联合组织而成，由于主持得人，大家和衷共济，故偶逢地方发生不幸灾难，均能迅赴事功，发挥救灾恤难的互助精神，贯彻该会的宗旨。……
>
> 抑尤有进者，由于该堂救济工作表现之优良，深获同侨所信赖，捐款、捐物、捐旧衣，有如潮涌。该会连续举行了十一天的救济，总计施粥及补充赈物，总共支出三万余元，加上各方报效的赈物，估达六万元左右，而发与灾民之旧衣服，为数竟在十万件以上。
>
> 看了上面这些记录，我人深深感觉到我侨平素对于“团结”' 二字，虽较其他各帮，不无逊色，然对于社会公益，救灾恤难之事，却是不落人后的。以前的赈济祖国灾民，救济家乡风灾、水灾固莫不尽力以赴，踊跃输捐，而这次之出钱出力，更可说为各帮之冠。此种热心公益救灾恤难之精神，是值得赞扬的！①

从 1954 年 12 月 9 日晚开始，新加坡下了十几个小时的大雨，全岛多处顿变泽区，受灾人数近 5000 人，灾情发生后，蓝十总会迅速到灾情最严重的勿洛（Bedok）地区赈灾。15 日，新加坡总督列诰爵士（Sir John Fearns Nicoll）致函总会主席叶平玉，嘉勉该总会动员会员救济水灾区住户之功绩，其公函内容如下：

> 请转告蓝十字中华善堂救济总会全体志愿前往灾区协助救济工作之会员，余对于彼等之工作，极感欣慰，彼等之努力，对于减轻水灾之为害，乃系极有价值者。②

---

① 海容：《救灾精神值得赞扬》，《潮州乡讯》第 12 卷第 12 期，1953 年，第 4 页。

② 《蓝十字中华善堂获总督致函嘉勉　赞许该总会努力救灾》，《南洋商报》1954 年 12 月 16 日。

从总督列诰爵士的来信，我们也可看出蓝十总会在当时不仅赢得了社会各界的广泛赞许，声望日隆，也深获政府的肯定。

1955 年 9 月 30 日华人中秋节日，下午 3 时，甘榜中峇鲁（Kampong TiongBahru）发生大火，烧毁 100 多间房屋，1500 多人受灾。10 月 9 日，蓝十总会假加冷飞机场（Kallang Airport）为灾民分发赈物，是日到场视察的有新加坡总督柏立基爵士（Sir Robert Brown Black），公众联络局、福利厅长等高级政府官员，到场服务者有总会总务吴伯友及黄昆谋、陈宝书、林应标、庄培华、朱良兴、郑觉生、吴克承、陈两泉、刘益吾、许松泉、林锦呈、陈少庭暨六大善堂代表工作人员凡百人，红十字第七队派出男女队员 20 名，协助各灾民领取赈物及维持秩序，福利厅亦派了巴士车 2 辆及罗厘车 1 辆赴灾区，运载灾民到飞机场领取赈物后再载返原地。《南洋商报》对此次分发赈物的过程进行了详细的报道：

> 查昨天所发赈物办法，该会特设中华善堂救济总会八个字，分八站按人额分配，计第一站为“中”字，分派棉被及花席，办法：一至二名各得一件，三至四名各得二件，余类推，由总会职员负责发给。第二站为“华”字，赈物为面盆、口壶、毛巾、牙刷，办法：彩花面盆一人至三人者一个，四人至六人二个，多则类推，口壶、毛巾、牙刷每人每种各一件，由普救善堂代表负责。第三站为“善”字，赈物系金龙热水壶及提花大浴巾，办法：热水壶一至三人得一个，四至六人二个，余类推，由修德善堂代表负责。第四站为“堂”字，赈物系牛乳、饼干、晒油等物，办法：牛乳一至二人得一罐，三至四人二罐，多则类推，饼干每户一大纸袋，十人户者得康元二磅半庄一珍，晒油每户一罐，由同敬善堂代表负责。第五站为“救”字，赈物为白铁吊桶、搪瓷饭锅、咖啡杯等物，办法：白铁桶每户五人内者一只，逾五人者二只，饭锅计一吞五个，分大、二、三、四、五号，一人户者得五号锅一只，二人户者四号锅一只，三人户者三号锅，四人户者二号锅，五人户者得大号锅，六人户者一大一小，余照推，由同奉善堂代表负责。第六站为“济”字，赈物为大汤碗、菜

> 盘、饭碗、汤匙、筷子，办法：三人内户口得一汤碗一菜盘，逾额加倍，饭碗、汤匙、筷子每名各一件，碟子照户配给，由南安善堂代表负责。第七站为“总”字，赈物系新旧衣服（混合）、背心衫、手提花草袋，办法：新旧衣每小户一束（十五条），大户二束，背心衫一至二人得一件，三至四人二件，余照类推，花草袋五人户以上得一个，由同德善堂代表负责。第八站为“会”字，赈物为白米及肥皂，办法：不论老少，白米每人十斤，肥皂每人一块，由总会职员负责。①

从《南洋商报》的报道可以看出，总会与当时下属六个善堂普救、修德、同敬、同奉、南安、同德，分成8组，每组分别以“中华善堂救济总会”八个字中的一个字为标志，便于区分，每组各自负责发放一类物资，避免造成混乱，灾民按八个大字走完，即可领完赈物。这样的放赈方式，不仅井井有条，也使人们对总会有更深刻的印象，有积极的宣传作用，但更重要的是，蓝十总会成员精诚合作的态度，高效而有序的工作，在此次赈灾活动中再度体现出来，也因此得到社会各界的高度赞扬。

1978年10月12日，一艘停靠在裕廊造船厂维修的希腊油槽船“史拜鲁斯”（Spyros）号突然爆炸起火，造成76名在船上及周边地区工作的工人死亡，近百人受伤，现场浓烟滚滚。② 这起爆炸案是新加坡自开埠以来所遭遇的最严重的工伤事故。此惨案震惊全国，引发高度关注。蓝十总会在得到消息后，迅速行动，发动下属各善堂踊跃募捐，共募得35000元，捐给《南洋商报》成立的救灾基金，成为此次赈灾活动中捐款最多的慈善组织。③

---

① 《中华善堂救济总会发食用品予灾民总督柏立基爵士亲往视察》，《南洋商报》1955年10月10日。

② 《史拜鲁斯油船爆炸惨案调查庭报告书摘要》，《南洋商报》1979年3月4日。

③ 《中华善堂救济总会暨属下善堂合捐义款三万五千以充本报济灾基金该会主席庄卓岩主持捐款会议》，《南洋商报》1978年10月21日。

据现存资料所载，从20世纪50年代至90年代，蓝十总会参与的本坡水灾、火灾救济工作达到74次（见表2－2）。随着时代的变迁、社会的发展、公共设施的改进和人民福利的提高，人们居住条件获得极大改善，大规模的火灾越来越少，蓝十总会的水灾、火灾救济的方式也随着时代的进步而发生变化，从原来的救火、施粥、赈物，变成发放救济金，而且次数越来越少，这种趋势，到了20世纪80年代以后就更为明显了。

表2－2　1951～1990年蓝十总会参与的历次水灾、火灾救济不完全统计

序号	日期	地点	灾害类型	受灾人数	救济方式	蓝十的募捐所得
1	1951年8月1日	武吉村	火灾	2441人	施粥、赈物、救济金	超过万元善款，各种物资与人力
2	1951年9月29日	武吉智马律七条石裕诚胶厂	火灾	183人	赈物	
3	1953年7月16日	芽笼三巷	火灾	2765人	施粥、赈物	35000余元善款，各种物资与人力
4	1953年10月24日	丌笼山榜阿裕尼	火灾	2515	施粥、赈物	5000余元善款，各种物资与人力
5	1954年12月9日	后港路波冬巴西及勿黎特尔律地区	水灾	5000余人	施粥、赈物	善款不详，各种赈物
6	1955年9月25日	火城甘榜须布广德利藤厂亚答屋	火灾	36人	赈物	
7	1955年9月30日	甘榜中峇鲁	火灾	1500人	施粥、赈物	4621.9元善款，各种物资与人力

续表

序号	日期	地点	灾害类型	受灾人数	救济方式	蓝十的募捐所得
8	1955 年 10 月 21 日	甘榜峇踏金英律亚答屋	火灾	15 人	赈物	
9	1956 年 2 月 29 日	后港六英里佛罗伦萨律	火灾	156 人	赈物	赈物若干
10	1956 年 7 月 9 日	吊桥头潮州马车街美光理发店二楼	火灾	9 人	赈物、救济金	
11	1956 年 7 月 10 日	笋笼阿裕尼律	火灾	77 人	赈物	142.9 元善款，赈物若干
12	1956 年 7 月 16 日	亚历山大双口鼎村	火灾	101 人	赈物	
13	1956 年 7 月 16 日	杨厝港律六英里半露茜律	火灾	5 人	赈物	
14	1956 年 9 月 16 日	巴耶利峇	火灾	111 人	赈物	520 元善款
15	1957 年农历新年期间	小火灾四起	火灾	47 人	赈物	
16	1957 年 2 月 20 日	中峇鲁亨德生律	火灾	54 人	赈物	10 元善款
17	1957 年 4 月 19 日	后港罗兰律	火灾	74 人	赈物	
18	1957 年 4 月 25 日	芽笼十六巷	火灾	23 人	赈物	
19	1957 年 5 月 7 日	明古连街	火灾	39 人	赈物	
20	1957 年 5 月 23 日	丝丝街	火灾	284 人	赈物	赈物若干

续表

序号	日期	地点	灾害类型	受灾人数	救济方式	蓝十的募捐所得
21	1957年8月15日	漳宜苏玛巴律	火灾	3户	赈物	
22	1957年9月22日	巴丝班让	火灾	39人	赈物	
23	1957年10月7日	文德律	火灾	11人	赈物	
24	1958年1月17日	明古连街	火灾	53人	赈物	
25	1958年1月23日	四脚亭	火灾	100人	赈物	白米
26		罗廊英古亚曼		6人		
27	1958年2月17日	武吉知马律91号B	火灾	11人	赈物	
28	1958年2月17~18日	维多利亚街	火灾	18人	赈物、救济金	
29		罗廊安巴士		21人		
30		拉丁玛士		41人		
31	1958年4月5日	芽笼三巷	火灾	2108人	施粥、赈物	24567.9元善款，各种物资与人力
32	1958年4月7日	中峇鲁331号	火灾	26人	赈物	
33	1958年4月21日	庙巷8号	火灾	11人	赈物	
34	1958年5月8日	三巴湾律十三英里半	火灾	4人	赈物	
35		武吉班让20号		8人		
36	1959年2月14日	中峇鲁	火灾	2400余人	施粥、赈物	6000余元善款，各种物资与人力

续表

序号	日期	地点	灾害类型	受灾人数	救济方式	蓝十的募捐所得
37	1959 年 5 月 24 日	如切丹伯霖路	火灾	365 人	施粥	
38	1961 年 5 月 25 日	中峇鲁河水山	火灾	近 2 万人	施粥	
39	1967 年 4 月 1 日（会议记录日期）	茂德律	火灾		救济金 200 元	
40	1970 年 1 月 11 日（会议记录日期）	新加坡（具体地点不详）	水灾		救济金 1000 元	
41	1978 年 10 月 12 日	裕廊油槽船	爆炸	76 人死亡，100 多人受伤	救济金 35000 元	
42	1980 年 6 月 21 日	芽笼三巷	火灾	181 人	救济金	
43	1980 年 7 月 6 日	榜鹅路马来渔村	火灾	66 人	救济金	
44	1980 年 7 月 18 日	飞霞精舍老人院	火灾	9 人	救济金	
45	1980 年 8 月 28 日（会议记录日期）	芽笼东区甘榜哇丹绒港口	火灾	16 人	救济金	
46	1980 年 10 月 20 日（会议记录日期）	不详	火灾两起	不详	救济金	
47	1980 年 10 月 20 日（会议记录日期）	如切	火灾	41 人	救济金	
48	1981 年 1 月 27 日（会议记录日期）	甘榜乌美	火灾	69 人	救济金	
49	1981 年 3 月 10 日	樟宜路	火灾	9 人	救济金	
50	1981 年 7 月 15 日（会议记录日期）	莎利娜、金泉路、罗美拉拨三处	火灾	不详	救济金	

续表

序号	日期	地点	灾害类型	受灾人数	救济方式	蓝十的募捐所得
51	1981 年 8 月 30 日	珊顿道木屋区	火灾	91 人	救济金	
52	1982 年 2 月 3 日（会议记录日期）	芽笼 27 巷	火灾	27 人	救济金	
53	1982 年 2 月 7 日	美世界巴刹	火灾	41 人	救济金	
54	1982 年 3 月 19 日（会议记录日期）	罗弄本同	火灾	23 人	救济金	
55	1982 年 5 月 30 日	黄埔河畔	火灾	8 人	救济金	
56	1982 年 7 月 4 日	武吉班让罗弄亚程	火灾	17 人	救济金	
57	1982 年 7 月 4 日	牛水区	火灾	3 人	救济金	
58	1982 年 7 月 25 日	惹兰红山	火灾	30 人	救济金	
59	1982 年 9 月 5 日	克拉街	火灾	8 人	救济金	
60	1982 年 9 月 15 日	厦门街	火灾	70 人	救济金	
61	1982 年 10 月 31 日	菲沙街	火灾	39 人	救济金	
62	1982 年 11 月 28 日	惹兰菲菲	火灾	82 人	救济金	
63	1983 年 1 月 30 日	竹脚柏利利奥港	火灾	16 人	救济金	
64	1983 年 2 月 13 日	惹兰合拉曼克泰	火灾	34 人	救济金	
65	1983 年 5 月 1 日	义顺锌板屋	火灾	当日无人领款，后无记载	救济金	
66	1983 年 6 月 26 日	杜尼亚路，特利华湾锌板屋	火灾	56 人	救济金	
67	1983 年 10 月 23 日	芽笼 3 巷木屋	火灾	37 人	救济金	

续表

序号	日期	地点	灾害类型	受灾人数	救济方式	蓝十的募捐所得
68	1984 年 1 月 8 日	军港路忠国村木屋	火灾	当日无人领取，后无记载	救济金	
69	1985 年 3 月 17 日	惹兰申都督	火灾	31 人	救济金	
70	1986 年 1 月 2 日	如切律百登灵路木屋	火灾	107 人	救济金	
71	1986 年 6 月 28 日（会议记录日期）	金吉路木屋	火灾	13 人	救济金	
72	1988 年 1 月 24 日	芽笼 23 巷木屋	火灾	19 人	救济金	
73	1989 年 5 月 15 日（会议记录日期）	小印度马林柏烈	火灾	14 人	救济金	
74	1990 年 9 月 21 日（会议记录日期）	牛车水区丁加奴街	火灾	21 人	救济金	

资料来源：蓝十总会议案簿（1951 年 8 月至 1957 年 7 月，1965 年 1 月至 1990 年 9 月）、《南洋商报》《星洲日报》新闻，1951～1990 年。受灾地点名称据资料原文节录。

三　20 世纪 80 年代以后加强对外交流与跨国慈善活动

随着新加坡经济的发展，国际交流活动的日益频繁，从 20 世纪 80 年代起，蓝十总会与世界各地的慈善组织和团体来往日渐增多。1985 年 7 月，总会收到来自巴基斯坦的 PECH 团体来信，希望与总会交流，向总会学习经验。① 其后总会陆续与各地慈善组织建立起多种不同方式的联系。

20 世纪 80 年代以后，新加坡与中国两地宋大峰祖师信仰圈重新加强了联系。1990 年，潮州同奉善堂重建金砂堂址，蓝十总会赞助新币 2000

① 蓝十总会第 32 届第 5 次理事会议记录，1985 年 7 月 23 日。

元，助其盛举。① 同年，潮州和平报德古堂新建的报德楼落成，蓝十总会派代表参与了盛大的典礼。② 1991 年 2 月 27 日，蓝十总会在吴国富会长的筹划与带领之下，返回潮汕访问。此次潮汕之行，总会的参观团不仅访问了和平报德古堂、揭阳报德古堂、觉世善堂、觉真善堂、潮安金砂同奉善堂、大吴修德善堂、鲲江缅源堂、潮阳莲濠善德古堂，还受当地政府邀请参观了汕头市的元宵花灯展及潮州绣厂，拜访并题捐潮州及汕头的敬老院及残疾病院。③ 此次访问大大加强了两地善堂组织的联系，促进了两地慈善事业的交流。1992 年，总会又组织了访问团前往潮阳进行访问。④ 翌年 3 月，总会组织前往潮阳报德古堂参加和平桥重修开幕典礼。同年，潮州市残疾人协会到总会访问。⑤ 潮阳报德古堂为筹划祖师亭剪彩及祖师纪念馆奠基活动，特组访问团到泰国、马来西亚、新加坡等进行访问，其访问团于 10 月 5 日抵达新加坡，总会设宴招待。⑥ 两地善堂组织之间的这种联系一直保持至今。1994 年 11 月 19 日，南洋同奉善堂槟城分堂庆祝宋大峰祖师圣寿，来函邀请，总会与各属堂均派代表参与盛举。⑦ 之后，蓝十总会与马来西亚、泰国各地的善堂及其他慈善机构建立起紧密联系，并保持着经常性的交流与互动。

其实，除了在民国时期曾赈济中国潮汕灾区外，20 世纪 70 年代以后，蓝十总会也参与过其他国际赈灾活动。1970 年 11 月 12 日，台风“波拉”（Bhola）袭击东巴基斯坦（现孟加拉国）和印度的西孟加拉邦，风暴潮淹没了低洼恒河三角洲的岛屿，使得多达 50 万人在风暴中失去生命。⑧ 由于灾情严重，国际社会都对该国伸出援助之手，蓝十总会捐助

① 蓝十总会第 35 届第 1 次理事会议记录，1990 年 4 月 2 日。

② 蓝十总会第 35 届第 5 次理事会议记录，1990 年 11 月 13 日。

③ 蓝十总会临时理事会议记录，1990 年 12 月 27 日；蓝十总会临时座谈会会议记录，1991 年 1 月 7 日。

④ 蓝十总会第 36 届第 4 次理事会议记录，1992 年 11 月 4 日。

⑤ 蓝十总会团体代表大会会议记录，1993 年 3 月 9 日。

⑥ 蓝十总会第 36 届第 9 次董事会议记录，1993 年 9 月 21 日；蓝十总会第 36 届第 10 次董事会议记录，1993 年 11 月 9 日。

⑦ 第 37 届第 4 次理事会议记录，1994 年 11 月 14 日；第 37 届第 5 次理事会议记录，1995 年 1 月 9 日。

⑧ 《盘点这些史上大名鼎鼎的台风　你知道几个》，https：//read01. com/eDje4K. html。

1000 元赈灾。[①] 1991 年夏天，中国华东地区发生大面积水灾，受灾人口将近 9000 万人，因灾死亡 431 人，农作物受灾面积 730 多万公顷，各项直接经济损失近 160 亿元人民币。[②] 中国政府吁请国际社会进行援助，蓝十总会积极响应，特别在 1991 年 7 月 31 日晚召开救济委员会会议，议决拨出救济金 10000 元赈灾，并迅速在会议后的第三天，即 8 月 2 日，由主席庄卓岩、财政程钟松及总务陈惟强将救济金送交中国驻新加坡大使馆。当年 7 月，潮汕地区亦遭台风侵袭，灾民甚多，为六十余年来所仅见。是晚会议同样议决拨救济金 10000 元赈灾，另由各堂自由认捐，如有零散则由总会凑足，以新加坡中华善堂蓝十救济总会之名义捐献。出乎预料的是，此次筹款所得超出预期的目标，高达 70000 元。这笔善款分别赈助汕头市、潮州市和潮阳和平报德古堂。[③] 1999 年 9 月 21 日，台湾花莲发生 7.6 级大地震，造成重大伤亡，蓝十总会亦发动其下会员善堂捐款，募得善款 63000 元。[④] 2004 年 12 月 26 日，印尼苏门答腊岛发生 9.3 级地震，并引发大海啸，对东南亚及南亚地区人民造成巨大伤亡，死亡和失踪人数至少 29 万余人。[⑤] 蓝十总会在得知消息后，立即开会讨论有关赈灾事宜，总会与下属 10 所善堂共募得 30000 元善款，在 2005 年 1 月 2 日交予新加坡红十字会助赈。[⑥] 蓝十迅速地回应与捐助世界各地的大灾难，不仅体现了其高效的组织与行动能力，也说明了蓝十的公益事业无国界之分。

四　20 世纪 90 年代以后，积极转型，拓展现代慈善事业

随着社会、经济的发展，蓝十总会也开始积极寻找新的慈善领域，拓展自己的慈善事业，并寻求在组织形式上进行一些改变，以更能适合新时代，更吸引年青一代的关注与参与。

---

① 蓝十总会第 18 届第 6 次执行委员会议记录，1971 年 1 月 3 日。

② 《1991 年华东的水灾》，《中国减灾》2011 年第 14 期，第 16 页。

③ 蓝十总会第 35 届第 10 次理事会议记录，1991 年 9 月 16 日。

④ 蓝十总会第 39 届第 10 次理事会议记录，1999 年 11 月 15 日。

⑤ 《2004 年印度洋大地震》，https：//zh. wikipedia. org/wiki/2004 年印度洋大地震。

⑥ 刘英才、黄朝隆主编《中华善堂蓝十救济总会庆祝成立七十一周年纪念暨蓝十彩虹疗养院十一周年纪念特刊》，第 131 页。

1. 积极参与政府关怀老人的慈善计划

从 20 世纪 90 年代起，新加坡政府开始意识到本地人口结构的变化，即未来新加坡将步入老龄化社会，故积极提倡各慈善机构参与关怀老人、养老与安老事业。1993 年 11 月，总会得知政府欲支持慈善机构开办老人院的计划，立即开会决定向政府申请，此次申请虽然没有成功，但得到了政府的承诺，可在大约六年后主办彩虹疗养院。① 这是蓝十总会正式介入养老事业的开始。

1995 年，政府鼓励有意向的慈善机构在红山联络所创办老人之家，照顾贫病及没有家人看顾的老人。4 月，在该会名誉顾问庄日昆先生的建议下，蓝十总会决定与其他慈善机构联合在每周六晚上为这些老人提供免费晚餐。② 从当年 9 月起，为老人免费提供晚餐的活动正式开始，一直到 1997 年 7 月，红山联络所要重新翻修，这项慈善活动才终止。③ 但蓝十及其下 10 家会员善堂仍继续在养老与安老的慈善事业上投入许多人力与物力，各善堂皆成立了多家慈善机构（详阅本书第三章“发展脉络”）。

2. 管理彩虹疗养院（Jenaris Home @ Pelangi Village）

在 1994 年 1 月 11 日第 36 届第 11 次董事会议上，在法律顾问李锦祥律师的建议下，黄吉成副主席提出总会向政府申请接办兀兰老人院的议案，并成立了一个小组负责此事，由每所会员善堂派两位代表组成。④ 但该老人院已被其他慈善机构承接，故而改向政府承诺承办彩虹疗养院，并取得了理事会的同意。政府在当时即表明六年后该疗养院方能建成移交。总会在 1994 年 7 月 11 日成立专门小组，负责筹备与管理彩虹疗养院的资金。⑤

但此计划的发展却颇为曲折。1997 年福利部来信通知要建 6 家彩虹精神疗养院，有意接办的慈善机构可申请，换言之，蓝十总会原先的申请已经无效，需要重新申请。11 月 5 日，国家发展部召开了一个

① 蓝十总会第 36 届第 10 次董事会议记录，1993 年 11 月 9 日；蓝十总会第 36 届第 11 次董事会议记录，1994 年 1 月 11 日。

② 蓝十总会第 37 届第 7 次理事会议记录，1995 年 5 月 8 日。

③ 蓝十总会第 38 届第 8 次理事会议记录，1997 年 7 月 7 日。

④ 蓝十总会团体代表大会会议记录，1994 年 3 月 22 日。

⑤ 蓝十总会第 37 届第 2 次理事会议记录，1994 年 7 月 11 日。

座谈会，在会上该部门的官员原则上同意分配一家彩虹之家由总会打理，其经费由政府补贴。① 因此，在李锦祥律师的协助之下，总会着手重新申请的工作，并在该年 12 月 4 日根据程序送交申请表格，之后，在与该部门官员的多次互动后，最终争取到了彩虹疗养院的管理权。② 从 1999 年起，总会多次参加了社会发展部与公用事业局召开的彩虹疗养院建设会议，并在 1999 年、2000 年组织了两次潮剧义演，为运作该疗养院筹募资金。③

2002 年 2 月 26 日，彩虹之家正式移交给总会。④ 5 月 7 日，彩虹疗养院管理委员会正式成立，由 10 所会员善堂各派一位代表组成。同年 8 月 2 日，彩虹疗养院章程获得政府正式核准。彩虹疗养院成立初期，与另两家由德教济云阁、西湖太和观主办的疗养院合作，聘用一组行政人员进行管理，以便更好、更迅速地掌握相关的业务。⑤ 2002 年 8 月 19 日，彩虹疗养院改由蓝十总会自行管理。⑥ 此后，总会的慈善救济工作的重心便转移到该疗养院。总会举行理事会议，每一次均有单独的彩虹疗养院院务报告，并将该疗养院的财政进支表也附在财务报告上，交由各位理事审阅。该院的管理委员会一直由 10 所会员善堂各派一名代表组成。

彩虹疗养院运作稳定之后，原本定于 2003 年 4 月 5 日正式开幕，不料当时非典型肺炎（SARS）疫情暴发，只好推迟至 2003 年 9 月 3 日，由社体部部长雅国博士主持开幕仪式。⑦

彩虹疗养院接收的主要是正在康复中的精神病人，目的在于让他们在院内逐渐适应正常人的生活方式。住院者不限种族、性别，每年大约有 200 人在该院生活，接受康复训练。院内设有工厂，由专家指导和训练住院者工作，让他们赚取工资。院内中心也设有图书馆、花园、小型商店、

① 蓝十总会第 38 届第 10 次理事会议记录，1997 年 11 月 18 日。

② 蓝十总会第 38 届第 11 次理事会议记录，1998 年 1 月 5 日。

③ 蓝十总会第 40 届第 2 次理事会议记录，2000 年 7 月 10 日；蓝十总会第 40 届第 3 次理事会议记录，2000 年 9 月 11 日。

④ 蓝十总会第 40 届第 12 次理事会议记录，2002 年 3 月 11 日。

⑤ 蓝十总会第 41 届第 1 次理事会议记录，2002 年 5 月 7 日。

⑥ 蓝十总会第 41 届第 3 次理事会议记录，2002 年 9 月 9 日。

⑦ 蓝十总会第 41 届第 8 次理事会议记录，2003 年 12 月 1 日。

理发店、咖啡店、健身房等，并有专业团体负责协助对住院者进行复健训练。周末与节日也经常有各类团体前来举办康乐活动。

图 2-9 蓝十彩虹疗养院外观

资料来源：刘英才、黄朝隆主编《中华善堂蓝十救济总会庆祝成立七十一周年纪念暨蓝十彩虹疗养院十一周年纪念特刊》，封底背页。

3. 采取新形式赈灾恤难，抚生慰死

新加坡的经济自20世纪70年代高速发展以来，人民生活水平大为提高，每当有灾难发生，政府亦投入较多力量进行赈灾救济，因此，旧有的施赈方式也逐渐变得不合时宜，蓝十总会因而与时俱进，寻找新的形式与方法继续发扬慈善事业。

1997年12月19日，胜安航空公司一架从印尼雅加达飞往新加坡的航班MI-185号突然坠毁，机上所有机组人员和乘客共104人全部遇难，其中包括42名新加坡人。① 这次事故是新加坡航空史上一次大空难。蓝十总会于1998年2月5日，值空难亡者“七七”之期，在加冷劳动公园（Kallang Park）停车场发起了为全部胜安罹难者超度的法会及追悼会。除了罹难者家属外，时任劳工部政务部长欧思曼、总理公署兼社会发展部政务次长曾士生、宏茂桥集选区国会文员成汉通等政要也受邀出席了追悼

① 《中华善堂蓝十救济总会为空难死者举行七七追悼会》，《联合晚报》1998年1月23日。

会，并向空难罹难者献花致敬。[①] 此次超度法会不仅得到了总会 10 所会员善堂的全力配合，参与主持超度仪式，分担经费，还得到了社会各界人士的大力支持，商家们提供膳食饮料、铁棚桌椅、各种冥钱纸料、香烛祭品等，另有多个机构与个人慷慨捐款，[②] 此超度法会取得了圆满的结果。

总会主席黄吉成在接受记者采访时谈道："追悼仪式除了对罹难者表示深切的哀悼，对其家属带来安慰外，也希望家属们的心灵创伤得到弥合，并能够重新振作起来，积极地面对未来，尽管日子是多么的艰难，也要为明天抱着一份希望和目标，以使在天亡灵得慰。"[③] 而黄吉成所提到的对灾难受害者及其家属进行心灵上的抚慰，是非常重要的社会救助，许多人在亲人亡逝之后，久久无法走出伤痛，饱受精神的折磨，这正是传统慈善救济事业所忽视、政府的救助力所不及的领域。因此，笔者认为，从这一点来说，蓝十总会在灾难后为罹难者举行超度法会，不能仅仅视为一种传统的宗教仪式，还可说是一种新的赈灾恤难的方式，它对抚平社会创伤、关注受灾人的精神健康有重要帮助与意义，也是值得进一步发扬的救助方式。

4. 其他慈善事业

蓝十总会从成立初期起，即以施医赠药为主要事业，因此，亦参与了许多与此相关的其他慈善事业，例如捐助各种严重传染病患者。蓝十成立不久就向麻风病院捐赠食品及药品，并多次向该病院捐助资金。[④] 在现存蓝十最早的会议记录中，我们可看到 1947 年蓝十向新加坡结核病院捐助了 2000 元善款。[⑤] 1952 年 3 月，还应该院要求，协助其征求各慈善家捐款救治肺结核病患。[⑥] 蓝十总会带头捐出 10 名患者的医药费共 2500 元，最后共募得 34 名患者的医药费，共计 8500 元。[⑦] 蓝十是次发起为肺结核

---

① 《中华善堂蓝十救济总会今早举行胜安空难者"七七"超度会》，《新明日报》1998 年 2 月 5 日。

② 蓝十总会第 38 届第 12 次理事会议记录，1998 年 3 月 9 日。

③ 《中华善堂举行空难追悼仪式》，《联合早报》1998 年 2 月 10 日。

④ "Blue Cross to Treat Lepers", *The Syonan Shimbun*, April 28, 1945.

⑤ 蓝十总会第十二次委员会议记录，1947 年 7 月 28 日。

⑥ （复兴）第二届职员就职典礼及召开第一次职员会议记录，1952 年 3 月 27 日。

⑦ 《蓝十字总会再收到四名药费》，《南洋商报》1952 年 6 月 10 日。

病人筹募资金的活动，不单为这些病患筹到资金，而且引起了华民政务司的重视与支持，且提出欲成立慢性肺结核病人收容所，并在1952年5月假华民政务司议事厅召开会议，讨论各项有关问题，出席的侨团代表共20个单位，蓝十总会由总务吴伯友代表出席，总会也被推选为即席产生的工作委员会委员。① 从1986年起，蓝十总会也多次捐赠慈善资金给肾脏基金及儿童洗肾基金，并资助一些无力支付医药费的病人，帮助其继续治疗，如肾病病人换肾和每月洗肾费用、心脏病人手术费用等。

总会也长期捐助资金和物品给各老人院、疗养院、乐龄中心、儿童城、残疾儿童院、孤儿院、盲人协会、收容所、戒毒所等慈善机构，并为医疗机构赞助经费及医疗用品，协助一些医疗机构进行慈善活动与宣传。如1972年蓝十总会帮助护士周主办方发售游艺券，助其宣传与募集善款。② 捐助机构与次数颇多，无法一一列举。

据现存资料，蓝十总会自20世纪50年代初起就通过《南洋商报》《星洲日报》等新闻媒体救济贫困人士。只要报章上刊登了因遭遇事故或因患病而急需经济援助的家庭或个人的新闻，总会均会通过报社代为转发救济金。例如，1953年11月14日，《南洋商报》刊登了两则本地新闻，一则提到汤申律（Thomson Road）海南山有一茅屋失火，所幸扑救及时，火势没有蔓延，只此茅屋被焚毁，此新闻简要报道了该茅屋的住户郭亚差，她是个年迈的寡妇，子媳俱亡，只留下四个孙子孙女，与她相依为命，情堪可怜；③ 另一则报道了一名丈夫刚去世不久的寡妇，其夫生前久病，留下三儿一女，最大的才13岁，家里贫苦，无力为其丈夫买棺，靠邻居募善款办理丧事，该寡妇多次欲自寻短见，一家五口生路无计。④ 两天后，该报再刊新闻，将寡妇郭亚差辛酸贫苦的人生境况简单向公众披露，希望有仁心善士帮助其一家渡过难关。⑤ 蓝十总会在新闻刊登后，当

---

① （复兴）第二届第二次职员会议记录，1952年5月7日。

② 蓝十总会第20届第2次执行委员会议记录，1972年4月26日。

③ 《汤申律海南山一茅屋失火　邻居扑救幸未蔓延　只闽籍老寡妇一家人口遭殃》，《南洋商报》1953年11月14日。

④ 《粤妇丁亚兰夫死子幼亟待救援》，《南洋商报》1953年11月14日。

⑤ 《前日海南山火烧亚答屋郭亚差处境堪怜　祖孙五口无处栖身亟待救济》，《南洋商报》1953年11月16日。

即写信请《南洋商报》将白米、米粉等捐赠物交给这两名不幸的妇女。① 原则上，报馆刊登需救助者的信息前一般会做必要的调查，也多会将捐助者及其捐助内容登报报道，因此，从这个角度看，蓝十总会通过报纸等媒体进行救助，一方面可以减少核实的成本，另一方面又可借助媒体的宣传扩大总会的影响力。此后，在很长一段时间内，这种形式成为蓝十总会救济个别贫困人士的主要方式。

从 20 世纪 50 年代起，一些医院与社会福利部也会介绍家庭困苦或因病致贫的人与总会联系，由总会赈济资金给他们。例如，1955 年，中央医院来函介绍林厝港一病人林金炎家庭贫苦，请总会赞助其修理亚答屋顶之费用 50 元。② 1982 年，卫生部来信介绍一名沈女士，其夫残疾，有四个儿子，要求每月给她 30 元，或介绍工作，工薪每天一小时 2 元或 3 元。总会工作人员调查情况属实之后，每个月资助其 30 元。根据蓝十总会的会议记录，总会对其资助了五年之久。③

支持教育事业、推广华人文化是蓝十总会对华社的另一项贡献。1953 年 1 月，新马华人筹建南洋大学，蓝十总会即成为筹备委员会委员之一，并拨款 2000 元赞助。④ 1954 年勿洛发生水灾，将新华学校的桌椅毁坏，蓝十总会与属下 6 所善堂共捐善款 300 元，为该校补购桌椅 30 套。⑤ 蓝十总会赞助各中小学、大学举办各种活动的例子，多不胜举，在总会历年会议记录上都有记载。

蓝十总会还从经济上资助一些无力支付学费的学生。1985 年，有个在华中初级学院就读的学生吴秀美来信陈述其因家贫，请求总会赞助 1000 元以应付学习开支，总会经调查确认其情况属实，特应允其请求，给予其赞助。⑥ 1986 年，有两名学生，由于父亲去世，家贫无力承担学

---

① 《蓝十字中华善堂救济总会赈济郭亚差及丁亚兰白米各一包及什咸等物各一份托交本报代为转赈》，《南洋商报》1953 年 11 月 17 日。

② 蓝十总会第 4 届职员结束会议及互选第 5 届职员会议记录，1955 年 4 月 12 日。

③ 蓝十总会第 30 届第 2 次职员会议记录，1982 年 3 月 19 日。

④ 蓝十总会第八次会议及互选本年度职员会议记录，1953 年 2 月 18 日；《蓝十字中华善堂救济总会捐二千元赞助南洋大学》，《南洋商报》1953 年 3 月 4 日。

⑤ 《蓝十字救济总会六善堂联合捐款助新华学校补购桌椅》，《南洋商报》1954 年 11 月 7 日。

⑥ 蓝十总会第 32 届第 6 次理事会议记录，1985 年 9 月 24 日。

费，通过大巴窑医院向蓝十总会陈情，获得总会赞助 200 元购买书册。① 1997 年，南洋理工大学为贫困学生筹款，总会赞助 500 元。②

此外，蓝十总会还对传承与推广华人文化不遗余力，经常赞助各华人文化机构出版特刊。1987 年和 1989 年公益金分别举办爱心月活动和舞狮竞技慈善活动，蓝十总会皆为赞助机构之一。③ 这类赞助相当多，此不赘述。

5. 设立固定会址

蓝十成立之时，由于处于战乱时期，所以没有购买产业作为永久会所，办事处暂设粤海清庙后座。为了展开会务，促进各会员善堂之间的交流，蓝十总会就一直采用每隔一个月或两个月，轮流在各家会员善堂开会的方式流动办公。战后，总会办公室会址一度迁至北驳船码头（North Boat Quay）河畔，继续协调各项活动。④ 虽然后来曾有理事提议购置产业作为永久会址，但为了增进各会员善堂之间的了解与交流，以及减轻财务压力、争取更多的资金用于慈善活动，最终仍然决定采取轮流开会、设点办公的方式。

可是，随着会务的开展，会员善堂数量的增加，总会与外界各慈善机构和社团之间的交流活动越来越多，联系也越来越密切，没有固定的会所，确实对会务的发展造成限制。

位于巴西班让路 106 号的新加坡普德善堂，是由先贤许崇焕及众理事苦心经营了二十多年的一所潮人善堂。2001 年，该善堂理事会决定将该堂委托蓝十总会管理。蓝十总会理事会议决将普德善堂堂址设为总会会址，并于 2001 年 6 月成立了一个产业信托小组处理相关事宜，其成员有黄吉成、林汉存、黄永和、翁雅铮、黄金塔。蓝十总会接管该堂产业后，又进行了装修，在 2004 年 9 月 26 日举行了诸佛菩萨暨祖师金身开光仪式，以及牌匾揭幕仪式，并邀请教育部政务部长曾士生主持仪式。⑤

---

① 蓝十总会救济委员会会议记录，1986 年 1 月 2 日；蓝十总会第 32 届第 8 次理事会议记录，1986 年 1 月 19 日。

② 蓝十总会第 38 届第 6 次理事会议记录，1997 年 3 月 10 日。

③ 蓝十总会第 33 届第 9 次理事会议记录，1987 年 10 月 26 日；第 34 届第 10 次理事会议记录，1989 年 11 月 2 日。

④ 刘英才、黄朝隆主编《中华善堂蓝十救济总会庆祝成立七十一周年纪念暨蓝十彩虹疗养院十一周年纪念特刊》，第 51 页。

⑤《中华善堂蓝十救济总会明天举行诸佛开光暨牌匾揭幕仪式》，《联合晚报》2004 年 9 月 25 日。

有了固定的会址，蓝十总会至此有了一个可以固定办公、联络各会员善堂的场所，大大加强了总会作为潮人善堂枢纽的作用，总会的会务取得了巨大的进展。然而，为了增进各会员善堂之间的感情，现在总会仍然采用在各会员善堂轮流召开理事会议的传统。有了固定会址之后，总会又在 2003 年 10 月向电信局申请网际网络，注册了 bluecross@ singnet. com. sg 网址,① 希望通过互联网与世界各地的慈善机构及网友加强联系，增进互动，使年轻一代可以通过现代化的网络平台深入了解蓝十总会。现在总会的网址为 http：//bcci. org. sg。

综上所述，蓝十总会在七十多年的风雨历程中，在历届理事会与 10 所会员善堂的精诚合作与坚持不懈的努力之下，为新加坡的慈善事业与社会福利的发展所做出的重要贡献是有目共睹的。目前，蓝十总会正在筹划创立蓝十福利协会，大量吸收青年会员，从事更多元和更广泛的慈善活动与福利工作。② 蓝十福利协会的设立，不仅是中华善堂蓝十救济总会积极努力实现的重要目标，也将是中华善堂蓝十救济总会发展历程上的另一个里程碑。

① 蓝十总会第 41 届第 8 次理事会议记录，2003 年 10 月 10 日。
② 蓝十总会第 47 届第 7 次理事会议记录，2016 年 1 月 25 日。

第三章

发展脉络：蓝十善堂的历史与流变

第一节　新马善堂文化的发端：修德善堂养心社

修德善堂全名为修德善堂养心社，是新加坡潮人善堂中成立年代最久远者。修德善堂已有超过百年的悠久历史，并在新、马两地开枝散叶，享有盛誉。除了 1916 年创建于新加坡的总堂外，修德一系的潮人善堂还有新加坡的大芭窑修德善堂（1942）、武吉知马修德善堂（1959），建于马来西亚的马六甲修德善堂分堂（1956）、麻坡修德善堂分堂（1962）、笨珍修德善堂分堂（1964）、威北平安村修德善堂分堂（1997）。这 7 所善堂形成了修德一系在新、马地区“一总六分”的组织架构，成为新、马大峰祖师信仰一股重要的力量。① 本节以新加坡三所修德善堂为中心，梳理其发展脉络，论述其特色与贡献。

① 在马来西亚还有其他善堂取名修德，如柔佛修德善堂，但它们不属于新加坡修德善堂养心社的分堂，不在新、马修德一系“一总六分”的组织架构内。

一　同根一脉：与大吴母堂、庵埠太和善堂、同德善堂之渊源

新加坡修德善堂的大峰祖师香火源自中国潮安县浮洋镇大吴乡（原称凤书乡，今潮州市潮安区浮洋镇大吴村）的修德善堂养心社。该善堂创建于清末光绪二十八年（1902），原属庵埠镇太和善堂养心社（1901）的分支。① 据大吴修德善堂堂史所载，清光绪三十三年（1907），揭阳涂沟（现属普宁市）人张运杰（字守愚，号之勋）皈依佛门，奉善益人，栖真炮台东岭陆庐舍，后在该地建觉世善堂。运杰和尚梦见祖师谕示，要他常驻大吴，以振兴修德善堂。此后，运杰和尚常驻大吴修德善堂，乐行善事，弘扬师德，二十年不辍，善果累累，里人尊称“老师”。1926 年运杰和尚圆寂后，被供奉为菩萨。② 由于这个渊源，新、马各地修德善堂除了供奉镇坛师尊宋大峰祖师外，也供奉运杰菩萨，而新、马修德一系除了源自大吴修德母堂外，与庵埠太和善堂也有同根一脉的密切关系。③

1916 年 4 月，大吴修德善堂创始人及第一任总理吴锡禧的长子吴立声在运杰和尚的点化下，偕同陈四顺、杨永潮、陈荣安恭请宋大峰祖师香火圣像到新加坡创立善堂，“旨在举行一切救济工作”，④ 并承大吴母堂原统宗名，以修德善堂养心社命名，成为新马潮人善堂修德一系之开创者。

另外，1940 年创办于新加坡的守愚堂也供奉运杰菩萨。二战后守愚堂扩大规模，易名同德善堂，并于 1949 年从大吴修德善堂养心社恭奉运杰菩萨香火南来。1950 年同德善堂与另一所宗教组织念心社合并为同德善堂念心社，供奉运杰菩萨为其中一位镇坛祖师。⑤ 因此“修德、同德二

---

① 有关大吴修德善堂养心社与庵埠太和善堂之渊源，详阅《大吴修德善堂堂史》，《大吴修德善堂养心社创立百周年庆典纪念特刊（1902～2002）》，第 105～113 页；有关庵埠太和善堂简介，详阅《太和善堂碑记》，《升平文史》创刊号《潮汕善堂专辑（1）》，第 121 页。

② 《大吴修德善堂堂史》，《大吴修德善堂养心社创立百周年庆典纪念特刊（1902～2002）》，第 105～113 页。

③ 据悉：新加坡的潮人善堂中供奉运杰菩萨的除了修德一系的善堂和同德善堂念心社外，尚有运德善堂、华德善堂、崇德善堂和华报善堂。除修德善堂和同德善堂外，其他皆非中华善堂蓝十救济总会团体会员。中华善堂蓝十救济总会总务杨训忠访谈记录，手机短信，2017 年 9 月 20、21 日。

④ 《光辉岁月》，马廷茂主编《新加坡修德善堂养心社庆祝宋大峰祖师圣诞暨成立九十五周年纪念》，新加坡：修德善堂养心社，2010，第 49 页。

⑤ 有关同德善堂念心社的成立背景与经过，详阅本章第六节。

堂从潮州大吴修德善堂分支开创。同根一脉，份属兄弟之堂”，而“师尊每次乩谕累嘱修、同，皆系同根一体，应宜连结，发扬善务”。① 1976 年同德善堂念心社新堂宇落成启用，善堂理事会议决在大殿总坛供奉大峰祖师，与运杰菩萨、孚佑帝君共列为该堂镇坛师尊。修德善堂一系与同德善堂之同根一脉之关系，亦由此可见。

图 3－1　新加坡修德善堂养心社创始人吴立声

资料来源：《大吴修德善堂养心社创立百周年庆典纪念特刊（1902～2002）》，第 133 页。

二　跨越地缘：日据期间联组蓝十总会，慈善活动突破族群藩篱

修德善堂成立之初，设址于陈开荣位于利峇峇利律（River Valley Road）的商行成发号内。在此后的十年间，社员日益增加，为了扩大

① 《新加坡修德善堂筹募雕塑运杰菩萨金身缘起》，《大吴修德善堂养心社创立百周年庆典纪念特刊（1902～2002）》，第 148 页。

图 3-2 新加坡修德善堂养心社创始人杨永潮

资料来源：《大吴修德善堂养心社创立百周年庆典纪念特刊（1902～2002）》，第 133 页。

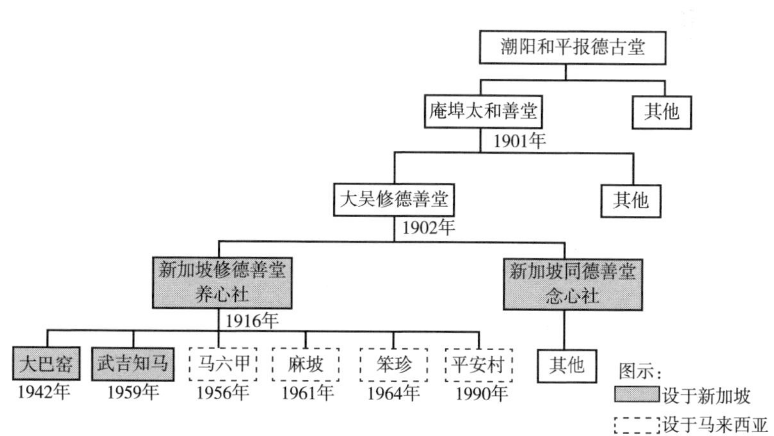

图 3-3 修德一系部分善堂传承示意

资料来源：王惠《海外移民与宗教仪式回传——甲午新加坡修德善堂养心社宋大峰祖师金像百年回銮》，《华侨华人历史研究》2016 年第 3 期，第 59～67 页。

堂所空间，先是迁至东陵（Tanglin）附近，再迁至奉教街（New Market Road）。1926年，善堂复迁至利沓沓利101号3楼，这时社员已经逾百人，于是正式委任各功能股主任，各司其职，逐渐形成较为系统化的组织。善堂在二战后还有过一次迁堂，直至20世纪60年代在位于勿洛三道（Bedok Avenue 3）335号的现址建设新堂，才结束屡次搬迁的过程。

善堂初创，由陈四顺担任第一届董事会主席。在历届董事会（又称理事会）苦心经营下，堂务日兴，颇有建树（见表3-1）。① 后来由于二战爆发，日军南侵，新加坡沦陷，社会动乱，人民处境艰难，民间社团活动均告停顿。但是，修德善堂于1942年与同奉、同敬、普救、南安等几所善堂，一起筹划创建新加坡中华善堂蓝十救济总会，并由侨领林树森提供渥律（Ord Road，俗称青桥头）门牌4号之屋宇作为办事处。② 结合各善堂的力量，蓝十总会在日据期间担负起一切救灾施赈工作，而修德善堂也全面参与，全力以赴支持总会的慈善事业。③ 更具意义的是，修德善堂自此跨越了作为潮人宗教和慈善地缘组织的藩篱，也为其他不同籍贯、种族和宗教的人士提供福利服务，通过其慈善活动和社会产生密切的互动。这是修德善堂在堂务上的重大突破，可说是它在发展历程上一个重要的里程碑。

表3-1　修德善堂养心社创立初期历届董事会主席

第一届	陈四顺
第二届	郭新
第三届	刘伯士

① 《本社简史》，《新加坡修德善堂养心社庆祝宋大峰祖师圣诞暨成立八十五周年千禧纪念特刊》，第124~125页。《南洋商报》报道，修德善堂由陈世顺等人所组织，首届主席为陈世朋。陈四顺、陈世顺和陈世朋是否为同一人，或只是别字，已不可考。《记修德善堂》，《南洋商报》1950年6月4日。

② 新加坡中华善堂蓝十救济总会成立的年代有待商榷，关于该会成立的背景与过程，详阅本书第二章第一节。

③ 《本社简史》，《新加坡修德善堂养心社庆祝宋大峰祖师圣诞暨成立八十五周年千禧纪念特刊》，第124~125页。

续表

第四届	许炳星
第五届	杨书杰
第六届	林绍吉

资料来源：《光辉岁月》，马廷茂主编《新加坡修德善堂养心社庆祝宋大峰祖师圣诞暨成立九十五周年纪念》，第 49 页；《记修德善堂》，《南洋商报》1950 年 6 月 4 日。

二战结束后，修德善堂重整旗鼓。由于日据时期许多民众踊跃加入善堂，到了战后，其社员增加至 700 名左右，与初创之时相比已经是天壤之别。是时，沈荣嘉连任五届主席，积极发展堂务。由于善堂规模迅速扩大，堂所不敷应用，沈荣嘉将善堂迁至自己的物业怒吻基（North Boat Quay，驳船北码头，即现今的克拉码头，Clarke Quay）54 号（见图 3－4），并委托吴伯友、陈英豪、吴明恭、陈树岐等人负责堂所整修工作。[①] 历时两个月的修葺工程完成后，修德善堂于 1948 年 11 月 20 日举行新堂开放活动，招待各界嘉宾和善信。当时潮人社团侨领和善堂界领袖如李伟南、叶平玉、林雨严、林应标等都亲赴祝贺，参观人士也络绎不绝，媒体大力报道，被视为当时潮社一大盛事。[②]

早在 1949 年 2 月，修德善堂董事会就开始倡办施医赠药活动，聘请陈少波、郑立珊、陈树崎等潮籍著名中医为义务医师。[③] 1959 年，善堂医药部开始改用中医提炼药，并自设配药室，据医师所开处方自行配药给病患。药剂则由善堂社友报销，例如时任主席的郭应强就捐了 1000 剂药剂，其他社员也捐赠了数量不一的药剂，总共捐赠的药剂数为六七千剂，使无数贫病者获益。1950 年，善堂更是征得本地双林寺住持高参法师同意，协助医务。高参法师以医术精湛而闻名，求医者都慕名而来，人数也破以往之纪录，以至在搬迁至现今堂址前，来施诊的人数已经突破百万人。[④]

① 《光辉岁月》，马廷茂主编《新加坡修德善堂养心社庆祝宋大峰祖师圣诞暨成立九十五周年纪念》，第 49 页。

② 《修德善堂》，《南洋商报》1948 年 11 月 19 日；《修德善堂新址落成》，《南洋商报》1948 年 11 月 22 日。

③ 《本社简史》，《新加坡修德善堂养心社庆祝宋大峰祖师圣诞暨成立八十五周年千禧纪念特刊》，第 124 页。

④ 《记修德善堂》，《南洋商报》1950 年 6 月 4 日。

图 3－4　修德善堂养心社在驳船北码头（今克拉码头）旧堂址

资料来源：凡顺湘主编《泗川乡讯》第1卷第5期，1956年12月，封面。

修德善堂在1980年迁入勿洛北三道（Bedok North Avenue 3）新堂后，由于地处组屋区，人口稠密，前来就诊的各族人士与日俱增，善堂施医赠药的事务日渐繁忙，义务医师增至5名，轮值施诊，每年的就诊人数为2600~2700人。修德善堂施医赠药的慈善活动一直延续至今，从未间断。①

施粥济贫是修德善堂早期另一项重要慈善活动。从1955年开始，由时任主席张泗川提倡施粥。张氏为经营大米殷商，他个人带头捐助数以万吨的大米，获得其他董事的热烈响应，修德善堂遂在市区内（大小坡）

① 李声标：《概略社务报告》，《修德善堂养心社七十周年纪念特刊》，新加坡：修德善堂养心社，1985，第28页；吴中彦：《施诊概况》，《修德善堂养心社七十周年纪念特刊》，第33页。

设立了5个施粥站，专供无依者与苦力免费食用充饥。善堂每星期施粥三次，虽然只是送给白粥并搭配一些简单的“什咸”，如鱼干、咸菜、肉皮、炒豆芽、香腐、豆仁等调味助膳，但仅第一个月受惠者就达5000人。[①] 新加坡早期社会建设还未臻完善之前，常有水火之患，也发生过其他灾难事件。每遇严重灾情，修德善堂都倾力以赴，捐献善款，资助救灾。例如，本书第二章所提及1978年裕廊造船厂油槽船发生爆炸惨案，修德善堂特捐出6000元善款，对罹难者家属表示关怀。[②] 此外，修德善堂对于本地的教育、文化等事业也非常支持。例如1954年，修德善堂积极响应南洋大学征求会员的运动，加入南洋大学会员，并且捐资1000元；[③] 1959年，又赞助公立敬文学校建校基金；[④] 1960年，修德善堂响应文化部发起筹建国家剧场基金的号召，特捐献100元。[⑤] 这类善举多不胜举，不予赘述。

三　创办分堂：建立新、马修德一系，完成大峰祖师“一总六分”宏愿

随着堂务的发展，也为了让更多地区的民众受益，修德善堂开始扩建分堂。据修德善堂执事者所说，建立“一总六分”的组织格局乃是大峰祖师之宏愿。2002年，修德善堂养心社主席张昌隆在大吴修德善堂创立百周年庆典大会上演讲时透露：“宋大峰祖师曾托梦家父（前任主席），现任监事长张泗川老先生实行创设六分堂。”[⑥] 2009年，张氏在大吴修德善堂养心社扩建新堂宇奠基典礼上致辞时再次强调：“现在新加坡修德善

① 《光辉岁月》，马廷茂主编《新加坡修德善堂养心社庆祝宋大峰祖师圣诞暨成立九十五周年纪念》，第49页；《修德善堂长期施粥每星期二、四、六下午各一次》，《南洋商报》1955年3月8日；《蓝十字属堂修德善堂第一月施食受惠者五千人此项经费由热心家踊跃捐助》，《南洋商报》1955年4月12日；《修德善堂施药施粥》，《南洋商报》1955年5月21日。

② 《修德善堂养心社捐来六千元善款》，《南洋商报》1978年10月22日。

③ 《修德善堂去年施赠医药　赠医一万一千余人　施药二万二千余剂　已加入南洋大学为会员》，《南洋商报》1954年3月19日。

④ 《修德善堂分堂捐助敬文学校》，《南洋商报》1959年7月29日。

⑤ 《修德善堂捐助国家剧场》，《南洋商报》1960年6月18日。

⑥ 《大吴修德善堂养心社创立百周年庆典纪念特刊（1902～2002）》，第18页。

堂也遵循祖师圣训，创办一总堂及六分堂，此宏愿也已完成。"[①] 翌年，张氏在新加坡修德善堂养心社庆祝大峰祖师圣诞暨成立九十五周年纪念特刊的发刊词里又提及"遵循祖师圣谕，新马应有一总六分之设。此祖师宏愿，也于1997年大愿完成"。[②] 此外，也有论者提及1965年大峰祖师于马六甲分堂降鸾，乩示修德善堂社员完成建立"一总六分"的宏愿。[③] 然而，笔者至今未能见到相关的档案资料，只看到苏庆华《新、马潮人的宋大峰崇祀与善堂——以修德善堂养心社为例》一文中所节录的一篇乩文，内容提到大峰祖师曾下鸾乩示槟城修德善堂成为分堂"是好事，吾僧曾在建堂之时就有心要一总六分"，但表示"联合不可太快，要观察一段时间"（见图3－5）。可惜的是，对于该次扶乩地点，日期和乩文来源等细节，苏氏在文中并没有说明。

新、马修德一系最早建立的分堂是新加坡的大芭窑修德善堂。该堂草创于1942年，正值新加坡历史上最黑暗的日据时期。当时有修德善堂社友陈树岐等人携带家眷躲避战祸，逃到旧称文德律（Boon Teck Road）合春园栖身。当时村民生活困苦，福利匮乏，陈树岐深感当地急需一善堂为村民提供各种福利，造福社群，因而联系同住在当地的修德善堂堂友和其他一些居民，在一简陋屋内倡办一所善堂，并从修德善堂总堂恭奉大峰祖师金身晋庙崇祀，同时征得总堂理事会同意，以修德分堂命名。[④]

修德合春园分堂初创时，虽然堂所空间不大，设施简陋，但这不仅没有影响善堂推行其慈善工作，其堂员还响应总堂的号召，积极投入蓝十总会在日据期间所进行的各项救灾和善后工作。战后，随着善堂事务不断扩展，原有堂所开始不敷应用，亟须筹建新堂。1951年，善堂董事会开始酝酿建立新堂的计划，并先后成立一些小组，屡次讨论和筹备建堂事务，直到1954年正式成立建委会，负责策划和监督建筑新堂的工作。但由于承建

① 马廷茂主编《新加坡修德善堂养心社庆祝宋大峰祖师圣诞暨成立九十五周年纪念》，第83页。

② 马廷茂主编《新加坡修德善堂养心社庆祝宋大峰祖师圣诞暨成立九十五周年纪念》，第5页。

③ 修德善堂养心社经乐股负责人余义源访谈记录，2007年11月10日，修德善堂养心社。

④ 陈镇秋：《新加坡大芭窑修德善堂庆祝宋大峰祖师晋庙六十周年纪念暨重建堂宇落成纪念册》，新加坡：大芭窑修德善堂，2002，第20页。

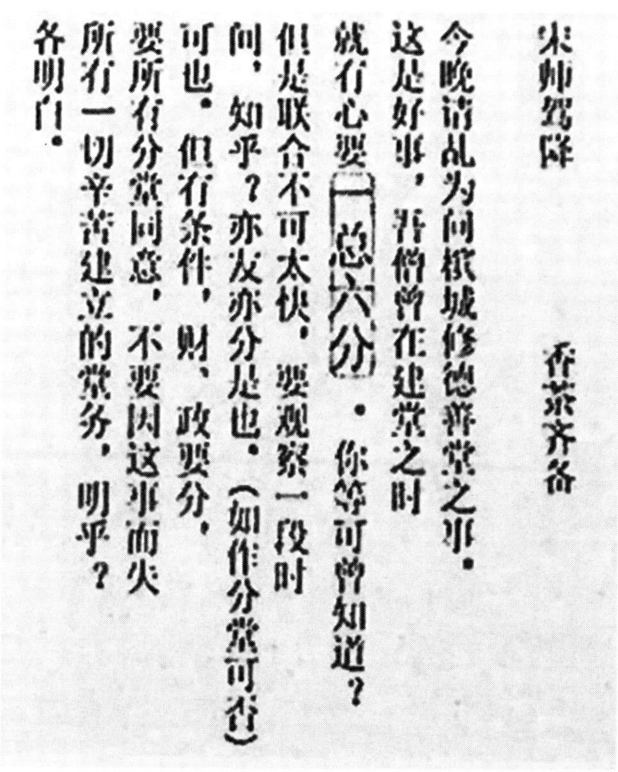

宋帅驾降　香茶齐备

今晚请乩为问柢城修德善堂之事。这是好事，吾侪曾在建堂之时就有心要「一总六分」。你等可曾知道？但是联合不可太快，要观察一段时间，知乎？亦友亦分是也。（如作分堂可否）可也。但有条件，财、政要分，要所有分堂同意，不要因这事而失所有一切辛苦建立的堂务，明乎？各明白。

图 3－5　宋大峰祖师乩谕

资料来源：Chan Yann Sheng，Pemujaan Song Dafeng dan Tokong Amal Seuteck Di Singapura dan Semenanjung Malaysia：Tinjauan Sejarah dan Aktiviti Amal，M. A. dissertation，University of Malaya，2013，转引自苏庆华《新、马潮人的宋大峰崇祀与善堂——以修德善堂养心社为例》，《马、新华人研究：苏庆华论文选集》第 5 卷，雪兰莪：马来亚文化事业有限公司，2016，第 84 页。

商方面出现问题，工程时建时停，新堂未能按时竣工，并影响善堂的经济状况。幸而善堂董事会同心协力，积极面对困难，解决问题，而总堂也给予大力支持，监事长张泗川及其父亲张汉三斥资协助，新堂最终于 1958 年落成使用。建于大巴窑 6 巷（Toa Payoh Lorong 6）的新堂宇在 1959 年仲秋由张汉三主持开幕，修德合春园分堂也继续在这一地区开展慈善事业。①

1967 年，善堂遵循社团注册局之提示，以所在新社区名字命名，重新注册为“大芭窑修德善堂”，并以重新注册后所选出的董事组成该善堂

① 《本堂简史》，沈广湖等编《新加坡大芭窑修德善堂庆祝金禧暨归德楼落成纪念特刊（1942～1992）》，新加坡：大芭窑修德善堂，1992，第 34～35 页。

图 3 - 6　大芭窑修德善堂最早设于合春园的旧堂所

资料来源：陈镇秋《新加坡大芭窑修德善堂庆祝宋大峰祖师晋庙六十周年纪念暨重建堂宇落成纪念册》，第 21 页。

第一届董事会（见表 3 - 2），最初的四年，任期是每届一年，之后改为每届任期两年。①

表 3 - 2　1969 年度大芭窑修德善堂第一届董事

监事长	张泗川				
主席	蔡木林	副主席	沈添谋	副主席	李大木
总务	谢耀合	副总务	王克彬		
财政	陈自钿	副财政	王昌智		
中文书	郑礼通	副中文书	沈仰云		
英文书	林士辉	副英文书	吴贞明		
医药	陈复昌	副医药	陈树岐		

① 《本堂历届董事名表》，沈广湖等编《新加坡大芭窑修德善堂庆祝金禧暨归德楼落成纪念特刊（1942 ~ 1992）》，第 24 页；大芭窑修德善堂网站，http：//www.tpstst.org/chinese/index.htm。

续表

经乐	罗亚细	副经乐	廖瑞正		
交际	程钟松	副交际	萧扬舟		
堂事	许南河	副堂事	李钦兰		
福利	陈友轩	副福利	吴桐茂		
查账	李和昌	副查账	杨瑞标		
保管	李乾有	副保管	林文德		
评议员	叶水建				
经乐助理	吴亚槌				
	陈业通				
	陈镇秋				
	何木俊				
	吴勤泉				

资料来源：《本堂历届董事名表》，沈广湖等编《新加坡大芭窑修德善堂庆祝金禧暨归德楼落成纪念特刊（1942～1992）》，第24页。

随着新堂的落成和新一届董事会的成立，大芭窑修德善堂对其慈善工作也做了一番革新，并加以规范化。20世纪60年代中期，迁入大巴窑新镇组屋区的人数日益增加，但政府在该区的福利设施仍未全面建立，居民的医药福利亟须民间慈善团体的参与。有鉴于此，大芭窑修德善堂于1966年庆祝银禧纪念之际，创办一现代化之赠医施药部，惠及该区各族民众。一直到今日，善堂的施医赠药部所提供的中医内科及针灸服务仍然是免费的，大芭窑修德善堂每一年在赠医施药方面所需的经费就约25万元。此外，施棺也是大芭窑修德善堂一项传统善举，据现任总务沈逸盛透露，从2012年起，该善堂承诺给300名安老院孤寡老人施棺，已经拨出了45万余元的预算。① 1995年，大芭窑修德善堂也捐献150万元，在义顺东203座设立"大芭窑修德善堂NKF洗肾中心"，同样是不分种族与宗教，为北区包括兀兰、三巴旺、义顺、宏茂桥等组屋区的肾脏病人服务。② 中心

① 邢谷一：《讲述宋大峰祖师扶危济困事迹，大芭窑修德善堂设浮雕像》，《联合早报》2017年10月2日。

② 《大芭窑修德善堂》，马廷茂主编《新加坡修德善堂养心社庆祝宋大峰祖师圣诞暨成立九十五周年纪念》，第68页；《拨款150万元大巴窑修德善堂在义顺东设洗肾中心》，《联合早报》1993年12月2日。

成立之后，还多次获得善堂的捐助。就在 2017 年，大芭窑修德善堂除了在周年庆典上捐献 10 万元善款外，还拨出 32 万元资助该中心更换洗肾机。①

为了给堂员和华人社群提供一个安置先人骨灰瓮的场所，以便不时奉祀追思，同时增加善堂财政收入，以应付不断上涨的日常运作开销，大芭窑修德善堂在 1987 年成立“修建暨管理委员会”，筹建骨灰楼。历经 5 年的筹备与建设，安置骨灰瓮的大楼在 1992 年落成启用，大峰祖师赐名“归德楼”。②

1996 年，大芭窑修德善堂兴建了一座典雅朴素、巍峨壮观的新牌坊，并特别征询潮汕的庙宇园林建筑专家，大肆修筑，美化堂宇园林，使该堂成为当时许多国外游客和晋香团慕名而来的旅游景点。③ 善堂董事会也在 1998 年遵照大峰祖师乩谕，再次筹募基金，翻新和重建堂宇，包括将安置骨灰瓮的归德楼从原有的 3 层加盖到 5 层，增设善堂的神主龛位，以及扩大医药部面积，改善医疗设施，添设专科医疗服务等，工程历时四年多，共耗资 500 万元。④ 潮人善堂在举办重大庆典时都会捐献善款给其他福利和慈善团体，或分发“红包”资助社区里的残障人士、贫困家庭和老人。2002 年，大芭窑修德善堂在庆祝重建堂宇落成典礼上，也一如既往地拨出 30 万元慈善金，捐献给 13 个受惠团体。⑤ 2017 年 10 月中旬，大芭窑修德善堂迎来 75 周年建庙庆典，董事会议决将拨出 75 万元捐助 26 个福利团体，受惠的慈善和福利机构包括公益金、中华医院和全国肾脏基金会。⑥

多年以来，大芭窑修德善堂与时俱进，不仅引进年轻的董事，也朝新资讯网络和新科技的方向力求革新。2007 年，该堂庆祝成立 65 周年

---

① 邢谷一：《讲述宋大峰祖师扶危济困事迹，大芭窑修德善堂设浮雕像》，《联合早报》2017 年 10 月 2 日。

② 吴贞明：《归德楼兴建经过》，沈广湖等编《新加坡大芭窑修德善堂庆祝金禧暨归德楼落成纪念特刊（1942～1992）》，第 40～41 页。

③ 《大芭窑修德善堂修建后成名胜》，《联合早报》1996 年 10 月 10 日。

④ 《大芭窑修德善堂庆重建堂宇落成》，《联合早报》2002 年 10 月 3 日。

⑤ 《修德善堂庆重建发善款》，《联合早报》2002 年 10 月 5 日。

⑥ 邢谷一：《讲述宋大峰祖师扶危济困事迹，大芭窑修德善堂设浮雕像》，《联合早报》2017 年 10 月 2 日。

之际，正式启用新设立的善堂网站。网站除了上载堂史和各委员会成员名录外，也介绍堂内的神主牌位和骨灰楼，以及善堂的诊病、乩鸾、经乐等服务。网站每月还会以中英文将善堂的节日活动和乩文抄录发布。①

值得一提的是，长期以来大芭窑修德善堂扶乩活动从未间断，而且很早便系统地收集和整理各神明降鸾乩文。1995 年，该堂出版了《柳缘》（见图 3 -7），这是新加坡潮人善堂最先出版的一本乩文汇编，对促进善信和民众对扶乩仪式、乩文内涵和善堂文化的了解有一定的意义。② 2007 年，大芭窑修德善堂出版《柳缘》二辑（见图 3 -7），并在庆祝成立 65 周年庆典晚宴上，由时任新加坡副总理兼内政部长黄根成发布。《柳缘》二辑精选了新、马修德善堂一系的总堂和 6 所分堂所收集的乩文抄录 100 篇，结集成善书，以资纪念，每一则乩文附加英文翻译，还有详细的注解说明并飨众多善信和社会人士。③

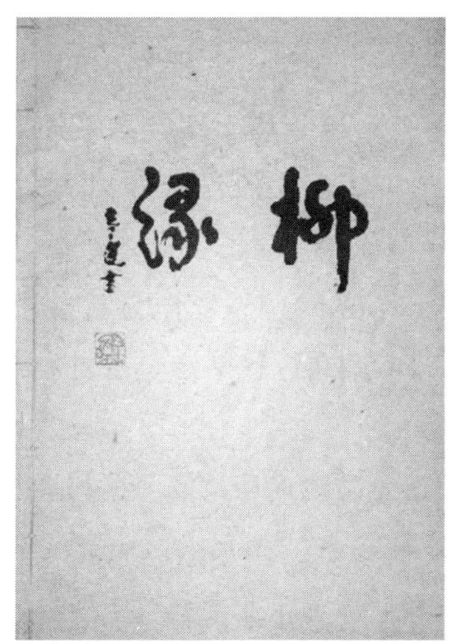

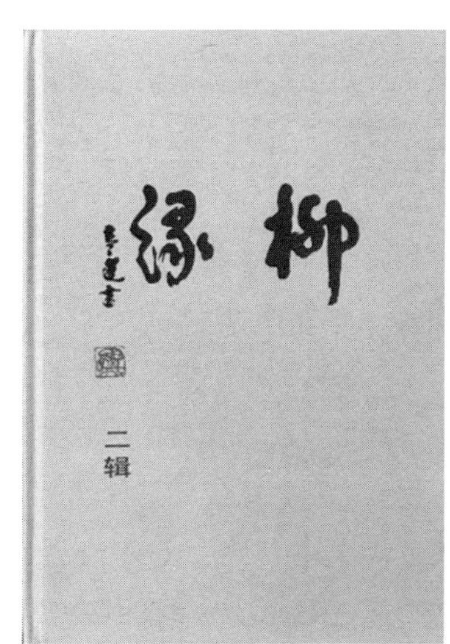

图 3 -7　大芭窑修德善堂出版的乩文集《柳缘》

资料来源：大芭窑修德善堂提供。

---

① 《修德善堂庆 65 周年共捐 26 万元》，《联合早报》2007 年 10 月 8 日。

② 有关扶乩仪式及其教化功能，详阅本书第四章第四节。

③ 详阅李洁颐等编《柳缘》第 2 辑，新加坡：大芭窑修德善堂，2007。

武吉知马修德善堂是修德一系在新、马创建的第三所分堂，创办年份比大芭窑修德善堂和修德善堂马六甲分堂稍晚。武吉知马一区在二战后发展成为工商业较为繁荣的地区之一，居民众多。这一区虽然有各类社团组织，但还缺少一个民间慈善机构。于是，一些热心人士萌发在该区建立善堂的想法。不久，由吴翘然、杨文宽与李德林为代表，与修德善堂养心社取得联系，经过数次商谈，彼此同意以修德善堂武吉知马分堂立名，租用美世界 10E（俗称武吉知马七条石，今 Upper Bukit Timah Road 美世界地铁站附近）为堂址，筹备成立一所分堂，这项计划也获得当地人的热烈响应。1959 年，武吉知马修德善堂恭请宋大峰祖师香火来堂安炉供奉，许多善男信女到此参拜，香火旺盛。善堂也在同年农历八月初一启动乩鸾，选出第一届理事会，旋即设立经乐研修等工作小组，分工合作，开始推广慈善事业。①

武吉知马修德善堂创立初期，规模和资源并不强大，但善堂仍竭尽所能救济有需求的民众。1962 年，善堂所在的美世界地区发生大火，善堂当时的经济并不宽裕，但仍然展开救济工作，并借出堂所作为灾民临时栖身之处，提供三餐，分发日用品及生活费，部分理事还自己出资给予资助。他们的善举带动了一些善心人士的参与，善堂的救济工作也得以顺利进行，并由此树立了良好的口碑。随着善堂规模的扩大，善堂也于 1971 年购置同区张振南路（Cheong Chin Nam Road）19 号作为新堂址（见图 3－8），同时设立了赠医施药部，为该区民众进行义诊，任何种族、任何年龄，都可以获得免费的医疗和赠药。

自创堂之后，武吉知马修德善堂不遗余力地推动救济与福利事业。例如，美世界于 1975 年、1977 年及 1982 年多次发生祝融之灾，受灾范围比之前更广，美世界一带的百余名住户和商贩的家业全部毁于一旦，生活深受影响。善堂一如既往为灾民提供日常生活所需，在 1982 年的火灾发生后，武吉知马修德善堂还为每名灾民颁发救济金 50 元。② 前文提及的

---

① 李声标编《新加坡修德善堂养心社庆祝宋大峰祖师圣诞暨成立七十五周年钻禧与兴建新堂落成十周年纪念特刊》，第 174 页。

② 《修德善堂发救济金给美世界火灾灾民由曹煜英次长主持》，《南洋商报》1982 年 3 月 11 日。

图 3-8　武吉知马修德善堂早期设于张振南路之堂所外观

资料来源：李声标编《新加坡修德善堂养心社庆祝宋大峰祖师圣诞暨成立七十五周年钻禧与兴建新堂落成十周年纪念特刊》，第 175 页。

1979 年史拜鲁斯号油槽船意外爆炸事件发生后，善堂也立即组成援助小组，加入救灾活动，分发善款给生活陷入困境的遇难者家属，帮助他们解决问题。①

除此之外，善堂日常的赠医施药等活动也从未中断，而且发展迅速，来求诊的贫病者日益增多，以至场地不敷使用。于是董事会成立委员会，处理筹建新堂宇的事项。正好裕廊东区于 1981 年实施发展计划，建屋局将该区廿四街一地段出售，公开竞标建造庙宇。武吉知马修德善堂毅然参与投标，且成功标得此一地段，故于翌年开始设计新堂建筑图及申请建筑

① 《武吉知马修德善堂》，马廷茂主编《新加坡修德善堂养心社庆祝宋大峰祖师圣诞暨成立九十五周年纪念》，第 72 页。

准证，1984 年新堂所建筑工程正式开工。工程历时两年，1986 年 5 月武吉知马修德善堂即迁入新落成的堂所。①

新堂所的启用虽然暂时缓解了施医赠药部因空间受限所带来的拥挤问题，但是，在求诊的病患日益增加的趋势下，确非长久之计，况且善堂的宗教活动和其他业务的扩展也需要更大的空间。善堂董事会遂于 2004 年决定将堂所的花园改建为一栋设备完善的诊所，并增聘医师，以更有效地为贫病者提供医疗服务。这一诊所在 2006 年顺利竣工启用。②

与此同时，武吉知马修德善堂与全国肾脏基金会举行多次座谈，董事会商讨后决定捐赠 100 万元与全国肾脏基金会合作，在金文泰区设立一所肾病预防中心。中心以高水平的医疗技术为全国民众做健康检测，同时提供预防信息，让民众保持健康体魄。肾病初期患者、糖尿病和高血压患者，可以在中心接受足部护疗、视网膜检测等。预防中心也为病人家属和公众提供咨询服务。③ 一直到 2008 年，考虑到公众在医疗福利方面实际需求的改变和善堂的整体发展规划，善堂董事会将该肾病预防中心改为医药中心，扩大施医赠药部，武吉知马修德善堂金文泰医药中心也由此成立，与善堂内已有的医药中心相辅相成，为广大病患服务，贯彻善堂扶危济贫、服务社会的精神。④

武吉知马修德善堂虽然为筹建新堂和扩展医药中心动用了大量的资源，但并没有忽略其他的慈善活动，它仍然在力所能及的范围内为社区其他公益事业做出贡献，如帮助社区里的学校添置教学设备，颁发助学金，为新加坡公益金、老人院、全国肾脏基金会、私立慈善医院捐赠善款，不时给老人分发度岁金、慈善基金等，此不赘述。为了推进善堂慈善事业的现代化，征募年轻堂员和扩大义工队伍，以提供

---

① 《武吉知马修德善堂》，马廷茂主编《新加坡修德善堂养心社庆祝宋大峰祖师圣诞暨成立九十五周年纪念》，第 72 页。

② 《武吉知马修德善堂》，马廷茂主编《新加坡修德善堂养心社庆祝宋大峰祖师圣诞暨成立九十五周年纪念》，第 73 页。

③ 《修德善堂捐 100 万建肾病预防中心》，《联合早报》2001 年 3 月 15 日；《武吉知马修德善堂 50 万元助建肾病预防中心》，《联合早报》2001 年 12 月 3 日；《防糖尿病高血压患者肾脏衰竭肾脏基金设首间预防中心》，《联合早报》2002 年 7 月 29 日。

④ 《武吉知马修德善堂》，马廷茂主编《新加坡修德善堂养心社庆祝宋大峰祖师圣诞暨成立九十五周年纪念》，第 72 ~ 73 页。

更广泛的社区服务，武吉知马修德善堂还在2016年先后成立了“武吉知马修德善堂福利会”（Bukit Timah Seu Teck Sean Tong Institution Limited）和青年团。

继武吉知马分堂之后，修德一系又在马来西亚先后成立麻坡修德善堂分堂、笨珍修德善堂分堂（1964）和威北平安村修德善堂分堂，在1997年建立了一总六分的格局。必须指出的是，新、马修德一系的善堂，虽然堂名皆冠以地区名字以作区分，实属同根一脉，但作为总堂，修德善堂养心社却不以“中央”自居，反之，对各堂之间的地位力求平等，在行政、财务和活动等方面，各堂皆独立运作而互相支援，互动良好，关系密切。总堂前总务李声标（后担任经乐永久指导师及监事长）就明确指出：“本堂不以控制式之中央集权制，而采取开明之民主自治，使各分堂行政独立。新加坡方面，总堂与分堂之间，彼此互派代表，列席对方之会议；西马方面，则彼此均有咨询人员联络。”① 另外，“总堂要求修德旗下所有分堂‘做事要一致’，例如，仪式要一致（如祭祖仪式），对外要一致维护修德的声誉，要维持中医药服务，要开展慈善事业等。各堂之间也互相扶持，比如说总堂收到礼佛的请求而无法主持时，就会请分堂代办，反之亦然”。② 总堂与分堂间每年还要召开联席会议，各堂轮值担任主席，目的在交流切磋、促进联系，以推广各堂慈善事业。③ 2017年的联席会议便在大芭窑修德善堂建庙钻禧庆典之前不久召开，各堂针对祭祀程序、推广慈善政策、合作解决包括财政方面的困难、传承传统价值观等议题，进行了广泛的交流和讨论。④ 总堂和各个分堂间的这种互动方式，已然形成一种制度，并达成共识，至今仍然保持不变。由此可见，在组织架构与运作模式上，修德一系善堂和中华善堂蓝十救济总会如出一辙，反映了潮人善堂在组织架构上的特色。

---

① 李声标：《概略社务报告》，《修德善堂养心社七十周年纪念特刊》，第29页。

② 修德善堂养心社经乐股负责人余义源访谈记录，2007年11月10日，修德善堂养心社。

③ 《修德善举》，马廷茂主编《新加坡修德善堂养心社庆祝宋大峰祖师圣诞暨成立九十周年纪念》，第75～76页。

④ 邢谷一：《讲述宋大峰祖师扶危济困事迹，大芭窑修德善堂设浮雕像》，《联合早报》2017年10月2日。

四　新里程碑：兴建堂宇，创建网站，慈善事业与宗教活动并重

随着善堂规模的不断壮大，修德善堂养心社堂所也面临空间过于狭窄，不敷应用的问题。20 世纪 60 年代后期，理事会已开始物色新的地段以兴建新堂的计划，但屡寻不获理想之地，也因客观条件不足，故未有具体结果。后来，政府宣布征用修德善堂位于怒吻基 54 号 A 的旧堂址，顿使兴建新堂迫在眉睫。善堂几经波折，终于在 1980 年 8 月购得勿洛北三道现址，以兴建新堂。善堂也承祖师乩谕，择定同年农历八月廿日由主席张泗川主持动土兴工。翌年，善堂成立建委会，负责筹建事项，并发动理事与堂员进行募捐。兴建总堂新堂所的筹募活动获得总堂和各分堂的理事、善信以及其他各界的广泛支持，建筑工程也顺利进行，占地 1755 平方米、耗资 260 余万元的新堂宇在短短一年半之后就竣工落成，于 1982 年 10 月 28 日由主席张泗川主持开幕仪式，正式启用。①

迁入新堂后，善堂的慈善事业有了新的发展。其慈善事业主要集中在几个方面。首先，在原有的施药赠药服务的基础上，善堂医药部提炼药剂，并配备科学化的医疗设施，为各籍贯、种族、宗教的民众提供优良的医疗服务，吸引了许多求医者。其次，捐献资金给各慈善组织，受益的慈善组织包括公益金、万慈学校、加基武吉联络所管委会、华社自助理事会、圣约翰救伤队、华中初级学院、同德善堂安老院、广惠肇留医院、托福园、新加坡防癌协会、残疾人士学会、中华善堂蓝十救济总会、武吉巴督老人院等，② 修德善堂所捐献之款项，已累计过百万元。③ 与此同时，修德善堂也不忘照顾本区的贫苦老人，不分种族和宗教，在年节时都会分

---

① 《建堂经过暨落成志念》，《修德善堂养心社七十周年纪念特刊》，第 30 ~ 31 页。

② 《修德善堂养心社捐万元给公益金》，《联合早报》1987 年 3 月 31 日；《修德善堂养心社捐万余元作慈善》，《联合早报》1988 年 12 月 21 日；《修德善堂养心社捐 5 万元慈善基金》，《联合早报》1990 年 12 月 16 日；《修德善堂养心社捐五万给慈善基金》，《联合早报》1991 年 1 月 3 日；《修德善堂养心社捐义款》，《联合早报》1994 年 12 月 12 日；《修德善堂庆祝成立 80 周年捐献 15 万 7000 元义款给 14 个团体》，《联合早报》1995 年 12 月 21 日；《修德善堂养心社捐义款给 10 机构》，《联合早报》1997 年 1 月 7 日；《修德善堂养心社拨款为慈善》，《联合早报》2001 年 1 月 8 日。

③ 《修德善举》，马廷茂主编《新加坡修德善堂养心社庆祝宋大峰祖师圣诞暨成立九十周年纪念》，第 69 ~ 76 页。

发度岁金或救济金给他们，并为他们提供午餐。这些老人之中，还有些是由社会发展部推荐的领取福利金者。这些都已经成为善堂的传统善举及常年活动。①

修德善堂的一大特色就是积极弘扬潮州善堂传统宗教习俗，经常举行多样化的宗教仪式，例如扶乩活动、功德仪式和水陆法会等。以扶乩活动为例，目前在新加坡本地仅有修德善堂和同德善堂念心社定期举行扶乩仪式。修德善堂总堂和本地两所分堂除了每逢农历七月息乩之外，其他月份都会定期在各自堂内举行扶乩仪式，修德善堂养心社为每逢农历初一，大芭窑修德善堂与武吉知马修德善堂则为每逢农历初一及十五，三所善堂也会在一些特别的日子如佛诞、节日庆典、祖师开光升殿之日等举行扶乩仪式。在扶乩仪式上，除了善信与善堂管理层向神明求问事宜后，神明给予乩示以外，降鸾的神明也会通过乩文布德，向善信宣导一些如敬老尊贤、慎终追远以及慈悲济世、淡泊名利、修身养性等儒家传统道德价值观和佛道思想。修德善堂也有一套程序，将这些劝世文存档，并定时汇集出版，即前文所提到的《柳缘》。

修德善堂的另一项经常举办的宗教活动是为善信在先人葬礼仪式中“做功德”或“做佛事”。事实上，大部分善堂都设有经乐股，专为善信提供这项宗教服务。② 修德善堂的经乐股人员为数近百名，是一支活跃的队伍。除了为堂员社友或其指定附荫人去世时举行礼佛外，如有非社友聘请，经由董事部批准，也可为丧家礼佛如仪。每年农历七月，善堂经乐股也接受各社区中元会之礼聘，为其盂兰盛会建供普度。经乐股每年出勤礼佛建供，少则二十余坛，多则四五十坛。而善堂本身，每逢祖师、观音、地藏王菩萨等圣诞以及盂兰盛会，也循例举行大型建供仪式。③

水陆法会是修德善堂另一项重要的宗教活动。水陆法会是佛教举行诵

---

① 《修德善堂养心社今天分发救济金　三百多名贫苦老人受惠》，《联合早报》1992 年 11 月 23 日；《修德善堂养心社分红包给贫苦老人》，《联合早报》1993 年 12 月 20 日；《修德善堂养心社分发慈善金》，《联合早报》2001 年 12 月 20 日。

② 有关“做功德”仪式，详阅本书第四章第五节。

③ 《修德善举》，马廷茂主编《新加坡修德善堂养心社庆祝宋大峰祖师圣诞暨成立九十周年纪念》，第 69 ~ 76 页。

经拜忏来超度亡灵（白事）或祈福消灾（红事）的佛事功德中仪规最隆重、场面最盛大的一种。修德善堂经常受邀举行水陆法会。[①] 由于修德善堂在主持宗教仪式方面极负盛名，一些潮人社团如醉花林等也经常在中元节盂兰庆典或其他节日邀请修德善堂为其主持普度法会，[②] 甚至一些企业或大型商场也聘请修德善堂举办法会，例如，义安公司多年来都定期邀请修德善堂在所属的义安城广场举行法会。传统潮州祭祀道场出现在标榜时尚的义安城前，相映成趣。[③]

作为一个历史悠久的善堂，修德善堂并不拘泥于传统的运营方式，而是与时俱进，勇于创新。尤其是在科技发展迅速的现在，修德善堂更是以新的科技手段进行宣传及联系。2001 年，修德善堂设立了网站，供公众浏览与搜索资料，内容涵盖善堂简史、堂宇、经乐、结缘、慈善、联系等。此外，网站还详尽记述宋大峰祖师的生平与大德流芳的故事，同时介绍潮阳大峰风景区与虹桥跨练的神奇圣迹。大吴修德善堂是新加坡修德善堂的起源，网站也给予了介绍。网站还提供有关宗教的服务站，以弘扬华人的传统信仰和民间习俗，探究深奥的古老文化。网站内容以中英双语上载，英文部分吸引经常上网的年轻一代关注善堂的慈善活动与宗教仪式，加深他们对善堂文化的了解，而属于网上活动的角落也设有多种交流通道，方便公众人士在线上与善堂互动。随着善堂网址的启用，大家将见证堂史翻开新篇章。[④]

五　重构传统：回馈母堂，金像回銮与宗教仪式的重塑

受中国政治环境和主流意识形态的影响，大吴修德善堂养心社曾于 1949 年中华人民共和国成立后不久停止活动，几乎所有宗教仪式因长

---

① 李志贤：《从宗教仪式看新加坡潮人善堂信仰的文化内涵》，汕头大学图书馆潮汕特藏网，http：//cstc. lib. stu. edu. cn/chaoshanzixun/lishiwenhua/6895. html。

② 《醉花林会讯》2014 年第 4 期，第 9 ~ 11 页；2015 年第 5 期，第 10 ~ 11 页；2015 年第 6 期，第 11 ~ 13 页；2017 年第 7 期，第 8 页。

③ 《摩登路上传古乐　百万神台求平安》，《联合早报》2004 年 9 月 18 日；《义安城法事祈客如潮来》，《联合早报》2009 年 4 月 4 日，第 1 页；修德善堂 Facebook 主页，https：//www. facebook. com/seuteckseantong/。

④ 《修德善举》，马廷茂主编《新加坡修德善堂养心社庆祝宋大峰祖师圣诞暨成立九十周年纪念》，第 72 ~ 73 页。

期遭禁而失传。直到 1979 年之后，潮汕地区的善堂才得以“福利会”的性质获准重新发展，大吴修德善堂也开始修建新的堂宇。今天，虽然民间已逐渐复萌祭祀活动，但当地许多善堂的宗教活动已不如此前活跃，其宗教意识也比较不受认同和重视。在大吴修德善堂筹资兴修堂宇并重建其宗教传统之际，新加坡修德善堂不忘母堂的发展，连同东南亚其他善堂，给予大力的资助，使大吴修德善堂新堂宇得以于 1983 年顺利兴工动土，并于第二年落成剪彩。新加坡修德善堂养心社不仅在母堂修建新堂宇时予以大力支持，2002 年大吴修德善堂庆祝创立百周年时也捐出人民币 50600 元，大芭窑修德善堂则捐出人民币 22800 元，武吉知马修德善堂捐出人民币 23202 元。2009 年，大吴修德善堂再度翻新重建，新、马修德善堂发起筹款，在短时间内便筹得新币 160 万元。① 2010 年，大吴修德善堂养心社新堂宇落成开幕之际，新加坡修德善堂养心社再度捐出人民币 110 万元，大芭窑修德善堂捐出人民币 100 万元，武吉知马修德善堂捐出人民币 25 万元。新、马修德一系总堂和分堂高居捐资芳名录榜首，各堂的许多董事、善信还以个人名义慷慨解囊。② 各堂经务人员也都齐聚母堂，协助主持盛大的建供法会，修德善堂领导人皆受邀在庆典上致辞，并参与隆重的开光升殿仪式。③ 新加坡修德善堂还曾于 2013 年组织一个十余人的乩务小组到大吴的母堂训练该堂的乩手，分享扶乩的心得和经验。④

由总堂新加坡修德善堂养心社主导，新、马各分堂共同参与和组织的甲午年祖师金像百年回銮活动，是近年新、马修德一系的善堂与大吴母堂的互动与交流活动中最引人注目的一件盛事。据善堂执事者所说，2014 年，祖师梦谕当在甲午年回銮，乩示要塑七尊金像，即宋大峰祖师金像和百年宋大峰祖师金像，以及大师童爷、二师童爷、阿弥陀佛、观音菩萨、大势至菩萨等其他五尊金像，恭送回大吴母堂。在回銮仪式结束后，其中

---

① 吴辉勤：《大吴修德善堂养心社新堂宇落成庆典纪念册》，大吴修德善堂养心社，2011，第 120 页。

② 吴辉勤：《大吴修德善堂养心社新堂宇落成庆典纪念册》，第 162 ~ 175 页。

③ 吴辉勤：《大吴修德善堂养心社新堂宇落成庆典纪念册》，第 43 ~ 117 页。

④ 黄洁馨：《新加坡潮人善堂的扶乩仪式——修德善堂的个案研究》，荣誉学士学位论文，新加坡国立大学中文系，2016，第 35 ~ 36 页。

一尊祖师金像留在大吴修德善堂继续供奉，其他六尊则送返新加坡，供奉于修德善堂养心社，而再逾百年之后，供奉于大吴的金像将回返新加坡。这次的回銮活动从闰九月初九到闰九月十六（11 月 1 日至 8 日）共八天，仪式庄严且丰富多彩，除了集体参拜祖师、取香茶水活动、启建清供法会外，祖师百年金像还从大吴修德善堂出巡往潮阳报德古堂和庵埠太和善堂。这次规模盛大的宗教活动吸引了数以千计的当地村民到来参拜，地方官员、从事民间信仰研究的学者和文化人也受邀观礼，海内外许多善堂皆派代表出席这次盛典。①

2014 年的祖师百年回銮活动具有重要的意义。首先，从内部互动的层面上看，这次宗教活动不仅为分布于各地共具神缘的潮人善堂善信提供了交流与联系的机会，也为共同参与和组织这个庄严且盛大仪式的新、马修德一系的善堂领导人、仪式主持和表演者提供了一个极佳的平台，互相切磋与观摩，促进彼此的了解，强化各堂的关系和认同意识，并凸显大家对母堂的归属感。其次，从仪式重塑的角度观察，“此次的活动，组织、策划及仪式表演，主要是由新马善堂各董事及经乐成员完成，特别是来自新加坡修德善堂养心社的负责人员及仪式表演者。他们完成了宗教仪式的回传过程，也为日后仪式在潮汕地区的传播提供了范本”。② 从地方关系而言，回銮仪式有助于善堂文化在当地的复兴和传播，也有助于推动当地的慈善事业发展，并促进大吴修德善堂与地方政府的良好互动，在一定程度上也为当地提供了一些商业机会。最后，从更广义的族群意识上说，祖师金像百年回銮活动将居住于中国的潮汕人和生活于其他国家的潮籍华人，因共具神缘而联系在一起，突破生活空间的界限，增强了中国和东南亚各地潮人族群的凝聚力。③

新加坡修德善堂养心社通过对母堂的回馈和宗教仪式的重塑，复构了

① 有关大峰祖师金像百年回銮的盛况，详阅王惠《海外移民与宗教仪式回传——甲午年新加坡修德善堂养心社宋大峰祖师金像百年回銮》，《华侨华人历史研究》2016 年第 3 期，第 59 ~ 67 页。

② 王惠：《海外移民与宗教仪式回传——甲午年新加坡修德善堂养心社宋大峰祖师金像百年回銮》，《华侨华人历史研究》2016 年第 3 期，第 64 页。

③ 王惠：《海外移民与宗教仪式回传——甲午年新加坡修德善堂养心社宋大峰祖师金像百年回銮》，《华侨华人历史研究》2016 年第 3 期，第 59 ~ 67 页。

原乡的潮人善堂文化和信仰传统，对扩大和强化中国与东南亚地区的潮人善堂跨域网络带来的显著影响，也是不容忽视的。

第二节　首创善堂儒乐部：普救善堂

创立于 1929 年 10 月的普救善堂全名“普救善堂互益社”，[①] 是新加坡较早成立的善堂之一，也是倡议合组中华善堂蓝十救济总会的五所善堂之一。普救善堂最初供奉华佗仙师，之后才合祭宋大峰祖师和护天元帅，取其施药、济贫、伏魔之意，并发扬这三位先圣的精神意旨。

一　堂小志大，倡组中华善堂蓝十救济总会

据普救善堂文献所载，当年乃由陈浩生代表该善堂向英殖民地政府申请注册而成为合法团体。[②] 善堂以慈善为宗旨，成立之初，因为组织较小，只进行一些小规模的宗教活动和慈善活动。善堂对内组织经堂，为堂员亲属办理丧葬事宜，对外则量力施药济贫。创堂初始十余年间堂务的发展情况至今已无文献可考，但发起人陈浩生无疑是该时期善堂领导层的关键人物之一，至今我们仍可在善堂的文献中见到他备受尊崇，被誉为日后普救善堂发展的奠基人物。

直至 1942 年，日军攻陷新加坡，善堂的堂务陷于停顿。但是，为了能在战争期间为受灾民众给予帮助，普救善堂主事者（见表 3 - 3）响应当时潮人侨领林树森的号召，联合修德、同奉、同敬、南安四所善堂，支持成立中华善堂蓝十救济总会，集结大家之力量与资源，开展慈善活动。它们在战争期间开展施医赠药、施棺赠葬以及施茶、施

① 潘醒农编著《马来亚潮侨通鉴》，第 330 页。

② 陈宝书：《本堂简史》，郭清波编《普救善堂庆祝大峰祖师圣诞暨成立廿九周年纪念特刊》，新加坡：普救善堂，1958，第 25 页。该堂于 1941 年 5 月 5 日正式为英国殖民地政府批准注册为合法社团。《新注册社团》，《南洋商报》1941 年 5 月 10 日。

粥、施衣物等慈善活动，也协助消防救灾，① 和其他数所善堂通力合作。普救善堂的救济活动在战乱期间为受灾民众雪中送炭，提供了强有力的物资支援和精神慰藉，其慈善工作与对社会公益的贡献获得了民众的认可，也提高了善堂的知名度，普救善堂的慈善事业自此步入新的发展阶段。

表 3-3 二战前后普救善堂主要领导人（总、司、财）

职位	日据时期主要领导人	战后第一届（1947）董事会
总理/主席	李锦堂	李锦堂
副主席	—	孙锡辉、马玉盛
司理/总务	黄汉初　曾广正	黄汉初（正）、陈美松（副）
财政	吴维孝	杨启松（正）、陈炳嘉（副）

资料来源：刘英才、黄朝隆主编《中华善堂蓝十救济总会庆祝成立七十一周年纪念暨蓝十彩虹疗养院十一周年纪念》，第 53 页；《南洋商报》1947 年 3 月 5 日。

二 战后整合，坚持实践救济慈善宗旨

1945 年日本投降，新加坡光复，但由于新加坡经济在战争时期受到重挫，战后初期仍然处于低迷状态，普救善堂堂务也深受影响，仅能勉强维持。及地方秩序安定，经济逐渐恢复，善堂也逐步恢复正常运作，并重新整合资源。董事会议决在 1946 年农历十月廿九日大峰祖师诞辰之期，举行一连四天的酬神典礼，共庆升平，除了建醮演剧，还组织鼓乐队，请善堂供奉的三圣金身出游，这是善堂成立以来首次举办如此盛大的宗教庆典。②

1949 年，在郭清波、林汗炎、李衍俊、黄应辉等人倡议下，普救善堂执事人议决调整委员会，恢复总理制，重新登记堂员，深化堂务改

① 陈宝书：《本堂简史》，郭清波编《普救善堂庆祝大峰祖师圣诞暨成立廿九周年纪念特刊》，第 25 页。

② 陈宝书：《本堂简史》，郭清波编《普救善堂庆祝大峰祖师圣诞暨成立廿九周年纪念特刊》，第 25 页。

革。[1] 当时，尽管善堂的经费十分匮乏，但仍不遗余力为本地慈善做出贡献。董事和堂友通力合作，出钱出力，坚持继续从事慈善工作。例如，善堂董事会从庆祝华佗仙师圣诞的费用中节省出 50 元，捐助给防痨病院基金。[2] 1950 年，善堂又将庆祝华佗先师圣诞演戏筹募基金所筹的 4000 余元善款全数捐献给新加坡防痨协会。1952 年，又为该会演潮剧筹募医药经费 2 万余元。[3] 在董事会积极筹款充实财力之后，善堂继续开展施医赠药、施棺赠葬以及救灾等救济和慈善工作，深得各界人士之赞赏。当时，多位著名的中医师如陈少波、陈逸祥、沈少洲、陈杰夫、许绩健、程少毅、田为政等，都应普救善堂之聘，担任该堂之义务医师，以示支持。[4] 到了 1952 年，普救善堂增设了西医义诊服务，聘请设于丝丝街（Cecil Street）17 号的康诚药房（Gunam Clinic）大生医生（Dr. A. W. S. Thevatha San）为义务西医。[5]

需要提出的是，普救善堂慈善活动的范围，并不仅仅局限于新加坡本地，而是跨越了地域空间，对家乡潮汕地区的情况也时时关注。1946 ~ 1947 年，潮汕地区战争刚刚停息，又遇上天灾，灾民遍野，民不聊生。普救善堂得知这一情况，立刻举行游艺会，筹得一笔义款，寄交给汕头各大善堂，代为分赈，救助灾民于水火之中。[6] 虽然已无文献资料可考，但我们可从这一点看到，因为其跨域的慈善活动，普救善堂早在 20 世纪 40 年代就和潮汕各地的善堂建立了密切的互动关系。一直到今天，两地善堂依然不时交流往来，例如，汕头存心善堂在 2006 年组团到新加坡访问，就专程拜访了普救善堂。[7]

---

① 陈宝书：《本堂简史》，郭清波编《普救善堂庆祝大峰祖师圣诞暨成立廿九周年纪念特刊》，第 25 页；《普救善堂五十年来堂务简介》，《星洲日报》1979 年 12 月 18 日。

② 《普救善堂节省五拾元捐助防痨病院基金》，《南洋商报》1949 年 5 月 21 日。

③ 陈宝书：《本堂简史》，郭清波编《普救善堂庆祝大峰祖师圣诞暨成立廿九周年纪念特刊》，第 25 ~ 26 页。

④ 陈宝书：《本堂简史》，郭清波编《普救善堂庆祝大峰祖师圣诞暨成立廿九周年纪念特刊》，第 25 ~ 26 页。

⑤ 陈宝书：《本堂简史》，郭清波编《普救善堂庆祝大峰祖师圣诞暨成立廿九周年纪念特刊》，第 25 ~ 26 页。

⑥ 陈宝书：《本堂简史》，郭清波编《普救善堂庆祝大峰祖师圣诞暨成立廿九周年纪念特刊》，第 25 页；《普救善堂救济潮汕难民义捐经已汇出》，《南洋商报》1946 年 8 月 9 日。

⑦ 普救善堂 2016 年堂友大会会议记录，2016 年 10 月 2 日。

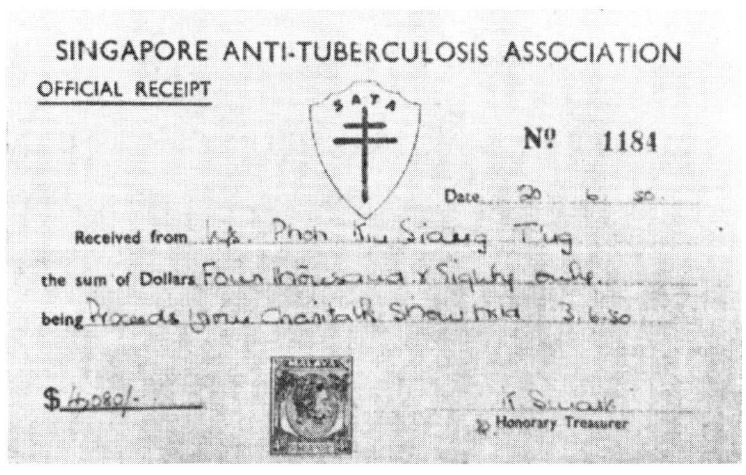

SINGAPORE ANTI-TUBERCULOSIS ASSOCIATION

OFFICIAL RECEIPT

SATA

№ 1184

Date 20. 6. 50.

Received from

the sum of Dollars

being

$4080/-

Honorary Treasurer

图 3－9　普救善堂于 1950 年 6 月 3 日为防痨协会筹募基金义演，该会所发出之正式收据

资料来源：郭清波编《新加坡普救善堂庆祝华佗仙师圣诞演剧特刊》，新加坡：普救善堂，1952，第 9 页。

三　组织儒乐部，于本地善堂界独树一帜

通过自组儒乐社，公演潮剧筹募善款，并开展慈善活动，是普救善堂早期的一大亮点。其实，普救善堂组织儒剧社的初衷是为了筹募活动基金，缓解善堂的财务困境。1949 年，善堂经济困难，为了公演潮剧庆祝祖师圣诞，殊费张罗。在众堂友的建议和支持下，董事部决定组织儒乐部，集中人才，编演潮剧，以资庆祝 10 月的祖师圣诞和纪念善堂成立 20 周年。这样可“一方借以筹款，充实基金。一方借以公诸社会，俾知普救善堂之尚存在也”。① 当年儒乐部自编自演潮剧《双贵子》就这样成了普救善堂的一大创举，在本地潮人善堂历史上首开先例，独树一帜。

之后，普救善堂儒乐部的剧务活动办得有声有色，也日益专业化，不仅与时俱进，对剧务适时进行改革，不断编演新剧，还聘请潮剧前辈如名

① 陈宝书：《本堂简史》，郭清波编《普救善堂庆祝大峰祖师圣诞暨成立廿九周年纪念特刊》，第 25 页。

导演洪成记、洪榆林等担任指导，对演员进行严格训练，且多次通过演剧开展慈善活动和庆祝堂庆。① 从1949年9月剧社创办至1962年，先后演出名剧近20出（见表3－4），也经常进行潮剧广播。② 这使得儒乐部的演员积累了丰富的演出经验，唱作功夫日臻完善，整体上提高了儒乐部演艺造诣，获得各界之好评，对本地的潮剧界产生了一定的影响。笔者认为，更重要的是其所编演各剧内容情节，或为孝悌，或为义侠，或为爱情，都能发人深省，导人为善。所以普救善堂儒乐部虽非专业戏班，但多年来其演出的潮剧大都给社会人士留下良好的印象。1962年以后，虽然普救善堂将儒乐部改组为“音乐戏剧组”，过后一度停办，但1970年善堂复设戏剧组，重新表演潮剧，仍然受到各界的欢迎。当时潮人侨领沈时霖就对普救善堂儒乐部的演出活动给予肯定：“登台表演，现身说法。用弦歌劝人为善，以粉墨辨别忠奸。启迪文化，振声发聩，晓示礼义廉耻，阐明报应循环。激励观众，导之从善。”③ 遗憾的是，20世纪70年代中后期之后，就很少看到普救善堂公演潮剧的新闻报道或其他文献记载。据善堂执事者透露，因为缺乏演员和剧务人员，戏剧组已在多年前解散了。④

表3－4　1949～1970年普救善堂儒乐部部分演出活动

演出日期/地点	表演剧目	活动事项	筹款额（美元）	资料来源
1949年10月（地点不明）	《双贵子》	庆祝宋大峰祖师圣诞及纪念善堂成立20周年	—	郭清波编《普救善堂庆祝大峰祖师圣诞暨成立廿九周年纪念特刊》，第25页

① 郭清波编《普救善堂庆祝大峰祖师圣诞暨成立廿九周年纪念特刊》，第30～32页；《普救善堂庆祝廿五周年公演“百花仙子”名剧吁请社团将礼物折赠医药费》，《南洋商报》1954年11月19日。

② 《普救善堂儒乐队今晚广播节目》，《南洋商报》1950年4月19日。

③ 沈时霖：《乐善不倦话普救：发扬道德，促进剧艺，祈祷和平，同登彼岸》，郭清波编《普救善堂庆祝大峰祖师圣诞暨成立廿九周年纪念特刊》，第30页。

④ 问卷调查资料，普救善堂总务庄永成提供，2017年6月8日。

续表

演出日期/地点	表演剧目	活动事项	筹款额（美元）	资料来源
1950 年 6 月初（地点不明）	《好哥哥》	庆祝华佗先师圣诞，捐助防痨协会基金	4080	郭清波编《普救善堂庆祝大峰祖师圣诞暨成立廿九周年纪念特刊》，第 25 ~ 26 页
1951 年 11 月 里峇峇利律（River Valley Road）皇家山（Fort Canning）脚旷地	《一丈青扈三娘》	庆祝善堂成立 22 周年	—	《普救善堂庆典盛况潮帮侨领亲临观剧》，《南洋商报》1951 年 12 月 1 日
1952 年 1 月 9 ~ 10 日 乌桥亚佛律（Ah Hood Road）南安善堂	《一丈青》	贺中华善堂蓝十救济总会主席叶平玉荣膺英女皇颁赐 MPE 勋章	—	《蓝十字各善堂宴贺叶平玉改九日举行由普救善堂国乐部排演潮剧二晚助兴》，《南洋商报》1952 年 1 月 7 日
1952 年 5 月 12 ~ 13 日 里峇峇利律皇家山脚旷地	《双玉蟹》	庆祝华佗先师圣诞	—	郭清波编《新加坡普救善堂庆祝华佗仙师圣诞演剧特刊》，新加坡：普救善堂，1952
1952 年 7 月 7 ~ 8 日 快乐世界游艺场（Happy World Amusement Park）室内体育场	《美人蟹》	捐助防痨协会医药基金	20540	郭清波编《普救善堂庆祝大峰祖师圣诞暨成立廿九周年纪念特刊》，第 26 页 按：快乐世界游艺场后改称繁华世界游艺场（Gay Worlds Amusement Park）
1953 年 12 月 9 ~ 10 日 普救善堂	《宝扇恨》	庆祝善堂成立 24 周年暨宋大峰祖师诞辰，贺仪捐助后港公立新民学校为基金	800 余	《普救善堂移贺仪赠新民学校》，《南洋商报》1953 年 12 月 16 日
1954 年 11 月 20 ~ 21 日 里峇峇利律皇家山脚旷地 1954 年 11 月 25 ~ 26 日 普救善堂	《百花仙子》	庆祝善堂成立 25 周年，贺礼折银充善堂医疗基金 庆祝宋大峰祖师圣诞	533	《普救善堂庆祝廿五周年公演“百花仙子”名剧吁请社团将礼物折赠医药费》，《南洋商报》1954 年 11 月 19 日

续表

演出日期/地点	表演剧目	活动事项	筹款额（美元）	资料来源
1955 年 12 月 2～3 日 新世界（New World Amusement Park）内百老汇歌台 1955 年 12 月 13～14 日 普救善堂	《恻隐良缘》	庆祝善堂成立 26 周年，贺仪充善堂医疗基金 庆祝宋大峰祖师圣诞	2500 余	《普救善堂廿六周年堂庆各界贺仪共二千五百余元》，《南洋商报》1955 年 12 月 6 日
1956 年 11 月 22～23 日 新世界内百老汇歌台 1956 年 12 月 2～3 日 普救善堂	《朱秀光复国》	庆祝善堂成立 27 周年，贺仪充善堂医疗基金 庆祝宋大峰祖师圣诞	2500 余	《普救善堂廿七周年堂庆各界贺仪共二千五百余元》，《南洋商报》1956 年 11 月 28 日
1957 年 12 月 13～14 日 新世界内百老汇歌台 1957 年 12 月 21～22 日 普救善堂	《移花缘》	庆祝善堂成立 28 周年，贺仪充善堂福利股施医赠药 庆祝宋大峰祖师圣诞	3196	《普救善堂二十八周年纪念各方贺金汇志》，《南洋商报》1957 年 12 月 23 日
1958 年 12 月 6～7 日 新世界内百老汇歌台 1958 年 12 月 10～11 日 普救善堂	《碧云天》 《陈北科问卜》	庆祝善堂成立 29 周年；贺仪捐善堂福利股施医赠药 庆祝宋大峰祖师圣诞	3500 余	《普救善堂廿九周年纪念演潮剧两晚助兴各界贺仪三千五百余元》，《南洋商报》1958 年 12 月 22 日
1962 年 5 月 11～12 日 新世界内百老汇歌台	《告亲夫》 《刺梁冀》	音乐戏剧游艺联欢晚会	—	《普救善堂音乐戏剧组》，《南洋商报》1962 年 5 月 15 日
1970 年 5 月 23～24 日 普救善堂	《红书宝剑》 《十仙庆寿》	庆祝华佗先师圣诞	—	《普救善堂复设戏剧组将演潮剧庆祝华佗诞》，《南洋商报》1970 年 5 月 15 日
1970 年 8 月 8 日 芳林公园（Hong Lim Park）舞台	《红书宝剑》	庆祝第五届国庆	—	《普救善堂明晚公演潮剧》，《南洋商报》1970 年 8 月 7 日

四　普救溥施，赞助医疗教育文化公益

普救善堂最早供奉的一位神明是华佗仙师。中国历史上的华佗本是东

汉末年一位精通医术的名医，与董奉、张仲景并称“建安[①]三神医”。普救善堂供奉华佗，不仅是尊崇其医术之精深，更重要的是要发扬及效法其救世济民之高尚医德与情操。而善堂供奉的另一位祖师宋大峰生前就是一位行医救人、以解救黎庶于疾苦为志的禅门僧侣。正因为如此，施医赠药，以利贫病，传承两位祖师普救溥施的行善精神，正与其原则相吻合，也自然成为该善堂慈善活动的重中之重。

普救善堂从1951年开始就赠医施药，还聘有特约义务医生，发行诊病券，由病人来堂领取，往义务医生医所就医，然后到指定特约药店取药，费用由普救善堂承担。[②] 1952年，善堂又增设西医部，聘请义务医生为贫苦病患免费医治，[③] 并在成立后短短两年之内，就已经施药千余剂，救助了许多贫困民众。[④] 到了1967年，善堂认为医药部的施医赠药服务因环境关系，不尽理想，于是决定筹募基金，重新筹办，恢复有效之运作。当时，除各堂友热心捐赠外，善堂也号召各界人士和机构慷慨捐助，得到他们的热烈响应。他们不仅捐钱，也捐献各种必需物资，中华医师公会也派出10余位医师义务看诊，协助善堂扩大医药部规模。[⑤] 医药部开始采用中国提炼药水，聘请驻堂医生。据报章报道，到了1970年，普救善堂医药部“每年义诊人数约在二、三万名左右，施出药剂亦在二、三万帖之间”，[⑥] 此后逐年稳健增加。1976年，医药部增聘中医界前辈许积健加入服务。为求更加完善，善堂也举办座谈会，与各界人士广泛交流，并且更改义诊时间，由原定每日下午一时至四时改为下午一时半至四时半。[⑦]

---

① “建安”是东汉末年汉献帝的第五个年号，从建安元年（196）一月到建安二十五年（220）三月。

② 《普救善堂五十年来堂务简介》，《星洲日报》1979年12月18日。

③ 《普救善堂增设西医部并将为防痨协会筹款义演　苏璧耀捐千元为经费》，《南洋商报》1952年6月4日。

④ 《普救善堂本年度董事选出报告堂务概况及施药千余宗》，《南洋商报》1954年4月24日。

⑤ 《普救善堂赠医人数激增希望各界人士慷慨捐助》，《南洋商报》1968年6月5日；《普救善堂就职典礼由名誉总理黄诗通监誓总理陈汉成吁再接再厉继续努力为人群谋福利》，《南洋商报》1968年8月26日。

⑥ 《普救善堂庆四十一周年纪念陈汉成吁各界支持福利服务》，《南洋商报》1970年12月4日。

⑦ 《普救善堂修订赠医施药时间》，《南洋商报》1976年3月1日。

事实上，普救善堂在 20 世纪初也曾计划扩建其中医施诊所，但当时扩充无门，未获政府有关当局批准。善堂原有的中医施诊所乃附设在堂所的角落，医生看病和病人挂诊就在神坛旁边。1990 年，普救善堂曾以 84 万元买下一块毗邻善堂的土地，希望作为扩建施诊所之用，并向市区重建局多次申请扩建，但都遭到拒绝。原因是在国家土地发展规划下，这块面积 8500 平方英尺的土地只能建私人住宅。[①] 后来善堂在这块土地上建了一栋三层楼的洋房，目前一楼充当中医诊所，二、三楼为会议室、礼堂，中医诊所对公众人士开放，平均每年为大约 5000 人次提供免费治疗。[②]

在资助医疗福利方面，值得一提的还有，普救善堂曾捐资 100 万元与全国肾脏基金会在盛港（Sengkang）地区的河谷径（Rivervale Walk）102 座组屋联合成立新加坡第二所肾病预防中心，命名为“普救善堂－NKF 预防中心”，于 2003 年 9 月由时任环境发展部部长林瑞生在开幕式上宣布启用。该预防中心参照美国国际糖尿病中心而设计，备有先进的医疗仪器和设施。中心由普救善堂和全国肾脏基金会合作设立，有专科护士、营养师和护理专家等组成的医疗护理小组，为患者提供定期的全面检查，并制订个性化的医疗计划。[③] 遗憾的是，后来因为多种原因，此中心已停止运作多年。[④]

除了赠医施药、赞助医疗福利外，普救善堂也从 1977 年开始，每年为所在区之贫苦老人颁发度岁金及礼物，受惠老人不分种族、性别，善款皆由该堂名誉总理、董事部成员及少数外界捐赠者所捐献。[⑤] 除获得度岁金外，这些孤贫老人还各得白米、牛奶、饼干、米粉等食品，以及牙刷、牙膏、面巾等日常用品。[⑥] 普救善堂的这一敬老善举一直延续至今日。

① 潘星华：《后港普救善堂扩充无门》，《联合早报》2004 年 12 月 5 日；魏瑜嶙：《普救善堂要再申请扩建施诊所》，《联合早报》2004 年 12 月 8 日。

② 问卷调查资料，普救善堂司理庄永成提供，2017 年 6 月 8 日。

③ 《普救善堂捐资 100 万元建成本地第二所肾脏预防中心开幕》，《联合早报》2003 年 9 月 29 日。

④ 问卷调查资料，普救善堂司理庄永成提供，2017 年 6 月 8 日。

⑤ 《普救善堂订于六日颁渡岁红包予贫老》，《南洋商报》1977 年 2 月 1 日。

⑥ 《普救善堂颁发渡岁红包予贫老》，《南洋商报》1977 年 2 月 8 日。

2017年1月，善堂分发敬老度岁金与礼品给1200名住在该堂附近组屋区里的年长者。善堂总理蔡纪典受访时指出："这是普救善堂实行多年的敬老传统，目的是让老人家能够欢欢喜喜过新年，度岁金都是由董事会乐捐。"① 此外，善堂也经常捐出义款资助其他慈善机构，如儿童城（Boys' Town）、新加坡盲人协会（现称新加坡视障人士协会，The Singapore Association of the Visually Handicapped）、新加坡麻风协会（Singapore Leprosy Relief Association）、济世之家（Singapore Cheshire Home）、彩虹疗养院（Jenaris Home@ Pelangi Village）等。

普救善堂另一个优良传统是在周年庆典上为社会公益事业捐款。例如1953年庆祝成立24周年及新堂落成，庆典之后，普救善堂将各界的贺仪折作现金共817元赠送给后港公立新民学校作为基金。② 此后，普救善堂也多次将堂庆所得贺仪捐献出去或充作医药部的医药基金。普救善堂不仅通过自身的剧社传播传统文化，对于教育文化事业和社区发展也非常支持。1954年，善堂就为南洋大学捐献1000元。③ 1959年，则响应文化部的号召，为国家剧场的筹建捐款。④ 1979年善堂庆祝成立50周年时，也捐出1000元给国家作为文化基金。盒巴实笼岗区（Upper Serangoon Constituency）树林道联络所也获得善堂乐捐1000元作为建所基金。事实上，普救善堂位于该区内，长期以来积极支持该区联络所的发展，对该联络所的捐赠金额在当年已累计6000元。⑤ 有鉴于长期致力于慈善事业，并获得社会各界政府的肯定，普救善堂早于1964年就荣获新洲元首颁赐"马来西亚奖状"，这显示出政府对其贡献给予了高度的肯定。⑥

五　兴建堂所，历经艰辛偿清建堂经费

经过二战后的一番改革与整顿，普救善堂的堂务日趋稳健发展，堂员

① 邢谷一：《普救善堂派敬老度岁金　后港千名组屋居民受惠》，《联合早报》2017年1月16日。
② 《普救善堂移贺仪赠新民学校》，《南洋商报》1953年12月16日。
③ 《普救善堂五十年来堂务简介》，《星洲日报》1979年12月18日。
④ 《普救善堂捐献国家剧场五十元昨日托本报代转》，《南洋商报》1959年12月20。
⑤ 《普救善堂庆祝成立四九周年捐千元予树林道联络所》，《南洋商报》1978年12月3日。
⑥ 《普救善堂获奖状将举行庆祝》，《南洋商报》1964年5月11日。

人数与活动也日益增多。1953 年，鉴于原来设于俗称潮州马车街的盒巴沙球朥律（Upper Circular Road）堂址不敷应用，董事部议决购置后港（Hougang）六条石西门巷（Simon Lane）15 号一块面积万余方尺的土地，兴建新堂。历经四个多月，新堂始告落成，并于该年 12 月 6 日由时任中华善堂蓝十救济总会主席叶平玉剪彩开幕。然而，新堂的建筑费高达 10 万元以上，董事会当时却只募得 6 万余元，尚不敷 3 万余元。① 这对于董事会而言，无疑备感压力。于是在总理陈宝书的带领下，董事会通过各种方法积极筹募资金，尽速偿还建堂经费，其中包括申请发行慈善彩票，以弥补建堂不敷；扩大会员人数与征求永久会员，以充实人员与财力；修改与补充善堂章程，以允许董事会将善堂不动产抵押给银行，透支现金偿还建堂经费；发售慈善礼券给社会人士作为喜庆贺礼，以补助善堂福利部施赠经费；推广无息借款，向名誉总理、堂员及其他赞助人或商号商借以偿还银行债务，减轻利息。经过数年的艰苦努力，到了 1958 年，“银行债务，已理还十之八九，清偿之期，指顾间尔”。②

1953 年竣工的新堂所在后座增辟了功德厅，专供堂员及亲友供祀先人神主牌。但到了 20 世纪 70 年代初，功德堂之龛位已满，难以再接受堂友及其他人士申请入祀。于是董事会在 1973 年又重修功德堂，加盖一层楼阁，增设两个神主龛，以满足堂友和其他人士的需求。③ 然而，这时的普救善堂财务状况和 20 年前建立堂所时财政拮据的情形已全然不同，善堂财政积有盈余，建设工程得以顺利完成，并于同年 11 月 25 日由该堂顾问，时任劳工部政务部长兼盒巴实龙岗（Upper Serangoon）区国会议员谢嘉惠主持开幕仪式。④

兴建后的功德堂更加宽敞明亮，富丽堂皇。善堂在每年 4 月、12 月为供祀于堂内的神主分别举行夏、冬二祭，在卫塞节举行新神主晋龛仪

① 陈宝书：《本堂简史》，郭清波编《普救善堂庆祝大峰祖师圣诞暨成立廿九周年纪念特刊》，第 26 页。

② 陈宝书：《本堂简史》，郭清波编《普救善堂庆祝大峰祖师圣诞暨成立廿九周年纪念特刊》，第 26～27 页。

③ 《普救善堂五十年来堂务简介》，《星洲日报》1979 年 12 月 18 日。

④ 《普救善堂举行功德堂落成礼》，《南洋商报》1973 年 11 月 29 日。

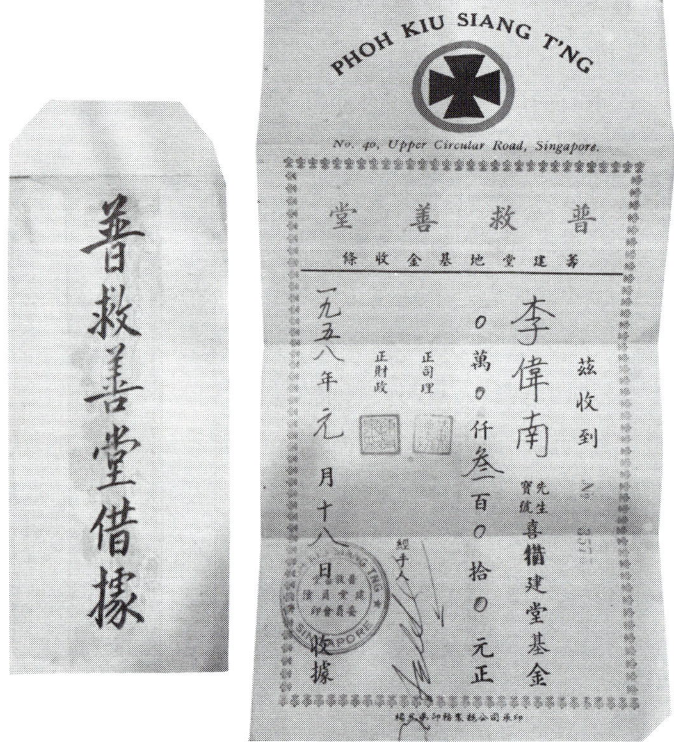

普救善堂借據

PHOH KIU SIANG T'NG

No. 40, Upper Circular Road, Singapore.

普救善堂

籌建堂地基金收條

兹收到

李偉南先生寶號喜借建堂基金

0萬0仟叁百0拾0元正

正司理

正財政

經手人

一九五八年元月十八日收據

图 3－10　普救善堂向该堂名誉总理潮人侨领李伟南发出的无息借款借据

资料来源：退一步斋收藏。

式,[①] 广邀堂友和神主后人参与仪式，人数也逐年增多。此外，善堂经乐股除了为堂员或公众人士提供丧事礼佛，为亡灵做功德之外，每年在大峰祖师、华佗仙师、观音菩萨、地藏王菩萨等神明的诞辰也会举行启建祈祷仪式，中元节也举办盂兰盛会，举行打醮仪式，超度孤魂。每逢举行这些宗教活动，堂友和善信聚集在一起参加祭拜仪式，这栋古色古香的普救善堂建筑就会显得格外热闹和拥挤，也体现出这所历史悠久的善堂香火依然不减。为了环保，善堂于 2013 年拨出 15 万新元购置两台先进环保金炉，以取代旧式的金银纸焚烧炉。金炉独特的外观已成为该

① 问卷调查资料，普救善堂司理庄永成提供，2017 年 6 月 8 日。

区的地标。①

普救善堂或许不在本地潮人善堂中历史最久、规模最大、堂员最多之列，但自创始至今，它对国家社会福利事业所做出的贡献却不逊于其他善堂。从前文可知，为了持续发展堂务，不使慈善工作受环境所限，普救善堂在50年代初毅然决定建造新堂所，但建新堂后却须面对严峻的财政问题，也因此而经历了一段经费短绌、苦费张罗的艰辛时期。令人肃然起敬的是，即便在这段艰难的时期，善堂仍然一本创堂初衷，坚守它对社会大众的承诺，继续对大众施医赠药和义演潮剧资助其他慈善机构，即便是到了确实已经无法拨出任何余款的地步，仍然本着与人为善的宗旨，善堂领导人还以个人名义捐助求助者。这种无私忘我的善举所贯彻的正是潮人善堂弘扬普救众生之道德价值观和高尚的精神。

第三节 还原创堂历史：南洋同奉善堂

早在光绪元年（1875），潮州地区的善信就在潮安的庵埠太合埠溪墘创立了同奉善堂。② 同奉善堂设立之后，大峰祖师金身陆续分灵至境外设堂，包括于1930年就在新加坡设坛的南洋同奉善堂、在马来半岛上的柔佛同奉善堂（1960）、雪隆南洋同奉善堂（1962）以及南洋同奉善堂槟城分堂（1967）。

一 创堂背景记载各异，笔记手稿还原历史

关于南洋同奉善堂的创立背景，潘醒农在《马来亚潮侨通鉴》中有如下记载：

① 普救善堂网站，http：//www.beokeng.com/disptemple.php？temple = phoh - kiu - siang - tng。
② 谢悦正编《同奉善堂志（1875～2015）》，香港：时代文化出版社，2015，第62～63页。

> 同奉善堂，原始系由潮安庵埠同奉善堂分设而来，该堂供奉宋代高僧大峰祖师。民国 19 年夏间，銮乩谕及应向海外设坛宣扬佛法，以符慈悲主旨。嗣该堂友杨元壁君，秉承乩示南来设坛供奉佛像，目的在办理社会福利慈善事业，及与国内外慈善家互通声气，连年以来，参加堂友日众。①

但南洋同奉善堂记载的本堂历史却和潘醒农的记载有些出入：

> 本堂发起人杨元璧，粤之潮安外文里人，笃奉宋大峰祖师，弱冠南渡，任职某洋商越数载。后荣旋故梓省亲，杨君返乡后，常到庵埠同奉善堂参拜宋大峰祖师，当时适逢祖师降鸾乩谕，要在新加坡创设分堂，表扬善旨。杨君即遵乩谕，于公元 1937 年，岁次丁丑，请驾南渡，设坛于东陵（Tanglin，今乌节路一带）几里年律（Killiney Road），奉祀宋大峰祖师、华佗仙师、护天元帅，共三位圣尊，同时积极筹创南洋同奉善堂，翌年筹备就绪，宣告成立。②

这则介绍刊登在该堂于 1998 年为筹募建立新堂基金而出版的“结缘册”内，而这本结缘册是至今该堂正式出版的唯一刊物，所以这则资料亦成为该堂对外公开说明其创堂背景的正式表述。善堂的正式表述比潘氏的记载较为具体，尤其对遵乩谕到新加坡创堂的杨元璧有较多的介绍，声称杨氏于 1937 年在东陵几里年律创堂，而潘醒农对于杨氏创堂的年代和地点却语焉不详，只提到宋大峰祖师在“民国 19 年夏间，銮乩谕及应向海外设坛宣扬佛法”。可惜的是，潘醒农和善堂结缘册的编者皆没有说明其文章的资料所据为何，而由于年代久远，原始文献散佚，我们已无法考证，结缘册是否有参考潘醒农的记载，我们也不得而知。

有趣的是，报章新闻在提及南洋同奉善堂的成立年代时，又有另一个不同的版本。《星洲日报》于 1964 年 5 月 9 日在社团动态一栏就报道了南

---

① 潘醒农编著《马来亚潮侨通鉴》，第 328 页。

② 《堂史简介》，《南洋同奉善堂筹募建堂基金结缘册》，新加坡：南洋同奉善堂，1998，第 2 页。

洋同奉善堂于该年庆祝华佗仙师圣诞暨成立 39 周年庆典。① 笔者再检索《南洋商报》1950～1972 年有关南洋同奉善堂庆祝周年纪念的新闻报道，也和《星洲日报》一样，都是以 1925 年为其创堂年代来计算周年，例如，1950 年善堂筹庆 25 周年纪念，1959 年庆祝华佗先师圣诞暨 34 周年纪念等（见表 3－5）。直到 1972 年，《南洋商报》报道南洋同奉善堂双庆（庆祝华佗仙师圣诞和成立 47 周年）的盛况时，还是以 1925 年为其创堂年份。笔者认为这个版本的出现并非偶然，很明显，这不太可能是历年来个别记者以讹传讹所犯的同一个笔误，而可能是记者根据善堂所提供的文字资料或采访善堂执事者而得的信息。也即是说，至迟到 1972 年，南洋同奉善堂的理事会都认为该堂始建于 1925 年。这个版本和 1998 年该堂出版的结缘册所说的 1937 年有 12 年的落差。

这是令人费解的。笔者向目前善堂执事者求证，他们也表示不明就里，只同意创堂的确实年份需再做商榷。由于当年注册的文件已经遗失，善堂曾向社团注册局要求提供有关资料，该局在复函里确定善堂在社团法令（第 311 条款）下于 1954 年 10 月 12 日正式注册为合法社团。② 为何迟至 1954 年才向政府注册呢？善堂执事者解释，“据说早期因为经济问题，又三迁四移，当时就不注重注册，等到有需要才去注册”。③

表 3－5　1950～1972 年《南洋商报》有关南洋同奉善堂周年纪念新闻报道

刊登日期	新闻标题
1950 年 5 月 23 日	同奉善堂筹庆廿五周年纪念
1959 年 5 月 27 日	南洋同奉善堂庆祝华佗仙师圣诞暨三十四周年纪念
1960 年 5 月 12 日	南洋同奉善堂庆祝华佗圣诞 （按：新闻内容包括该堂成立 35 周年。该堂每年庆祝华佗仙师诞辰的同时亦庆祝成立周年。下同）
1963 年 4 月 1 日	南洋同奉善堂筹庆卅八周年

① 《南洋同奉善堂》，《星洲日报》1964 年 5 月 10 日。

② Ministry of Home Affairs, “Current Registration Status for Nanyang Thong Hong Siang Tng”, Official Letter from Registry of Societies Office, December 13, 2006.

③ 南洋同奉善堂副主席杨训忠访谈记录，手机短信，2017 年 6 月 19 日。

续表

刊登日期	新闻标题
1964 年 5 月 10 日	南洋同奉善堂卅九周年纪念庆祝华佗仙师圣诞各界购该堂慈善礼券致贺者众
1964 年 5 月 20 日	南洋同奉善堂日前庆祝华佗仙师圣诞暨成立卅九周年纪念
1965 年 5 月 12 日	南洋同奉善堂庆华佗仙师诞（暨 40 周年纪念）
1969 年 6 月 2 日	南洋同奉善堂周年纪念冀嘉宾移贺仪购其礼券（44 周年）
1971 年 5 月 16 日	同奉善堂庆祝华佗仙师圣诞（暨 46 周年纪念）
1972 年 4 月 18 日	南洋同奉善堂筹庆华佗圣诞（暨 47 周年堂庆）
1972 年 5 月 23 日	南洋同奉善堂双庆设素筵欢宴各界善信邀谢嘉惠部长致训词（庆祝华佗仙师圣诞暨创堂 47 周年）

资料来源：《南洋商报》1950～1972 年相关报道。

令笔者喜出望外的是，在善堂所提供的有限文献资料中有一本用毛笔手抄的个人笔记。该手稿字体端正整齐，虽然记录精简，却足以还原南洋同奉善堂在新加坡创办的历史。笔记大致可分为三节：第一节“来叻移坛多次”，分列出设坛和历次迁坛的日期、地点和坛所租金；第二节“序述苦楚之经过”，叙述迁坛至东陵儿里年律的原因；第三节“一世事业不成”则是笔记主人对自己一生事业起落的回顾。笔记以《生前立功堪称伟，继后分设更遥闻》为题，虽然没有直接署明记录者，但根据笔记中的内容和字里行间的第一人称（如元璧、庄氏夫妇同请祖师金身上楼升殿，夫妇两人尽力功成，使我夫妇，欣天喜地），能确定笔记主人正是遵乩谕到新加坡创坛的杨元璧（见图 3－11）。①

杨元璧在笔记的第一节“来叻移坛多次”中首先指出自己在“中华民国十九年六月十二日（1930 年 7 月 7 日）奉祖师乩谕来叻创坛”。这一年份和潘醒农所载一致，但比潘文更清楚的是，笔记还说明在同年八月廿二日（1930 年 10 月 13 日）“坛设红桥头（Kampong Java Road）头新路亚答厝②”租金是“每月租银玖元”，并且在“中华民国十九年九月十七日（1930 年 11 月 8 日），杨立泉请祖师金身至十月初二日午时升殿”。由此

① 详见杨元璧《生前立功堪称伟，继后分设更遥闻》，私人手抄笔记，记录年份不详。

② 指用“阿答”树叶铺盖的草屋。“阿答”为马来文 Attap 之译音，是一种棕榈树。

图 3－11　杨元璧笔记手稿封面

资料来源：南洋通同奉善堂提供。

我们可以得知南洋同奉善堂在结缘册里声称“杨君即遵乩谕，在公元 1937 年，岁次丁丑，请驾南渡，设坛于东陵几里年律”并不完全正确。从 1930 年 7 月 7 日（农历六月十二日）奉乩谕来叻创坛后，杨元璧首先物色设坛地点，并花了整整 4 个月筹备，才择吉日于 11 月 8 日（农历九月十八日）恭请祖师金身晋坛，11 月 21 日（农历十月初二）举行升殿仪式。祖师坛初创于红桥头，至于善堂在东陵几里年律落户，则是经过若干年的漂泊和多次迁坛之后的事了（见表 3－6）。①

---

① 本段引言皆出自杨元璧《生前立功堪称伟，继后分设更遥闻》，第一节“来叻移坛多次”。

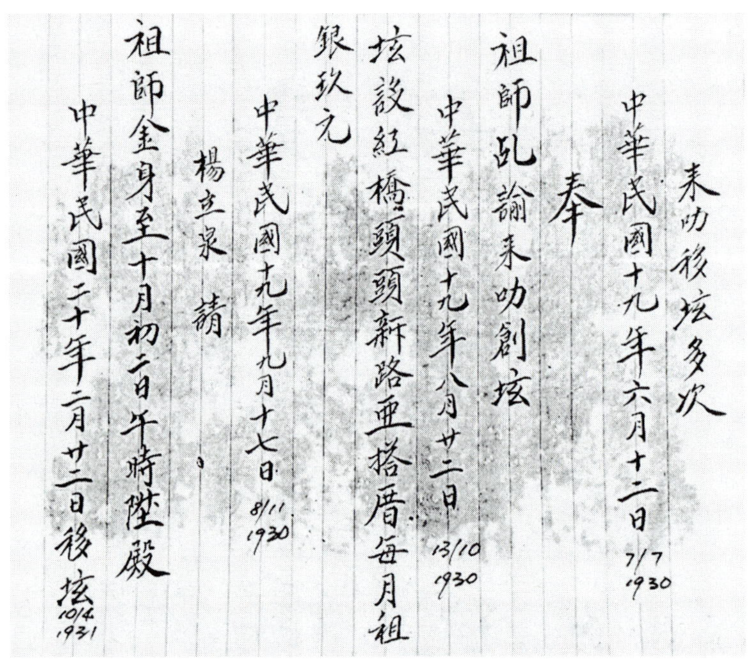

来叻移坛多次
中華民國十九年六月十二日 7/7 1930
奉
祖師乩諭来叻創坛
中華民國十九年八月廿二日 13/10 1930
坛設紅橋頭頭新路亜搭厝每月祖
銀玖元
中華民國十九年九月十七日 8/11 1930
楊立泉 請
祖師金身至十月初二日午時陞殿
中華民國二十年二月廿二日移坛 10/4 1931

图 3－12　杨元璧笔记手稿首页

资料来源：南洋通同奉善堂提供。

表 3－6　同奉善堂大峰祖师分灵新加坡后迁坛记录

序号	移坛日期	设坛地点	月租(元)	备注
1	1930 年 10 月 13 日	红桥头（Kampong Java Road）头新路亚答厝	9	杨元璧在此创坛
2	1931 年 4 月 10 日	芒胶脚（Lavender Street，Bendemeer Road 一带）杨舜标住家楼前	10	
3	1931 年 6 月 25 日	火城桥头（Kallang Bridge，现已拆除）三楼前	13	
4	1932 年 5 月 25 日	廿间（Beach Road）陈胜兴楼前房	6	
5	1932 年 10 月 10 日	吊桥头（Hill Street & New Bridge Road 交接路口一带）米郊陈亚蟹暗房	4	

续表

序号	移坛日期	设坛地点	月租(元)	备注
6	1932年7月7日	青桥头(Malacca Bridge,位于Clarke Quay)曾喜如楼前	9	在以前的Ord Road一带,现今已不用此路名
7	1933年2月27日(农历二月初四)	奉教街(New Market Road)哲园楼顶	13	
8	1933年10月18日	玻璃后单边街(Upper Pickering Street)三楼前	23	"玻璃"即Police的谐音,玻璃后指警察总局后面一带
9	1933年11月27日	奉教街过街楼全楼	25	
10	1933年12月26日	奉教街解元楼全楼	25	后因拖欠两个月租金被厝主逐出
11	1934年6月28日	东陵(Tanglin,今乌节路一带)几里年律(Killiney Road)门牌27号	9	
12	1935年11月17日	东陵几里年律门牌31号	20 27(后起租)	潘醒农《马来亚潮侨通鉴》作门牌31号A为同奉善堂创堂地点,祖师坛在此落户20余年
13	1956年	后港(Hougang)六条石罗宁律(Low Land Road)8号		迁堂日期不详,《南洋同奉善堂筹募建堂基金结缘册》作1955年

资料来源：杨元璧《生前立功堪称伟，继后分设更遥闻》，第一节“来叻移坛多次”。

笔记的第二节“序述苦楚之经过”随即透露了祖师坛在1934年迁至几里年律之前原是设在奉教街（New Market Road），因为拖欠了两个月的租金被逐出，不得已之下才迁移的：

住址经过八个月之后，只欠厝租二个月，该艮（银）伍十元。厝主反面无情即日逐出，否则三曼①给本堂，岂知职员暨社友一律逃

① “三曼”是英语summon或马来语saman的谐音，指由律师或向法院申请发出传票，诉诸法律。

> 避，袖手旁观，付之不理，致使祖师坛定难保全。……闻讯，祖师坛庭有难，恰逢星期日，即往本堂观看，确然无错，祖师香火断绝。元璧观此情景心中难忍，即时叫啰哩车（lorry）一辆，元璧自己速请祖师金身与牌匾什物一切搬下楼下，即时请祖师逃（潮语意为“赶快离开”）往东陵几里年律门牌廿七号楼顶后房创坛。①

从以上的记载可知，由杨元璧创设的祖师坛其后搬迁至几里年律是有一段曲折的过程的。杨元璧在当时或已不再参与祖师坛的管理工作，在祖师坛无力支付屋租，而“职员暨社友一律逃避，袖手旁观，付之不理”，以致“祖师香火断绝”的情况下，他才将祖师金身迁至几里年律27号，复坛奉祀。翌年11月，祖师坛再迁至毗邻的31号，才安顿下来，并在那里正式创立南洋同奉善堂。一直至1956年善堂才迁入后港（Hougang）六条石（即6英里处）罗宁律（Low Land Road）8号兴建的堂所。② 购地建新堂，表示善堂经济情况已较稳定，且欲改变过去在私人住宅设坛的“个体庙宇”的形象与运作模式，而升格为一所民间宗教组织和慈善团体。正因为如此，善堂执事者才在这时候向政府正式申请注册成为合法社团组织。

综上所述，我们有必要将南洋同奉善堂的历史脉络重新梳理一番，而陈元璧笔记手稿的发现，无疑为探究南洋同奉善堂的创堂情况提供了新的线索。由于二战的破坏和多次搬迁过程中的遗失，南洋同奉善堂早期的文献档案并不多见，这位南来设坛和在若干年后再正式创堂的先辈所留下的记录，填补了前人对南洋同奉善堂历史叙述的某些空白和纰漏，是还原南洋同奉善堂的历史不可或缺的一份珍贵史料。

二　日据时期加入蓝十，会员激增筹建新堂

杨元璧的笔记只记录南洋同奉善堂成立前祖师坛历次迁移的情况，但

① 杨元璧：《生前立功堪称伟，继后分设更遥闻》，第二节“序述苦楚之经过”。
② 杨元璧：《生前立功堪称伟，继后分设更遥闻》，第一节“来叻移坛多次”。

有关其活动的资料却没有留下只言片语。记载南洋同奉善堂早期发展情况的其他文献其实并不多，今天可搜集的旧报章新闻，最早的也只始于1950年，而善堂本身的档案记录或毁于战火，或散落佚失，也所剩无几。我们只能从中华善堂蓝十救济总会的会议记录中，窥视南洋同奉善堂在日据时期的一些活动和状况，以及从老一辈善堂堂员的模糊记忆中找到少许蛛丝马迹。换言之，从创堂至二战爆发这段时间，关于同奉善堂历史的记载至今仍是一片空白。

据潘醒农记载，杨元璧最初南来设坛的目的，主要是“在办理社会福利慈善事业，及与国内外慈善家互通声气”，迨日军南侵，新加坡失陷后，“该堂应时势之要求，才组织救护队，参加中华善堂蓝十救济总会”。[①] 1941年，日军侵占新加坡，实行军政统治，几乎所有华人社团都停止活动，只有当时已经成立的修德、同奉、普救、同敬、南安五所善堂因属于慈善机构，才被允许照常运作。在侨领林树森的斡旋下，日本军政府厚生科批准这五所善堂联合组成中华善堂蓝十救济总会，共同负责救灾恤难、施棺掩埋的慈善活动。[②] 正如潘氏所言，南洋同奉善堂响应林树森的号召加入蓝十，并组织了救护队，成为蓝十的救援队伍，在蓝十的协调下，展开救灾、收尸、施棺、施食等慈善活动，对当时兵荒马乱下的民生福利做出了不小的贡献。

由于日本军政府厚生科特别允许蓝十救护队员豁免“奉仕队”工作及其他劳役，很多居民因此纷纷申请加入这五所善堂，南洋同奉善堂的堂员在当时也有所增加，虽然具体的数字已不可考，但在1945年日军投降，新加坡光复后，该善堂“因感堂员激增，原址不敷应用”，[③] 确是事实。1954年，善堂理事会召开特别会议，在堂员的支持下，发动筹募兴建新堂址基金，于后港六条石罗宁律门牌8号购地建置新堂，在获得政府批准后，随即招标兴建，并于1955年12月12日和13日两日举行落成典礼，首晚设宴酬谢各社团与各界人士400余人，还聘请戏班演出助兴，第二晚

---

① 潘醒农编著《马来亚潮侨通鉴》，第328页。

② 详见本书第二章第一节。

③ 《堂史简介》，《南洋同奉善堂筹募建堂基金结缘册》，第2页。

则宴请全体堂员500余人。[①] 据报章报道，此次修建新堂和各种设置花费约15万元，皆由该堂名誉主席，包括叶平玉、张泗川、黄诗通、杨荣德、邢伯勳、吴捷千、郭子千等和全体堂员捐赠。当时南洋同奉善堂的主席是黄昆谋，总务为洪开正。[②]

新堂“分为前后落二进，旁边雨花巷，式样取古色古香之堂皇宫庙制，颇为壮丽宽敞。正座供奉宋大峰祖师，后进为功德堂，专供该堂已故贤达社友，及现在社员之祖宗父母纪念神牌位及禄位（社外人士亦可参加），后进加建一层楼，为该堂议事厅，办公室、经乐部、救济股各部工作办事处”。[③] 这样的建筑格局和设备，从侧面反映了善堂理事会即将扩大活动规模、发展各项未竟之慈善工作的意图和决心。

三 重组结构整合功能，建立西马三所分堂

迁入后港区新堂后，善堂理事会着手改革堂务。首要工作便是调整内部结构，整合资源，为扩充堂务做好基础工作。理事会先后成立了四个工作部门，即互助部、救济部、经生部和安灵堂，以确保职能分工更为清楚，提高工作效率和更有效地利用人力与物力资源，并更好地协调整体堂务（见表3－7）。

表3－7 1955年南洋同奉善堂成立的四个职能部门及其职能

名称	职能
互助部	为堂员互相襄助
救济部	除救灾恤难之外，附设赠医施药组及施棺赠葬组，为各族贫民服务。举凡年迈无依，身后萧条，不幸逝世而无人认领者，与本堂取得联络时，将施予援手，负责代为收殓

① 《蓝十字同奉善堂建筑新堂本月底在后港六条石兴工估计一切费用约需十万元》，《南洋商报》1954年7月20日；《同奉善堂新址落成》，《南洋商报》1955年12月5日。

② 《同奉善堂新址落成》，《南洋商报》1955年12月5日。

③ 《蓝十字同奉善堂建筑新堂本月底在后港六条石兴工估计一切费用约需十万元》，《南洋商报》1954年7月20日。

续表

名称	职能
经生部	念佛、经乐组人员为数六十余名，除为本堂堂友及其受益人逝世时，先为其设坛礼佛，如外间办丧事者，邀请本经乐组时，经过本堂董事部核准后，也照为其礼佛如仪。每逢阴历七月盂兰节期间，本堂亦受礼聘为中元会诵经建供普度
安灵堂	以供堂员安置先人神主永远奉祀而表孝思

资料来源：《堂史简介》，《南洋同奉善堂筹募建堂基金结缘册》，第2～3页。

其次，理事会积极筹划创立分堂，并逐一落实各项工作。在各方的努力下，从1960年至1967年，同奉善堂先后在马来西亚柔佛、雪兰莪和槟城三地创设分堂。在短短七八年内，解决了各种困难，成功创立三所分堂，可说是潮人善堂界不可多见的一项创举。

柔佛同奉善堂原名南洋同奉善堂柔佛分堂，是于1960年“承祖师乩示，诸理事联合当地热心人士在新山创立”的，[①] 但到1962年才获得当地政府批准注册。创堂地址原在义兴路门牌89号，后来业主欲发展该地，柔佛同奉善堂只得另觅新堂址。1997年，建于柔佛再也的新堂落成，翌年1月正式启用。[②] 雪兰莪分堂则是1962年成立的。该分堂的成立，“机缘新加坡，1961年宋大峰祖师降鸾柔佛分堂，乩委李惠德、洪开正、张文耀、杨兆才、陈万录、陈松坤、蔡寿星、吴振基等8位，组团莅临吉隆坡，宣谕大峰祖师圣意：欲在吉隆坡成立分堂以作宣扬佛理，造福人群，普度众生……”鉴于当时吉隆坡还“缺乏收尸施药，救灾恤苦之较完善的慈善组织，有感于此，乃发宏愿，遵师谕”，于是，以陈应瑞为首的14位发起人遂进行筹备工作，并在翌年于吉隆坡旧巴生路创堂，直至1988年因扩充堂务所需，才购地建立新堂。[③] 槟城分堂是继柔佛、雪隆之后，南洋同奉善堂在西马设立的第三所分堂。它在1967年创堂后，也经历了居无定所、三迁其堂的一段艰难时期，在各届理事会的努力筹募和经营

① 《柔佛同奉善堂建堂纪念刊》，柔佛：柔佛同奉善堂，2001，第9页。
② 舒庆祥：《柔佛同奉善堂简史》，《柔佛同奉善堂建堂纪念刊》，第49页。
③ 《马来西亚雪隆南洋同奉善堂成立五十周年金禧纪念特刊》，吉隆坡：雪隆南洋同奉善堂，2012，第31～32页。

下，到了1975年才成功买下原来租用的堂所。①

西马各分堂与南洋同奉善堂在行政与财务上并无隶属关系，而是由各自的理事会独立管理。但各堂皆承大峰祖师乩谕而立，同宗一脉，有共同的宗旨，也有相似的组织架构和职能部门。自成立以来，在物力与人力上，互相支持，相辅相成，建立起密切的关系，无论是举行大型宗教仪式还是重要庆典，四所善堂都派代表参加或协助。例如，新加坡的总堂就曾恭请宋大峰祖师、护天元帅、华佗仙师三位神明的金身前往雪兰莪分堂，晋升宝殿；② 而槟城、雪兰莪、柔佛的同奉善堂举行庆典，也都会邀请新加坡的南洋同奉善堂派代表出席活动。各堂之间也互相捐赠各种活动基金，以示支持。③ 南洋同奉善堂还议决“本堂为与各分堂增广维系起见，今后向有关方面之喜庆或丧事刊登报章时，在敬贺或敬挽行内务将各分堂名称一并刊列以示亲切之感”。④ 另外，总堂和各分堂都互相邀请对方的主席或理事担任本堂名誉主席，各分堂也请总堂推荐热心善士担任名誉主席。⑤

新马的四所同奉善堂与位于中国广东潮安的祖堂（现称潮安同奉善堂福利会）也保持密切的联系，尤其是自20世纪90年代中国深化改革开放之后，来往更为频繁，共同建立起同奉善堂一系的区域网络。南洋同奉善堂也积极组团到各地善堂参访，或参加蓝十主办的访问团，⑥ 与各地的善堂交流，建立友好的关系。例如，2011年11月8日，新加坡的南洋同奉善堂连同柔佛同奉善堂、雪隆南洋同奉善堂及南洋同奉善堂槟城分堂一起赴泰南合艾访问当地的同声善堂。新加坡南洋同奉善堂还乐捐一万泰铢予同声善堂，并另捐一万泰铢作为赈灾善款。⑦ 2013年，中国汕头存心善堂来新加坡参加同敬善堂的活动，其间就到了南洋同奉善堂访问，彼此互捐善款，以示支持。⑧

---

① 谢悦正编《同奉善堂志（1875～2015）》，第159～160页。

② 《同奉善堂恭奉祖师金身赴雪》，《南洋商报》1962年11月24日。

③ 详见南洋同奉善堂历年会议记录簿。

④ 南洋同奉善堂第57届第7次职员常月会议记录，1989年5月15日。

⑤ 南洋同奉善堂第57届第7次职员会议记录，1989年5月17日。

⑥ 详阅南洋同奉善堂历年会员大会记录。

⑦ 南洋同奉善堂2012年会员大会记录。

⑧ 南洋同奉善堂2014年会员大会记录。

四　聚焦社区福利公益，扩大慈善活动范围

和其他潮人善堂一样，宗教庆典和仪式是南洋同奉善堂的传统活动。除了为丧家礼佛做功德之外，善堂的常年宗教活动包括：庆祝大峰祖师圣诞、护天元帅诞辰，以及和周年纪念一起庆祝华佗仙师诞辰；元宵节卜请糖狮和福品以保平安的活动；清明节在供奉祖先神主牌的安灵堂举行春祭和新神主升龛仪式；农历十月祖师圣诞期间举行的祭祖典礼；中元节举办普度法会及庆祝地藏王圣寿；卫塞节膜拜佛祖仪式。善堂经常会在以上这些节日启建清供，举行超度仪式。此外，善堂在 2002 年、2012 年曾举办过“取香茶水仪式”。①

南洋同奉善堂迁入新堂，建立职能部门后，新组成的救济部不久就开始推行施医赠药的慈善活动。善堂聘请四位中医师为义务医师，每周分两次为民众服务。② 后来由于求诊者日众，善堂又于第二年将每周施医赠药的时间增加一天，改为每周三天。③ 遗憾的是，位于后港的堂所因受地铁工程影响而被政府征用，善堂花了两年多的时间在盛港兴建新堂，而于 2001 ~ 2002 年准备搬迁到新堂期间不得不暂停这项服务。此外，位于盛港新镇安谷径（Anchorvale Walk）63 号的新堂址面积比旧堂小，加以盛港区内其他一些庙宇也提供医疗服务，为了不重叠，善堂决定将资源运用在其他的慈善和福利活动上。④

另外，善堂开始关注本社区内弱势家庭和贫困老人在生活上的其他需要。至今救济部每一年都会分发米粮和其他物品给社区内的乐龄人士，并记录需要长期协助之家庭，进行采访调查，以便将来可做较长期的跟进服务。在庆祝华佗仙师圣诞、宋大峰祖师圣寿或者中秋节的常年活动上，善堂也会分发应急药品、食物、红包等给本区的乐龄长者，还安排专业配镜

---

① 南洋同奉善堂副主席杨训忠访谈记录，手机短信，2017 年 6 月 18 日。

② 《同奉善堂赠医施药今日开始》，《南洋商报》1958 年 12 月 8 日，第 5 页；《后港六条石南洋同奉善堂救济部赠医施药组开幕十六日开始每周分两次服务》，《南洋商报》1958 年 12 月 9 日，第 8 页。

③ 《南洋同奉善堂增加施药日期》，《南洋商报》1959 年 2 月 2 日。

④ 《受兴建地铁影响，同奉善堂周末搬到盛港》，《联合早报》2002 年 3 月 4 日；南洋同奉善堂副主席杨训忠访谈记录，手机短信，2017 年 6 月 16 日。

师和眼镜公司为老人免费配置眼镜。[①] 社区内的一些贫困无依者逝世后，善堂也施棺赠葬，代为收殓。这项潮人善堂的传统善举，南洋同奉善堂救济部从 1960 年 2 月开始实践之后，就一直坚持至今。[②] 救济部还曾一度在柔佛地区设立施棺处，这仅让该地一些无力为逝世亲人收敛的贫苦家庭得以受益，同时扩大善堂慈善活动区域范围。[③]

自 2008 年 10 月开始，善堂每星期日组织堂友和义工在堂所准备早餐，免费招待区内居民，风雨无阻，至今已经延续了近 20 年。一般每个星期日上午都有 100 余人来善堂享用早餐，它已经成为区内许多民众的定期聚餐之地。[④] 这项善举还引起中国潮州电视台的兴趣，在 2012 年到新加坡录制《由边缘走向主流》这个介绍海外潮人善堂的节目期间，特地拉队到善堂采访，拍摄现场的热闹情况。[⑤]

南洋同奉善堂对于所在社区的公益活动同样非常支持，例如 1966 年，善堂理事会议决响应社区基层组织的号召，积极参加具有重大意义的首届国庆庆典；[⑥] 1976 年，后港社区筹建新联络所，善堂通过演剧售票的方式为修建新所筹款。[⑦] 多年来，善堂参加和赞助社区基层组织所举办的各种活动的例子多不胜举。[⑧] 由于对社区公益活动给予长期的支持和赞助，善堂因此获得基层领袖的表彰，还曾在 2008 年盛港西区举行的春节联欢宴会上获奖杯一座。[⑨]

当然，作为中华善堂蓝十救济总会的创始会员之一，南洋同奉善堂也踊跃参与和赞助蓝十的慈善活动。同样的，南洋同奉善堂对蓝十属下其他会员善堂及其福利协会的各项活动也非常支持，并给予捐助。[⑩] 关于蓝十

---

① 详见南洋同奉善堂 2013 年度、2014 年度、2015 年度、2016 年度、2017 年度会员大会记录。

② 《同奉善堂救济部增设施棺赠葬组》，《南洋商报》1960 年 1 月 24 日。

③ 《同奉善堂救济部设柔佛区施棺处》，《南洋商报》1960 年 3 月 31 日。

④ 南洋同奉善堂副主席杨训忠访谈记录，手机短信，2017 年 6 月 16 日。

⑤ 南洋同奉善堂 2012 年会员大会记录。

⑥ 《南洋同奉善堂决定参加祝国庆》，《南洋商报》1966 年 8 月 3 日。

⑦ 同南洋奉善堂 1974～1977 年会议记录簿。

⑧ 详见南洋同奉善堂历年会议记录簿。

⑨ 南洋同奉善堂 1974～1977 年会议记录簿。

⑩ 详见南洋同奉善堂历年会员大会记录。

各会员善堂之间的交流与互动，本书第二章已有所讨论，此不赘述。

从 1930 年至今，南洋同奉善堂走过了 90 余个春秋，从最初设立祖师坛，几度迁徙，安定下来，创堂、重整、改革、扩充、建堂、推动社区福利、建立区域联系，是一段颇长的艰辛历程。善堂历届理事会时刻秉承创堂初衷，实践善堂宗旨："同心同意奉祀——神、仙、佛，互相扶助，广行善事。"① 但善堂长期以来为社会福利所贡献的力量，又岂是这寥寥数语所能概括。

第四节　跨越族群与宗教藩篱：同敬善堂诚善社

同敬善堂诚善社，简称同敬善堂，在 1943 年获日本军政府批准正式创立后，就加入中华善堂蓝十救济总会，积极参与战时的救济活动。战争结束后，同敬善堂继续承担起救济和慈善的重任，为社会的重建工作做出贡献，在历届董事会的筹划下，一直坚持兴办教育、体育、医药等机构，力求将慈善工作扩大为多元化的社区福利服务。成立至今已逾 70 余年的同敬善堂，有堂员 1200 余名，包括各籍贯人士。② 作为潮人特有的宗教与慈善团体，同敬善堂董事会一直秉承创立时"参与慈善事业，服务社会人群"之宗旨，"不分种族、宗教及语言，救助贫苦、弱势亟待协助之人士"，③ 并跟随社会现代化的脚步，逐步转型，对推动新加坡的社会福利与慈善工作起到了重要作用。

一　创办于新加坡沦陷时期，投入蓝十救灾活动

1942 年，日军攻占新加坡，造成大量伤亡，社会动乱，民不聊生，物资匮乏，医疗卫生设备严重不足，孤苦无依和贫病者日众，出现了生无所

① 《南洋同奉善堂章程》（2007 年修订版）。

② 问卷调查资料，同敬善堂秘书长黄朝隆提供，2017 年 4 月 2 日。

③ 《同敬善堂诚善社章程》（1999 年修订版）。

处、病无所医、伤无所治、死无所葬的社会危机。当时，潮人社群中有人“特地从汫水巷（今三巴旺路和实里达路附近一带）私祀大峰祖师的同敬堂，扶炉恭请祖师圣灵至小坡的一处鸾址，设龛膜拜。而以初一、十五开乩之时，聚集众人，聆取乩示师谕，并商讨施赈事宜”。① 为了能公开活动，并设坛供善信祈拜祖师，洪镜波等潮闽人士发起，向日本军政府厚生科申请成立一宗教团体和慈善组织，以救济灾民（见表3－8）。1943年，在获得日本军政府厚生科批准后，他们在俗称火城涂桥头（或土桥头）的加冷律8号（8，Kallang Road）设堂，正式创立同敬善堂诚善社，成为少数在日据的“昭南时代”所创立的合法华人民间社团之一。②

表3－8　同敬善堂诚善社发起人名录

善堂发起人	
	洪境波　洪胜臣　洪锦照
	洪广合　陈明华　陈庭章
	吴潮藩　郑觉生　李克典
	蔡松坤　曾广沂　庄培华　杨梓芳

资料来源：《同敬善堂诚善社史略暨活动梗概》，《新加坡同敬善堂诚善社庆祝金禧纪念特刊》，新加坡：同敬善堂诚善社，1993，第66页。

同敬善堂成立后，旋加入中华善堂蓝十救济总会，参与救灾活动。当时战事又趋激烈，英国等联军开始反攻，空袭连连，尤其是市区一带伤亡惨重。据同敬善堂资料所载，在中华善堂蓝十救济总会的协调下，同敬善堂发动其社员，“个个穿着毛蓝唐装，足履乌布鞋，头戴淋漆蓝十徽号的竹笠，甘冒种种危险，进行救伤、赈灾，安顿流离失所者”。他们还加入了蓝十总会的收尸队，到灾区去挖掘蒙难尸体，殓棺移葬。这种种的努力，“即使日伪当局也深受感动，多方给予便利”，使救济活动得以持续有效进行。③

① 《同敬善堂诚善社史略暨活动梗概》，《新加坡同敬善堂诚善社庆祝金禧纪念特刊》，第66页。

② 关于同敬善堂成立的背景，详见《同敬善堂诚善社史略暨活动梗概》，《新加坡同敬善堂诚善社庆祝金禧纪念特刊》，第66页；《同敬善堂举行落成典礼庆祝宋大峰祖师圣诞》，《南洋商报》1949年12月19日。

③ 《同敬善堂诚善社史略暨活动梗概》，《新加坡同敬善堂诚善社庆祝金禧纪念特刊》，第66页。

二　二战后转移功能重点，兴办学校创篮球队

日军投降后，虽然市民生活逐渐恢复正常，但由于战争的破坏，满目疮痍，很多居民仍需要救助，同敬善堂继续承担起救济和抚恤的重任。不仅如此，同敬善堂也非常关心适龄孩童的教育问题。因此，二战结束后不久，善堂就创设了同敬学校（Thong Kheng School），主要是收容适龄和失学儿童。学校最初设于旧堂址的亚答厝，后来因校舍设备与环境颇为不适，教育部几度饬令搬迁。同敬善堂于1949年10月迁入芽笼25巷A 28号（28，Geylang，Lorong 25 - A，澄海会馆现址）新购置的堂所，且将其中一部分场地拨出充作校舍，获得教育部批准。由是，校舍面积增加，设施得到改善，学校增聘教员，收生人数亦有所增加。① 但因为芽笼区的众多居民竞相把子女送来同敬学校就读，学生人数越来越多，教室很快又不敷应用。另外，善堂的经堂部也在扩展，需要更宽敞的空间，董事会议决再次另行物色新堂址，并于1954年购得位于芽笼29巷14号的现今堂址。善堂董事会同时为学校积极募款，获得社会各界人士的热烈响应，学校在新堂址较大的空间基础上再一次扩大其规模。② 同敬学校在发展的高峰期，曾创下在校学生600多人14个班的纪录。③ 同敬学校的学生成绩也不落人后，历届毕业生在小学离校考试（PSLE）中皆有优异的表现，在1966年的小学离校考试中还获得100%及格的优异成绩。④ 另外，同敬学校早期的众多毕业生也筹组校友会，以加强董教及校友间之感情与联系，并协助母校扩大规模。⑤ 为使贫寒学生能继续就学，同敬善堂自1977年7月开始设立教育基金，为贫寒学子资助学费、杂费及书本、簿册、文具等

---

① 《同敬学校获教育局批准》，《南洋商报》1950年11月6日。

② 《同敬善堂诚善社暨同敬学校购新社址积极进行募款》，《南洋商报》1956年7月26日；《同敬善堂诚善社史略》，《同敬善堂诚善社庆祝钻禧纪念特刊（1943～2013）》，新加坡：同敬善堂诚善社，2013，第89～91页。

③ 《同敬善堂诚善社史略暨活动梗概》，《新加坡同敬善堂诚善社庆祝金禧纪念特刊》，第67页。

④ 《同敬学校举行高小毕业典礼董部代表袁荣光盛赞离校试得百巴仙成绩》，《南洋商报》1966年11月25日；《同敬善堂诚善社教育基金》，《南洋商报》1977年8月9日。

⑤ 《同敬学校校友中秋月光会请母校董教参加》，《南洋商报》1959年9月17日。

费用，以使他们可以安心求学，完成学业。①

除了同敬学校外，同敬善堂另一闻名的组织是同敬篮球队。庄卓岩1954~1983年历任同敬善堂社长，在他的长期领导下，同敬善堂从一个规模较小的宗教与慈善组织，逐渐扩大活动范围，同敬学校的发展也达到高峰。庄卓岩是老字号宝兴金庄的老板，他曾经以自己的商号组织了一支篮球队，与其他球队进行比赛。后来，他将金庄的球队并入同敬善堂，成为同敬篮球队。② 同敬篮球队成立后，非常活跃，经常参与本地的各项比赛，成为本地篮球场的一支强队，在多次比赛中表现优越，包括在1957年获得首届青年杯冠军。庄卓岩还多次带领球队出访东南亚国家，与外国的篮球队比赛，或者接待来访的其他国家的篮球队，包括与泰国、越南、印尼、马来西亚等东南亚国家的篮球队切磋球艺，举行友谊赛，而且屡传捷报，深受本地媒体的关注，也成为民众津津乐道的体坛话题。③

三　开创办西医诊所先例，突破宗教信仰藩篱

同敬善堂所在的芽笼区一带的居民，当时多为栖身于简陋木屋的贫困人家，多数家庭没有能力负担一般的医药开销，遑论较昂贵的西医治疗和护理。有鉴于此，同敬善堂于1954年在芽笼区设立了一西医施诊所，为贫苦大众施医赠药。④ 不久，董事会倡议在堂内设立西医诊所，并通过各种渠道积极筹募基金。在各方的努力之下，1957年7月中旬，建于善堂左侧的圣安多尼修女院（St Anthony Convent）西医诊所由时任中华善堂蓝

① 《同敬善堂诚善社教育基金》，《南洋商报》1977年8月9日。

② 侯深湖口述《新加坡经济发展史》，新加坡国家档案馆口述采访录音，编号：002199，Reel/Disc 13，采访日期：1999年12月16日。

③ 《同敬篮球队远征泰国定七日出发》，《南洋商报》1957年7月4日；《同敬篮球队今晨出发在泰国作两周访问赛》，《南洋商报》1957年7月7日；《同敬篮球队昨移师曼谷》，《南洋商报》1957年7月15日；《同敬善堂篮球队欢宴泰国四队伍》，《南洋商报》1957年9月22日；《同敬篮球队应励志会之邀今飞往西贡作战八场》，《南洋商报》1958年4月18日；《同敬善堂设宴慰劳篮球队访问南越九战九胜》，《南洋商报》1958年5月15日；《篮球劲旅同敬队庄卓岩任总领队下月初访问印尼将转战苏岛棉兰及爪哇各大埠为期三周，比赛十余场，日程已拟定》，《南洋商报》1959年3月28日；《同敬篮球队总领队庄卓岩设饯别宴送砂朥越篮球队》，《南洋商报》1961年1月15日。

④ 问卷调查资料，同敬善堂秘书长黄朝隆提供，2017年4月2日。

图 3-13　同敬学校第一届董事暨全体学生摄于加冷律 8 号俗称土桥头亚答厝旧堂址（1946）

资料来源：《同敬善堂诚善社庆祝钻禧纪念特刊（1943～2013）》，第 120 页。

十救济总会会长叶平玉正式揭幕，并聘请圣安多尼修女院西医修女驻所义务诊病，为各族居民免费施医赠药。① 配合西医诊所的开办，同敬善堂还逐日分派营养饮料给当地贫困家庭的儿童，俾能帮助他们健康成长，抵御疾病。②

善堂创办的西医慈善诊所深受当地居民的欢迎是可想而知的。但值得注意的是，这一举措，不仅使同敬善堂成了新加坡潮人善堂创办西医慈善诊所的先驱，③ 也显示了它作为一个传统的潮人民间宗教信仰组织，却早在 20 世纪 50 年代就能跨越语言和族群，乃至宗教信仰的藩篱，为新加坡这个多元种族、多元宗教信仰的社会，在促进慈善和福利方面做出贡献，这种精神是值得肯定的。正因为如此，该诊所广受各界热心人士和机构的支持，纷纷慷慨解囊，资助医疗药物开销。在诊所开始运作一个月后，

---

① 《芽笼律廿九巷同敬善堂诚善社圣安多尼诊所十四日开幕》，《南洋商报》1957 年 7 月 11 日；《同敬善堂西医诊所施诊部今日下午开幕》，《南洋商报》1957 年 7 月 14 日；《同敬善堂诚善社倡办施诊所开始赠药施医今日起每逢星期一三六有医生诊视》，《南洋商报》1957 年 7 月 15 日。

② 《同敬善堂诚善社史略暨活动梗概》，《新加坡同敬善堂诚善社庆祝金禧纪念特刊》，第 67 页。

③ 在同敬善堂提供西医诊治服务之前，普救善堂在 1952 年已在其福利股增设西医部施医赠药，聘请西药房医生义务提供服务。但笔者至今没有看到有关该善堂设立西医诊所的文献记载。虽然报章曾报道该堂福利股某年施赠西药若干剂，却没有具体记载病患在哪里问诊，善堂是以什么方式提供西医服务和施赠西药。参见本章第二节。

《南洋商报》就曾代为转交热心人士18人共213元的捐款，作为救济医药基金。[①] 而当地的九洲席馆也筹集了捐款201元作为医药基金。[②] 西医诊所投入服务后短短的半年里，求诊者就超过5000名，[③] 此后逐年增加。只要提及“廿九巷善堂”（指位于芽笼29巷的同敬善堂），当地居民几乎无人不知。同敬善堂不分种族、宗教，为社区群众提供西医诊治的服务，为它赢得了极佳的口碑。[④]

四　开展多元化福利事业，适应现代社会需求

新加坡建国后，随着时代的发展、社会的进步和环境的变迁，芽笼一带受国家土地发展计划的影响，居民人数和结构有了很大的改变，同敬学校的生源大受影响，西医诊所的求诊病人日渐减少，同敬善堂不得不宣告停办学校和诊所，但仍然以捐助教育机构及分发奖助学金的方式，为教育事业尽力，并通过赞助德教太和观麦波申德教家庭服务中心的西医施诊所，继续施医赠药的工作。而从20世纪90年代开始，同敬善堂也因应现代化社会发展的需要，陆续创办了学童托管中心、两家乐龄活动中心和同敬怀仁院四所慈善机构，并于2001年成立同敬福利协会（Tong Kheng Welfare Service Society），以期更有效地管理这四所慈善机构。[⑤] 福利协会分设独立理事会，办公室也设于善堂内，在日常运作开销与发展基金方面，除了获得政府的津贴外，也获得善堂的全力支持。[⑥]

位于淡滨尼4道82街（Tampines Ave 4，Street 82）842 C座的同敬学童托管中心（Thong Kheng Student Care Centre）成立于1995年，其宗旨在于“让本区内7～14岁的学童，在学前和学后得到正确的教导和耐心的呵护”。善堂希望通过学童托管中心，“在不分种族和宗教的环境下，

---

① 《本报代收善款一批捐助诚善社施诊所》，《南洋商报》1957年8月24日。

② 《九洲席馆等捐资赞助芽笼律廿九巷同敬善堂施诊所》，《南洋商报》1957年9月10日。

③ 《同敬善堂庆祝宋大峰祖师诞辰设素筵招待嘉宾》，《南洋商报》1957年12月23日。

④ 《同敬善堂诚善社史略暨活动梗概》，《新加坡同敬善堂诚善社庆祝金禧纪念特刊》，第67页。

⑤ 《同敬善堂诚善社开办学童托管中心七月投入服务》，《联合早报》1995年6月26日；《新加坡同敬善堂诚善社庆祝金禧纪念特刊》，第67、102页。

⑥ 问卷调查资料，同敬善堂秘书长黄朝隆提供，2017年4月2日。

让学童茁壮成长，成为积极健康、乐观进取、有责任心并且充满爱心的国家未来之主人翁”，① 这也是从事慈善工作的善堂走入社区，为居民提供孩童学前学后托管服务的首创。学童托管中心的成立也获得曾经于同敬学校任职的退休校长和一些教职员的支持，他们纷纷表示需要时他们愿给予义务服务。② 中心的主要任务是监督并指导学童完成功课，并开展室内与户外活动，让学童在游戏与阅读中学习，增进彼此间的人际关系，同时通过音乐与舞蹈、艺术与手工和创意思考活动，培养学童的文化和艺术气息，灌输道德观念。虽然学童家长需要缴纳一定的费用，但对于经济有困难的家庭，善堂会酌情减少收费。③

早在 1993 年，同敬善堂就计划联合中华善堂蓝十救济总会创办安老院，免费收留贫苦老人，为其提供膳食住宿及医药服务。④ 1999 年后，善堂陆续开设了两所同敬乐龄活动中心（Thong Kheng Seniors Activity Centre），一所位于女皇镇（Queenstown），另一所设在东陵－经禧区（Tanglin-Cairnhill），主要目的是通过举办各种康乐活动帮助乐龄人士扩大生活圈子，促进社群对弱势的乐龄人士的关怀并给予各种援助。例如，主办集体体操与运动、定时提供健康检查，让乐龄人士的身体更健康；通过举办免费的电影放映会，或在传统节日期间举行应节活动，让乐龄人士的精神生活更丰富；开办电脑班，为乐龄人士传授电脑及上网的基本操作知识，让他们能更适应快速变化的社会；举办户外活动以及旅行团，带乐龄人士郊游或出国旅行。中心还有卡拉 OK 设备，开放给热爱唱歌的乐龄人士。⑤

1996 年同敬善堂就提出了筹办迟钝院的议程，并声称获得政府的同

① 《同敬学童托管中心》，《同敬善堂诚善社庆祝钻禧纪念特刊（1943～2013）》，第 116 页。

② 《同敬善堂诚善社开办学童托管中心七月投入服务》，《联合早报》1995 年 6 月 26 日。

③ 《同敬学童托管中心》，《同敬善堂诚善社庆祝钻禧纪念特刊（1943～2013）》，第 115～116 页；《同敬善堂诚善社开办学童托管中心七月投入服务》，《联合早报》1995 年 6 月 26 日。

④ 李金嫦：《联合中华善堂蓝十救济总会同敬善堂诚善社计划创办安老院收留贫老》，《联合早报》1993 年 11 月 29 日，第 6 页。

⑤ 《同敬乐龄活动中心》，《同敬善堂诚善社庆祝钻禧纪念特刊（1943～2013）》，第 112～114 页。

意，供给土地。[①] 当时的原意或是与蓝十总会联办，故将迟钝院名称暂定为“蓝十同敬善堂迟钝院”。其后，蓝十总会却在2002年成立了彩虹疗养院，而同敬善堂属下的同敬福利协会也在同年创办了一所颇具规模且具有现代化设备的疗养院，专供智力障碍或肢体残疾人士住院疗养，并提供日间看顾服务。[②] 这所命名为同敬怀仁院（Blue Cross Thong Kheng Home）的疗养院在2004年正式启用，位于裕廊东第一道201号（Blk 201 Jurong East Ave 1），提供优质的住宿环境，注重食物的营养，协助照顾不同种族和不同宗教信仰的智力障碍和肢体残疾人士，以减轻其家庭的负担。该院依据住院者的体力、兴趣及需求举办各类型的活动，包括运动、烹饪、手工、游戏、唱歌、郊游、阅读、电脑班，观看电视节目以及做一些简单的家务。为了改善住院者的人际关系、提高互动能力，该院也定期采用“宠物治疗法”，让可爱的狗狗们与住院者产生互动，增强他们的安全感并提高交流能力。[③]

除了开设上述四所慈善机构之外，同敬善堂也不时参与政府的慈善计划。如在2000年，就联合其他五家机构，包括人民行动党社区基金、触爱社会服务、狮子乐龄之友协会、德教太和观和星洲德教济云阁，与卫生部合作，在13个社区展开“保健好、乐龄乐”的全国社区保健检验计划。[④] 除本地区外，海外其他地区发生灾难事件，善堂也会及时伸出援手。2009年，当中国台湾发生88水灾时，同敬善堂就及时假新加坡大会堂音乐厅举办“千里送筝情：台湾88水灾赈灾筹款音乐会”，由筝艺坊、新加坡国立大学华乐团、北京师范大学校友会（新加坡）、光华学校古筝团及辅华小学古筝团联合演出，音乐会收入所得全数交由慈济基金会捐献中国台湾有关机构。[⑤]

---

① 《社长萧捷钦宣布同敬善堂将创办迟钝院》，《联合早报》1996年11月18日。

② 据蓝十总会2002年的会议记录，当时总会主席即是同敬善堂社长萧捷钦。当时总会成立了管理委员会负责洽谈接管彩虹疗养院的事，萧氏也兼任管委会主席。但是，在管委会第一次会议后，萧氏辞去管委会主席和总会主席的职务。

③ 《同敬乐龄怀仁院》，《同敬善堂诚善社庆祝钻禧纪念特刊（1943～2013）》，第107～111页。

④ 傅丽云：《卫生部与六机构合作推展社区保健检验计划》，《联合早报》2000年6月7日。

⑤ 《与团共聚：同敬善堂诚善社赈灾筹款音乐会》，《联合早报》2009年9月14日；《千里送筝情音乐会为台湾水灾筹款》，《联合早报》2009年9月15日。

自创立后，同敬善堂虽然历经内外环境的许多变迁，董事会却一直秉承当年先辈创社的宗旨，数十年如一日地为本地的慈善活动尽力。而上述四所慈善中心和同敬福利协会的成立、与社区基层组织及其他慈善机构携手联办大型慈善活动、将捐献对象扩大到国外等，这些都反映了同敬善堂为自身的慈善工作树立了更高的标杆，标志着该善堂慈善事业的理念与时俱进，其规模也扩展至另一层次，以符合现代社会的实际需求。在 2017 年 8 月开幕投入运作的自闭症疗养院，就是另一个很好的例证。①

五　修建堂所增添新设施，秉承善堂宗教功能

为了配合堂务在各个阶段的发展，同敬善堂经历了三次迁址和数次翻新工程，从创堂伊始在火城涂桥头的加冷律简陋的亚答厝，到二战后迁入芽笼 25 巷 A 的砖屋，再搬到邻近的 29 巷建立新堂所，之后还进行了多次大小翻新工程。每一次的搬迁和扩建都是在董事会努力筹募基金与堂员鼎力支持下圆满完成，这也在很大程度上折射出同敬善堂力求慈善与福利工作适应社会发展所需的长远目标和规划获得了广大民众的肯定。然而，同敬善堂并没有摒弃潮人善堂的传统宗教功能。步入 21 世纪后，董事会又耗资数百万元对堂所进行了两次翻新，其中就包括扩建底层后座，将之辟为安置先人骨灰瓮的“敬先厅”，以及翻新供奉大峰祖师的前座一楼大殿和二楼寄放先人神主牌的“功德厅”。这些设施都与善堂的宗教功能有密切的关系，是善堂为堂友和善信在宗教信仰和祭祀祖先方面所应提供的基本设施与服务。当然，这些设施和服务也成为善堂维持日常运作的重要资金来源。

同敬善堂仍然维持着经乐部的组织，经生除了负责主持堂内宗教仪式外，也出外提供礼佛服务。目前经生年龄层介于 9 ~ 60 岁，其中以年轻人居多，有 30 余名是堂员子女。② 董事部“秉承了‘同守法箴祈愿大众皆脱苦海，敬依释教忏悔群生同等乐乡’，为众坛子及堂经人员，一致心宜

① 问卷调查资料，同敬善堂秘书长黄朝隆提供，2017 年 4 月 2 日。

② 问卷调查资料，同敬善堂秘书长黄朝隆提供，2017 年 4 月 2 日。

明照的鹄旨”。[①] 故此，经堂部定期举行传统宗教活动和仪式，例如取香茶水、点主司爵、为丧家礼佛做功德、庆祝大峰祖师圣诞启建清供、盂兰盛会施放焰口等大小超度仪式，秉承善堂文化的传统宗教功能。

诚如《新加坡同敬善堂诚善社庆祝金禧纪念特刊》中《同敬善堂诚善社史略暨活动梗概》一文所指出：

> 历届董事会，在筹策与行政上，都力求将慈善工作扩大为社会福利服务，而且灵活而不呆滞地适应潮流和社会需求。清晰不紊的在虔诚奉行祖师圣训宗旨的前提下，采纳了文明思想的现代社会福利措施，兴办教育、体育、医药与健康等完整单位。坚毅而富有活力地为宋大峰祖师的慈悲为怀，注入了新的铨释，也拓展了多元化的地区或社会性的福利服务。[②]

这段话可说是确切地概括了同敬善堂的发展方向和历届董事的心路历程。

第五节 构建社区历史记忆：南安善堂

目前拥有大约1000名堂员的南安善堂是在二战时日本占领新加坡期间成立的少数几所善堂之一。[③] 南安善堂在1944年成立后和修德、普救、同奉、同敬四所善堂联合成立中华善堂蓝十救济总会，成为创会的团体会员之一。虽然其成立于日据的较晚期，但对于当时新加坡的救援工作也做出了一定的贡献。

---

① 《同敬善堂诚善社史略暨活动梗概》，《新加坡同敬善堂诚善社庆祝金禧纪念特刊》，第67页。

② 《同敬善堂诚善社史略暨活动梗概》，《新加坡同敬善堂诚善社庆祝金禧纪念特刊》，第66页。

③ 问卷调查资料，南安善堂总务许奕辉提供，2015年5月。

一　南安善堂与“南雄阁”之渊源

南安善堂采用红、蓝、白三色的圆形徽章，周围书“宋大峰祖师南安善堂”，内圈附善堂英文名称，中心是一红色“佛”字。徽章所凸显的含义是奉行宋大峰遗训，“以表心贯我佛之意”。① 然而，它的成立却与当时位于乌桥区的一个公益组织“南雄阁”颇有渊源。“南雄阁”在战前就拥有一支庞大规模的锣鼓队，其演出水平远近驰名，也经常应邀到各个神会庆典参加游神（潮人称“营老爷”）和演出。日据时期，“南雄阁”的一位董事，在乌桥区经营染布业的商家黄协城，提议将“南雄阁”的组织规模扩大，改为善堂。黄协城的这一想法，得到当时已经成立的同奉善堂许多董事的赞成和支持。黄协城也慷慨捐出他住家旁的一块土地，作为堂址。黄协城等10余人乃被推举为善堂发起人（见表3－9），并成立建堂委员会，以落实成立善堂之计划。

表3－9　1944年南安善堂发起人名录

善堂发起人	黄协城、陈德喜、曾炳霖、陈两泉、萧福如、蔡裕学、杨忠家、黄祥峰、朱晋贤、吴碧贤、赖逸民、李杰周

资料来源：王亦吾、刘英才、吴伯高编《新加坡南安善堂庆祝宋大峰祖师圣诞暨成立五十周年金禧纪念特刊（1944～1994）》，新加坡：南安善堂，1994，第103页。

由于当时正值日据时期，条件不足，物资匮乏，但乌桥区亚佛路（Ah Hood Road）一带的乡民积极响应修建善堂的建议，纷纷给予协助，捐钱出力，甚至义务充当灰工、木工和漆工，终于建立起一座板屋，南安善堂就在这间简陋的板屋里诞生了。板屋的中间设为善堂的正殿，供奉宋大峰祖师。左右两侧则分隔出办公室和储藏室。南安善堂草创时就在这种简陋的条件下运作，并在1944年10月13日正式宣布创立，成立临时董事会，推举庄培钿为董事会总理，一直到新加坡光复后翌年，即1946年，才正式选出第一届董事会和执监委员会（见表3－10）。

① 《南安善堂章程》，印行日期不详，第四章“徽章”，第1页。

表 3－10　南安善堂第一届董事会（1946）名录

正主席	李筱石	正交际	黄祥峰
副主席	林振毓	副交际	陈锦霖
正总务	曾炳林	正保管	吴碧泉
副总务	陈两泉	副保管	萧福如
正财政	林绍霖	委员	庄培钿
副财政	李杰周		刘益吾
正经乐	姚庆锡		黄协城
副经乐	林绍木		黄绍芝
丧事互助部	吴春宁		陈亚成
	杨俊河		杨启增
正查账	张祯勤		许燕南
副查账	沈观斗		曾芝松
中文书	刘褒五		蔡裕学
英文书	杨忠家		朱正光
正施济	郭宝枝		许妹仔
副施济	蔡振昌		

资料来源：王亦吾、刘英才、吴伯高编《新加坡南安善堂庆祝宋大峰祖师圣诞暨成立五十周年金禧纪念特刊（1944～1994）》，第 60 页。

南安善堂的命名也反映了它和“南雄阁”的渊源。在讨论这一新成立的善堂的命名时，董事们都认为，该善堂基本上是从“南雄阁”基础上扩展而成，所以需保留“南”字在堂名之前以作纪念。另外，基于成立善堂的目的在于发扬宋大峰祖师善德，感化世人，救济贫苦病黎，为当时非常时期的民众祈求平安，希望早日恢复安定的生活，所以议决以“平安”二字取其一为名。据说董事们遂以圣筶祈求大峰祖师批谕，结果祖师谕示以“安”字为名，南安善堂的名字由此得来。由于时处战争期间，交通阻隔，无法依照传统礼仪远赴中国恭请祖师香火南渡，只好由董事会选出黄道吉日，由全体董事斋戒沐浴，举行庄严肃穆的祷祝仪式，恭请祖师升殿，并定每年阳历十月廿九日庆祝大峰祖师圣诞的同时，也一起庆祝善堂创立。①

由于创立后香火兴旺，善信日增，至 1947 年，南安善堂草创时的堂址已

① 有关南安善谈草创详情，见王亦吾、刘英才、吴伯高编《新加坡南安善堂庆祝宋大峰祖师圣诞暨成立五十周年金禧纪念特刊（1944～1994）》，第 103～107 页。

不能满足善堂发展所需。董事会于是将原址归还黄协城，租借了邻近的祥和饼干厂的一块空地兴建了新堂。两年后，祥和饼干厂因为要扩建而向善堂收回土地，董事林振毓捐赠了在阿佛路 3 号的一块土地，善堂一年后又搬迁至该处兴建新堂。1975 年阿佛路 3 号堂址被政府征用，董事会遂成立建堂委员会，筹款募捐，物色新址建堂。最后，董事会决定将所获的征用赔偿金 18 万元购买位于巴耶利峇弯（Paya Lebar Crescent）现址的一座占地 18690 平方尺的旧洋楼，斥资 128 万元兴建新堂。在兴建新堂期间，善堂租下了新堂址邻近的一所房子，继续开展各项堂务。1980 年 12 月 5 日，配备各种新设施的两层楼新堂开放启用。新建筑前方设有宽敞的停车场，前座为供奉大峰祖师的正殿，左右殿分别供奉天藏王菩萨和地藏王菩萨，后座分三层，楼下为医药部和储藏室（现已改建为供奉骨灰瓮的灵灰坛和一部分神祖牌，并供奉南无阿弥陀佛），二楼为供奉祖先神位的水发堂，三楼则辟为理事厅。①

图 3－14　南安善堂亚佛路旧堂老照片

资料来源：王亦吾、刘英才、吴伯高编《新加坡南安善堂庆祝宋大峰祖师圣诞暨成立五十周年金禧纪念特刊（1944～1994）》，第 87 页。

二　从“施济部”到“慈善部”

南安善堂以“奉行宋大峰祖师遗训，广行善事，互助施济等慈善事

---

① 王亦吾、刘英才、吴伯高编《新加坡南安善堂庆祝宋大峰祖师圣诞暨成立五十周年金禧纪念特刊（1944～1994）》，第 103～107 页；《南安善堂新堂今日举行奠基，敦请拿督斯里郑镜鸿主持典礼，斥资一百廿万元预定明年八月落成》，《星洲日报》1979 年 11 月 24 日。

业”为宗旨，[1] 成立后随即投入慈善和救济工作，从各方面救助遭受战火蹂躏的民众，而善堂创建之始，就首先设立“施济部”。[2] 虽然迟至1962年南安善堂才正式成立互助部董事会（见表3－11），但据创堂时便加入南安善堂的堂员谢启发的访谈记录，早期善堂所起的作用主要在互助方面。若有人遇到困难，善堂会提供救济金予以资助。如果有人在战争中死亡，又没有人埋葬，善堂就会帮忙出钱协助安葬。在战争期间，善堂的堂员也组织了一支小队伍，当战机进行轰炸时，该小队就会自发进行救援及处理紧急事件，并为灾民提供帮助及维持秩序。[3] 事实上，当时或在战争中遭杀害的平民，或因粮食短缺、医疗物资匮乏和疾病肆虐而饿死病亡的贫病老弱者，不计其数，无人认领的尸体遍地可见，因此，清理死尸，施棺赠葬，让亡者入土为安，并防止病菌散播，成了善堂救济部成立之初最主要且耗资最大的工作。这对于在战乱中成立伊始，财政状况依然拮据的南安善堂董事会来说，无疑是一项艰巨的挑战。

表3－11 南安善堂第一届（1962）互助部董事会董事

正主席	余贵顺
副主席	李禧金、陈少庭
正总务	张炳光
副总务	杨忠家
正财政	吴克承
副财政	沈耀然
委员	王妈存、林木泉、李奇才、王亦吾

资料来源：王亦吾、刘英才、吴伯高编《新加坡南安善堂庆祝宋大峰祖师圣诞暨成立五十周年金禧纪念特刊（1944～1994）》，第73页。

二战结束后，社会秩序日渐恢复，南安善堂继续开展各方面的慈善活动。50年代末，“施济部”改成“慈善部”，以更确切地反映善堂在社会福

① 《南安善堂章程》，第二章“宗旨”，第1页。

② 王亦吾、刘英才、吴伯高编《新加坡南安善堂庆祝宋大峰祖师圣诞暨成立五十周年金禧纪念特刊（1944～1994）》，第106页。

③ 谢启发口述《日治时期的新加坡》，新加坡国家档案馆口述档案录音，Accession Number 000358，Reel/Disc 8。采访日期：1984年1月5日。

利和慈善公益事业中所扮演的角色。1962 年，南安善堂正式成立互助部董事会，虽然“互助部组织的目的，在于使堂友有丧事时，借得团体的帮助”，[①] 但除了优先照顾堂员和善信的福利外，南安善堂并无排外封闭之意，而是更积极地投入社会福利和救灾工作。例如 20 世纪 50 年代本地发生多起严重火灾，波及的灾民数以千计，南安善堂积极响应中华总商会的号召，和中华善堂蓝十救济总会其他会员善堂一起投入救灾工作，获得各界的肯定。[②]

新加坡建国后，经济稳健发展，人民日渐富裕，南安善堂也开始将慈善工作重点转移至社会中的弱势群体。除了救济有困难的堂员及其家属，也邀请老人院年长者参与各庆典，设宴招待，并分发礼金给他们。直到今日，善堂从不间断地在祖师圣诞和周年纪念庆典上颁发善款给多所福利慈善机构（见表 3-12），董事们也在年杪探访老人院，向住院的老人颁发敬老度岁金。目前，善堂每年捐献给这些机构和团体的慈善金额计 5 万~6 万元。[③] 南安善堂也积极响应政府号召，协助政府推行各种有利民生的政策，例如，为邻近民众联络所（今改成民众俱乐部）捐赠扩建基金、活动基金和教育基金。[④]

随着现址的新堂在 1980 年杪竣工开幕，董事部也在堂内成立医药部，聘请若干位中医师和药剂师为年龄超过 60 岁、领取社会福利部救济金的各族人士进行义诊，无论是堂员及其家属，还是公众人士，都只需象征性地付 1 元诊费。医药部提供的医疗服务，从最初的内科，逐渐增加至针灸、推拿等，来自全国各地的问诊人士也日益增加。为了满足需求，增加设备，董事部在 1992 年将医药部迁至现今堂址对面新购的屋子。[⑤] 直至 2005 年，善堂再度扩大医药部，走入社区，在后港 21 街（Hougang Street 21）靠近地铁站的 231 座组屋底层设立新的医药中心，以便来自各地的居民问诊。随着耗资 30 万元装修及添购了新设备的医药中心在该年 7 月由

---

① 《南安善堂互助部章程》，印行日期不详，第二条“宗旨”。

② 《南安善堂堂友捐款救济芽笼火灾，被难堂友每名先得六百元，尚在劝募中》，《南洋商报》，1953 年 8 月 15 日；《南安善堂救济火灾堂友》，《南洋商报》1954 年 3 月 26 日。

③ 南安善堂提供资料，2017 年 10 月 16 日。

④ 王亦吾、刘英才、吴伯高编《新加坡南安善堂庆祝宋大峰祖师圣诞暨成立五十周年金禧纪念特刊（1944~1994）》，第 107 页。

⑤ 王亦吾、刘英才、吴伯高编《新加坡南安善堂庆祝宋大峰祖师圣诞暨成立五十周年金禧纪念特刊（1944~1994）》，第 107 页。

阿裕尼集选区议员潘惜玉正式宣布开放后，[①] 昔日医药部的旧址遂被改为供经乐股练习和举办其他活动的场地。

表 3－12　历年来南安善堂捐献的部分机构

机构类别	机构名称	机构类别	机构名称
医院	慈善医疗院	福利协会	体障人士协会
	大众医院		新加坡残疾人士福利协会
	广惠肇留医院		新加坡儿童协会
	仁慈医院		新加坡防癌协会
	同济医院		新加坡防痨协会
	中华医院		新加坡聋哑协会
老人院	大悲安老院		新加坡麻风协会
	巴窑内安老院		新加坡盲人协会（现称新加坡视障人士协会）
	芳济别墅老人院		智钝儿童协会
	飞霞精舍老人院	基金会	布莱德岭区奖助学金基金
	亨德申老人院		登门护理基金会
	精武老人院		基督教基金
	救世军老人院		全国肾脏基金会
	康宁安老院		人民行动党巴耶利峇支部教育基金
	李国专安老院		人民行动党甘榜乌美支部基金
	南洋真空教天灵道坛老人院		天主教福利基金会
	宁阳安老院		新加坡公益金
	圣约翰养老院	宗教团体	兰吗基力新那教会
	圣约瑟老人院		世界佛教友谊会新加坡分会
	汤申路安老院		新加坡佛教福利协会
	桃园精舍老人院		中华善堂蓝十救济总会
	梧槽公司老人院	社区/民间团体	阿裕尼－景万岸公民咨询委员会
	武吉巴督老人院		巴耶利峇公民咨询委员会
	武天福利社		尔文路联络所
	芽笼东老人之家		马林百列－布莱德岭公民咨询委员会
	星洲德教济云阁老人院		松龄俱乐部
	Little Sisters of the Poor Home		树林道联络所
	Sree Narayana Mission（Singapore）		梧槽老人聚合所
	Villa Francis Home for the Aged		芽笼士乃公民咨询委员会

资料来源：整理自《南洋商报》和《联合早报》历年报道；王亦吾、刘英才、吴伯高编《新加坡南安善堂庆祝宋大峰祖师圣诞暨成立五十周年金禧纪念特刊（1944～1994）》；南安善堂所提供之记录。

① 《南安善堂医药中心明天开幕》，《新民日报》2005 年 7 月 15 日。

三　创办南安学校，设立奖学金

善堂成立的第二年，二战结束。新加坡光复初期，满目疮痍，社会百废待兴。由于战乱的影响，许多适龄的儿童无法得到及时的教育，战后到处都是超龄失学，或无家可归，到处游荡的儿童。有鉴于此，南安善堂董事会在1946年决定创办学校，并成立教育部，开始筹备办校。据南安善堂文献记载，当时已在该地区施药施棺，积极投入慈善活动的善堂，经费异常短缺，存款余额仅有六元五角，要办一家学校，简直是不可能实现。可是，当时四周的居民听到可能要建校的消息，反应非常激烈。当时居住在乌桥区的数万名居民中大部分属从事劳力工作、生活较为贫困的弱势群体，没有能力供儿女到学校上学。因此他们对南安善堂兴办义学充满期待，希望自己的子女有接受教育的机会。南安善堂董事会深感任重道远，坚持实现建校目标。南安善堂以其名义广泛号召，四处募捐。在许多堂友及热心人士赞助之下，终于在1947年顺利创办学校。学校以“南安”命名，以“礼义廉耻”为校训，课室就设在善堂内，而“六元五角办一家小学校”也因此成为当时广为流传的一段佳话。①

学校开办后，学生人数逐年增加，从最初不超过200人，稳步增加到五六百人。因为是一所义学性质的学校，学生学费只是象征性地每月征收3元，不收取其他杂费，售卖给学生的书本也按照成本收费，对于贫苦学生，不仅免学费，还赠全部书本，② 品学兼优的毕业生还可获得善堂董事部设立的奖学金，③ 由于南安学校没设中学部，为了鼓励学生毕业后继续升学，他们就读中学的费用亦由学校承担。学校的日常开支和购置设备的经费，除政府津贴外，不足的金额，全部由南安善堂支出。④ 各界人士、机构也继续给予支持和协助，例如陶融儒乐社、余娱儒乐社和香港新天艺

---

① 《六元五角办一家小学校——乌桥南安学校特写》，《南洋商报》1954年11月29日。

② 《南安学校校舍落成演剧筹款以充裕经济，敦请陶融儒剧社义演》，《南洋商报》1949年8月5日；洪锦棠：《南安善堂与南安学校》，《南洋商报》1950年3月16日。

③ 王亦吾、刘英才、吴伯高编《新加坡南安善堂庆祝宋大峰祖师圣诞暨成立五十周年金禧纪念特刊（1944～1994）》。

④ 《六元五角办一家小学校——乌桥南安学校特写》，《南洋商报》1954年11月29日。

潮剧团都曾在不同时期为南安学校演剧筹款。① 在各方的支持以及政府的资助下，南安学校发展迅速，规模不断扩大，为更多的儿童提供了受教育的机会。1951 年，因设在善堂内的课室不敷使用，董事会拨出款项买下善堂右邻 6000 余尺的旷地修建新校舍。② 从创立学校、增建校舍，至 1975 年校园被政府征用而停办，南安学校随着善堂扩充迁址而搬迁了两次，在停办前，学生人数已多达 500 余名，创校 30 年，七任校长（见表 3－13）苦心经营，学生不仅人数逐年增加，成绩也逐年提高，尤其在绘画与运动方面的表现最为突出，使南安学校跻身为当时颇有声望的私立学校之一。但因为校园被征用，另辟新校园和配备现代化教学设施耗费巨大，而鉴于 70 年代中期以后华校学生人数逐年减少，董事部最终决定停办学校，③ 南安学校可谓完成了其历史任务，成为乌桥区邻里和潮人善堂社群一段共同的历史记忆。

表 3－13　1947～1975 年南安学校历任校长

任期	年份	姓名
第 1 届	1947	唐一平
第 2 届	1947	唐德良
第 3 届	1947～1949	张诚
第 4 届	1949～?	沈祖扬
第 5 届	?　～1961	翁式今
第 6 届	1961～1970	洪芳娉
第 7 届	1970～1975	唐金华

资料来源：王亦吾、刘英才、吴伯高编《新加坡南安善堂庆祝宋大峰祖师圣诞暨成立五十周年金禧纪念特刊（1944～1994）》，第 103～105 页。

---

① 《陶融儒乐社将为南安学校演剧筹款　各股负责人员已选出》，《南洋商报》1949 年 7 月 15 日；《余娱儒乐社祝社庆将演潮剧龙女奇缘并为南安善堂乔迁义演》，《南洋商报》1977 年 12 月 12 日，《为南安善堂筹建堂基金，港新天艺潮剧团将义演斩黄袍剧》，《南洋商报》1978 年 3 月 17 日。

② 《南安善堂发展迅速附设学校经购地扩充已获政府津贴金》，《南洋商报》1951 年 12 月 3 日。

③ 莫美颜：《规模虽小，凝聚力大——怀念已停办的南安学校》，王亦吾、刘英才、吴伯高编《新加坡南安善堂庆祝宋大峰祖师圣诞暨成立五十周年金禧纪念特刊（1944～1994）》，第 120～121 页。

四　经乐部与鼓乐部

经乐部是善堂不可或缺的职能部门，善堂举行各种宗教仪式都需要配以经乐。目前，南安善堂的宗教活动主要有每年元宵节祈求糖狮和其他福物、清明节诵经礼忏超度先灵、中元普度、庆祝天藏王菩萨和地藏王菩萨圣寿、庆祝祖师圣寿时举行建供，以及为逝世的堂员或其家属出坛礼佛，做功德仪式。虽然宗教活动和仪式不算太多，但南安善堂早在成立之际就征募了一批10岁左右的儿童，组成经生队伍，并聘请专业经乐导师给予指导。经过两年的训练，这批年轻的经生开始承担堂内外的功德仪式与建供法会上的经文唱诵任务，并且还曾受邀到境外主持祈祷消灾的大型建供仪式。[①] 1955年，经乐部成立了“南安善堂经乐部经乐组工作促进会”，旨在使经生们有机会互相交流和探讨，以提高效率及维持良好的纪律，同时也管理经生的福利和奖励事宜。南安善堂的经乐员、经生以及经乐协理皆为业余义务工作，隶属“促进会”会员。至此，南安善堂的经乐部组织也步入了正轨。

经乐部成立之初，还有鼓乐队附属于下。当时经乐部负责教导鼓乐的是蔡龙藩，之后先后继任的导师有原为南雄阁的鼓乐指导刘宗湖、曾宪龙、刘世造等。鼓乐队除在善堂的宗教仪式上演奏，或在逝世的堂员及家属出殡时执绋击鼓外，还多次受邀参加节日的演奏。[②] 1978年，为了应对日益增长的需求，善堂将鼓乐队从经乐部分出，自成一个部门，独立管理。据报章新闻报道，南安善堂还成立过音乐组，也颇具水准，拥有琵琶、瑶琴、二胡、小笛等多种乐器表演者，早年还曾受邀到电台录音广播潮乐。[③]

南安善堂在经乐方面能达到这么高的水平，和聘请的经乐老师的出身及他们对经生严格的督导不无关系。历任南安善堂的经乐导师都是潮州庙

---

① 《南安善堂经乐部受邀赴古晋建供》，《南洋商报》1946年12月20日。

② 王亦吾、刘英才、吴伯高编《新加坡南安善堂庆祝宋大峰祖师圣诞暨成立五十周年金禧纪念特刊（1944～1994）》。

③ 《南安善堂音乐部今晚广播》，《南洋商报》1949年9月14日；《南安善堂音乐部》，《南洋商报》1949年12月7日；《南安善堂广播潮乐》，《南洋商报》1951年2月13日。

堂音乐的专家，例如禅和坛第五代传人吕国雄，不仅是禅和板[①]的领军人物，对民间音乐也有深入的研究。他在1943年从潮州南来后，接任潮州佛乐前辈陈景星出任经乐导师，在南安善堂服务四十余年期间，将禅和板传统佛乐倾囊授予经生，还将经鼓谱传授给经生李新生。吕国雄退休回乡后，由他的衣钵传人唐敬坤接任经乐导师，李新生也负起训练经鼓手的重任。吕国雄为南安善堂经乐部的发展打下稳固的基础。[②] 目前，南安善堂经生有60余名，皆属经乐部成员和善堂堂员及其家属，年龄为45～70岁。[③]

值得一提的是，1949年经乐部的经生还和南安学校的学生组成南安善堂篮球队。当时董事部给予大力支持，不仅耗资修建篮球场，赞助球衣球鞋，还先后聘请了多位本地著名的篮球教练来训练篮球队员。南安篮球队不仅在本地参加多项比赛，还越过长堤到柔佛新山和当地的宽柔中学、福建会馆等的篮球队比赛切磋。更可贵的是，当时南安善堂的篮球活动还在当地乡里掀起一股“篮球风”，居民不仅将观赏南安篮球队的比赛和练球活动当成他们夜间的消遣，篮球还几乎变成了居民最热爱的一项运动。[④]

第六节　善堂慈善事业现代化先行者：同德善堂念心社

在蓝十总会的10所团体会员善堂中，同德善堂有几点与众不同之处：它是由两家慈善组织蜕变、结合而成；它创堂初期所供奉的镇坛祖师与其他潮人善堂不同；它所管理的附属慈善团体数量最多，福利服务最广泛和最多元。因此，同德善堂是研究潮人善堂历史与文化一个特别和重要的案例。

一　秉承相同宗旨与宏愿，两宗教组织联合创堂

同德善堂全名“同德善堂念心社”，成立于1950年6月13日，其前身则

① 潮州佛乐可分“禅和板”与“香花板”两大类。前者又称“善和板”，为专事修持的僧侣所用，后者则是佛门用于世俗佛事。详阅《潮州佛乐的“禅和板”与“香花板”》，王亦吾、刘英才、吴伯高编《新加坡南安善堂庆祝宋大峰祖师圣诞暨成立五十周年金禧纪念特刊（1944～1994）》，第206～208页。

② 问卷调查资料，南安善堂总务许奕辉提供，2017年5月。

③ 南安善堂总务许奕辉提供之非正式统计资料，2021年8月21日。

④ 王亦吾、刘英才、吴伯高编《新加坡南安善堂庆祝宋大峰祖师圣诞暨成立五十周年金禧纪念特刊（1944～1994）》，第125页。

来自两所早已成立的组织——守愚堂和念心社。

守愚堂创坛于1940年，供奉运杰菩萨，最初设坛于金吉律（Kim Keat Road）门牌20号，后迁至乌桥惹兰拉惹（Jalan Rajah）门牌8号。运杰和尚俗姓张，字守愚，守愚堂即以其字命名。运杰和尚于清光绪七年（1881）出生在中国潮州普宁一个殷商之家，弱冠之年即受戒于罗浮山，皈依空门，后在当时的揭阳县（今揭阳市）建立觉世善堂。①日据期间，守愚堂香火鼎盛；战后，"众理事善信为酬谢菩萨鸿恩，秉承师尊圣德，策划发展慈善事业，普度众生，乃易名为同德善堂"。② 发起人林楚狂于1949年到中国潮安凤书乡（即今大吴乡）的修德善堂养心社恭奉运杰菩萨香火南来，③ 并成立第一届理事会（见表3-14）。

表3-14　同德善堂创堂理事会名录

善堂发起人	林楚狂
理事会主席	沈同清
财政	陈应盛
理事	吴两木、陈元弟、吴荣禄、陈亚鸿、沈岳华

资料来源：《同德善堂念心社金禧纪念特刊（1949~1999）》，第5页。

与守愚堂一样，念心社也创办于1940年，由林锦呈等发起（见表3-15），设坛于沙球拉律（Circular Road，俗称十八间后）门牌640号三楼，供奉孚佑帝君④，即纯阳真人吕洞宾，以及诸佛神圣。在日据时期，军政府允许一些宗教组织继续运作，念心社是其中之一。该社在当时积极

① 有关运杰和尚生平，详阅《运杰菩萨圣史》，《同德善堂念心社金禧纪念特刊（1949~1999）》，第16页。

② 《同德善堂念心社史历》，《善缘》，新加坡：同德善堂念心社，2006，扉页。

③ 《同德善堂念心社金禧纪念特刊（1949~1999）》，第5页。

④ 有关孚佑帝君的生平传说，详阅《玉清内相孚佑帝君圣史》，《同德善堂念心社金禧纪念特刊（1949~1999）》，第9页。

投入施医赠药、施棺赠葬等慈善工作。战后，念心社香火日盛，但由于社址空间较小，社务发展深受限制。此时，同德善堂理事会同样也面临堂员日增、善信日众，原有的堂址因简陋局促，不足以满足堂务所需的问题。于是双方理事会在陈树岐与林锦呈二人协理下，商议合并两堂、扩大组织的计划。合并计划也获得双方的镇堂祖师降鸾谕准，运杰菩萨还乩示于文德路（Boon Teck Road）1号兴建新堂，以拓展堂务。各项筹备工作旋即如火如荼地展开，理事们积极向善信及各界人士募捐，获得良好的反应和支持，建筑工程得以如期动工。双方理事还到修德善堂祈请宋大峰祖师乩示，祖师赐乩文谓联合建庙名正言顺，赐名“同德善堂念心社”。两堂于是正式合并，并成立第一届同德善堂念心社董事会，负责监管新成立的善堂（见表3-16）。①

表3-15　念心社发起人名录

念心社发起人	林锦呈、陈述典、陈图谦、陈传绍、林俊锐、许松泉、林秋楠、陈少波

资料来源：《同德善堂念心社金禧纪念特刊（1949-1999）》，第5页。

图3-15　第一届董事合照，摄于文德路旧堂所前（1950）

资料来源：《同德善堂念心社四十年简介（1949~1989）》，新加坡：新加坡同德善堂念心社，1989，第47页。

① 《同德善堂念心社金禧纪念特刊（1949~1999）》，第5页。

表 3-16 同德善堂念心社 1950 年第一届职员（发起人）名录

正主席	林锦呈	副主席	吴荣禄、沈同清
正财政	姚仰明	副财政	陈作藩
正总务	许松泉	副总务	林俊锐
正文书	王邦杰	副文书	陈传绍
英文书	李咨志		
正查账	陈智谦	副查账	李声标
正堂事	黄庆浩	副堂事	林同源
正互助	林秋楠	副互助	王克彬
施医	陈元弟	施茶	杨永潮
花仔	陈利敬		
评议员	陈辑铭		
	陈木丰		
	方山子		
	吴两木		
	陈宝书		
	郑春祺		

注：鉴于该社本属两团体合并而成，同德善堂念心社董事会在 1986 年 9 月 26 日第 37 届第 8 次董事会议上，通过将该社第一届第一任董职员 25 人定为发起人。《同德善堂念心社庆祝晋庙六十周年纪念暨夏祭祀典》，《联合早报》2009 年 5 月 21 日。

资料来源：《同德善堂念心社金禧纪念特刊（1949～1999）》，第 255 页。

二 同德与大峰早有渊源，恭奉三师尊共同镇坛

既然是由守愚堂和念心社两所不同民间宗教组织合并而成，它们原来各自所供奉的神明自然也都晋升新殿堂，而运杰菩萨和孚佑帝君则共同被奉为同德善堂念心社的镇坛祖师。值得注意的是，传统上被奉为潮人善堂镇坛师尊的大峰祖师并不在新堂供奉的神佛之列，尽管新堂的命名就是由大峰祖师在修德善堂降鸾乩赐的，而两堂本就颇有渊源。一直要等到 1976 年同德善堂堂宇竣工，准备迁入时，“先贤念师尊香火乃由潮安凤书乡修德善堂养心社，请来新加坡庇佑万民，新堂该供奉凤书修德镇坛师尊宋大峰祖师，言正理顺”,① 才将大峰祖师、运杰菩萨、孚佑帝君共同供奉于大殿总坛，同为善堂镇坛师尊。

查阅运杰菩萨的传说，我们还可看到大峰与运杰两人另有一段渊源：

① 《同德善堂念心社历史》，《善缘》，扉页。

> 传说师尊（运杰菩萨）忽夜梦祖师指引，至凤书重振香火，卜知与师夙有前缘，方隔世相召，遂应梦按址赴坛，时光绪三十三年。①

据说运杰和尚到凤书修德善堂后，悉心整顿堂务，组织理事会，广招社友，振兴堂务，乡里莫不称颂。② 虽然这只是一则民间传说，但运杰和尚驻锡并坐化于凤书修德善堂，确有文献记载。③ 运杰和尚对大吴修德善堂有重整堂务的重要贡献，而同德善堂供奉的运杰菩萨，其香火则是从大吴修德善堂分香南来的，新堂与大峰祖师的渊源不可谓不深，将大峰祖师奉为镇坛师尊当然是“言正理顺”的。

三 重建主殿扩大功德堂，宗教仪式丰富多彩

由于位于乌桥文德路创堂原址的建筑日渐破旧，1971 年，董事会决议发动社员善信募款兴建新堂宇并扩建功德堂（见图 3 - 16 ~ 图 3 - 18）。建筑工程历时数年，至 1974 年才落成，1976 年 5 月 24 日由时任中华善堂蓝十救济总会主席庄卓岩主持开幕仪式，是日还在功德堂举行晋主夏祭仪式，聘请戏班公演潮剧并设晚宴，庆祝晋庙设立廿七周年及新堂开幕典礼。④

新堂建成后，除了运杰菩萨、孚佑帝君和大峰祖师金身奉于主殿镇堂，同德善堂历年来也陆续修建其他“宫殿”和神坛，供奉其他神明。例如，建“天福宫”供奉感天大帝，建“地福宫”供奉福德正神，在天公坛建灵霄殿供奉玉皇大帝、太白星君、王天君、南辰北斗星君、廿四天尊等，建灶君殿、伽蓝菩萨殿、韦驮菩萨殿、富贵佛祖（弥勒佛）殿，还供奉天后元君（妈祖）、药师佛、四大天王等。供善信祭祀先人神主的功

---

① 《运杰菩萨圣史》，《同德善堂念心社金禧纪念特刊（1949 ~ 1999）》，第 16 页。

② 《运杰菩萨圣史》，《同德善堂念心社金禧纪念特刊（1949 ~ 1999）》，第 16 页。

③ 《大吴修德善堂堂史》，《大吴修德善堂养心社创立百周年庆典纪念特刊（1902 ~ 2002）》，第 105 ~ 113 页。

④ 《文德路同德善堂念心社订期举行新堂开幕典礼》，《南洋商报》1976 年 5 月 14 日；《乌桥同德善堂念心社今设素筵祝双庆盛典》，《南洋商报》1976 年 5 月 25 日。

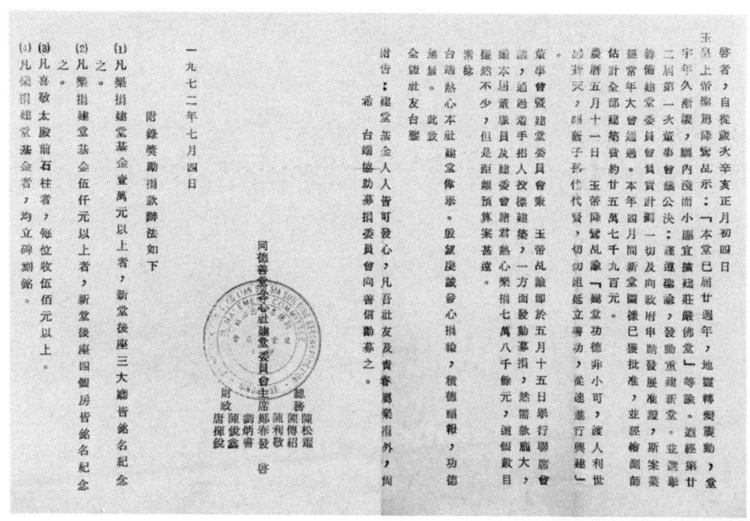

啓者，自從歲次辛亥正月初四日
玉皇上帝鑾駕降鸞乩示：「本堂已屆廿週年，地靈轉變震動，堂宇年久蔽壞，廟內淺而小，應宜擴建莊嚴佛堂」等諭。適經第廿二屆第一次董事會議公決：遵遵鸞諭，發動重建新堂。並選舉籌備建堂委員會負責計劃一切及向政府申請發展准證，斯案業經常年大會通過。本年四月間新堂圖樣已獲批准，並經輸測師估計全部建築費約廿五萬七千九百元。

農曆五月十一日 玉帝降鸞乩諭「建堂功德非小可，渡人利世益若天，爾諸子孫仕代賢，切勿阻延立奮功，從速進行興建」。

董事會暨建堂委員會乘 玉帝乩諭即於五月十五日舉行聯席會議，通過着手招人投標建築，一方面發動募捐，然需款龐大，雖本屆董事員及建委會諸君熱心樂捐七萬八千餘元，這個數目雖然不少，但是距離預算案甚遠。

素稔
台端熱心本社建堂偉舉。敢望虔誠發心捐輸，積德福報，功德無量。此致
全體社友台鑒

附告：建堂基金人人皆可發心，凡吾社友及貴眷屬樂捐外，倘希 台端協助募捐委員會向善信勸募之。

同德善堂念心社建堂委員會主席 鄭春發 啓
總務 陳松龍 陳傳紹 陳利敬 劉炳書
財政 陳鉄鑫 唐揮銳

一九七二年七月四日

附錄獎勵捐款辦法如下

(1)凡樂捐建堂基金壹萬元以上者，新堂後座三大廳皆銘名紀念之。
(2)凡樂捐建堂基金伍仟元以上者，新堂後座四個房皆銘名紀念之。
(3)凡喜敬太殿前石柱者，每位收伍佰元以上。
(4)凡樂捐建堂基金者，均立碑刻銘。

图 3－16　1972 年同德善堂致全体社会捐输及协助筹募建堂基金公函

资料来源：笔者私人收藏。

№ 1848

同德善堂念心社建堂委員會
新加坡烏橋文德律门牌一號A
電話 五四四二八

THONG TECK SIAN TONG LIAN SIN SIA BUILDING RECONSTRUCTION
MANAGEMENT COMMITTEE
No. 1-A BOON TECK ROAD, SINGAPORE-12 TEL: 54428

茲收到 李潘皓玲 寶號 先生 女士
樂捐建堂基金 大銀伍拾 元正
$ 50/- 此據 一九七 年 11 月 29 日
主席：　總務：　財政：　經手人：

图 3－17　乐捐建堂基金收据

资料来源：笔者私人收藏。

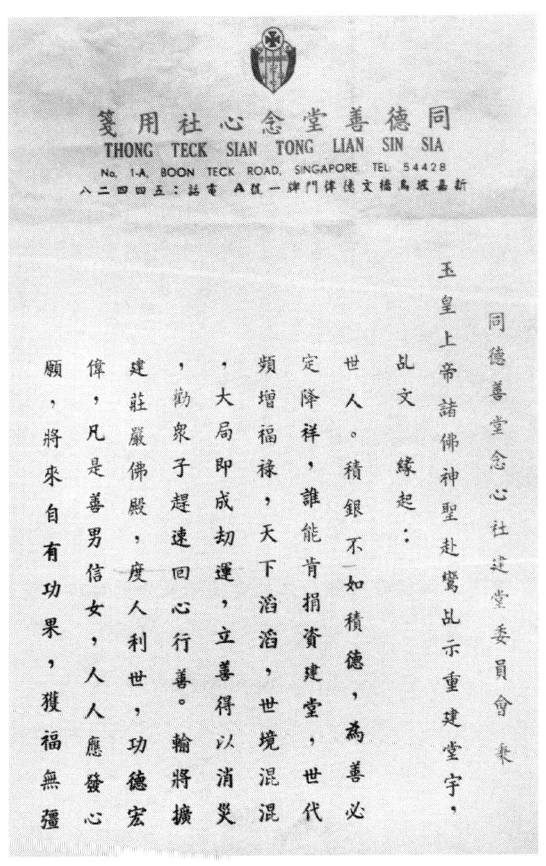
同德善堂念心社用箋
THONG TECK SIAN TONG LIAN SIN SIA
No. 1-A, BOON TECK ROAD, SINGAPORE. TEL: 54428
新嘉坡烏橋文德律門牌一號A 電話：五四四二八

同德善堂念心社建堂委員會 秉
玉皇上帝諸佛神聖赴鸞乩示重建堂宇，
乩文 緣起：
世人。積銀不如積德，為善必定降祥，誰能肯捐資建堂，世代頻增福祿，天下滔滔，世境混混，大局即成劫運，立善得以消災，勸衆子趕速回心行善。輪將擴建莊嚴佛殿，度人利世，功德宏偉，凡是善男信女，人人應發心願，將來自有功果，獲福無疆

图 3-18　重建堂宇乩文

资料来源：笔者私人收藏。

德堂前厅也供奉地藏王菩萨，以度亡灵。[①] 2000 年，同德善堂又扩建了观音阁，并重建三层安奉先人骨灰瓮的孝德厅。[②] 在蓝十总会团体会员善堂之中，同德善堂可说是供奉神佛较多元的一所。

同德善堂所举办的宗教活动也多姿多彩。早在 1951 年，善堂便设立经乐股，负责组织和主持各种宗教仪式，包括为社员善信及公众人士提供先人丧事服务及做功德仪式。经乐股也为各佛寺庙宇、社团与民间组织办理中

① 《同德善堂念心社金禧纪念特刊（1949～1999）》，第 30～31、207、219～220 页；《善缘》，第 17 页；《同德善堂致董事、社友、善信历年通告》（2006～2016 年）。

② 《同德善堂念心社扩建观音阁重建 3 层孝德厅》，《联合早报》2000 年 7 月 2 日。

元节酬神礼佛建醮仪式。堂事股的念佛组则于1953年成立，除了主办讲经活动，还负责堂前晨昏课诵佛经，以及主持各典礼上向诸神佛参礼的诵经仪式。①

同德善堂每年农历四月廿七日和十一月十六日上午在功德堂分别举行夏祭及冬祭仪式，祭祀开始前先举行禄位点主晋龛仪式。每年农历四月十四日、十月廿九日以及十一月十五、十六两日，分别庆祝孚佑帝君、宋大峰祖师以及运杰菩萨圣寿。除了三位镇堂师尊的圣诞外，善堂也会举行大小仪式，庆祝堂内供奉的其他神佛的圣寿，并循例启建清供，祈求平安，敬演潮剧，酬谢神恩；在庆祝运杰菩萨圣寿时，也举行放生、敬惜字纸的传统仪式。② 此外，每年中元节庆祝地藏王菩萨圣寿，也举行盂兰盛会普度仪式，附荐社友祖先亡灵。四月廿七、廿八日则庆祝晋庙成立周年纪念。③ 传统的扶乩和取香茶水活动，也是同德善堂重要的宗教仪式。善堂还不定时举办较大型的宗教仪式。例如，1997年就曾邀请中国潮阳灵山护国寺组织潮汕佛教法务团70多位高僧，在新堂启建盛大的水陆法会；④ 2001年，又在大雄至尊宝殿设道场，举行大型梁皇法会，延聘中国浙江省宁海县青莲忏寺和种福禅寺的15位高僧到场主持。⑤ 另外，同德善堂的经生也多次随该堂组织的晋香团到中国祖堂和其他善堂启建福醮，互相交流。⑥ 此外，同德善堂也曾在2005年特设大法会，普度追荐印度洋地震和海啸罹难者。⑦ 2008年，缅甸遭遇风灾，中国四川发生大地震，伤亡人数

---

① 《同德善堂念心社金禧纪念特刊（1949～1999）》，第303、318～321页；《善缘》，第18页。

② 善堂放生与敬惜字纸的仪式是为了纪念运杰菩萨生前曾每日到大街小巷收埋动物尸体、捡拾废纸焚烧的善行，并倡导他对动物的慈悲精神和尊重文字的传统美德。敬惜字纸的善举可以追溯到清代初年出现的惜纸会所倡行的惜纸活动。

③ 参见《同德善堂致董事、社友、善信历年通告》（2006～2016年）。

④ 郑佩莲：《社务概况》，《同德善堂念心社金禧纪念特刊（1949～1999）》，第30～31页。

⑤ "请发心参加本社延聘中国浙江省宁海县青莲忏寺和种福禅寺的十五位高德法师主行梁皇法会"，参见《同德善堂致董事、社友、善信历年通告》（2001年）。

⑥ 中国改革开放后，同德善堂几乎每年组织晋香观光团到中国祖堂，也即运杰菩萨创建的觉世善堂朝拜师尊佛骨圣地或到其他善堂参访，也有到马来西亚和友堂交流。善堂曾于1995年、1998年、2000年、2007年、2008年等年份组织经乐股人员和社友逾百人到祖堂圣殿主持道场，启建清供。参见《同德善堂念心社晋香团》，同德善堂，2016年8月18日。

⑦ 《海啸灾难追悼法会通告》，《联合早报》2005年1月4日；《同德善堂念心社普度海啸罹难者》，《新明日报》2005年9月4日。

较多，同德善堂同样为罹难者举行超度仪式，求福消灾。① 同德善堂供奉的神明众多，其所举办的各类宗教仪式如此丰富多彩，也就不足为奇了。

表 3 - 17 同德善堂念心社庆祝诸神佛圣诞（诞辰）/节日

月份	日期	圣诞/节日	月份	日期	圣诞/节日
正月	初一	富贵佛祖圣诞	六月	初三	韦驮菩萨圣诞
	初六	锭光佛祖圣诞		初六	包天子圣诞
	初八	包天子圣诞		初十	刘海仙圣诞日
	初九	玉皇上帝圣诞		十九	观世音菩萨涅槃成道大法身日
二月	初三	文昌帝君圣诞	七月	初一	太上老君丹成日
	初八	释迦牟尼佛出家日		十三	大势至菩萨圣诞
	十五	太上老君圣诞 释迦牟尼涅槃日		十八	李仙师圣诞
	十九	观世音菩萨降世日		三十	地藏王菩萨圣诞*
	廿一	普贤菩萨圣日	八月	初三	司命灶君圣诞
三月	十六	准提菩萨圣诞		初八	无极老母圣诞蟠桃会
	十九	道济佛祖降世日		十六	齐天大圣化身日
	廿三	天后元君圣诞		廿七	孔夫子圣诞
四月	初一	感天大帝圣诞	九月	初一	玉皇大帝*、太白星君、王天君、南辰北斗星君、廿四诸天升殿纪念日 南斗星君下降辰
	初四	齐天大圣圣诞 文殊菩萨圣诞	十月	初二	周仓爷圣诞
	初八	释迦牟尼万佛旦		初五	达摩祖师圣诞
	十四	孚佑帝圣君旦*		廿七	北斗星君圣诞
	十五	释迦牟尼佛降世见月圆悟道（国际纪念日）		廿九	宋大峰祖师圣诞*
	十八	华佗仙师圣诞	十一月	十六	运杰菩萨圣诞*
	廿八	堂庆*		十七	阿弥陀佛圣诞
五月	初一	南斗星君圣诞	十二月	初八	释迦牟尼佛成道日
	十三	关平太子圣诞		十六	太上老君圣诞
	十六	道济佛祖降龙日			

注：* 表示主要节日。

资料来源：同德善堂念心社提供，2001。

① 《缅甸风灾/中国四川大灾难祈福与追悼会通告》，同德善堂，2008 年 5 月 22 日。

四　慈善活动广泛多元化，赞助文教与社会公益

同德善堂是先辈们鉴于二战后“殖民地政府对民防和医疗等设施尚付阙如，故救济灾难和医药照顾，收埋无依遗体，实需民间提供协助，而毅然进行组织”的。[①] 故创堂之后，广招社员，陆续设立经乐股、特别互助股、孤独社员丧葬组和慈善股，举凡潮人善堂之施棺赠葬、施医赠药、施茶、救济贫苦等传统慈善工作，均予积极开展，致力为社友谋福利，也对社会上有困难的民众伸出援手，给予救助。1951 年武吉士发生严重火灾，同德善堂虽成立不久，堂务尚未完全开展，却即刻发动全体社员捐献善款与粮食，救济灾民。[②] 同德善堂还在该年 8 月加入中华善堂蓝十救济总会，积极参加总会的活动，加大对社会慈善工作的参与度。有关同德善堂参与蓝十总会慈善活动详情，本书第二章已有讨论，此不赘述。

1958 年，该社又设立赠医施药部，聘请三位医师，每星期施诊三天，并委托位于马里士他律（Balestier Road）的普济堂、培生堂两家药材店为药剂代发处，同时设立施茶站，每日为公众人士供应茶水，这项服务至今没有中断（见图 3 - 19）。施诊部设立后，一年就诊者多达 1 万多人。[③] 为了方便夜间就诊的病患，善堂于 1982 年增设夜诊班，[④] 从 1989 年开始周末也提供服务，以服务日益增多的求诊者。[⑤]

同德善堂在 1952 年捐助防痨协会医药善款，[⑥] 从此开启了对其他慈善团体进行捐助的传统。多年来，同德善堂资助了数十所慈善机构，包括慈善医院、安老院、病老院、乐龄之家、儿童福利协会、残障人士福利协会、医疗协会和基金会等（见表 3 - 18）。对于一些严重的灾难和事故，

---

① 刘英才、黄朝隆主编《中华善堂蓝十救济总会庆祝成立七十一周年纪念暨蓝十彩虹疗养院十一周年纪念》，第 68 页。

② 《同德善堂念心社庆祝晋庙六十周年纪念暨夏祭祀典》，《联合早报》2009 年 5 月 21 日。

③ 《同德善堂念心社赠医施药下月二日开始》，《南洋商报》1958 年 5 月 29 日；《乌桥同德善堂念心社赠医施药部昨日开幕叶平玉剪彩盛赞该堂为善最乐之精神正主席陈辑铭希望诸位善信拥护支持潘少儒陈元弟林长龄为义务医师》，《南洋商报》1958 年 6 月 2 日；《社务概况》，《同德善堂念心社四十年简介（1949～1989）》，第 11 页。

④ 《同德善堂念心社赠医部设夜诊班》，《南洋商报》1982 年 3 月 27 日。

⑤ 《同德善堂中医药施诊所周末开放》，《联合早报》1989 年 8 月 8 日。

⑥ 《社务概况》，《同德善堂念心社四十年简介（1949～1989）》，第 11 页。

图 3－19　同德善堂设于文德路堂址路口的施茶亭

资料来源：笔者摄于田野调查，2019 年 6 月 7 日。

如裕廊油槽船爆炸和实龙岗大酒店倒塌，该善堂也都及时捐款，救助死难者家属。[①] 对于孤苦贫寒人家，善堂更不时给予救济金资助，提供日常生活物品，帮助他们维持生计。[②] 当其他国家遭遇灾难时，同德善堂同样慷慨捐助，例如，2004 年南亚和东南亚一些国家发生海啸，董事部拨出 10 万元予以救济，同时号召社友踊跃捐款；[③] 2008 年缅甸和中国四川分别遭受大风和地震灾害，伤亡严重，同德善堂从善心人士历年捐献的善款中拨出 10 万元，董事部也以该社名义合捐 10 万元，为两地共捐出 20 万元善款。[④]

① 《社务概况》，《同德善堂念心社四十年简介（1949～1989）》，第 11 页。

② 《同德善堂致董事、社友、善信历年通告》（2006～2016 年）。

③ 《海啸灾难募捐通告》，同德善堂，2004 年 12 月 30 日。

④ 《同德善堂念心社捐 20 万给缅甸和中国》，《联合早报》2008 年 5 月 18 日。

表 3－18　同德善堂念心社历年所资助的部分机构

机构类别	机构名称
医院	国大医院儿童肾病中心
	广惠肇留医院
	仁慈医院
	同济医院
	同敬怀仁院
	中华医院
儿童院	儿童城
	儿童智钝院
	斯里兰卡孤儿院
基金会	白血病及淋巴瘤基金会
	陈笃生医院社区慈善基金
	国防基金
	国家剧场基金
	黄埔区福利基金
	伊斯兰教教育信托基金
	拉惹勒南国际研究院教育基金
	摩绵区庆祝国庆建联络所基金
	全国肾脏基金
	日治时期蒙难人民纪念碑基金
	新加坡公益金
	兴都教基金会
	新加坡家护基金会
	新加坡老人福利基金会
	新加坡心脏基金会
宗教团体	彩德善堂
	存心善堂
	大悲佛教中心
	德教太和观
	佛教居士林
	观音救苦会
	光明山修身院
	华报善堂
	积德善堂
	救世军
	觉真同德福利社
	莲山双林寺
	马六甲修德善堂
老人院	大悲安老院
	灵光爱老院
	女神安老院
	汤申路安老院
	同德安老院
	兀兰迟钝院
	兀兰老人院
	星洲德教病老院
福利协会	南风福利协会
	广化福利协会
	体障人士协会
	卫理福利会
	希望之光协会
	新加坡残疾人士福利协会
	新加坡儿童慈善总会
	新加坡儿童协会
	新加坡防癌协会
	新加坡防痨协会
	新加坡痉挛儿童协会
	新加坡聋哑协会
	新加坡盲人协会（现称视障人士协会）
	新加坡脑性麻痹联盟
	新加坡尿失禁医学会
	新加坡心理健康协会
	杨桃园城隍庙－NKF 洗肾中心
	智钝儿童协会
学校	南洋大学（今南洋理工大学）
	南洋理工大学佛学会
	新加坡国立大学佛学会
	新加坡理工学院佛学会
	义安理工学院佛学会
社区/民间团体	城市德士组
	后港公民咨询委员会
	华社自助理事会
	华中校友会

续表

机构类别	机构名称	机构类别	机构名称
宗教团体	南安善堂医药中心	社区/民间团体	摩绵家庭教育服务中心
	双林寺		摩绵民众联络所
	香港宝莲禅寺		新加坡圣约翰救伤队
	新加坡慈忠会		Lions Befrienders
	新加坡佛教施诊所		Singapore Indian Development Association
	新加坡佛学院		YAYASAN MENDAKI
	新加坡伊斯兰教传道师协会（Jamiyah）		
	新加坡菩提学院		
	新加坡天主教福利会		
	众弘医药中心		
	中华善堂蓝十救济总会		

资料来源：《同德善堂念心社 2000～2001 年常年社员大会记录》；《本社五十年文献》，《同德善堂念心社金禧纪念特刊（1949～1999）》，第 235～254 页；《同德善堂致董事、社友、善信历年通告》（2006～2016 年）。

除了慈善活动，同德善堂也对文化教育与国家建设慷慨资助，曾资助南洋大学，捐献国防基金、国家剧场基金以及日据时期蒙难人民纪念碑基金，赞助社区参加国庆日花车游行庆典等。因对社会公益与国家建设多有贡献，同德善堂曾于 1964 年获当时的元首尤索夫·宾·依萨（Yusof Bin Ishak）颁赐奖状，时任主席陈辑铭亲往元首府接受颁奖。①

作为潮人善堂，同德善堂在推动潮州戏曲文化方面也起了重要作用。1965～1980 年，同德善堂每年都邀请新荣和兴剧团到堂演出，吸引了不少观众，其中不仅有到善堂上香的善信，还有居住在周围的居民，更有路过的人士驻足观赏。无论是白天还是夜晚的演出，戏台下都挤得水泄不通。② 潮剧演出不仅成了当时善堂主要的酬神节目，也具有推动本地潮州戏剧发展的积极意义。

① 《社务概况》，《同德善堂念心社四十年简介（1949～1989）》，第 11 页。

② 刘玲珠：《从口述历史看七十年代新加坡善堂的潮剧——以同德善堂为例》，新加坡国立大学中文系课程作业，2004 年 11 月 5 日。

五 附属慈善机构数量多，福利设施趋于现代化

随着堂务的发展，同德善堂的章程也经过多次修订，以期与时俱进，为现代社会提供更确切需要、更实际的福利服务。善堂现行章程开宗明义，列出其宗旨为：

> 在社会上弘扬释迦佛祖及诸佛神圣的美德和功绩，做善事，促进堂员之间的良好关系，给予穷人救济，给予病人免费医治和药物，给予施棺赠葬，提供免费茶水及开展各项慈善工作。①

为了秉持上述宗旨，章程还规定善堂可以设立“同德基金会”，“为医疗的研究与教学提供或捐献基金，为火灾、水灾、饥荒、战争、瘟疫或任何其他灾祸的受害者提供医疗和科学设备及各种服务”，“建设和管理任何医院、疗养院、老人院、孤儿院、托儿所”，“协助和捐款给任何教育、文化和宗教组织”。② 就是在上述理念的推动和章程准则的指引下，同德善堂历届董事会循序渐进地展开了一项又一项的慈善计划，使今日的同德善堂建立起多所不同性质的附属慈善机构，为不同种族、不同宗教信仰的群众提供广泛多元和现代化的福利服务。

因此，跨入 20 世纪 90 年代，同德善堂的慈善事业日渐转型。董事会成功开展了以下几项较大的项目。

首先是筹建安老院。早在 1989 年，同德善堂前主席郑春发就有创办一所老人院的计划，其宗旨在于不分种族与宗教，照顾贫病无依的老人。③ 1992 年 7 月，善堂的申请获卫生部正式批准，并获分配芽笼东二道（Geylang East Avenue 2）一地段，供兴建养老院之用。1993 年，善堂耗资约 1000 万元，启动建设工程，1997 年，同德安老院竣工，开始接受不同宗教信仰的各族男女乐龄人士居住。安老院具备齐全的现代化设施，可

① 《同德善堂念心社章程》，第三章“宗旨”，第 1 页。

② 《同德善堂念心社章程》，第三章“宗旨”，第 1～2 页。

③ 《耗资 1000 万元兴建，可容纳 200 名老人，同德安老院投入服务》，《联合早报》1998 年 8 月 9 日。

容纳近200名乐龄人士，除了老人们住的房间外，还设有中西医务所、加护病房，配有基本医疗设备和救护车，以应不时之需。此外，还有健身室、卡拉OK音乐厅、餐厅、会议室、花圃假山、菜园等。① 安老院也照顾到老人们的宗教信仰需求，在礼堂供奉三位镇堂师尊，以供信仰佛教和道教的老人膜拜，住院老人逝世后如没有亲属领回遗体，该院将根据逝者的宗教信仰为他们办理后事，骨灰也按照不同宗教信仰，安奉在地下层的骨灰厅。②

同德安老院还陆续推出各种社区服务计划，对社区内其他乐龄人士或其他老人院的老人予以照顾。例如由专业医护人员为乐龄人士提供全面的护理服务（见表3-19）。善堂也设立同德社区家庭服务中心，专门提供三餐给单身或行动不便的乐龄人士，为他们洗涤衣服或接送他们到医院做体检等。此外，多年来，在各大庆典上，善堂都会设宴席招待多家老人院的乐龄人士，并分发红包给每位老人，也捐赠慈善金给各老人院。③

其次，董事会于1996年将原设在功德堂前厅之中医药赠医施诊部迁至惹兰拉惹101座组屋底层，扩充成为中医药施诊所，同时也在该处增设一座西医药施诊所，以便更好地为病患提供赠医施药的服务。④

再次，同德善堂前主席郑春发于1996年以该社名义，捐赠10万元给摩棉公民咨询委员会创办“家庭教育服务中心”。该中心的宗旨乃为各年龄层居民提供日常生活上的协助。⑤ 1999年，同德善堂又捐献7万元建设摩棉社区儿童图书馆，使该社区的设施更加完善。⑥

同德善堂的另一善举是在2000年于兀兰81街（Woodland Street 81）

① 郑佩莲：《社务概况》《1990~1999十年发展各项创举》，《同德善堂念心社金禧纪念特刊（1949~1999）》，第30~31、181页。

② 《耗资1000万元兴建，可容纳200名老人，同德安老院投入服务》，《联合早报》1998年8月9日。

③ *Care for the Aged and Providing Welfare, Education, Financial Aid and Free Medical Service for All* (Tong Teck Sian Tong Lian Sin Sia, December, 2016).

④ 郑佩莲：《1990~1999十年发展各项创举》《本社五十年文献》，《同德善堂念心社金禧纪念特刊（1949~1999）》，第203、243页。

⑤ 郑佩莲：《1990~1999十年发展各项创举》《本社五十年文献》，《同德善堂念心社金禧纪念特刊（1949~1999）》，第201页；《摩绵教育关怀中心将成居民活动新焦点》，《联合早报》1996年9月4日。

⑥ 郑佩莲：《社务概况》，《同德善堂念心社金禧纪念特刊（1949~1999）》，第31页。

825座组屋设立同德善堂念心社全国肾脏基金会洗肾中心及肾健资讯中心。这也是该社前主席郑春发生前倡导的一项计划。他逝世后，其儿女秉承其遗愿，捐资180万元建成洗肾中心，这是在新加坡北部兴建的第一家洗肾暨肾健资讯中心，使居住在北部数以千计的肾脏病患者及家人受惠。中心设备先进，配备最先进的洗肾机，拥有训练有素的医护人员。自2000年起，中心就与国际洗肾护疗领域顶尖学府——英国哈特福德郡大学（University of Hertfordshire）合作，为护士提供高素质的专业教育和学位课程。洗肾所需费用高昂，但获得中心津贴的病人，每月最多只需支付50元，大大减轻了这些病人的负担，也为他们带来重获新生的希望。① 除此之外，同德善堂还于2005年捐资150万元，赞助全国肾脏基金会设立癌症检测及关怀中心，该中心主要为癌症病患家属提供护疗训练及心理辅导，让他们能更好地照料病患。②

表3-19 同德善堂念心社主办/赞助之慈善机构与社区服务一览

机构/服务名称	地址
同德安老院	91, Geylang East Ave 2, Singapore 389759
同德乐龄日间托老护理中心 (Tong Teck Day Rehabilitation Centre)	91, Geylang East Ave 2, Singapore 389759
紧急短期暂住护理 (Emergency Respite Care)	91, Geylang East Ave 2, Singapore 389759
同德家庭医药/住所医药护理 (Thong Teck Home Medical/ Domiciliary Care)	91, Geylang East Ave 2, Singapore 389759
同德家庭登门援助服务 (Thong Teck Home Help Service)	91, Geylang East Ave 2, Singapore 389759
同德家庭护理 (Thong Teck Home Nursing)	91, Geylang East Ave 2, Singapore 389759
同德乐龄痴呆中心 (Thong Teck Dementia Day Care)	91, Geylang East Ave 2, Singapore 389759

① 《同德善堂念心社——NKF洗肾中心暨肾健资讯中心进展报告》，新加坡：同德善堂念心社，2003；《完成前主席遗愿同德善堂念心社开设兀兰洗肾中心月底运作》，《联合早报》1999年1月14日；《北部肾脏病人就医更方便》，《联合早报》2000年1月24日。

② 《同德善堂捐150万元设立癌症检测及关怀中心》，《联合早报》2005年6月5日。

续表

机构/服务名称	地址
同德物理治疗中心 (Thong TeckDay Rehabilitation Centre)	91, Geylang East Ave 2, Singapore 389759
同德社区家庭服务中心 (Thong Teck Community Family Service Centre)	91, Geylang East Ave 2, Singapore 389759
同德善堂念心社中医药施诊所 (Thong Teck Free Chinese Medical Clinic)	Blk 101, #01 - 08 Jalan Rajah, Singapore 321101
同德善堂念心社西医药施诊所 (Thong Teck Free Western Medical Clinic)	Blk 101, #01 - 08 Jalan Rajah, Singapore 321101
同德善堂念心社—全国肾脏基金会洗肾中心暨肾健资讯中心 (Thong Teck Sian Tong Lian Sin Sia-NKF Dialysis and Kidney Resource Centre)	Blk 825, # 01 - 30 Woodlands Street 81, Singapore 730825
同德善堂念心社赞助摩棉家庭教育服务中心 (Moulmein Educare Centre)	Blk 85, Whampoa Drive, Singapore 320085
同德善堂念心社赞助摩棉社区儿童图书棺 (Moulmein Community Library)	Blk 52, Kent Road, Singapore 210052

资料来源：同德善堂安老院宣传单（印发日期不详）；*Care for the Aged and Providing Welfare, Education, Financial Aid and Free Medical Service for All*；郑佩莲：《社务概况》，《同德善堂念心社金禧纪念特刊（1949～1999）》，第31页。此表经同德善堂念心社修订。

“同心济世，德泽施人”是同德善堂念心社的标语，也是该善堂的愿景。综上，自1950年成立至今，历届董事会除了保持潮人善堂传统的宗教仪式和救贫恤难的救济工作，还致力开拓各种慈善活动，建立了许多符合现代社会需求的慈善机构，以提供各种适时和实际的服务，在新加坡现代社会福利系统中扮演重要的角色。目前，同德善堂每年捐献的各种善款，金额高达560万元，所属慈善机构与福利服务每年的营运预算也超过500万元。① 这样庞大的慈善事业开支，并不是一般民间慈善组织所能担负的。该堂对新加坡社会福利的发展做出的贡献有目共睹，而它在致力于推动慈善事业向现代化转型方面，也可谓是潮人善堂的先行者，足以为其他善堂所效仿。

① *Care for the Aged and Providing Welfare, Education, Financial Aid and Free Medical Service for All.*

第七节　联合宫里的善堂：报德善堂

拥有近 200 名会员的报德善堂，是目前设堂于联合宫[①]庙内的一所潮人善堂。它虽然不时面对迁徙堂址、重建堂所的问题，目前还须和其他宗教组织共用庙宇，但在推展慈善工作方面却不落人后，并很好地融入所在社区的福利与公益活动，和居民有密切且良好的互动。

一　祖师国外乩谕定堂名

20 世纪 50 年代末，由 17 名住在合春园（今大巴窑社区）一带的老邻里发起成立报德善堂（见表 3－20），[②] 自成立后长期致力于社会慈善事业，至今已有 60 多年的历史。潮人善堂中由神明降鸾乩谕创立的时有所闻，由祖师乩示堂名的也有先例，但由神明在外国降鸾乩示堂名的则少有，而报德善堂的名称就是在邻国马来西亚马六甲州的一所庙宇里由神明降鸾确定的。当年，“宋大峰祖师降鸾马六甲修德善堂，乩示堂名为‘报德善堂’。己亥年（1959）八月廿八日恭奉宋大峰祖师金身晋庙升殿，由马六甲修德善堂乩生黄瑞祥先生开点灵光”。[③] 经过一番筹备，并广泛征募堂员，发起人遂向社团注册局申请注册，于 1961 年 11 月获得批准，正式成立为合法社团。[④] 有趣的是，就在同一年，在当地人士的倡议下，报德善堂回到离马六甲州不远的麻坡设立了它的分堂，为当地民众提供各种慈善服务，自此，在新、马两地建立了密切的神缘。[⑤]

---

① 所谓联合宫是指由一个以上的宗教组织联合向政府租赁土地，建立并共同使用的庙宇。目前除了报德善堂外，尚有众弘善堂设在另一所联合宫内。

② 《报德善堂》，刘英才、黄朝隆主编《中华善堂蓝十救济总会庆祝成立七十一周年纪念暨蓝十彩虹疗养院十一周年纪念特刊》，第 71 页。

③ 《报德善堂》，刘英才、黄朝隆主编《中华善堂蓝十救济总会庆祝成立七十一周年纪念暨蓝十彩虹疗养院十一周年纪念特刊》，第 71 页。

④ 《报德善堂扩建堂址》，《南洋商报》1962 年 5 月 11 日。

⑤ 《报德善堂》，刘英才、黄朝隆主编《中华善堂蓝十救济总会庆祝成立七十一周年纪念暨蓝十彩虹疗养院十一周年纪念特刊》，第 71 页。

表 3－20　报德善堂发起人名录

报德善堂发起人	黄亚三、钟良发、陈有财、陈潘仔、潘源耀、洪雄桂、吴勤泉、李乾有、林春元、高亚亮、林添寿、林猪仔、郭学坐、陈友轩、蔡坤和、钟亚尾、薛春隆

资料来源：报德善堂提供，2017 年 10 月 16 日。

二　短期内两度兴建新堂

报德善堂创堂原址位于布莱德路（Braddell Road）108 号的一间亚答屋里。由于创堂后堂务蒸蒸日上，原有的堂所很快就不敷使用，加以堂址受政府建路之影响，董事会因此计划重建扩充，并增设供奉先人的神主龛座，以满足需求，于是成立小组委员会负责扩建事宜。① 重建堂所的工程始于 1962 年，到 1965 年竣工，并于该年 9 月由时任中华善堂蓝十救济总会主席庄卓岩主持开幕。重修后的报德善堂，建筑主体已改为锌板屋，前厅立大峰祖师殿，后座设功德堂，供堂友奉祀先祖亡亲神位。②

但始料不及的是，重建后的新堂投入使用只有短短十数年的时间，就因为堂址地段被政府征用修建新学校而面临再次搬迁的问题。经多次商讨，善堂接受政府的安排，迁址到后港罗弄老君（今 Hougang Avenue 5）一块 30 年地契的土地，加上原来建在旧址附近地段的水尾圣娘庙、长天宫与钟头宫三家庙宇，建立一所联合宫庙，称为天德圣庙。建堂所需款项甚巨，善堂的数位名誉主席、董事和堂员善信慷慨捐赠，使建堂工作得以顺利进行。③ 联合宫在 1983 年 6 月下旬举行动土仪式，仅一年多的时间就竣工。报德善堂虽在 1984 年 9 月上旬就举办各种晋庙的宗教仪式，如恭奉宋大峰祖师及各神明金身升殿、神主禄位晋龛仪式等，并将办公室迁至新堂，④ 但等到 1985 年 10 月 12 日庆祝大峰祖师晋庙 26 周年才

① 《报德善堂扩建堂址》，《南洋商报》1962 年 5 月 11 日。

② 《报德善堂》，刘英才、黄朝隆主编《中华善堂蓝十救济总会庆祝成立七十一周年纪念暨蓝十彩虹疗养院十一周年纪念特刊》，第 71 页。

③ 《报德善堂》，刘英才、黄朝隆主编《中华善堂蓝十救济总会庆祝成立七十一周年纪念暨蓝十彩虹疗养院十一周年纪念特刊》，第 71 页。

④ 《天德圣庙通告》，《联合早报》1983 年 6 月 21 日；《报德善堂晋庙通告》，《联合晚报》1984 年 9 月 10 日、《联合早报》1984 年 9 月 11 日。

同时举行新堂落成典礼，由当时的名誉主席陈中明主持开幕。当天晚上，善堂设素筵100多席，宴谢各界人士和堂员善信，盛况空前。时任该堂主席张树宽在宴会上致辞时，感慨万千地指出：报德善堂在建堂后不久就连续经历两次重建，但善堂对于慈善工作仍不遗余力，新堂今已建妥，大业告成，堂务安定，董事们今后可以更加集中精力推展慈善工作。①

事实上，报德善堂并没有一劳永逸地解决堂所的迁徙问题。目前报德善堂所在的联合宫地契原已在2011年到期，但经建屋发展局批准，得以延续至2022年。善堂董事会一方面将再向政府有关当局申请延长地契，同时未雨绸缪，积极筹募基金，物色新地点，再次策划建立新堂所。② 据报纸的报道，建屋发展局已经允许联合宫土地契约在2022年期满后再更新，把土地使用权延长15年。报德善堂现任主席许俊森表示，善堂眼下需要筹募约50万元来延长土地契约，另外需要10万元展开装修工程，包括增建能容纳900个新神主牌的功德龛和300个骨灰瓮的功德塔。③ 但诚如张树宽当年所说的，尽管面临栖身之所的困扰，董事会仍然不遗余力地推展各项慈善活动，并坚持举办各种传统宗教仪式。

报德善堂目前有百多名堂员和800多名准堂员。凡是在报德堂内安奉祖先牌位者，都是准堂员。④ 报德善堂设有经乐股，经生队伍中有年届60岁的资深经生，也不乏20余岁的年轻经生，且经生除本堂堂员子女外，还有外雇人士。善堂现今还有两名非潮籍的年轻经生，他们是担任经乐股副主任的黄亮文（35岁，海南人）和执行秘书朱国文（45岁，广东人），他们的母亲都是潮州人。⑤ 经乐股负责主持各种宗教仪式，包括庆祝祖师圣寿及晋庙周年纪念启建清供祈福仪式、功德堂的常年春祭及秋祭祭典暨新神主升龛仪式、附荐法会等。他们也为堂员和善信提供礼佛、为亡灵做功德的服务，农历七月，也会受邀在本地一些盂兰盛会上设坛举

① 《报德善堂新堂开幕》，《联合早报》1985年11月11日。
② 问卷调查资料，报德善堂主席黄永和、总务王睦栋提供，2017年8月10日。
③ 谢燕燕：《目标60万报德善堂筹款延地契扩建功德塔》，《联合早报》2021年11月15日。
④ 谢燕燕：《目标60万报德善堂筹款延地契扩建功德塔》，《联合早报》2021年11月15日。
⑤ 谢燕燕：《目标60万报德善堂筹款延地契扩建功德塔》，《联合早报》2021年11月15日。

行建供法会。此外，经乐股还不时到麻坡分堂协助该堂举办较大型的超度仪式。①

三　致力于社区福利公益

虽然报德善堂在建堂初期就经历了堂所重建、搬迁的困扰，却没有影响该堂实践创立宗旨。因为秉承大峰祖师慈悲为怀的精神和抚生恤难的圣训，施医赠药和施棺赠葬一直是各善堂重要的传统善举，报德善堂也不例外。20 世纪 60 年代以后，政府在善堂所在的大巴窑一带兴建新组屋区，使当地人口骤增。报德善堂为照顾该区贫病居民，于 1967 年特设西医施诊所，施医赠药。施诊所于 7 月 2 日正式开幕，并且聘请圣安多尼医院（St. Anthony's Hospital）的医生于每周二及周四两天在该堂为附近贫病居民诊病。② 善堂的西医义诊服务一直维持到善堂搬迁至后港区兴建的联合宫才告结束。至于施棺赠葬，报德善堂至今仍然为不同种族和宗教的贫苦居民提供这项慈善服务。③ 该堂自 2015 年开始还扩大这项服务，不仅为贫困孤苦老人施送棺木，同时提供全套后事料理服务，无论是火化、安置骨灰还是海葬等，全部免费。④

迁至后港区后的报德善堂同样关注该区的弱势群体，尤其是区内的乐龄人士。每年善堂庆祝宋大峰祖师圣寿及晋庙周年纪念，都会邀请彩虹疗养院的患者及后港区、杨厝港区的各族乐龄人士参加庆典，共享素宴，并赠送红包及米粮礼食福品；在庆典上，善堂也颁发奖学金给经乐人员子女。⑤ 善堂目前有 20 余名来自各阶层、不同年龄层和不同籍贯的义工，他们不定期走访老人院，例如，2016 年 9 月，报德善堂董事与义工便到仁慈疗养院拜访住院乐龄人士，还赠送日常用品礼包。⑥ 从 2013 年 3 月

① 问卷调查资料，报德善堂主席黄永和、总务王睦栋提供，2017 年 8 月 10 日；《报德善堂常年堂员大会记录》（2004 ~ 2016 年）。

② 《报德善堂施诊所订今日开幕》，《南洋商报》1967 年 7 月 1 日。

③ 《报德善堂第 37 届（2016 年度）常年堂员大会记录》，2016 年 1 月 27 日。

④ 陈坤纲：《报德善堂庆晋庙 57 周年，宴请各族贫老分发红包》，《联合早报》2016 年 9 月 16 日。

⑤ 《报德善堂常年堂员大会记录》（2005 ~ 2016 年）。

⑥ 问卷调查资料，报德善堂主席黄永和、总务王睦栋提供，2017 年 8 月 10 日；陈坤纲：《报德善堂庆晋庙 57 周年，宴请各族贫老分发红包》，《联合早报》2016 年 9 月 16 日。

至今，报德善堂每星期日早上都会提供免费潮州粥给乐龄人士享用。此外，报德善堂也捐款给社区基层组织筹办宴会和合办各种活动，例如每年的国庆、新春团拜、中秋佳节等节日活动，与社区老少共同庆祝，欢聚一堂。善堂也响应政府的号召，协助社区民众俱乐部举行防恐演习，加强居民的防恐意识。①

四　支持蓝十与友堂活动

报德善堂成立后，随即加入中华善堂蓝十救济总会。作为蓝十总会的成员之一，报德善堂对于蓝十总会所举办的慈善活动十分支持。例如，1998 年 1 月，报德善堂就参与了蓝十总会为 1997 年 12 月 19 日胜安 MI－185 班机空难的 104 位亡灵举行的“七七”追荐法会。2005 年，南亚各地遭受海啸袭击，生命财产损失惨重，在蓝十总会的统筹下，报德善堂与蓝十其他 9 所会员善堂各捐赠 3000 元给受海啸袭击的国家，为协助救灾及安抚灾民做出了重要贡献。

对于其他善堂和慈善团体的活动，报德善堂同样给予支持。多年来，报德善堂每年都会为众弘善堂医药中心、南凤善堂医药中心及南安善堂医药中心各捐赠 500 元。② 2004 年报德善堂也拨款 5000 元捐献五个团体，分别为广惠肇医院、中华医院、南凤善堂医药中心、彩虹疗养院及蓝十总会。其中广惠肇医院和中华医院皆不属蓝十总会会员，但也获得报德善堂的大力支持。③ 2009 年，蓝十总会筹募南凤善堂建堂基金，报德善堂慷慨捐赠 2000 元。④

报德善堂与马来西亚麻坡分堂有密切的互动和交流。每年麻坡分堂举行堂庆或庆祝宋大峰祖师圣寿，以及举办大型宗教仪式，新加坡报德善堂都会派经乐部人员协助，董事会也会组团前往庆贺。2005 年，麻坡分堂成立“报德之光”（慈善基金会），报德善堂乐捐马币 6000 元以示支

① 《报德善堂常年堂员大会记录》（2004～2016 年）；问卷调查资料，报德善堂主席黄永和、总务王睦栋提供，2017 年 8 月 10 日。

② 《报德善堂常年堂员大会记录》（2008～2016 年）。

③ 《报德善堂常年堂员大会记录》，2005 年。

④ 《报德善堂常年堂员大会记录》，2010 年。

持。[①] 报德善堂也和中国潮阳的报德古堂保持良好的关系，2005 年报德古堂访问新加坡各善堂，邀请各善堂前往潮阳参加祖师金身晋升新殿开光典礼，报德善堂也献贺 3000 元人民币。[②]

报德善堂现存的档案资料并不多，然综观其创立与发展历程，善堂规模虽相对较小，慈善活动的种类也较集中，但它却体现出一种实实在在的以人为本的精神；善堂以照顾社区民众为出发点，将慈善事业落实到日常生活中，踏踏实实地为有需要的居民服务，为社会福利贡献自己的力量。

第八节　由“山顶善堂”蜕变的公益机构：南凤善堂

现址位于义顺环路（Yishun Ring Road）475 号的南凤善堂是较晚加入中华善堂蓝十救济总会的成员。它在蓝十总会成立约 10 年后，才于 1968 年经由报德善堂介绍，申请加入，并于翌年 1 月正式获准成为会员善堂。[③] 此后，在总会的支持和其他会员善堂的协助下，素来被称为“山顶善堂”的南凤善堂致力于扩大其服务范围，[④] 从最初成立时的小规模，只为堂员善信提供服务的互助会，逐步拓展慈善活动，并开始走入社区，建立起一所为各族人士提供多元化福利、组织完善的公益机构。

① 《报德善堂常年堂员大会记录》，2004 年、2006 年。

② 《报德善堂第 32 届（2006 年度）常年堂员大会记录》，2006 年。

③ 据《星洲日报》新闻报道，南凤善堂于 1968 年加入中华善堂蓝十救济总会，但总会董事会会议记录却为 1969 年。笔者推测，南凤善堂或于 1968 年提出申请加入总会，在翌年初的总会董事会会议上才正式被批准。《南凤善堂义顺镇新堂 11 日由蔡金钟主持奠基》，《星洲日报》1983 年 1 月 10 日；中华善堂蓝十救济总会 1969 年议案，中华善堂蓝十救济总会议案簿。

④ 《主席发刊词》，《南凤善堂庆祝五十五周年纪念暨新堂落成双庆特刊》，新加坡：南凤善堂，2015，首页。

一　乩童示神谕，建善堂供奉祖师

南风善堂的成立，有个传奇的故事。据说“大约在1950年代，新加坡三巴旺（Sembawang）成邦园善财爷庙南风寺乩童出乩，说有必要在此组织善堂奉行宋大峰祖师爷遗训做善事。于是一群热心人士开始筹备组织善堂一事”。[①] 由是，乩童林壁星等善堂发起人在众多善信的响应和支持下，在南风寺左侧搭建了一间简陋的办事处，并在1958年到南安善堂奉请宋大峰祖师香火回来供奉，以“南风”为善堂命名，以“奉扬宋大峰祖师遗训，广行善事，办理教育互助、施济等慈善公益事业为宗旨”。[②] 南风善堂于1961年11月10日获社团注册局批准为新加坡社团，[③] 旋即推选信托委员和执行委员（见表3－21），正式成立后仅半年时间，堂员人数已逾200人，其所获得之支持与响应之热烈，可见一斑。[④]

表3－21　1962年南风善堂产业信托人及执行委员

职务	姓名
产业信托人	萧志立、林壁星、陈亚严、王炎荣
查账	潘逸峰
副查账	黄贤泉
执行委员	萧志立、刘有藩、杨瑞标、彭泽耀、佘胜丰、李华禹、陈逢桔、陈亚明、陈钦敏、王春盛、杨顺、吴敦南、谢朝炎、陈亚严、李英才、王顺发、陈国强、周潮松、蔡俊波、林初有、苏文勤、洪国英、辜潮存、佘裕丰、蔡居源、陈桂清、陈妹昌、郑水兴、林壁星、夏春丰

资料来源：《社团活动汇志》，《南洋商报》1961年12月25日。

南风善堂成立之初，只有一间亚答屋，地处“山顶”，即偏远乡村，道路狭窄，车辆通行不便。而当时善堂堂员除了来自附近的村民外，还遍布新加坡各个角落。每当为堂员们举办功德佛事，许多较大的道具都需要人来扛。所以，早在1963年第二届董事会就职后就决议建立新堂所，改

① 《南风福利协会属下南风善堂医药中心十周年特刊》，新加坡：南风善堂，2011，第18页。

② 《南风善堂章程》，第二章“宗旨”，1961。

③ 《南风善堂庆祝五十五周年纪念暨新堂落成双庆特刊》，第28页。

④ 《南风善堂庆祝创立纪念》，《南洋商报》1962年5月9日。

善设施，还推选出筹备建堂小组委员会，由陈光耀、吴敦南等负责进行筹募、购地和兴建庙宇的工作。1968 年，新堂宇竣工，由善堂顾问、三巴旺区国会议员张永祥主持开幕仪式。① 直至 70 年代末，受政府征用土地影响，南凤善堂的堂所须拆除以供国家使用。在建屋发展局的安排下，1980 年，南凤善堂和另两座位于三巴旺地区的神庙，即成邦大伯宫庙及何碧山宫，共同租用政府于义顺环路所拨出的一块近 1500 平方米的土地，兴建联合宫庙，地契租约为 30 年。新堂宇于 1984 年落成，并于该年 11 月 21 日由名誉主席蔡金钟主持揭幕仪式。②

30 年的联合宫租契在 2014 年期满。善堂董事会成功争取到建屋发展局同意延续地契租约至 2040 年。董事会同时提呈重建新堂计划，同样获得政府的批准。2013 年，南凤善堂重建工程如火如荼地展开，至 2015 年新堂竣工，该年 12 月 9 日举行开光仪式后，新堂所正式启用。在重建工程期间，南凤善堂只能租用由义安公司管理的潮州公墓的场地作为临时办公室和活动场所。③

二　经堂部与宗教仪式

几乎每一所潮人善堂都设有经堂部或经生部这个职能部门，其基本目的在于为堂员和其他善信提供做功德服务和主持善堂所举行的其他宗教仪式，同时负责经生训练事务，南凤善堂也不例外。它较先向政府申请注册的“南凤善堂互助会”，主要就是为了“办理会员及福荫人之丧吊，促进互助互惠”，④ 也即是当堂员家中有丧事时，可为他们提供礼佛事务。故 1961 年善堂正式成立时已设有经堂部，当初筹组该部的主要成员有陈钦敏、谢朝炎、佘胜丰、苏文勤、洪亿辉、郑水兴、吴协炎等人，并先后聘请了多位著名的经乐导师传授经籍典箴，指导经乐、鼓乐（见

① 《南凤善堂筹建堂宇》，《南洋商报》1963 年 3 月 13 日；《南凤善堂庆祝八周年新堂宇建竣开幕张永祥议员主持仪式》，《南洋商报》1968 年 12 月 19 日。

② 《南凤善堂重建新堂落成暨宋大峰祖师圣诞、成立 24 周年纪念特刊》，《联合早报》1984 年 11 月 21 日。

③ 《南凤善堂庆祝五十五周年纪念暨新堂落成双庆特刊》，第 30 页。

④ 《南凤善堂互助会章程》，第三章“宗旨”，1961。

表3－22）。[①] 目前，南风善堂的经乐部有30余名经生，皆为善堂堂员或堂员子女，其中年轻人占60%。[②] 从其年龄层来看，经生部似乎不存在青黄不接的问题。

表3－22　南风善堂经乐部历任导师

经文指导	林俊锐
全职义务导师	周潮松、陈杨德、陈景星、张树榜、杨奕光
鼓乐	李福炎、谢映鑫、许庆源
弦乐	王吴孟、张海胜、黄汉松

资料来源：《南风善堂庆祝五十五周年纪念暨新堂落成双庆特刊》，第31页。

南风善堂于2015年杪在重建的新堂为所供奉的神明举行开光仪式。古色古香、庄严肃穆的新堂主殿正中供奉大峰祖师，其左右两侧分别供奉观音菩萨和地藏王菩萨。主殿主要作供佛、敬佛和拜佛之用。主殿之左堂则辟为缅怀堂，内有安奉先人神主牌和骨灰瓮的弥陀金殿及可供丧家寄灵的涅槃厅。供奉阿弥陀佛的弥陀金殿，意喻“先人往生即可踏上金砖铺路，喜得弥陀接引”，涅槃厅也挂有一幅高达2米、由中国著名艺术家林洪荣所绘制的“弥陀接引图”和24个置有供灯的供灵柜。[③]

除了为丧家提供做功德、礼佛服务外，善堂每逢清明节、中元节和农历十月宋大峰祖师圣诞期间举行建供法会，也定期在安放神主牌和骨灰瓮的缅怀堂举行春、冬二祭，善堂董事穿上传统的长袍马褂带领神主家属祭拜祖先。至于在涅槃厅的“寄灵”，在逝后的49天或百日魂魄被焚化之前，善堂会每日祭祀，并提供经师诵经超度的服务。[④] 南风善堂所举行的宗教仪式还有“取香茶水”等。2007～2009年连续三年，南风善堂应义顺社区的居民和商家之邀，为坐落于义顺环路的新加坡潮州公墓举办大型的清明济幽法会，超度安置于公墓中的2万余副无人认领的遗骸亡灵，并

① 《南风善堂庆祝五十五周年纪念暨新堂落成双庆特刊》，第31页。

② 问卷调查资料，南风善堂座办蔡棣行提供，2017年5月25日。

③ 《南风善堂庆祝五十五周年纪念暨新堂落成双庆特刊》，第30、57～60页。

④ 《南风善堂庆祝五十五周年纪念暨新堂落成双庆特刊》，第30、57～60页。

号召善心人士布施粮食救助社区内的穷苦人士。[①] 2014 年，经堂部还在祖师圣诞庆典上举行了点光明灯的仪式，以祈求合境平安。

三 从互助会到公益机构——南凤善堂的蜕变

南凤善堂在向社团注册局申请注册为社团之前，已经获准成立“南凤善堂互助会”。南凤善堂正式成立后，逐步扩大了原有互助会只为堂员提供宗教仪式的服务范围，使慈善活动更为多样化。2001 年 5 月 16 日，南凤善堂创立医药中心，旨在为病黎者提供义诊服务。为了更有效地管理和开展更多元的慈善活动，同时向社会人士筹集善款，南凤善堂又在 2007 年成立“南凤福利协会”，2009 年注册成为慈善机构，并在 2010 年 1 月获得公益机构（Institute of Public Character，IPC）的法定地位，随后被选为国家福利理事会（National Council of Social Services，NCSS）成员。[②] 南凤福利协会致力于“不分种族、语言及宗教，帮助人民，救济贫苦”，以“奉行宋大峰祖师遗训，广行善事，包括提供免费医疗及药品、施棺赠葬、资助慈善服务及推行教育；促进友谊及社区凝聚力”为宗旨。据其章程所规定，福利协会设有一个两年一任的独立管理委员会，由 11 名委员组成，其中 6 名可由南凤善堂委任。[③]

南凤福利协会成立后，南凤善堂医药中心归入其下。医药中心也以“不分种族、语言及宗教，为经济困难的家庭和个人提供免费和高质量的中医治疗服务”为己任。[④] 虽然创立的时间比较晚，但其多年来致力于改善与扩充，所提供的中医医疗服务已经超过一般的内科问诊，包括中医妇科、针灸、拔罐等。病人到诊所求诊只需付 2 元的登记费，此费用也包括医师咨询、治疗和药物。到中心来求诊的病人逐年增加，截至 2017 年，医药中

---

① 《南凤善堂首度为潮州公墓济幽超渡 2 万无主先贤施粮救助穷苦人士》，《联合晚报》2007 年 3 月 21 日。济幽法会即救济幽灵，启建道场，为往生后无人超度的灵魂诵经，普施甘露，启瑜伽焰口科仪，超度亡灵早登极乐世界。

② “Application for Institutions of a Public Character（IPC）Status-General Fund Registration no：T07SS0086D”，Official Letter from Ministry of Health，Singapore，4 - 12 - 2009；《南凤福利协会属下南凤善堂医药中心十周年特刊》，第 2 页。

③ 《南凤福利协会章程》，“宗旨”，2008，第 11、12 页。由于福利协会工作繁重，管委会议决增添 17 名委员，而众弘善堂目前也只委任了 5 名理事加入管委会。

④ 《南凤福利协会属下南凤善堂医药中心十周年特刊》，第 46 页。

心已经为超过50万名病人提供免费中医医疗服务，平均每年就诊人次约4万（见表3－23），其中65%的病人是超过50岁的年长者，70%的病人住在三房式以下或租赁组屋，他们包括风湿、麻痹症、中风后遗症、扭伤、哮喘、咳嗽以及伤风感冒等病患。现今，除了设在义顺环路的总部诊所外，医药中心也联合兀兰居民咨询委员会在兀兰83街（Woodlands Street 83）设立诊所，并成立联合管理委员会和聘请专职管理人员，以确保为居民提供更专业和更高效率的医疗服务。[①] 医药中心也致力于社区健康教育工作，常年举办健康讲座，免费开放给公众人士，目的在于为他们讲授关于预防各种疾病、中医药治疗和养生等方面的知识，以引起公众对健康问题的关注。[②] 据悉，南凤福利协会将在医药中心附近场地兴建一所“乐龄保健养生中心”，为年长者提供养生保健服务，加强养生保健的意识。中心以中医保健和食疗为主，教导老人如何养生保健，并提供康复理疗，如推拿、按摩、药浸等，同时举办一些有益健康的活动，如打太极、练气功等，并和医药中心配合，让需要长期治疗的病人到养生保健中心接受康复理疗。值得一提的是，福利协会曾积极参与南洋理工大学主导的中医推拿机器人研发计划，作为研发计划的合作伙伴，中心为本地中医医疗器材的研发贡献了一分力量。[③]

表3－23 2009～2016年南凤福利协会医药中心年度诊病人数

单位：人次

年份	人数
2009	33000
2010	35555
2011	36656
2012	40499
2013	38863
2014	37657
2015	42330
2016	43350

资料来源：《南凤福利协会2016年常年报告书》，南凤善堂供给。

① 《南凤福利协会十五周年纪念特刊》，新加坡：南凤福利协会，2016，第86～87页。
② 《南凤善堂庆祝五十五周年纪念暨新堂落成双庆特刊》，第49页。
③ 问卷调查资料，南凤善堂座办蔡棣行提供，2017年5月25日。

南风福利协会成立后，积极举办各种慈善活动，并为医疗中心筹集善款。每年中元节的筹款活动和不定时举办的慈善晚宴、售旗日是福利协会筹集资金的重要渠道，① 而规模最大的慈善筹款活动莫过于近年来同共和理工学院和其他社区组织联合举行的常年义跑活动。2009 年，由南风福利协会、共和理工学院和西北社区发展理事会联合举办 5 公里筹款义跑活动，共吸引了 8000 名参与者，包括健跑选手、步行者、义工和普通民众。2010 年的义跑活动则是配合青少年奥运会的举办，路程也延长到 10 公里，从兀兰广场（Woodlands Square）到海军部路（Admiralty Road）。2011 年的义跑活动，路程虽然减到 5 公里，但活动内容更加丰富。义跑活动地点在共和理工学院，该校学生踊跃参加，名牌跑车兰博基尼与法拉利也在出发点启动助势。此外，组织单位还邀请南洋理工大学的拉拉队为参赛者加油打气，共和理工学院的学生也在舞台上呈现了精彩的表演。②

除了义跑活动外，南风福利协会也多次举行慈善高尔夫球赛进行筹款，并常年在球赛当天晚上主办慈善晚宴，每年都有不同的主题。例如 2009 年的晚宴以“上海之夜”为主题，2010 年的晚宴则以“阿哥哥之夜”为主题。③

这些慈善活动为南风福利协会和医疗中心筹募了一笔不小的善款，除了 Brooks，Sportslink 等义跑活动主要赞助商家外，中华善堂蓝十救济总会及下属会员善堂也给予大力支持，不仅积极参与，还捐助慈善基金；④ 当然也有善堂董事、堂员、善信和各界人士捐献的善款。仅 2010 年，南风福利协会就通过各项慈善活动筹得善款共 586070 元。⑤

南风善堂积极创新筹款方式，在 2011 年首次通过雪雕比赛筹募善款。

---

① 《南风福利协会十五周年纪念特刊》，第 79、83～84 页；南风福利协会各年度常年报告书，2015 年、2016 年。

② 《南风福利协会属下南风善堂医药中心十周年特刊》，第 24～25 页。

③ 《南风福利协会属下南风善堂医药中心十周年特刊》，第 26 页。

④ 中华善堂蓝十救济总会 2009 年、2010 年、2011 年议案，中华善堂蓝十救济总会议案簿。

⑤ “Nam Hong Welfare Service Society Statement of Income & Expenditure for the Financial Year Ended 31 December 2010”，《南风福利协会属下南风善堂医药中心十周年特刊》，第 59 页。

由南凤福利协会管理委员会的4名成员组成的队伍在年初抵达中国的哈尔滨市参加比赛，他们必须在三天之内，在－34～－20℃的极端寒冷的气温下，用手提的工具将一块大约6尺见方的天然雪块雕刻成鱼尾狮的雕像。虽然自1991年开始，南凤善堂的堂员曾数次代表新加坡参加在哈尔滨举行的冰雕比赛，并数次赢得亚军，但这一次对他们而言却是极大的挑战，因为其中3名队员从未参加过类似的比赛，也未雕过冰。但为了完成筹款的使命，大家都全力以赴，并未退缩。这个别开生面的慈善筹款活动为南凤福利协会共筹得12万元的善款。①

诚如时任三巴旺集选区国会议员的尚穆根所说，宗教团体主办慈善筹款活动，并不一定要局限在本身的宗教范围内，或是与自己的族群有关的活动；相反，如果能扩大范围，不时创新方式，不但能实现慈善公益方面的目标，还有助于促进不同宗教和不同族群之间的交流与了解。② 上述南凤福利协会所举办的各项筹款活动就是最好的例证。

在筹募善款的同时，南凤福利协会也不遗余力地开展其他慈善活动。每年年终，南凤福利协会都会与其他庙宇和慈善组织联合，分发红包及布施粮食给市区内数百名不同族群、不同宗教信仰的贫困家庭和老人，并设宴招待他们。③ 南凤善堂早在1988年便开始颁发奖学金，但那只限于学习成绩优异的堂员子女。④ 从2014年开始，南凤善堂每年固定拨出1万元作为奖助学金的基金。⑤ 如今，南凤福利协会每年分发两次奖助学金给社区里需要援助的小孩。⑥ 在福利协会所发起的“爱心义工关怀服务”号召下，“南凤爱心义工团”的年轻义工定期到社区里一些孤苦无依的老人家里拜访，为他们分派粮食和生活必需品，不仅为他们提供生活上的援助，也给他们孤寂的心灵带去一丝温情。⑦

① 《南凤福利协会属下南凤善堂医药中心十周年特刊》，第22～23页；《南凤善堂将派队参加哈尔滨冰雕赛》，《联合早报》1991年12月28日；《哈尔滨国际冰雕赛　我队三度夺得亚军》，《联合早报》1994年1月15日。

② 《白亚美黄恩赐等代表我国参加哈尔滨国际冰雕比赛》，《联合早报》1992年1月1日。

③ 《南凤福利协会十五周年纪念特刊》，第75、80～81页。

④ 《南凤善堂颁首届奖学金》，《联合晚报》1988年5月22日。

⑤ 《南凤善堂2014年会员大会议案记录》，南凤善堂提供。

⑥ 《南凤福利协会十五周年纪念特刊》，第76页。

⑦ 《南凤善堂庆祝五十五周年纪念暨新堂落成双庆特刊》，第48页。

自2010年7月开始，南凤福利协会还与其他专门为老人服务的非营利组织合作，推出“南凤社区支援服务”计划。在此计划下，福利协会派出流动式医疗单位到某些社区为住在老人院里的老人和一些行动不便、无法自行寻医的患者提供免费医疗服务，也为老人院里的职员提供免费中医治疗。[①] 此外，也为贫困和独居的老人提供免费的“后事服务”，符合条件的老人都可事先申请，签署同意书后，南凤善堂就会根据当事人的意愿从善处理他们的后事。[②] 截至2016年，到南凤福利协会登记后事服务的老人已有66名。[③]

南凤福利协会推出的各种医疗和福利计划，在一定程度上为缓解新加坡人口快速老化所带来的社会问题做出了重要贡献。但这些计划的开销之庞大，不是南凤善堂所能独自承担的。难能可贵的是，南凤福利协会的善款皆筹自社会各界人士，并没有获得政府的资助。例如2015年，南凤福利协会所获得的捐献总额就高达1069601元。[④] 正如善堂董事所说，“南凤希望发挥抛砖引玉的力量，吸引更多善心人士捐献物品、红包，或是加入爱心义工团的行列，真情相助，传递爱心，以打造一个温情洋溢的义顺社区”。[⑤]

60余年的悠悠岁月，在快速的环境变迁中，我们见证了秉承和发扬大峰祖师抚生恤死、救贫济弱精神的南凤善堂，从一个仅具有堂员善信间互助性质的“互助会”，茁壮成长，蜕变成为国家福利体系下一所为广大民众提供各种福利服务的慈善公益机构。

第九节　开女经生出坛礼佛之先河：众弘善堂

每天清晨六点多，天还未亮，位于阿鲁慕甘路（Arumugam Road）的

---

① 《南凤福利协会属下南凤善堂医药中心十周年特刊》，第29页。

② 《南凤善堂庆祝五十五周年纪念暨新堂落成双庆特刊》，第48页。

③ 《南凤福利协会2016年常年报告书》，南凤善堂提供。

④ “Statement of Financial Activities for the Financial Year Ended 31 December 2015”，《南凤福利协会十五周年纪念特刊》，第54页。

⑤ 《南凤善堂庆祝五十五周年纪念暨新堂落成双庆特刊》，第48页。

一所义诊所就已经有五六个病人前来求诊。天亮之后，门外长廊椅子上就会坐满挂号病人，不少是年长者。这个义诊所隶属众弘善堂的众弘福利协会，义诊所就设在众弘善堂里，[①] 每天到此的求诊人士来自全国各地，络绎不绝，为众弘善堂树立了良好的口碑。

一　“众弘”命名，既别开生面又寓意深远

众弘善堂最早的堂址位于新加坡昔日大成巷（Lorong Tai Seng）附近，俗称葱茅园的一个较偏僻的村子里。1974 年，由洪雄桂、陈宋明、许卢泉、谢树坤、蔡茂祥、李愈安、黄朝隆和陈亚狮 8 人倡议创办善堂，并征得村中长老王才福的同意，遂议决以大成巷门牌 175 号为堂址，从“下芭[②]九皇宫”恭请宋大峰祖师香火，由当时德高望重的经乐导师陈景星主持大峰祖师圣像开点灵光仪式，“以崇奉大峰祖师之硕德，本佛（边）精神救济贫恤难赠医施药施棺等，及一切社会慈善事项以及负责办理一切经乐股礼佛建供之任务”为宗旨。[③] 善堂的命名应严肃以待，然而众弘善堂的命名可说既别开生面，又颇有意义。在考量善堂名称时，“八位发起人各写两个有佛道意义的字，在祖师圣前抽出，结果第一字为‘众’字，第二字为‘弘’字，缀合起来，就是众弘善堂”。[④] 筹办事宜就绪后，善堂发起人正式组建以谢祥坤为主席的筹委会（见表 3－24），并委任律师李锦祥到社团注册局办理注册事宜。1976 年，众弘善堂获得社团注册官批准成为合法团体，

---

① 《新加坡众弘善堂义诊所清晨开诊　半天服务百多名病人》，联合早报网，2011 年 4 月 16 日，http：//m.65singapore.com/view－45013.html。

② “下芭”指九皇宫所在的村落的下端，位于昔日俗称葱茅园的大成巷村落。众弘善堂创堂堂址则位于村落另一端的“上芭”。

③ 《新加坡众弘善堂简章》，第三条“宗旨”，1976。

④ 佛教有四众之分，在佛家的语境里，出家男称“比丘”，出家女称“比丘尼”，“尼”是梵语中女声。“比丘”俗称“和尚”或“僧”，“僧”是梵语“僧伽”的略称，意为众。凡三名比丘以上合同处为“众”。“弘”则有弘法之意。《佛教的四众弟子是哪四众?》，2016 年 9 月 21 日，http：//m.liaotuo.org/foxue/changshi/164356.html。

遂于是年4月6日正式宣告成立，并推选出第一届理事会（后称董事会）（见表3－25）。①

表3－24 众弘善堂筹备委员会

主席	谢树坤
总务	蔡茂祥
财务	许卢泉
委员	洪雄桂、李愈安、黄朝隆、陈亚狮、陈宋明

资料来源：《众弘善堂银禧纪念特刊》，新加坡：众弘善堂，2000，第67页。

表3－25 众弘善堂第一届（1976）理事会成员

正主席	吴诰英
副主席	陈金城、张湖权、吴佛保、许卢泉、林福弟 林自发、郑桐周、林汉存、刘治成、林锡丰 林贵丰、陈立基
总务	陈汉惠（正） 陈礼炎（副）
财政	张良才（正） 余治林（副）
交际	李愈安（正） 黄朝隆（副）
文书	柯楚雄（正） 陈亚狮（副）
经乐	蔡茂祥（正） 谢树坤、廖宗保（副）
堂务	王亚銮（正） 佘贤明（副）
查账	陈生臣、林育英
委员	陈思林、林速、陈二沓、蔡文华、李端蒙 蔡加泉、沈兴源、蔡两利

资料来源：《众弘善堂银禧纪念特刊》，第67页。

二 礼佛超度，开善堂招收女经生之先河

众弘善堂信奉大峰祖师，除了弘扬其救急济贫的慈善精神外，“负责办理一切经乐股礼佛建供之任务”也是其宗旨之一部分。所以，尊崇佛道传统，诵经礼佛，建醮幽荐，为生者祈福，为亡者超度等宗教仪式，当然也是众弘

① 有关众弘善堂成立的背景与经过，详阅《众弘善堂银禧纪念特刊》，新加坡：众弘善堂，2000，第10页。

善堂不可或缺的活动。为了举行这些宗教仪式，善堂甫立，即在附近村内招募经生，村民积极支持，很快便组成经乐股进行训练。经乐股由善堂创始人洪雄桂亲自领导，并聘请姚庆锡与林俊锐两位经乐导师协助指导。洪雄桂自小学习经文，长期在各善堂教导经忏，是一位经验丰富的资深经师。在他们 3 人的教导下，众弘善堂的经乐股迅速发展，频频出坛为堂员丧家主持做功德的仪式。值得一提的是，众弘善堂还招收女经生，她们和男生一起接受训练后也出坛礼佛，成为坊间津津乐道的话题，而众弘此举开善堂招收女经生之先河。① 目前，众弘善堂共有经生不到 10 人，平均年龄已逾 50 岁，所以在举行宗教仪式时，常邀请友堂经生协助。②

由于拥有一批训练有素的经生，众弘善堂对举办各种宗教仪式，一开始就表现得游刃有余。除了平日的礼佛诵经、时年八节③的祈福和祭祖、点主升龛、盂兰盛会、庆祝祖师圣诞、富贵佛诞外，众弘善堂也不定时举行取香茶水仪式、启建清供和其他大小超度和做功德仪式。一些较大型和复杂的科仪，如祈福宝灯、关灯等，经师们都应付自如。从善堂收藏的老照片中，我们也得知众弘善堂在早期曾培养乩手，开设鸾台，恭请祖师和其他神明降鸾为理事、众堂员和善信指点迷津。④

三　加入蓝十，将慈善义诊带入社区

众弘善堂既秉承《祖师圣训》“生、老、病、死、苦”五善中施医赠药、救人积善的精神，设立义诊所，赠医施药自然是该堂慈善活动的重中之重。无奈创堂初始，受堂址空间狭窄和设备简陋所限，善堂无法提供义诊服务。1977 年善堂“盛设素宴百余席款客”，庆祝大峰祖师圣诞暨成立二周年，时任巴耶利峇区国会议员和该堂顾问陈清山受邀为晚宴嘉宾。陈氏在演讲时指出：

---

① 《众弘善堂银禧纪念特刊》，第 10 页。

② 众弘善堂现任总务林育英电话访谈，2021 年 8 月 24 日。

③ 时年八节，指每年的春节、元宵、清明、端午、中元、中秋、冬至和除夕八个节日。到了 17 世纪初的明代，时年八节已经是潮汕人一年里最重要的节日。

④ 《众弘善堂银禧纪念特刊》，第 80 ~ 97 页。善堂约 20 年前在修德善堂和同德善堂的前辈指导下，训练乩手，开鸾扶乩，可惜的是当年乩文已经佚失。问卷调查资料，众弘善堂副总务林育英提供，2017 年 4 月 13 日。

> 听闻贵堂施棺济贫。倍令人感觉人情的温暖，诚然施棺济贫安葬死者是一件好事，但贵堂若能更进一步施医赠药，挽济生者则意义更大，因此本人特谨此借这个机会呼吁贵堂号召堂友及民众，慷慨捐款，节省婚丧开支，以充作施医赠药基金，救贫济黎，使更多人民受恩惠。①

对于陈氏之呼吁，众弘善堂理事会给予认真对待，并即刻行动起来，积极策划开展医疗服务。为了提供更好的医疗环境和更专业的医疗服务，善堂于 1977 年租赁堂址邻近的罗弄大成（Lorong Tai Seng）127 号锌板屋，将之扩充为医药部，并着手向政府有关部门申请赠医施药执照。翌年 4 月 22 日赠医施药执照申请成功，善堂赠医施药部启用，备受民众欢迎。11 月 28 日赠医施药部由陈清山和时任中华善堂蓝十救济总会主席庄卓岩宣布正式开放时，“已有二千余人到此接受诊治，施药五千余剂”。②

赠医施药部聘请合格中医师为民众提供义诊施药服务，求诊人数逐年增加，短短数年，已多达数千人。在该堂庆祝四周年的纪念活动上，两年前在堂庆晚宴上呼吁众弘善堂提供施医赠药服务的国会议员陈清山再次受邀出席此活动，他对该堂为社区公益和赠医施药做出的贡献给予肯定。③

众弘善堂在 1977 年开始提供中医义诊服务后，随即申请加入中华善堂蓝十救济总会，但因为众弘善堂招募女性加入其经乐股，蓝十总会理事会针对此举是否符合潮人善堂传统展开了激烈讨论。经各方多次商议，最终在 1978 年批准其成为会员。据悉，众弘善堂曾向蓝十理事会递交祖师的乩文，说明训练女童经生乃祖师乩谕。④ 唯该乩文已经佚失，详细内容亦不可考，但推测也可能是祖师让众弘加入中华善堂蓝十救济总会的乩谕。⑤ 作为蓝十总会的会员，众弘善堂得以结合蓝十总会和下属各个会员

---

① 《众弘善堂设素宴庆大峰祖师圣诞暨二周年》，《南洋商报》1977 年 12 月 11 日。

② 《众弘善堂银禧纪念特刊》，第 10 页；《众弘善堂迁新址赠医施药部开幕邀请陈清山议员揭幕庄卓岩主席主持仪式》，《南洋商报》1978 年 12 月 1 日。

③ 《众弘善堂祝双庆，陈清山议员赞该堂所作贡献》，《南洋商报》1979 年 12 月 5 日。

④ 中华善堂蓝十救济总会 1977 年、1978 年议案，中华善堂蓝十救济总会议案簿。

⑤ 众弘善堂副总务林育英电话访谈记录，2017 年 5 月 9 日。

善堂的资源和力量，更加积极地参与总会的慈善活动。例如，蓝十总会多次假众弘善堂发放救济善款给灾民、贫民，① 而总会及下属各善堂也多次对众弘善堂医药中心基金进行资助。如 2010 年，众弘善堂在筹备众弘医药中心基金时，中华善堂蓝十救济总会及下属各善堂就各捐 200 元，合计 2000 元整给予资助。② 众弘善堂对于中华善堂蓝十救济总会的发展也给予大力的支持，在一些庆典活动上，善堂都会捐出一定的款项给总会充作救济基金。如 1992 年，众弘善堂庆祝成立十七周年，就捐出 2000 元给总会；③ 1994 年，众弘善堂举行庆祝祖师圣诞暨堂庆纪念，也捐出 1000 元给总会充作救济基金。④ 总而言之，众弘善堂与中华善堂蓝十救济总会及下属善堂对于彼此的活动都极力支持，共同发展。

步入 21 世纪，众弘善堂赠医施药慈善事业又跨入另一个发展阶段。随着需求日益增加，众弘善堂的医药部规模也不断扩大，其影响力和服务范围也日益扩展。于是，理事会开始筹划在其他社区开设医药中心，希望通过将其义诊服务带入社区，以更接近社区群众，为国家社会福利做出贡献。在卫生部和马林百列市镇理事会（Marine Parade Town Council）的协助下，众弘善堂耗资 20 万元，于 2004 年在友诺士弯（Eunos Crescent）的一座组屋底层设立中医诊疗所，为区内低收入家庭和年长者提供医疗服务。友诺士的马来族居民比较多，中心提供门诊、针灸、拔罐等服务，开放给各族群和宗教人士。⑤

此后，众弘善堂陆续与其他慈善机构合作，开展施医赠药的慈善活动。例如设在美芝路（Beach Road）的琼州大厦天后宫内的海南会馆中医义诊所就是由众弘善堂联合海南会馆，在万豪年委员会资助下联合开设的。2009 年，众弘善堂先安排其福利协会下属 10 名医师到海南会馆义诊一天，受到会馆会员热烈欢迎。从 2010 年 4 月开始，诊所正式投入服务。这是本地第一家开设在会馆内的中医慈善诊所，不仅施医赠药，还提供免

---

① 中华善堂蓝十救济总会 1983 年议案，中华善堂蓝十救济总会议案簿。

② 中华善堂蓝十救济总会 2010 年议案，中华善堂蓝十救济总会议案簿。

③ 《众弘善堂庆祝成立十七周年》，《联合早报》1992 年 11 月 30 日。

④ 中华善堂蓝十救济总会 1994 年议案，中华善堂蓝十救济总会议案簿。

⑤ 《众弘慈善医药中心将为友诺士居民服务》，《联合早报》2004 年 6 月 7 日。

费的推拿与针灸服务。该义诊所开业不到一年就名声大噪，据悉，来求诊的不仅有众弘善堂的善信堂员，也不只有海南乡亲，还有其他籍贯人士，甚至是附近的各族客工和过路旅客。因为看诊配额供不应求，义诊所还延长了看诊时间并增加了名额。①

2010 年，众弘善堂又与爱心服务中心（Loving Hearth Multi - Service Centre）② 在裕廊合办爱心众弘中医诊所，为裕廊、文礼（Boon Lay）等邻近社区一带的居民提供免费的针灸等医疗服务。众弘善堂为该中心提供 2 名中医师和 1 名配药员，医疗费和医药开销全由众弘善堂承担，不过众弘善堂也欢迎求诊者捐款，作为“象征性医药费”。③

除了上述各家中医诊所外，众弘善堂还在菜市（Chai Chee）、乌美（Ubi）、牛车水（Kreta Ayer）等地设立医药中心或中医诊所，为个别社区群众看诊、针灸与施药（见表 3 - 26）。为了方便年长者看诊，并充分利用医疗资源，善堂属下的众弘福利协会提供小巴士，载送不同地区的年长者前往诊所看病：将红山（Bukit Merah）、河水山（Bukit Hoswec）和中峇鲁（Tiong Bahru）的老人集体送到牛车水义诊所诊病，旧加冷机场（Old Kallang Airport）、明地迷亚（Bendemeer）和美芝路（Beach Road）的老人则载送到友诺士义诊所。④

2017 年 2 月，众弘福利协会的赞助人捐资 22 万元设立的中医流动诊所启用。中医流动诊所由中型货车改装而成，由一名中医师、一名配药员和一名司机负责运作，通过各社区的慈善组织和居民委员会的协调安排，对当地租赁组屋区的贫困老人进行内科和针灸等免费诊治。⑤

---

① 邢谷一：《海南会馆中医义诊月底起延长一小时》，《联合早报》2011 年 9 月 26 日。

② 爱心服务中心是由众弘善堂与武吉知马社区发展理事会、人民行动党社区基金以及德教太和观在 2000 年联合设立的，其宗旨在于为社区各种族居民提供一站式综合服务。中心的日常行政由太和观管理，善堂只支付每年的开销。爱心服务中心网站，http://www.lovingheart.org.sg/aboutus.html；问卷调查资料，众弘善堂副总务林育英提供，2017 年 4 月 17 日。

③ 《两机构合办裕廊居民将有中医义诊服务》，《联合早报》2011 年 4 月 26 日。

④ 《应付义诊及后事料理所需，众弘举办慈善晚宴筹募百万元经费》，《联合早报》2016 年 4 月 11 日，http://news.news - com.cn/a/20160411/1260480.shtml。

⑤ 邢谷一：《众弘中医流动所开幕》，《联合早报》2017 年 1 月 9 日。

表 3－26　众弘善堂属下中医施诊所与医药中心

名称	地址	成立年份	联办机构
众弘善堂中医施诊所（Cheng Hong Siang Tng TCM Clinic）	30 Arumugam Road, Singapore 409966	1978	—
众弘医药中心（Cheng Hong Medical Centre）	Blk 12 Eunos Crescent #01－2767, Singapore 400012	2004（2006 年 1 月正式开业）	—
爱心众弘中医义诊所（Loving Heart Cheng Hong TCM Clinic）	Jurong Loving Heart Multi-Service Centre, Blk 312 Jurong East St. 32, #01－319, Singapore 600312	2010（2011 年 4 月正式开业）	爱心服务中心
牛车水众弘中医义诊所（China Town Cheng Hong TCM Clinic）	Blk 333 Kreta Ayer Road #03－18, Singapore 080333	2010	牛车水居民委员会
琼州天后宫众弘中医义诊所（Kheng Chiu Tian Hou Gong Cheng Hong TCM Clinic）	47 Beach Rd #04－00, Kheng Chiu Building, Singapore 189683	2010	海南会馆
众弘菜市中医义诊所（Cheng Hong Chai Chee TCM Clinic）	Blk 24 Chai Chee Road #01－558, Singapore 460022	2014	—
愿之心众弘中医义诊（Willing Hearts Cheng Hong TCM Clinic）	Blk 2, Jalan Ubi, Kembangan-Chai Chee Community Hub, #01－11, Singapore 409074	2014	愿之心

资料来源：众弘善堂提供；*Annual Report 2014/15*，Cheng Hong Welfare Service Society，p. 21。

四　扩办慈善，众弘福利协会获公益机构法定地位

由于中医施药部工作和开支日渐繁重，善堂不胜负荷，理事会遂决意另立机构，申请慈善团体地位，举办活动以筹募经费。① 2004 年，善堂成立了众弘福利协会，并在 2005 年获得国家公益机构法定地位，成为国家福利理事会成员。② 众弘福利协会虽附属善堂，但成立了一个包括善堂理

① 众弘善堂副总务林育英电话访谈记录，2017 年 5 月 9 日。

② 据 2005 年 7 月 29 日国家福利理事会所发给众弘福利协会的官方函件，众弘福利协会公益机构法定地位的正式生效日期是 2005 年 8 月 1 日，该公函由众弘善堂提供，但众弘福利协会的常年报告书（*Annual Report 2014/15*，Cheng Hong Welfare Service Society，p. 21）和一些出版物皆误写为 2014 年，2014 年或是该协会向政府申请成为公益机构的年份。

事会代表和其他各界人士组成的独立的管理委员会，专门负责管理善堂的慈善工作，办公室就设于众弘医药中心内。它虽以提供中医药服务为主，但也举办其他类型的慈善活动。例如它为贫苦老人免费提供后事料理服务，就颇受欢迎。[①] 众弘福利协会的日常开销和发展经费皆来自公众人士的认捐及其所举办的各项慈善筹款活动，如周年慈善晚宴、慈善高尔夫球赛、售期日等，[②] 并没有政府的津贴。为了给各项慈善活动提供更大的资助，众弘福利协会在2014年设立了两个基金：社区医药基金（Community Healthcare Fund）和后事服务基金（Eldercare Services and Welfare Fund）。[③] 据众弘福利协会主席，也是众弘善堂会务顾问林汉存透露，福利协会还获得19世纪在本地经营烟草、土产和房地产的一名富商所留下的一个福利基金会拨款资助。这名富商当年设立这个基金会的宗旨就是要帮助本地单身贫困老年华人过世后能得到妥善安葬。基金会托管人近年来发觉众弘福利协会的“免费后事服务”理念与其基金会拨款条规一致，决定资助众弘福利协会推动这项计划。[④]

2012年10月，众弘福利协会正式成立了施棺小组。[⑤] 翌年，协会设立“后事服务询问处”，方便贫困独居老人前来询问和登记，消除老人死后无人送葬的忧虑。协会为孤寡贫老办理后事，从施棺、灵堂布置，到火化服务，完全免费。[⑥] 截至2021年下半年，共有950多名独居老人签订了“后事料理服务配套”方案，至今协会已为近300名过世的老人依据他们生前所指定的宗教仪式处理后事。[⑦]

众弘福利协会不只为老人提供“后事料理服务”，也在他们有生之年

---

① 《循祖训发扬救世精神众弘协会免费为贫老办后事》，http://mmkkgame.com/news/shownews.php?lang=cn&id=561。

② 众弘善堂传真资料，2017年4月13日；《众弘福利协会通讯报》2017年第2期，第3、4页；林胜来：《众弘福利协会十二周年特刊》，新加坡：众弘福利协会，2016，第26~28页。

③ *Annual Report 2014/15*, Cheng Hong Welfare Service Society, pp. 13－14.

④ 邢谷一：《富商百年前基金助“众弘”安葬孤贫老人》，《联合早报》2017年5月1日。

⑤ 黎雪莹：《为孤苦者免费办理后事众弘福利协会设“施棺小组”》，《联合早报》2014年3月31日。

⑥ 《众弘福利协会出版〈乐聆〉让公众倾听独居老人心声》，2016年1月18日，http://www.68justoa.net/newshow.asp?id=157。

⑦ 众弘福利协会总务林胜来提供资料，2021年8月21日。

尽量照顾他们的生活，例如，逢年过节给他们送上礼品或“红包”，有时，也让这些老人在义工的陪同下到百货公司选购他们所需的日用品或食品，[①] 还带他们观看音乐会、游园赏花等。协会为每一名加入该服务的会员拨出 500 ~ 600 元作为这些活动的经费。[②] 为了引起社会大众对贫苦老人的关注，众弘福利协会出版《乐聆》一书，描述独居老人孤苦、彷徨的生活现状，借以呼吁社会大众关怀贫困老人，给予他们关怀和帮助。[③] 目前，协会共有 200 余名义工，其中有许多是年轻人。协会也采用年轻义工设计的图样，推出“乐乐”与“聆聆”吉祥物，营造鲜明形象，给老人带来欢乐，同时借此吸引更多人加入协会的“关爱行动小组”。“乐乐”与“聆聆”也会跟义工小组出动，协助推展老人福利计划，鼓励民众关爱贫困老人，从而开拓出全新且行之有效的乐龄服务。[④]

随着社会人口老化且出现越来越多的独居年长者，协会计划进一步扩大免费后事服务，希望在未来吸引更多年长者签署这项服务，并招募更多学生、健康年长者加入义工行列，以及和企业、护联中心合作，将义工队伍相应壮大。[⑤] 值得一提的是，众弘福利协会在 2014 年于惹兰乌美（Jalan Ubi）设立了“愿之心——众弘福利协会康乐中心”（Club 65 Wellness Centre）[⑥]，专门为全国各地 65 岁及以上的年长者提供各种户外活动与课程，让他们有一个更活跃积极的晚年生活。这是众弘福利协会响应政府提倡健康退休生活而为退休人士特别打造的另一项社区服务。[⑦]

除了众弘福利协会外，众弘善堂也通过其他活动积极行善，不遗余力。例如颁发奖助学金给成绩优异和贫寒学生，捐献善款和食品、日用品

---

① 许翔宇：《众弘福利协会让 120 多名老人自选礼物》，《联合早报》2016 年 10 月 24 日。

② 黄小芳：《最后一程伴他走完》，《联合早报》2017 年 4 月 23 日。

③ 《众弘福利协会出版〈乐聆〉让公众倾听独居老人心声》，2016 年 1 月 18 日，http://www.68justoa.net/newshow.asp?id=157。

④ 《循祖训发扬救世精神　众弘协会免费为贫老办后事》，2016 年 1 月 25 日，http://mmkkgame.com/news/shownews.php?lang=cn&id=561。

⑤ 黄小芳：《最后一程伴他走完》，《联合早报》2017 年 4 月 23 日；邢谷一：《富商百年前基金助“众弘”安葬孤贫老人》，《联合早报》2017 年 5 月 1 日。

⑥ 亦称“Willing Heart Cheng Hong Wellness Centre”，地址是 11，Jalan Ubi Kembangan-Chai Chee Community Hub，Blk 2 #01 - 11，Singapore 409074。

⑦ 《众弘福利协会通讯报》2016 年第 2 期，第 7 页。

给老人院等福利团体，岁末派发度岁金、新春分发礼包与红包给贫苦老人，举办圣诞节联欢会等常年的慈善活动。[①] 此外，众弘善堂也资助善堂所在的社区基层组织。例如早在 1979 年，善堂就曾经为巴耶利峇区（Paya Lebar Constituency）重建该区民众联络所出过力，从而获得该区当时的国会议员陈清山的赞赏。[②]

五　迁入新堂，为堂务发展之转折点

从罗弄大成的创堂初址，到现今位于阿鲁慕甘路的堂址，众弘善堂的搬迁过程一波三折。1978 年，善堂以罗弄大成 127 号租赁的锌板屋充作医药部后为民众提供义诊服务，没料到不久后就接到政府征用土地的通知。由于众弘善堂创堂年份较短，政府有关部门不接受在组屋区设新堂所的申请。时任主席吴诰英、总务陈礼炎及文书陈惠标三人商议后，经理事会通过，决定购买惹兰德里地（Jalan Teliti）一块地修建新堂，也未获当局批准。经过理事会多次陈请，政府始允许众弘善堂和另一所受政府征用土地影响的葱茅园九皇宫集资买下阿鲁慕甘的地皮，建立联合宫庙。[③] 吴诰英退休后，继任主席林汉存领导理事会在该地段筹划建立新堂。

众弘善堂随后租下位于巴耶利峇一店屋作为临时办公室。1986 年，该店屋所在地段也因土地重新发展计划被征收，善堂办公室又另迁至罗弄大成 61 号。虽然几经波折，困难重重，但历届理事不辞劳苦，筹募基金，在众人同心协力下终于实现了筹建新堂所的目标。1990 年，“众弘善堂九皇宫联合庙”落成，众弘善堂终于有了一个宽敞、固定的堂址。新堂共有三个殿，左殿是九皇宫，除供奉九皇爷外，还供奉感天大帝和宋大峰祖师；[④] 其余两个殿属众弘善堂，中坛供奉主神宋大峰祖师、富贵佛祖、地藏王菩萨、华佗仙师；坛外还设有大伯宫龛；右坛设功德堂，奉祀堂友祖

---

① 《众弘福利协会通讯报》2017 年第 2 期，第 6 ~ 8 页；林胜来：《众弘福利协会十二周年特刊》，第 38 ~ 43 页。

② 《众弘善堂祝双庆　陈清山议员赞该堂所作贡献》，《南洋商报》1979 年 12 月 5 日。

③ http：//www. beokeng. com/disptemple. php？ temple = cheng - hong - siang - tng - kew - huang - keng.

④ 九皇宫和众弘善堂虽设在同一所联合宫庙里，但为两所独立运作的庙宇，有各自的理事会。众弘善堂传真资料，2017 年 4 月 13 日。

先亡亲灵牌；后坛为孝思厅，供堂友供奉祖先灵骨灰，定期举行夏、冬二祭。

现在，众弘善堂共有200余名男女堂员，善堂下属的众弘福利协会不仅是多元的慈善团体，更获国家公益机构的法定地位。令人鼓舞的是，2015年，建屋发展局同意延长现今堂址的租契至2045年。① 众弘善堂至今已有40余年的历史，而众弘福利协会成立至今也快20年了。在过去的漫长岁月里，虽然众弘善堂几经搬迁，但其服务社群的慈善活动却从未间断，新堂的落成与启用更是标志着众弘善堂发展历程上的一个转折点，我们见证了它在更稳定的环境和更完善的设施下，自我更新，扩充堂务，与时俱进，走入社区，为善堂的慈善事业开拓更广大的空间，让更多的民众受惠。

第十节　从经乐股到蓝十成员：新加坡崇峰善堂

崇峰善堂是中华善堂蓝十救济总会的第十所团体会员善堂。自1987加入至今，再未有其他善堂加入蓝十总会成为团体会员。

一　前身为星岛善堂经乐股

崇峰善堂的前身是堂址设于榜鹅（Punggol）八条石半惹兰甘榜登雅（Jalan Kampong Tengah），俗称半港（即今盛港，Sengkang）的一间锌板木屋的星岛善堂。1973～1974年，黄宗武、吴赞瑞、陈扬德、张怡顺、陈声鸿、沈求毛等几位经乐人员在星岛善堂设立经乐股。成立两年之后，由于成员开始增加，于是计划建立较为完整和正式的善堂

组织。他们成立筹委会，草拟章程，向社团注册局申请注册，同时寻找适合的地点作为堂址，由陈成平负责向建屋发展局申请投标办事处，并于

① 林胜来：《众弘福利协会十二周年特刊》，第18页。

1976年成功标得建屋局在汤申路（Thomson Road）的一座店屋的四楼（今马里士他商业中心）作为办公室。

筹委会推举陈成平任主席，将星岛善堂经乐组改名为崇峰善堂，并在不久后获社团注册局批准正式成立，开始招募堂员。善堂也聘请名誉主席并获得商家及社会各界人士的大力支持与赞助。在成立后短短五年内，善堂的会员人数就增加至600多人，善堂仍然保留榜鹅的旧堂址，作为每年举行庆祝宋大峰祖师圣诞暨晋庙纪念和设素宴的庆典场所。①

或许因为崇峰善堂的前身为经乐组织，故该堂至今仍然维持活跃的经乐活动，拥有50多名经乐组员，由本地潮州善堂“红桌裙派”的第四代弟子黄舢龙负责指导。②

二 堂址被政府征用后迁入总会继续运作

崇峰善堂成立之后，开展各项慈善活动，包括定期访问老人院，分发度岁金给领取社会救济金的人士等，并加入中华善堂蓝十救济总会，积极参与总会活动。据蓝十总会的记载，善堂位于榜鹅的堂址在20世纪90年代初因被政府征用以供其他发展之用而必须搬迁。政府分配了位于后港七巷（Hougang Avenue 7）的一块空地给崇峰善堂建立新堂，但规定须与其他同样因土地被征用的宫庙联合建立新堂宇。虽然董事会努力筹集重建基金，但因为善堂在两年内都未能找到合适的组织修建联合宫庙，所以只能无奈放弃所分配之土地。2000年6月，善堂从汤申路迁至巴西班让路（Pasir Panjang Road）106号的中华善堂蓝十救济总会内继续运作。③

崇峰善堂自身没有一个属于自己的固定堂址，但即便面对活动空间的局限，历届董事会也并没有因此而忘却善堂从事社会公益和慈善事业

① 刘英才、黄朝隆主编《中华善堂蓝十救济总会庆祝成立七十一周年纪念暨蓝十彩虹疗养院十一周年纪念》，第80页。

② 崇峰善堂正堂务兼经堂指导师黄舢龙提供之非正式统计，2021年8月23日。

③ 问卷调查资料，崇峰善堂正堂务兼经堂指导师黄舢龙提供，2017年8月15日。据报道，崇峰善堂堂址于1984年被政府征用，与蓝十总会记载的年份有出入。参见《崇峰善堂筹建新堂呼吁各界慨捐基金》，《联合早报》1986年6月13日。

的宗旨；借用蓝十总会地址作为活动场所，反而与总会有更多的互动。因此，长期以来，崇峰善堂对蓝十总会推动的慈善事业紧密配合，不间断地支持总会一切事务及活动，而善堂的多位领导人也都曾在蓝十总会中担任要职，如担任崇峰善堂主席长达十年的杨汉潮先生就曾在蓝十总会担任多届副主席，这更促进了崇峰善堂与蓝十总会的密切关系。①

三　规模虽小但贯彻救济贫弱宗旨始终如一

崇峰善堂目前的堂员人数约 110 名，以潮州人居多，也有约 10% 的会员为福建籍。堂员的平均年龄为 60 岁，50 岁以下的堂员约 5 名。② 虽然成立时间短，规模也不大，但崇峰善堂还是努力开展慈善事业。从成立之初，崇峰善堂就经常举办慈善活动，对贫苦老人和福利团体进行资助，这一传统从未中断过。例如，1981 年 6 月 3 ~ 5 日，善堂庆祝成立三周年，除了一连三天设素筵并聘请潮剧戏班表演助兴外，在庆典期间，善堂还拨出 3000 元善款分别捐献给榜鹅联络所建所基金、新加坡盲人协会慈善基金以及新加坡残疾人协会慈善基金。③ 次年，善堂在庆祝成立四周年的庆典上，也向榜鹅公民咨询委员会活动基金及广惠肇留医院慈善基金各捐赠 1500 元。④ 在 1986 年的八周年堂庆庆典上，崇峰善堂虽然正值筹集款项建立新堂之时，但仍慷慨捐出 2000 元给新加坡公益金以及 1000 元给榜鹅区公民咨询委员会活动基金。⑤

近十年来，每逢春节，崇峰善堂都会举办“敬老慈善会”，除了设午餐招待数百位老人外，还邀请歌舞团表演节目，以使老人欢度一个充满新春气氛的农历新年，弘扬华人优良的传统文化。参加慈善会的老人和贫苦人士还会获得度岁金及物品礼包。受益的人士不分种族和宗教，包括领取社区援助金的乐龄人士、彩虹疗养院的住院者、拉丁马士和后港等区的贫

---

① 刘英才、黄朝隆主编《中华善堂蓝十救济总会庆祝七十一周年纪念暨蓝十彩虹疗养院十一周年纪念》，第 80 页。

② 崇峰善堂正堂务兼经堂指导师黄舢龙提供，2021 年 8 月 23 日。

③ 《崇峰善堂庆三周年捐三千元予慈善机构》，《星洲日报》1981 年 5 月 30 日。

④ 《崇峰善堂订期庆祝堂庆》，《南洋商报》1982 年 6 月 18 日。

⑤ 《崇峰善堂筹建新堂呼吁各界慨捐基金》，《联合早报》1986 年 6 月 13 日。

困家庭，以及其他需要帮助的社会人士。①

崇峰善堂经乐指导师黄舢龙语重心长地表示：

> 崇峰善堂的所有成员都有一个共同的梦想，那就是希望拥有一个属于自己的家。多年以来我们一直在默默耕耘，虽然路途艰辛坎坷，但是我们并没有放弃，反而是越战越猛。目前虽然还未有重大的发展计划，但是我们还在继续努力耕耘，希望不久的将来会有丰富的收获。②

诚然，崇峰善堂虽然规模不大，成立时间也相对较为短暂，且必须面对资源受限的挑战，但与其他善堂一样，董事会始终不渝地秉承大峰祖师慈悲为怀、救苦济难的精神，在善堂力所能及的范围内，通过简单而又有意义的慈善活动和节日庆典，落实怜恤贫苦、关心无依老弱的善举，并且借助中华善堂蓝十救济总会的力量，积极参与和支持总会的慈善活动，不遗余力地为新加坡的社会福利做出贡献。

① 崇峰善堂档案资料，2017。
② 问卷调查资料，崇峰善堂正堂务兼经堂指导师黄舢龙提供，2017 年 8 月 15 日。

第四章

仪式内涵：潮人善堂文化的载体

新加坡潮人善堂常年举行的大小宗教仪式相当多，包括诸神佛诞辰建供、扶乩、水陆法会、大悲法会、净土忏法会、盂兰盛会、时节祭祖、神主晋龛、放生大会、圣像装金、开光升殿、取香茶水、敬惜纸张、念佛、做功德，以及其他参拜神明等大小传统宗教仪式和活动，属于“综合阴阳宇宙、祖先崇拜、泛神、泛灵、符录咒法而成的复合体，包括了儒家、道家与佛家的部分思想”① 的一种扩散式的民间信仰活动，它们无疑展现了丰富的善堂文化内涵和价值观。因此，我们对潮人善堂仪式的了解，不该止于其表面的科仪形式，断章取义地视其为一种迷信活动，而应深入探讨这些仪式背后的意义，才能更透彻地体会善堂文化的内涵和所蕴含的价值观。

各潮人善堂历年来出版的纪念特刊对其所举行的宗教仪式皆有所介绍。由于篇幅所限，本章仅择其中较具代表性和经常举行的数种仪式加以论析。

第一节　尚待考证的诞辰：祖师寿诞

潮人善堂供奉的神明不少，每一年诸神佛诞辰，善堂均会循例设香案备供品奉拜（见表4－1），其中镇坛师尊和其他数位菩萨的寿诞庆典最为

① 李亦园：《台湾民间宗教的现代趋势——对彼得伯格教授东亚发展文化因素论的回应》，《李亦园自选集》，上海教育出版社，2002，第199页。

隆重，仪式最为讲究。例如许多善堂每一年都为观世音菩萨、地藏王菩萨、大峰祖师和运杰菩萨庆祝圣诞酬恩，“其庆典广集经众，启建清供，宣言佛号，称颂嘉章，祝无量之圣寿，种莫大之福田”。[①] 本节以宋大峰祖师圣诞为例，阐述善堂庆祝神佛寿诞的仪式。

表 4－1　诸神佛菩萨圣诞纪念日

正月初一日	正月初九日	二月初八日	二月十五日	二月十九日	二月廿一日	四月初四日	四月初八日	五月十三日	六月初三日	六月十九日	六月廿六日	七月十三日	七月三十日	八月初三日	八月十六日	八月廿四日	九月十九日	九月三十日	十月初十日	十月十四日	十月廿九日	十一月十六日	十一月十七日	十二月初八日
弥勒佛圣诞	玉皇上帝圣诞	释迦牟尼佛出家	释迦牟尼佛涅槃	观音菩萨圣诞	普贤菩萨圣诞	文殊菩萨圣诞	释迦牟尼佛圣诞	伽蓝菩萨圣诞	韦驮菩萨圣诞	观世音佛菩萨圣诞	福德正神圣诞	大势至菩萨圣诞	地藏王菩萨圣诞	灶君诞	大圣佛祖圣诞	灶君元君诞	观世音菩萨圣诞	药师琉璃光佛圣诞	师童爷圣诞	道济佛祖圣诞	宋大峰祖师圣诞	运杰菩萨圣诞	阿弥陀佛圣诞	释迦牟尼佛成道

资料来源：中华善堂蓝十救济总会提供。

一　大峰祖师诞辰据何而定?

根据潮人善堂的传统共识，大峰祖师的诞辰在农历十月廿九日。将十月廿九日定为祖师圣诞是因为释大峰是在该日出生，还是出自其他典故或民间传说？潮州各地方志中不乏对释大峰的记载，但对其出身背景都没有具体的描述，只知他生活于宋代，对于其出生日期更是只字未提。“大约到了（20 世纪）50 年代后期，有关大峰身世生平事迹，突然越来越具体化了。”[②] 即便如此，那些在中国大陆以外（主要是泰国）出现的“新资料”，也没有说明释大峰的出生日期，只说他是宋代人。1991 年，潮阳和平报德古堂刊布《宋大峰祖师传》，这篇参照县志、采用了许多民间传说的“史传”，虽然煞有其事地介绍释大峰“俗姓林，名灵噩，字通叟。宋宝元二年（1039）诞于豪门”，[③] 但仍然没有提及

① 引自中华善堂蓝十救济总会提供之文献资料，2004。

② 林悟殊：《泰国大峰祖师崇拜与华侨报德善堂研究》，第 26 页。

③ 林悟殊：《泰国大峰祖师崇拜与华侨报德善堂研究》，第 30 页。

其具体出生日期。笔者倒是在“玄靖詹天眼敬述”的《宋大峰菩萨行教记》一文中，看到“宋大峰菩萨恩师，于宋宣和年间十月二十九日，降生于福建”的说法。[①] 这篇文章刊载于1995年印行的一本没有书名的出版物中，自然也未说明资料来源，从书中内容看，其似乎是某处德教会的“善书”。一些潮人善堂后来出版纪念特刊，在介绍“祖师圣史”的篇章中清楚指出释大峰“于宋宣和年间，十月廿九日诞生”，但这些篇章也皆未注明资料出处，还是不能解答大峰祖师诞辰据何而定这个问题。[②]

善堂界人士还有另一种说法，即正因释大峰的出生日期至今无从考证，所以善信乃将他圆寂之日定为祖师诞辰。[③]

究竟大峰祖师的诞辰是考自历史文献，还是源自某个典故的民间传说，是否可以遵照神明乩文所示，或是乡绅们根据现实需要而定，还是海外潮人地方精英结合本土的因素加以建构？这是一个有待进一步考证和研究的问题。

二　寿辰庆典与祝寿仪式

善堂庆祝诸神佛诞辰的庆典中，以庆祝宋大峰祖师寿诞最为庄严与隆重。善堂在距庆典一个月前就发出通告（见图4-1），邀请堂员、供奉在堂内的神主的后人等前来参拜，参与盛会。虽然大峰祖师的诞辰在农历十月廿九日，但有些善堂的庆祝活动在其诞辰的前一天就已开始。例如修德善堂在农历十月廿八日早晨就起鼓奏乐，诵经请佛，开始两天连宵的建供，仪式庄严隆重，从发奏关文、杨枝启请，到地赞福灯等各种大功德科仪，循序渐进（表4-4）。善堂还聘请戏班敬演潮剧助兴，酬谢佛恩。潮剧“上棚”（即开演）就先演俗称“五福联”的五段折子戏。“五福联”

① 有关詹天眼的生平事迹，参见陈景熙《如来有天眼：詹天眼传略》，《德讯》第59期，2013年，第6~7页。

② 例如善门存心第四代金刚上师慧通撰述《善门法脉》《宋国大士宋大峰祖师圣史》，《同敬善堂诚善社庆祝钻禧纪念特刊（1943~2013）》，第92、93页；《宋大峰祖师正传》，陈若苹主编《存心堂务（1899~2014）》，汕头：存心善堂，第114页；《宋大峰祖师》，谢悦正编《同奉善堂志（1875~2015）》，第5页。

③ 大巴窑修德善堂总务沈逸书访谈记录，2017年11月18日，大巴窑修德善堂。

的剧目是《净棚》《八仙寿》《仙臣送子》《跳加冠》《京城会》，戏的内容含有功、名、才、子、寿等“五福”的吉祥意义。①

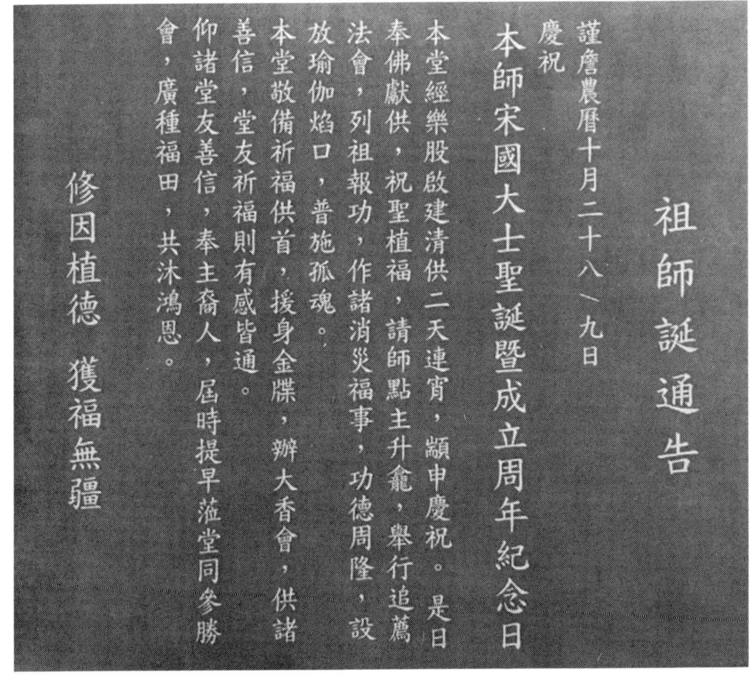

祖師誕通告

謹詹農曆十月二十八/九日

慶祝

本師宋國大士聖誕暨成立周年紀念日

本堂經樂股啟建清供二天連宵，顯申慶祝。是日奉佛獻供，祝聖植福，請師點主升龕，舉行追薦法會，列祖報功，作諸消災福事，功德周隆，設放瑜伽焰口，普施孤魂。

本堂敬備祈福供首，援身金牒，辦大香會，供諸善信，堂友祈福則有感皆通。

仰諸堂友善信，奉主裔人，屆時提早蒞堂同參勝會，廣種福田，共沐鴻恩。

修因植德　獲福無疆

图 4－1　祖师诞通告

资料来源：中华善堂蓝十救济总会提供。

祖师寿诞当天清晨，善堂大殿内外香烟缭绕，许许多多善男信女聚集起来，膜拜诸神明，准备参加大峰祖师寿诞的隆重庆典。另外，善堂经生也身披袈裟，诵经礼佛，开始举行第二天的建供仪式，主要科仪是瑜伽焰口、超度济幽。到了晚上 11 时，祖师圣诞祝祷仪式正式开始。仪式由善堂主席主持，他带领善堂各董事、各分堂和友堂代表、堂员以及善信参拜祖师和诸神佛，行五献之礼（见表 4－2），恭诵祝文（见表 4－3），祈求国运昌隆，合境平安。祝寿仪式程序如图 4－2 所示。

① 据中华善堂蓝十救济总会所提供文献资料，2004。

表 4－2 五献之礼

1	全体肃立	
2	鸣钟鼓	九钟，十五鼓
3	奏乐	由经乐股伴鼓启奏祝寿乐章
4	主席上香	虔诚祷告，氤氲气辙
5	献香花	敬花献佛，金瓶花艳
6	献清茶 献时果	雀舌龙茶，至诚奉献 佳果苹萝，结好果因
7	献蟠桃 献寿面	蟠桃贺寿，叶茂枝荣 长命祯祥，福寿永绵
8	恭颂祝文	由礼生恭颂
9	虔诵心经三遍	由经乐股领众诵读
10	全体向师尊暨诸佛菩萨圣前行三叩首礼	
11	化祝文、奏乐	祝文内容主要称颂寿辰师尊，借申庆贺，祝祷吉祥，惠及安邦祐民等贺词
12	礼成	

资料来源：中华善堂蓝十救济总会提供之文献资料，2017 年。

表 4－3 祖师圣诞祝文

维 公元________年岁次________月________日吉旦之辰居
新加坡共和国________善堂主席________暨各位董事及诸坛子等
谨以香花茶果素品之仪　　供奉于
南无西竺东土本师宋国大士之莲座前曰
一花献瑞　　五叶流芳
附法藏于西乾　　播心宗于东震
兹届良辰　　恭集华坛
宣扬佛号　　称颂佳章
伏愿宗风永振　　祖印重光
觉花香遍于禅林　　法雨恩沾于海角
惟愿佛光普照　　圣寿无疆
华堂献瑞　　亿万斯年　　尚飨

资料来源：中华善堂蓝十救济总会提供之文献资料，2004 年。

在参拜仪式开始时，善堂工作人员会鸣钟鼓。这也是有讲究的。钟为晨钟，有“上达三界，启开愚智”之意；鼓为暮鼓，有“下传五方，渡

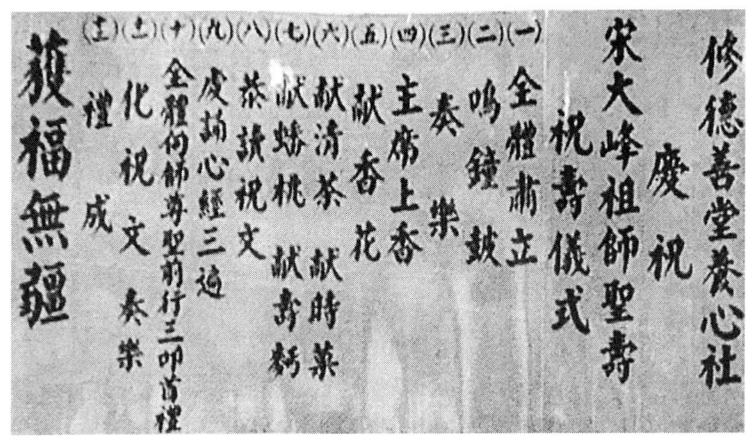

图 4－2　大峰祖师圣诞祝寿仪式程序

资料来源：中华善堂蓝十救济总会提供。

破迷濛”的作用。鸣钟鼓原来只需敲钟三次、击鼓五响，但为表“虔诚再三”，故善堂在祝祷仪式上通常行“九钟十五鼓”的传统。①

值得一提的是，有些善堂配合大峰祖师圣诞举行成立周年纪念庆典，并设素筵庆祝，除邀请堂员、信众、友堂代表、政府官员、地方基层官员外，还招待福利机构如老人院、疗养院里的年长者和社区内的乐龄人士，并在庆典上捐献善款给慈善机构和基层组织，以及颁发奖助学金给贫困家庭的学生，体现了祖师救贫济弱、慈悲为怀的精神，使这个常年“双庆”活动更具意义。②

表 4－4　大峰祖师圣诞建供仪式

建供首日		建供次日	
仪式	规范	仪式	规范
起鼓		落擂（五更，即寅时）	
福场初起	发奏关文	起鼓	
杨枝启请	请佛仪式	供佛仪式	杨枝早供
开点灵光	大士开光	宝忏初起	千佛鸿号

① 据中华善堂蓝十救济总会所提供文献资料，2004。

② 有关善堂周年纪念庆典概况，详阅本书第三章。

续表

建供首日		建供次日	
仪式	规范	仪式	规范
宝忏初起	十王宝忏	竖列神幡	竖幡科仪
宝卷初起	金刚宝卷	沐佛献供	十献奇珍
供佛仪式	天厨妙供	供佛仪式	天厨妙供
休息		休息	
起鼓		起鼓	
顶礼宝忏	十王宝忏	拜愿	妙法莲花普门
预礼宝卷	金刚宝卷	宝卷圆满	金刚宝卷
宝忏圆满	十王宝忏	宝忏圆满	千佛鸿号
后坛顶礼	佛说三经	加持孤台	佛说三经
休息		休息	
起鼓		起鼓	
开地狱门	宣鸣十音	济幽胜会	瑜伽焰口
十王福供	地藏宝灯	福场圆满	大谢送佛
安坛			
起擂(三更,即子时)			

资料来源：中华善堂蓝十救济总会提供之文献资料，2004 年。

第二节　慎终追远和冥孝观的表现：祭祖祀典

祭祖祀典是善堂常年的宗教活动，祭祖的时令按照华人传统，一般有春、秋二祭，有些善堂也举行夏祭和冬祭。因为深受儒家思想的影响，所谓“万物本乎天，人本乎祖”，[①] 因此“慎终追远，民德归厚”[②] 一直是华人社会最重要的传统价值观，而对先人的祭祀正是“慎终追远”价值观的一种仪式化，也是冥孝观的一种表现。[③] 其实，祭祀祖先的宗教活动

① 潜苗金译注《礼记译注》，浙江古籍出版社，2007，第 316 页。
② 杨伯峻译注《论语译注》，中华书局，1980，第 6 页。
③ 有关冥孝的讨论，见本章第五节。

是基于中国远古的祖先崇拜信仰，这与中国传统社会里祖先亡灵不灭的观念有密切的关系。

一 祭祖祀典源于灵魂不灭的观念与祖先崇拜信仰

祭祀祖先是祖先崇拜的重要组成部分。所谓祖先崇拜，从简单的字义上说，是指祭拜有血缘关系的先人亡灵。祖先崇拜其实是中华民族固有的文化属性，概括而言，“祖先崇拜就是相信祖先的灵魂不灭，并且成为超自然的一部分而加以崇拜”，[①] 它有着极其复杂与丰富的宗教思想内涵和多样化的崇拜仪式。在传统华人社会里，人们相信人是由魂与魄和合而成，“附形之灵为魄，附气之神为魂”，[②] 而人死后，主宰人形体的“魄”与主宰人之气的“魂”会分开，“魂气归于天，形魄归于地”，[③] 魄会留着跟随尸体，但灵魂却永远存在。H. D. R. Baker 在讨论华人观念中“灵魂分割”的现象时还指出，在华人的传统观念里，人死后其中一个灵魂直接去阴间，一个灵魂停留在尸体（坟墓）或骨灰中，还有一个灵魂则附于家中的“神主牌”，受子孙的供奉膜拜。[④] 从灵魂不灭这个观念加以引申，祖先的亡灵被神格化为“神明”，有超自然的能力。人们也认为逝世后的祖先和在阳世的子孙的亲属关系仍然可以维系，而通过各种宗教仪式祭祀祖先亡灵，正是确保这种关系得以延绵百世而不断的方式。因此，祭祖也就成为祖先崇拜最重要的一种仪式。[⑤]

早在中国的商代，民间社会已经有一套相当完整和系统化的祖先崇拜仪式。这套仪式以在夏、商、周三代就酝酿和建构起来的宗法制度为基础，也以服务宗法社会政治体制为依归，并一直流传和影响到数千年之后

---

① 曾玲：《越洋再建家园：新加坡华人社会文化研究》，江西高校出版社，2003，第135页。

② 李学勤主编，孔颖达正义《十三经注疏·春秋左传正义》，北京大学出版社，1999，第1248页。

③ 潜苗金译注《礼记译注》，第325页。

④ H. D. R. Baker，*Chinese Family and Kinship*（New York：Columbia University Press，1979），pp. 84－87.

⑤ 有关祖先崇拜的探讨，详阅李亦园《宗教与神话论集》，台北：立绪文化事业有限公司，1998，第172～173页。

的今天；虽然其中已经有不小的演变，但在华人社会里，包括海外华人社会，仍然产生很大的影响，许多传统的习俗和仪式还是保留了下来。必须指出的是，祖先崇拜在不同的历史时代，其社会功能的侧重点是有所差异的。“汉代以后儒家思想以祖先的祭祀为孝道的表现，在道德价值上巩固了‘祖先崇拜’的社会意义。”[①] 宋明以后，“特别是在华南地区，宗族组织发展迅速，‘祖先崇拜’的社会功能得到更大的发挥”。[②] 这样的发展使祖先崇拜成为个别家庭根深蒂固的传统信仰，也在个别宗族建构认同、加强归属和整合社群等方面扮演着重要角色。这样的功能在海外华人移民社会里更为明显，例如，祖籍地为中国东南沿海一带的新加坡各方言社群，其宗乡社团组织和其他一些宗教团体，包括潮人善堂，对祖先崇拜就极其重视。

众所周知，华人传统家庭在祖先忌日和时年八节都会在家中祭拜祖先，而春秋二祭更是中国传统社会里祭祀祖先的活动。每年清明和重阳，在中国，尤其是在农村，家家户户都会上山扫墓祭祖，已经成为自古以来相沿成俗的民间节庆。同时，各家族也会按照本族制定的一套礼仪规范，在宗祠里举行肃穆的祭祖仪式，祭祀当天也是族人欢聚的日子。随着中国东南沿海一带移民的南来，春秋二祭的传统习俗也传入新加坡。虽然在新加坡的华人社群里，祖先祭祀仪式也按古礼进行，但祭祀仪式本土化后有了一些改变，相对于祖籍地而言也较为简单。由于地理空间的局限与社会形态的特殊性，目前新加坡的春秋二祭多在宗乡会馆举行，是宗乡会馆重要的节日活动，并且依然发挥着传承和发扬传统文化和价值观以及凝聚族群和加强联系的社会功能。正如曾玲所指出，“祖先崇拜方式的改变是新加坡华人在不同于祖籍地的社会文化脉络下进行文化调整的结果”。[③]

---

① 曾玲、庄英章：《新加坡华人的祖先崇拜与宗乡社群整合——以战后三十年广惠肇碧山亭为例》，第 177 ~ 178 页。

② 陈支平：《近五百年来福建的家族社会与文化》，三联书店，1991，第 168 页。

③ 有关新加坡祖先崇拜的特征与宗乡社团春秋二祭的情况，参见曾玲《越洋再建家园：新加坡华人社会文化研究》，第 203 ~ 211 页。

二　潮人善堂的祭祖仪式

在新加坡，多数潮人善堂会在正坛之旁或殿堂的后座专设一厅，供堂员善信供奉先人神主牌，也可供长生禄位，即未过世者先立神主牌（见图4-3），目的是为那些因各种原因没有在家里供奉先人神主牌的堂员善信提供一个安奉先祖神位之处。当然，提供这项服务也为善堂带来一定的收入，可以作为日常运作或慈善活动的经费。

图4-3　长生禄位与神主牌

资料来源：中华善堂蓝十救济总会提供。

这些供奉神主牌的厅堂，一般称为“功德堂”或“功德厅”（见图4-4），也有冠以其他称呼的，例如，修德善堂养心社将之称为“崇德堂”，南凤善堂则称为“缅怀堂”。功德堂环境卫生，其内装饰整洁清雅，虽终年香烟不熄，却一尘不染，明亮洁净。有些善堂在功德堂大门入口处，供奉主宰地府的“幽冥教主”——地藏菩萨，以渡堂内神主亡灵。功德堂平日开放，方便神主亲属随时前来祭拜，缅怀先人，慎终追远。

图 4－4 功德厅

资料来源：《同敬善堂诚善社庆祝钻禧纪念特刊（1943～2013）》，第 104 页。

善堂循例在时年八节配合堂庆、祖师诞辰等其他节庆备办祭品，于功德堂举行祭祖祀典。除董事职员参与外，善堂也会发通告或信函邀请神主后裔亲属和堂员、善信等前来共同拜祭（见图 4－5、图 4－6）。有些善堂还会请戏班敬演潮剧，设素筵联欢。善堂的祭祖仪式遵照潮俗古礼，“先是禄位点主，鸾乩开展，继之通赞奏乐，主祭就位，陪祭入列，再由主祭顺序完成盥洗、上香、献祭、读祝、献帛、侑食诸礼，至饮福受胙，并致嘏辞而告结束，场面极为肃穆”。① 善堂祭祖仪式对香案的摆设也极其讲究，神龛上摆满丰盛的祭品（见图 4－7、图 4－8），工作人员在大香炉上系上金花红绸，“正坛煊炉缭绕焚起，各案烛台红烛高辉，一对对花瓶插上生花”。②

一切准备就绪后，仪式在午时（上午 11 时）正开始。主祭、陪祭、礼生以及其他工作人员一律穿上长袍马褂，各司其职。工作人员首先敲击置于堂门口，悬挂于架上的“钦空”（一种铜制的敲击乐器，潮人以其发

① 《新加坡修德善堂养心社庆祝宋大峰祖师圣诞暨成立八十五周年千禧纪念特刊》，第 168 页。

② 《祭祖祀典》，中华善堂蓝十救济总会资料，2016，第 1 页。

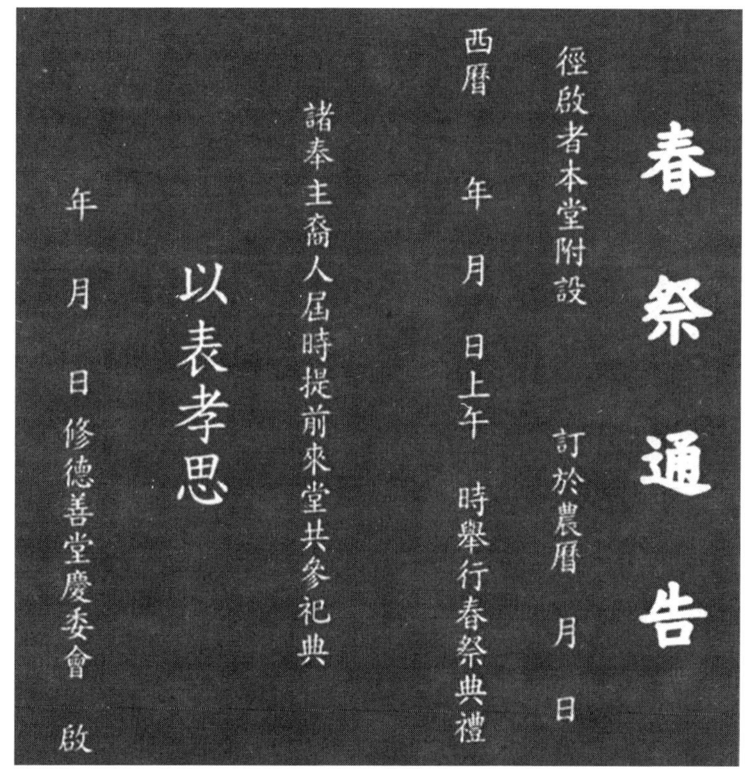

图 4－5　善堂张贴的春祭通告

资料来源：中华善堂蓝十救济总会提供。

出“钦空”之声取名），意在通知供奉于功德堂内诸“公妈”（即神主）、参加祀典的神主后裔亲属以及其他善信等，仪式即将开始。紧接着，通赞（司仪）宣布“启鼓”，三轮锣鼓响后，通赞与引赞（或称主引官，为协助引导仪式进行的另一位工作人员）一来一往对唱，引领各人按照程序举行祭祀仪式。中华善堂蓝十救济总会提供的资料对仪式的程序有如下的描述：

> 主祭官（善堂董事会主席或由祖师指定人选）盥首净巾，入神位前上香行三叩首礼，继以醮酒灌地，代表祭天祀地，再把酒酌满祭公妈祖先，继以献茶荐饭。主引官引主祭官行初、亚、三献礼，当中就有献酒、献馔。其中主祭官带领众位奉主裔人，一起跪下听由长者

庆祝诸佛神圣晋庙六十六周年纪念暨夏祭祀典

致：本社诸位永远荣誉/荣誉/名誉主席，社友/准社友

敬启者：农历四月廿七至廿八日（2015年6月13至14日）星期六至日（二天）为本社庆祝诸佛神圣晋庙六十六周年纪念恭请大德僧伽启建千佛宝忏/三昧水忏法会暨经乐股启建福醮二天连宵。功德堂、孝德堂、延德堂新神主点主及长生禄位升龛举行夏祭祀典及老赛桃源班敬演潮剧二天连宵。

其他仪式则循例照常进行如下：

农历四月廿七日（13-06-15）星期六：

上午八时半鸣钟鼓，开始礼忏千佛圣号法会。
上午十时，功德堂、孝德堂、延德堂新神主点主及长生禄位升龛。
上午十一时，举行夏祭祀典。
晚上七时半设素宴恭待永远荣誉/荣誉/名誉主席、嘉宾、各友堂代表及社团代表。

农历四月廿八日（14-06-15）星期日：

上午八时半继续法会经忏仪式（三昧水忏上/中/下三卷）。
中午十二时，集众参拜诸佛神圣，庆祝晋庙纪念。
下午小蒙山施食一堂普施孤魂。
晚上七时半设素宴恭待嘉宾及本社社友/准社友。
晚上十时半庆祝仪式圆满。

1. 社友/准社友，善信如要参加沐鸿恩求福者，可填妥附上之表格连同支票，于农历四月廿二日之前寄回本社或亲临本社报名参加，收入作为慈善用途。
2. 庆典期间，参拜诸佛神圣及祭拜祖先，一概鲜花、水果斋品等。
3. 如有在本社或芽笼东分堂晋主者，请在农历四月廿七日上午十时以前到达本社（文德路1-A）参加祭典，藉表孝思。
4. 社友/准社友之亲戚朋友如有在本社或分堂晋主者，烦代通知祭典事项。
5. 本社经乐股于农历四月廿四日至五月初一日，暂停为外聘礼佛，对社友或社友之福荫人则需约量情形。
6. 中医药施诊所照常为需要人士服务。
7. 社友或准社友若搬迁新址，请记得通知本社办事处，以便保持联络。
8. 社友月捐或准社友年捐，可在每日办公时间（9am-5pm）到本社缴交或以划线支票寄交，本社无派收捐员登门向社友/准社友收取任何捐款。

同德善堂念心社

社庆委员会总务：郑佩莲 启

图4-6 善堂张贴的夏祭祀典通告

资料来源：笔者收藏。

> 致告文（即祝文，见图4-9），之后授酒再听由长者致嘏词，每读皆行三叩首礼。最后是撤馔化财。礼成，设胙酌（俗称祖公桌），作为颁胙的仪式。①

“嘏词”指“古代祭祀时，执事人（祝）为受祭者（尸）致福于主人之辞”。② 善堂祭祖祀典的嘏词是由长者或礼生代祖先致子孙的。内容如下：

① 《祭祖祀典》，中华善堂蓝十救济总会资料，2016，第1页。

② 查字典，https://www.chazidian.com/r_ci_cb1b4bf72d299296e4b31031d49b2d86/。

牙筷、茶杯、酒醽十二付具备

十二碗饭	
有头芥菜	以碗水浸配。
十二碗头	鸡、鸭、鱼、猪肉、肉丸、鱼丸、素品各三样、甜品各三样。
五果一付	香黄、弓蕉、大吉、石榴、鸭梨。
六斋一付	金占、木耳、冬粉、豆支、香菇、发菜。
糕饼六付	绿豆糕、贡糖、软糕、马蹄酥、豆枋、烙饼。
全猪全羊	刚鬣柔毛。
猪首五牲	猪头配鸡、鸭、鱼、猪肉、螃蟹。
毛血二碟	取之猪羊耳朵后，用于祭典中埋于正龛墙沿，称为“瘗毛血”，意在告知公妈祭品是“洁牲”，以示虔诚。
三馔一付	鸡、鸭、鱼由十二碗头吊出来在三献礼中拜献。
茶荖进盒	放置进盒架顶格。
福圆一盘	祭祀祖先必备之三甜碗。
面条一盘	祭祀祖先必备之三甜碗。
甜钱一盘	祭祀祖先必备之三甜碗。
面前一付	放置面前架“祭如在”摆设。
槟榔古一个	加入橄榄十二粒（代替以前之槟榔）和大吉一对。
红粿桃一盘	四十个。
发糕配红团	五个。
五粿一付	放置五格架中格。
五脯一付	铁脯、鱿鱼、墨脯、三板干、麻鱼干放置五格架下格，如斋祭则免之。
五豆一付	豆枋、饼桃、鹿饼、大吉、弓蕉放置五格架顶格。
茅花一枝	直插于沙碗中央。
茅沙碗一付	安置案桌下于桌裙后。
表礼一付	化财望燎用。
尺头纸	行三献礼，一切尽在献宝帛之时献之。
金银宝帛	行三献礼，一切尽在献宝帛之时献之。
面盆面巾	面盆盛水加一枝红花，面巾浸入。

图 4－7　祭祖仪式的主要祭品与用具

资料来源：《祭祖祀典》，中华善堂蓝十救济总会提供。

祖考命工祝　承致多福无疆　于尔子孙　来尔子孙　俾尔受命于天　宜稼于田　眉寿永年　莫替引之①

另有一个版本：

祖考命　公（工）祝　承致多福无疆　俾尔受录于天　愿尔眉寿永年　于尔子孙　赐尔子孙　宜勤于学　宜稼于田　宜精于艺　宜精于商　莫替引之②

① 《祭祖祀典》，中华善堂蓝十救济总会资料，2016，第 3 页。

② 《马来西亚柔佛州麻坡报德善堂 50 周年金禧纪念特刊（1961～2011）》，麻坡：报德善堂，2011，第 133 页。

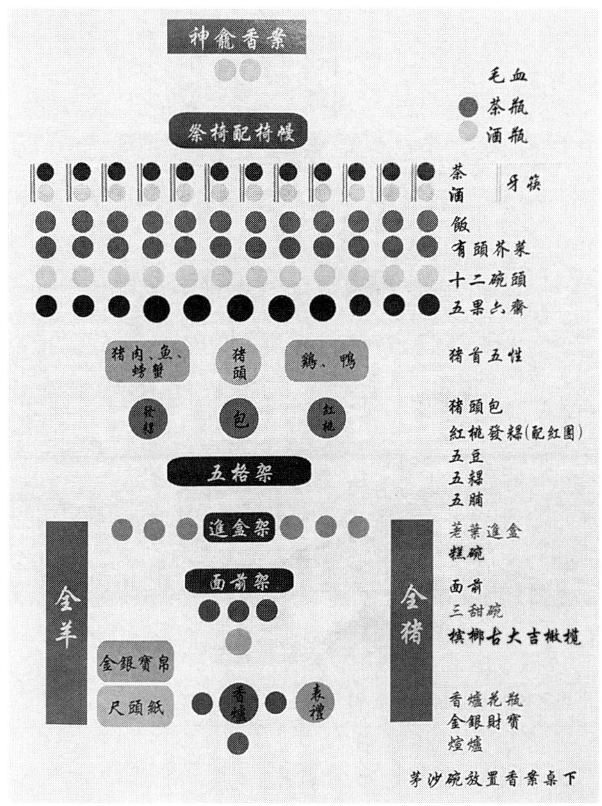

图 4－8　祭祖香案摆设

资料来源：中华善堂蓝十救济总会文献资料，2004。

至于善堂举行祭祖后“设胙酌”和“分胙肉”，虽说是按潮州人的传统，其实是源自中国古代的分胙礼仪。这个仪式起源于原始社会的图腾文化中宰杀和分食图腾圣物的古老习俗，后来逐步发展和演化，成为中国人祭祀文化体系中的一种礼仪。“胙”就是祭肉的意思，也有“酬灵”之意。古人祭祀祈福时以家畜酬神，据说祖灵在享用祭肉之后，会将福祉寄寓在祭肉中，所以在祭祀后将胙肉分割而食，能够得到祖先对子孙的祝福。因此，分胙遂成为宗族祭祖祀典的一个重要环节。

还须提及的是，善堂在举行祭祖祀典当天，通常会先在上午 10 时举行禄位点主（即新神主）晋龛仪式。所谓“点主”，就是用毛笔漆上金

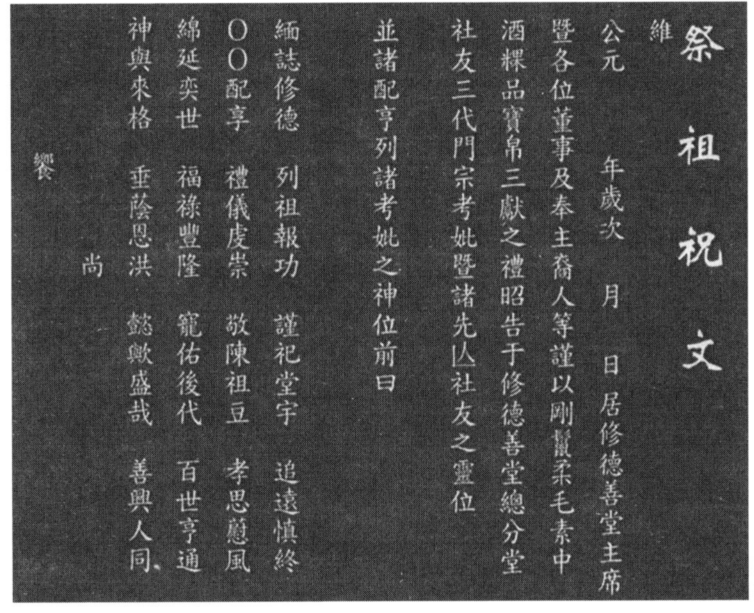

祭祖祝文

維
公元　年歲次　月　日居修德善堂主席
暨各位董事及奉主裔人等謹以剛鬣柔毛素中
酒粿品寶帛三獻之禮昭告于修德善堂總分堂
社友三代門宗考妣暨諸先亾社友之靈位
並諸配享列諸考妣之神位前曰
緬誌修德　列祖報功　謹祀堂宇　追遠慎終
○○配享　禮儀虔崇　敬陳祖豆　孝思悳風
綿延奕世　福祿豐隆　寵佑後代　百世亨通
神與来格　垂蔭恩洪　懿歟盛哉　善與人同、
尚
饗

图 4－9　祭祖祝文

资料来源：中华善堂蓝十救济总会提供。

粉，在新神主牌下端的“王”字上点上一点，即成“主”字，点主官同时大声念出吉祥韵语：“一点是主，神灵归府，福荫子孙，富贵长久。”①凡新神主升龛，届时其后裔要到功德堂参加追荐会，召请先人亡灵到来，接受祖师降鸾点主，这样神主才能升龛，在午时和其他神主一起接受祭祀。

第三节　凝聚内外扩大善堂网络：老爷装金

新加坡的潮人善堂香火鼎盛，尤其是每逢初一、十五，或其他时年八节，来上香祭拜的善信络绎不绝。善堂内的神像在香烛烟灰久熏之下，自然日渐失去光泽，故此，善堂一般每隔五年便会为堂内供奉的神佛金身重新“装金”，也即是将神像清洗后再漆金，善堂界称之为“老

① 中华善堂蓝十救济总会资料，2004，第 58 页。

爷装金”。这个五年一次的“装金”工作对善堂而言，是一件意义重大的盛事，故而同时举行一系列庄严的仪式和盛大的庆典，主要有“掩光退殿”、“圣像装金”、“开光升殿”、“取香茶水”和“大庆师诞”五项传统宗教活动，也即是所谓的“五庆”。[①] 下文将以修德善堂养心社为例，辅以中华善堂蓝十救济总会和大芭窑修德善堂所提供的文献资料，对前四项仪式加以论述，有关第五项“大庆师诞”，笔者已在本章第一节做了阐述。

一　从掩光退殿到开光升殿

“五庆”从“掩光退殿”开始，其后为“圣像装金”，再举行诸神佛金身“开光升殿”的隆重仪式。善堂执事者首先请祖师降鸾乩示，择日掩光并指定由哪一位董事主持仪式。在举行仪式当天，工作人员备好供品，一般由董事会的总、司、财共同参拜祖师及诸菩萨，为诸神佛金像掩光。工作人员预先将香炉里的香灰盛于一小盘里，主持掩光的董事上到神龛后，先用右手拇指蘸上香灰，将之抹于镇坛祖师的额头、双眼、鼻孔、口、耳、胸口、手脚之关节、所持之法器，然后按顺序为书童爷（即祖师之书童）及诸菩萨掩光（仪式程序与供品见表4－5、表4－6）。

表4－5　“掩光退殿”仪式参拜程序

1	全体肃立
2	鸣钟鼓、鸣磬及木鱼
3	主席上香
4	全体向师尊暨诸菩萨圣前行三叩首礼
5	礼成
6	由师尊乩选董事主持掩光

资料来源：中华善堂蓝十救济总会提供。

① 中华善堂蓝十救济总会提供之文献资料，2017。

表 4-6 “掩光退殿”仪式供品/用品

供品	五果、六斋、茶荖进盒、红桃、发粿、清茶 12 杯、福圆面条
安龛用	福圆一大盘
掩光时备用	取自金炉里香灰一小盘
退殿用	八仙桌数张

资料来源：中华善堂蓝十救济总会提供。

掩光仪式结束前，主席带领各董事及工作人员恭请祖师及诸神佛金身退殿，也即是将各尊神像置于预先摆放在一旁的八仙桌上。之后，善堂工作人员须查点神像数目，据名称逐一拍摄和记录在文件上，再交由负责神像清洁和漆金工作的承包商查点后签收。当然，善堂和承包商要各持一份神像移交清单，以便神像装金后善堂查点接收。

当各尊神像降龛退殿后，善堂工作人员会在空殿中央放置一个印有“囍”字的大盘，盘里盛满福圆（龙眼干）。在诸神佛金像装金期间，许多善信会踊跃乐捐，他们认为“装祖师暨诸佛菩萨金身，就是为自己装金”。① 有趣的是，有些善堂还在祖师和诸菩萨神像腹内藏“法宝”，例如五色线（代表腹肠筋胃）、算盘子（象征测算能力和思想智慧）、五谷子（寓意生活美满，丰衣足食）等。②

开光升殿仪式也是由祖师降鸾，择时日举行，并指定由哪几位经生主持仪式。神像漆金工作最迟必须于是日完成，送回善堂。当天，善堂经乐股也将举行一天的建供仪式，以示庆祝。祖师定下开光吉日时辰后，善堂执事人将发函邀请本堂，各总、分堂和友堂全体董事及职员来参与仪式盛典。

开光升殿当天，善堂主席与各总、分堂主席在大殿内列队，准备恭请祖师及各神佛金身升龛。吉时一到，即由祖师乩示指定的经乐股人员开始为神像开点灵光，经生们“念动真言咒语，乃至天眼遥视，金光恒照”。③ 诸神佛金身开光后，在鼓乐齐鸣之下，善堂主席率领总、分堂董事职员供

① 中华善堂蓝十救济总会文献资料，2017。
② 中华善堂蓝十救济总会文献资料，2017。
③ 中华善堂蓝十救济总会文献资料，2017。

奉祖师及诸神佛金像升龛，众坛子（董事、工作人员等）也在这时对准诸神宝座投币，意味着"沾光升官"，图个吉利，祈求安康。各金像升龛后再由主席掷筶求师尊赐圣杯以确定金像是否供置安正。求得圣杯后，主席带领总堂、分堂、友堂职员及观礼的众善信参拜祖师（升龛仪式程序与参拜程序见表4－7、表4－8），整个开光升殿仪式才告完成。仪式结束后，善堂将准备好的甜圆（即汤圆）送给各董事及善信，意为祖师福佑诸事圆圆满满、甜甜蜜蜜。①

表4－7　升龛仪式程序

1	全体齐集，虔诚肃立	主席率领总、分堂主席排首列，各堂总、司、财次列，协助参拜仪式，各堂代表、堂员及善信列后同参拜
2	鸣钟鼓	
3	奏乐	由经乐股伴鼓启奏升殿乐章
4	各堂主席董事恭请祖师暨诸佛菩萨金像晋升宝座	
5	主席祈筶	
6	升殿圆满	

资料来源：中华善堂蓝十救济总会文献资料，2004。

表4－8　开光升殿参拜程序

1	参礼仪式开始	各堂主席就位，礼生、司事就位
2	全体肃立	
3	奏乐	由经乐股伴鼓启奏升殿乐章
4	主席上香	
5	献香花	
6	献清茶	
7	献时果、献蟠桃、献寿面	
8	恭读祝文	由经生恭读，祝文样本见图4－10
9	恭诵《心经》三遍	由经乐股领众诵读
10	全体向祖师暨诸佛菩萨圣前行三叩首礼	
11	奏乐，化祝文	
12	礼成	

资料来源：中华善堂蓝十救济总会文献资料，2004。

① 中华善堂蓝十救济总会文献资料，2017。

疏　文

伏以
妙应本虚　惟至虚而灵应　真空无相　乃假相以显真　极大难名
圆光普照　今据
　新加坡共和国　　　　　　　　　　福地据住　奉
佛献供　开点灵光　晋升宝座　祈福迎祥　讽礼经忏
　植福　善堂　　　暨各理事及诸坛子善信等
　维日金瓶花艳　宝鼎香飘　诚心百拜　叩于
莲座世尊　俯纳葵枕　言念众等　生居盛世　各种福田
　布慧风拔拂于尘寰　俾幻体均应于康泰　一善未修
　三生何托　众念
　梁武之因缘　感
　饮光之果报　敬集净资　夙植善根　尊行
圣教　不植微因　难希胜福　缘师尊金像陈旧　奋然立愿塑桩
　今已乐成　感祖师之恩光　兹策谷旦取吉今月　　日
　敬开宋大峰祖师暨诸佛菩萨金像灵光　晋升宝座　乃具疏而
　通诚　谨以是日讽经礼忏　率众拈香　以此微因　希图洪福
佛日增辉
灵光碧照
　通灵显应　亘万古而恒然　福寿康宁　昇十方而不替
　国无烽火之灾　家获祯祥之瑞　万民安乐　各业齐兴
　谨疏
　　　以
　　闻
　　　天运　　年　　月　　日　　　　疏

图 4－10　开光升殿疏文

资料来源：中华善堂蓝十救济总会提供之文献资料，2017。

图 4－11　开光仪式用具

资料来源：中华善堂蓝十救济总会提供。

表 4－9　开光仪式用具/供品

1	红盘	每位经生一份
2	朱砂	每位经生一份
3	毛笔	每位经生一份
4	镜子	每位经生一份，喻借太阳反射之光为神像开光，镜子正面用朱砂写上“佛光普照”
5	面布（脸巾）	每位经生一份，开光仪式前用来将神像抹干净
5	三色符	从左至右排列：红、黄、青
6	扣金扣银	12 对（神像较少则相应数目减少），对折成三角形，较易用手执着火化
7	甜圆	12 碗，在仪式后用以拜祖师，意为各事圆满

注：供拜诸神佛礼品依照常规备办，包括天地父母、祖师、师童爷、观音菩萨、地藏王菩萨、伯公、司命公等众神袍。

资料来源：中华善堂蓝十救济总会提供之文献资料，2017。

二　“取香茶水”仪式

“取香茶水”仪式是五庆之一，在金像装金升龛之后、大庆祖师圣诞之前举行。除了每隔数年为神像重新漆金而举行“五庆”，新善堂的成立，需要定制新神像，开光升殿；而善堂搬迁至新堂所或在原址重建新堂，一般也会为神像装金，同样要为装金后的神像举行开光升殿仪式，也因此大多会举行“取香茶水”的隆重仪式。①

“香茶水”指的是旃檀香（俗称大龙香）、雀舌茶、漕溪水，从仪式的意义上来说，是用最上等的香、最极品的茶和最洁净的水来供奉祖师和诸神佛。取香茶水的吉日和地点通常由祖师乩示，原则上国内经营香烛和茶叶的业者皆被列入候选名单。至于取水，以前通常要选择到有井水的寺庙，现在的庙宇大多没有井，就不再那么讲究了。在祖师谕示后，善堂执事者便前往被祖师谕定的香庄、茶庄和寺庙，提呈公函和帖文（见图 4－12、图 4－13），商议仪式细节，并将“标红”（见图 4－14）贴在商号门口。有关寺庙还须在举行仪式之前的 7～10 天内“封井”，也即是将当日要取水的水喉头用一块红绸布包起来，以确保水源洁净。善堂也发公函到

① 除了修德善堂养心社（总堂）定期每五年为神像装金，故每五年就举行取香茶水仪式外，其他善堂皆不定期举行，只有经祖师降鸾谕示或善堂理事会开会议决才会为诸神明的神像装金，并举行取香茶水仪式。

举行仪式当天沿途所要拜访的友堂，它们都是关系较为密切的善堂，或是同属蓝十救济总会团体会员的友堂，或是同脉的分堂。有时，善堂也会循本堂或其他善堂领导人之请，在取香茶水仪式当天，沿途恭请“祖师圣驾”莅临他们的住家，给予赐福保佑。

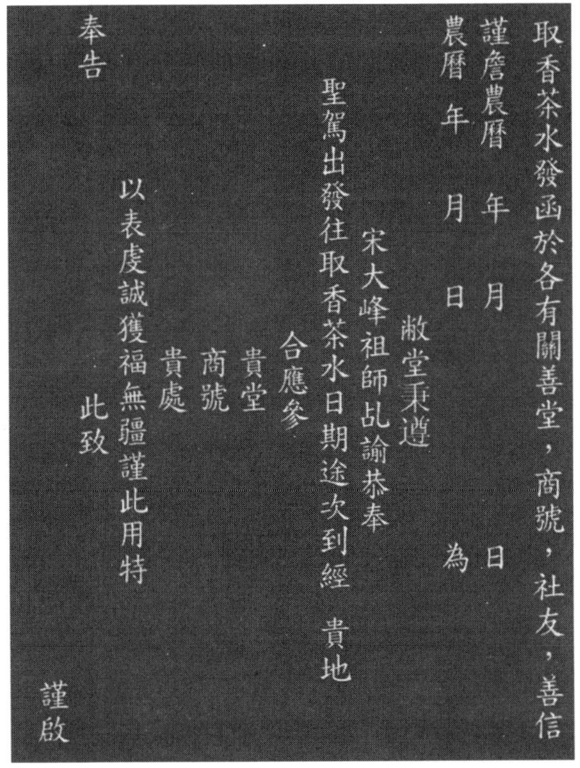

取香茶水發函於各有關善堂，商號，社友，善信

謹詹農曆　年　月　日

農曆年　月　日　為

敝堂秉遵

宋大峰祖師乩諭恭奉

聖駕出發往取香茶水日期途次到經　貴地

合應參

貴堂

商號

貴處

以表虔誠獲福無疆謹此用特

此致

奉告

謹啟

图 4－12　发给有关善堂、商号、社友、善信之公函样式

资料来源：中华善堂蓝十救济总会提供。

表 4－10　取香茶水仪式需备之吉祥物品

取香	灵符、金花、红绸 红布旗、三色符	每灶香一副 分予商家
取茶	灵符、金花、红绸 红布旗、三色符	用以封茶盒 分予商家
取水	灵符、金花、红绸 红布旗、三色符	封 2 个水桶，封条上书“谨詹　年　月　日谨封” 分予寺庙

资料来源：中华善堂蓝十救济总会提供之文献资料，2017。

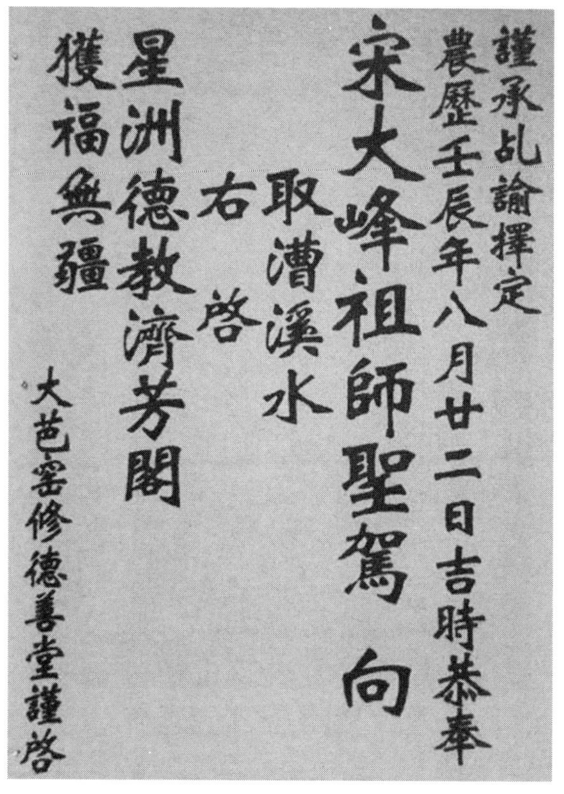
謹承乩諭擇定
農歷壬辰年八月廿二日吉時恭奉
宋大峰祖師聖駕　向
取漕溪水
右　啓
星洲德教濟芳閣
獲福無疆
大芭窑修德善堂謹啓

图 4－13　取香茶水帖文

资料来源：李洁颐主编《保留传统　承继文化：大芭窑修德善堂宋大峰祖师晋庙（一九四二至二零一七年）》，新加坡：大芭窑修德善堂，2017，第 25 页。

出外取香茶水沿途路线及时间表，善堂负责人已预先编排妥当，一般先往取香，第二站取茶，再去取水，之后才莅访友堂和其他预约好的商号。举行仪式当天，由善堂经乐股“护祖师圣驾”出銮，沿途锣鼓喧天、弦乐齐鸣，随队的善信手持锦旗、红布、贡香。通常仪式会在当天上午七八时开始，在一天之内完成取香、取茶和取水的仪式以及拜访友堂。出游的队伍主要以罗厘卡车（Lorry）、旅游巴士或小汽车为交通工具，罗厘车载送祖师“香杞”（即置有大峰祖师香炉和佛像的一台座驾，类似无顶的小轿，见图 4－15）、其他神器和法器，以及“文武畔”（即锣鼓和弦乐队伍）和工作人员，善堂领导人和善信则多乘旅游巴士或汽车。队伍到达目的地所在路口后下车，以固定的队列步行前往目的地，前方有善堂工作人员以

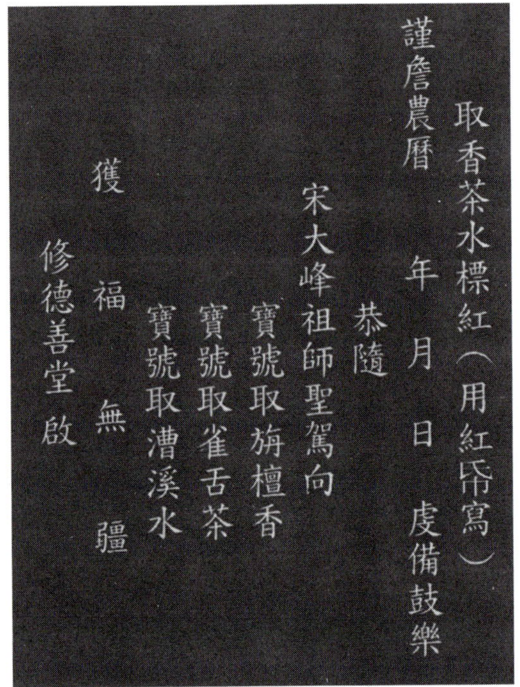
取香茶水標紅（用紅帋寫）
謹詹農曆　年　月　日　虔備鼓樂
恭隨
宋大峰祖師聖駕向
寶號取旃檀香
寶號取雀舌茶
寶號取漕溪水
獲　福　無　疆
修德善堂啟

图 4－14　取香茶水标红样式

资料来源：中华善堂蓝十救济总会提供。

图 4－15　祖师香杞

资料来源：李洁颐主编《保留传统　承继文化：大芭窑修德善堂宋大峰祖师晋庙（一九四二至二零一七年）》，第 23 页。

柳枝泼洒“红花（石榴花）水”清净驱邪，为祖师圣驾开路（参见图 4－16）。各善堂的队列大同小异，唯工作人员多寡不同。商号及友堂负责人都会到路口恭迎祖师，并敬备香案，虔诚礼拜。

	净水洒路	
马头锣	堂旗	马头锣
高灯		高灯
彩旗	社旗	彩旗
敲锣（8人）	敲锣（8人）	
		钦仔
		深波
钹仔		钹仔
	鼓	
大钹（4人）	唢呐	大钹（4人）
龙头炉		龙头炉
灯笼		灯笼
宝幡条		宝幡条
	祖师香祀	
	善堂董、职员	
	善信	

图 4－16　善堂“取香茶水”队伍排列方式

资料来源：田野调查记录，2005 年修德善堂养心社“取香茶水”仪式。

在祖师圣驾莅临前，主方负责人早已在那里设好香案，备有五果、六斋、茶荖进盒、神锭、香烛等供品，恭迎祖师。到访善堂的主席或执事人将祖师的香炉和圣像移至香案上后，在双方领导人的带领下，全体人员开始参拜祖师。参拜仪式完成后，善堂将取回三炷大龙香，带回堂前大殿点燃（见图 4－17）。至于茶，回程时会将茶叶供在小神龛中抬回本堂，用以供佛。善堂取回的水有两桶，一桶带回庙用来泡茶供奉堂内神明，或给众善信喝，以保平安，另一桶则作为日后举行庆典时道场建供所用（见图 4－18）。善堂也备有上堂号的“香旗”，送去取香茶水的商家、寺庙和沿途所拜访的友堂或分堂。有关取香茶水仪式的程序和“护驾”需备物品、供品，见表 4－11、表 4－12。

图 4－17　旃檀香（大龙香）

资料来源：李洁颐主编《保留传统　承继文化：大芭窑修德善堂宋大峰祖师晋庙（一九四二至二零一七年）》，第 24 页。

图 4－18　系上金花、红绸、灵符的雀舌茶、漕溪水

资料来源：李洁颐主编《保留传统　承继文化：大芭窑修德善堂宋大峰祖师晋庙（一九四二至二零一七年）》，第 23 页。

表 4 - 11　取香茶水程序

出发前	·主席进香后请香炉入香杞，副主席或司理（总务）、财政请祖师像入香杞 ·鼓乐队开始鸣鼓乐，工作人员将祖师香杞抬上罗厘车后，所有人员各自上车就位，出发
第一站 取旃檀香	·抵达取香地点后，由善堂主席、总务、财政请祖师香炉及佛像入香店，置于预先准备好之香案左边，祖师像置于香案中央 ·善堂主席上香参拜后，先插在香店所备之香炉上，再将香插在祖师香炉中。鼓乐队奏乐（奏八仙） ·取香 4 副（每副 3 炷），在各副香的中间一炷安上金花、红绸，每副香后各安红、黄、青三色符 1 副（每炷香安一道） ·工作人员将香扛上罗厘车 ·参拜完毕后，善堂主席与香店负责人对换大橘及红包（大橘盘 12 个），善堂主席也赠送祖师红旗给香店 ·香店负责人将祖师像及香炉恭送回香杞，鼓乐队奏乐，出发往第二站取茶
第二站 取雀舌茶	·抵达取茶地点后，由善堂主席、总务、财政请祖师香炉及佛像置于茶庄预备之香案供参拜 ·参拜程序与上述取香程序同 ·茶庄须先将三罐（盒）茶捆成品字形，置于香案上。善堂工作人员在茶罐（盒上）系上金、红绸及三色符各一副后，带到香杞上 ·参拜完毕后，善堂主席与茶庄负责人对换大橘及红包（大橘盘 12 个）。善堂主席也将祖师红旗赠送给茶庄负责人 ·茶庄负责人将祖师像及香炉恭送回香杞，鼓乐队奏乐，出发往第三站取水
第三站 取漕溪水	·抵达取水地点后，由善堂主席、总务、财政请祖师香炉及佛像置于主方（即提供漕溪水之庙宇）预备之香案供参拜 ·香案供品由善堂负责办理，包括三个甜碗糕、五果、六斋、茶荖进盒、香烛、宝锭 ·善堂主席参拜主方供奉之主神。供品为香烛、神锭、中七钱、百解贵人钱、茶装进盒、大橘四个（备两份，一份拜天公，一份拜主方神明） ·善堂执事人事先向主方请示在庙宇内哪一处取水，并提早一天到该处以金花、红绸封水喉头 ·取水当天须拜主方水神。须备供品与物品（见表 4 - 12） ·由善堂主席参拜水神。上香、献神锭、化神锭，然后拆去前一天封住水喉头的金花和红绸，化三色符，绕水喉头 3 圈，将白米铜镭撒于水喉头周围地上，之后即可开水喉头取水 ·备两个水桶，取水后以封条封上，安红、黄、青三色符（除非祖师另有指示）、红花一枝、金花、红绸，在水桶上插 3 炷香，再放到载送香杞的罗厘车上 ·水桶担上车时，鼓乐齐奏。善堂主席与主方对换大橘，主方恭送祖师像及香炉回香杞，前往下一站 ·前一桶水用于当日在善堂内拜祖师及诸神佛，后一桶水置于供台前，日后举行庆典时用来拜佛祖神明

资料来源：中华善堂蓝十救济总会文献资料，2017。

表 4-12 取香茶水仪式“护驾”需备物品，拜水神供品

护驾用品	香炉、祖师像、鼓乐、香杞、马锣、金锣旗、高灯、彩旗、水桶、柴担、红花洒路净水桶、随驾灯笼、香炉、幢幡	
拜水神供品	五果、六斋、茶荖进盒、白米铜镭一盘（12 个）、甜碗糕 3 个、神锭、中七钱、百解贵人钱、香烛	五果指 5 种水果；六斋指 6 种素食品；茶荖是茶叶与荖叶；白米铜镭即在一个红色或刻有“囍”字的盘里盛满白米，在其上摆 12 个古铜币（铜镭是潮语铜钱之谐音）；神锭、中七钱、百解贵人钱是不同类别的金银纸
拜水神物品	烛台、香炉、三色符	

资料来源：中华善堂蓝十救济总会文献资料，2017。

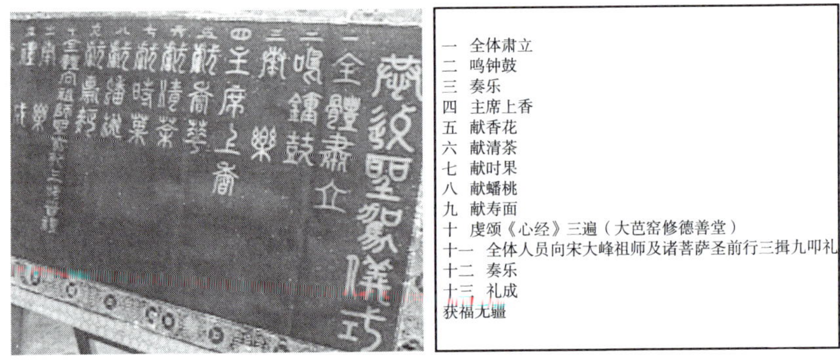

图 4-19 友堂/分堂“恭迎宋大峰祖师取香茶水圣驾”参拜仪式程序

资料来源：大芭窑修德善堂提供。

三 取香茶水的意义：加强凝聚力与扩大善堂网络

“取香茶水”这个仪式虽然简单，但它所带来的隐性的商业互动和长远的商业关系却值得我们注意。

对业者而言，神明能驾临本店取香或茶，是一种荣耀和福祉。他们认为被祖师选上，将受到祖师的赐福与庇佑，除此之外，也表示该店之香或茶属极品，这就具有极高之商业宣传价值。在取香茶水的仪式中，善堂除了取回三炷大龙香和数盒雀舌茶外，还会向业者采购其

他种类的香烛和茶，供平日之用。善堂也会预备好一封红包付给业者，红包内的数额相当于所取物品的价格。业者多会回赠一封红包捐给善堂作香油钱。随队的善信在时间允许时也会购买一些香烛和茶叶带回家。到哪一家香烛店和茶庄取香和茶都是祖师降谕的，这些商家过去或与善堂毫无来往，但在参与取香茶水仪式后，每年的堂庆典礼，善堂都会请他们出席，这些商家也会与善堂保持联络。我们不难推论，在仪式过后，善堂和这些商家在此基础上必然会有进一步的商业联系，比如，善堂往后日常需要添购香烛和茶，或会向这些商家购买，善信也同样会再光顾这些由祖师乩点的商家；而这些商家也会继续参与善堂的各种活动，甚至赞助一些慈善项目，以促进与善堂和善信的联系，获得更多的商机。

从这个角度来看，取香茶水仪式实际上也含有一些"商业来往"的性质，虽然没有留下任何正式收据，但这种隐性的商业互动却含有一种加强联系、强化信仰网络的作用，并不是一种纯粹以金钱利益为目的的商业交易。至于善堂取水的寺庙，虽然不是商业机构，不会出现上述的隐性商业互动，但无疑也有促进善堂，包括参加仪式的善信与寺庙间联系的积极作用。此外，善堂送予商家、寺庙和沿途所拜访的友堂或分堂的"香旗"上印有堂号和进香的字样，被视为附有祖师的法力，接受香旗的商家、寺庙、友堂或分堂会将香旗供奉于神龛中，而这也是双方加强友好关系和凝聚力的一种表现。

总之，无论是和商家之间的隐性商业互动，还是和庙宇、友堂之间建立密切的联系，都对以大峰祖师信仰为中心的善堂网络的扩大与巩固有重要和正面的影响。关于这一点，笔者将在第五章详细论析。

第四节　"善"的宣导与推动力量：扶乩

扶乩（planchette writing，俗称 spirit-writing），又称扶箕、扶鸾，原是古代占卜形式的一种，是卜者通过乩手和法器，观察箕（乩）的动静，或据箕所画出之文字，以测神意的一种宗教活动。[①] 从许地山《扶箕迷信的研究》一书里所搜罗各类有关扶箕活动记载的资料来看，宋代沈括《梦溪笔谈》和洪迈《夷坚志》已有关于扶箕的传说和活动的记述。据陈进国的研究，唐宋以来，常见的扶乩形式有两种：一种是“用取桃李之有两叉者，削其头如笔状，令两人各以一手持其柄，念动咒语精神，桃枝则跃跃动，书字书药，甚或抒写诗歌，朗朗可诵”；另一种是“倒扣畚箕、饭箕、米筛等竹编物，上覆盖女性衣服，下绑一毛笔或木棍，二人对面扶箕，在沙盘上写文字”。[②] 许地山推测在扶箕流行之后，民间还出现了专门的扶箕业者，设箕坛或鸾坛于家或祠庙中，最迟到了明末，请神下乩坛在民间逐渐趋于普遍化，及清道光庚子年间，鸾堂已在各地大量兴设。[③]

长期以来，扶乩是潮人善堂重要的宗教活动，而“柳缘鸾书，化世渡人”正是善堂文化内涵的一种表现。善堂的扶乩仪式不单是一种表面上的宗教活动，而且是深具教化意义、有特定深层内涵的一种宗教仪式。本节将论述扶乩仪式的过程与教化意义以及扶鸾治病的情况，来考察善堂信仰的文化内涵与精神。

一　鸾笔与乩堂：潮人善堂扶乩仪式的特色与过程

扶乩在今天潮汕地区的善堂并不常见，却是新、马、泰等地潮人善堂独特的活动。本地的善堂，目前只有同德善堂念心社和修德善堂养心社两所善堂（包括分堂）定期举行这种仪式，除了神明谕示在特定的时日扶乩外，一般在农历每月的初一或十五才举行。仪式中哪位神明降临，在扶乩开始之前无人知晓。仪式开始后，通过乩手写出的字，才知道当天是哪

---

① David K. Jordan and Daniel L. Overmyer, *The Flying Phoenix: Aspects of Chinese Sectarianism in Taiwan* (New Jersey: Princeton University Press, 1986)；李亦园：《民俗医生——童乩》，《民俗曲艺》1981 年第 10 期，第 56 页。

② 陈进国：《扶乩活动与风水信仰的人文化》，《世界宗教研究》2004 年第 4 期，第 138 页。以女性衣服覆盖在畚箕上的扶乩形式，与起源于 5 世纪前后在中国江南地区传播的紫姑信仰有关。〔日〕志贺市子：《香港道教与扶乩信仰：历史与认同》，宋军译，香港：香港中文大学出版社，2013，第 39 ~ 40 页。

③ 许地山：《扶箕迷信的研究》，台北：台湾商务印书馆，1994，第 29 页。

位神明降鸾。降鸾赐乩的神明除了大峰祖师外，也有如道济佛祖、弥勒佛祖、华佗仙师或祖师驾前书童爷等其他神佛，有时是受大峰祖师之命而来，有时是在祖师离鸾后再降乩。若是大峰祖师，则乩文以“宋国大士”开篇；若是道济和尚，则以“哈哈哈”开篇。除了通过“乩谕”为问事的善男信女解难、医治疾病之外，诸神明也会通过扶乩示训警世，为大众作法消灾，降福佑世。

善堂的扶乩原是道教的一种占卜仪式，是道教寺庙的重要活动，也是较为流行的民俗。虽然长期以来被归类为华人社会里巫术或灵媒信仰之一，[①] 但它和一般道教或民间宗教里所见的乩童“跳乩”有明显的不同。“跳乩”多是乩童用言语传达神灵的意旨，有时还会手舞足蹈，甚至用利器敲打身体，用针穿过嘴、鼻、耳等，这是所谓的“武乩”。而善堂的扶乩仪式属于“文乩”，乩童（亦称乩手、乩掌）只在沙盘上写字传达神明意旨，没有其他太大的动作，也不开口说话。这种占卜方式是通过鸾生诵念“请鸾咒”（见图 4－20），请神灵附身于乩手，乩手进入“入神”（trance）或半睡眠状态后，在神灵的主导下，不由自主地用柳枝做成的“Y”形鸾笔（亦称乩笔）在置于神像前的沙盘上写出“乩文”。

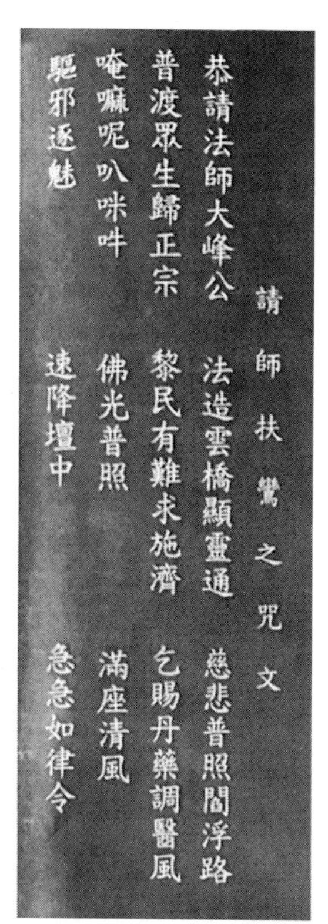

图 4－20　请鸾咒

资料来源：中华善堂蓝十救济总会提供。

潮人善堂扶乩仪式基本上继承传统的扶乩形式，不同的是，所用的鸾笔用柳枝制成，而非桃木枝。鸾笔长一尺余，不开椏的一端是乩头，状如鹤嘴，亦称乩嘴，乩嘴两面各钻一大一小两个小孔，以便扶乩时用来插上细香和毛笔。善堂的扶乩仪式为何独用柳枝作鸾笔呢？善堂文献解释为：

---

① 劉枝万『台湾の道教と民間信仰』風響社、1994、143－150 頁，转引自〔日〕志贺市子《香港道教与扶乩信仰：历史与认同》，第 33 页。

> 夫柳者乃六壬（古代宫廷占术的一种）之质，外阳内阴，倚日月而生长，柳节之内，八卦现形，为众木之神明者。柳有三德，叶垂向地，“礼”也，枝梗而朝，“勇”也，根之中根直冲降土，“仁”也。他木则无。柳尚有义，因柳初生之时叶则朝东，不论产于何方，莫不如此，以纪念神农大帝，则此义也。因神农氏在生时，独视柳为吉祥之木，桃为化凶之木，故柳有此封号，永报不忘。至柳枝之为乩，盖柳枝乃最静者，乩掌之慧性凭柳，柳之慧性凭师，师之慧性凭道，道灵幻幻，寄太虚之四方，仙踪茫茫，借柳木而生玄妙……①

从上述可见善堂扶乩仪式对所用器物的讲究，也反映了善堂视此仪式为极神圣。扶乩的另一个重要器物是沙盘。沙盘亦称乩盘，通常以平底圆竹筛做成，置于乩盘架上，内置细沙，摊开推平，作乩笔写字之用。善堂扶乩所用的其他器物还有幼沙、红绸、幼香、红花（石榴花）、祖师三色符和纸笔等。举行扶乩仪式前，工作人员先将乩盘置于正坛，向着祖师宝座（通常已固定置于该处），安祖师符于乩盘五方，并在乩嘴系上红绸，插上三炷幼香和一朵红花，然后将之置于乩盘正中（见图 4－21）。负责扶乩仪式的人员，除掌乩的正、副乩手外，还有鸾生数名，一个专备纸笔记录“乩文”，一个负责将沙推平，余者或帮忙看乩文，或诵经催咒，各司其职。正、副乩掌在主持扶乩仪式前须斋戒净身。有些善堂，如修德善堂的武吉知马分堂（还有马来西亚的麻坡、笨珍两地的分堂）则只由一名乩手掌乩，即所谓的“单掌”。

仪式开始时，两名乩手站立不动，两眼微闭，各用一只手握住鸾笔，正乩掌立于左，用右手握鸾笔左柄，副乩掌站在右边，用左手握鸾笔右柄（见图 4－22）。若是“单掌”，则乩手一人左右手分别紧握鸾笔双柄（见图 4－23）。众鸾生率先诵经念请鸾咒，恭请神明降鸾，一直到乩掌紧握的鸾笔开始移动，则表示神明已经降临，才停止念咒。这时，乩手在乩盘上会写明降鸾的神佛圣号，并指示工作人员在正殿神坛进香献茶。与此同

① 《仙佛下鸾为何独用柳枝？》，新加坡中华善堂蓝十救济总会文献资料，2017。

图 4 - 21　准备就绪的扶乩器物

资料来源：大芭窑修德善堂提供。

时，鸾生在一旁正式上疏，宣读请乩事因或善男信女所要请示的疑难问题，然后焚化疏文（见图 4 - 24）。这时，神明开始批示乩文，只见乩手在乩盘上将鸾笔来回划动，时而快速，时而缓慢，逐字书写，每写完一字后便暂停片刻，待旁边的鸾生将字念出，将沙面推平后，再写下一个字，另一鸾生则逐字记录，最后连成一句句的批文，是为神明所赐的“乩谕”或“乩示”。乩文的书写一般以行书、草书为主，若鸾生无法正确辨读，神明还会改用较易辨读的楷书，在应用某些较难读的古字时，神明也会另写一个同音字来注明其发音和字义。过后，善堂执事人便会对请乩问事的善信讲解“乩谕”。若有不明之处，善信还可以再请神明进一步指示。在乩谕赐毕后，神灵离鸾，鸾生立刻将红花水洒在正、副乩掌额头上，呼唤他们的名字，令他们清醒过来。鸾生再点上 3 炷幼香和 1 朵红花插在乩嘴上，请回宝座后才盖鸾。①

① 大芭窑修德善堂扶乩仪式田野调查笔记，2014 年 4 月 29 日。

图 4－22　扶乩仪式进行中

资料来源：李洁颐主编《保留传统　承继文化：大芭窑修德善堂宋大峰祖师晋庙（一九四二至二零一七年）》，第 42 页。

图 4－23　“单掌”扶乩

资料来源：中华善堂蓝十救济总会提供。

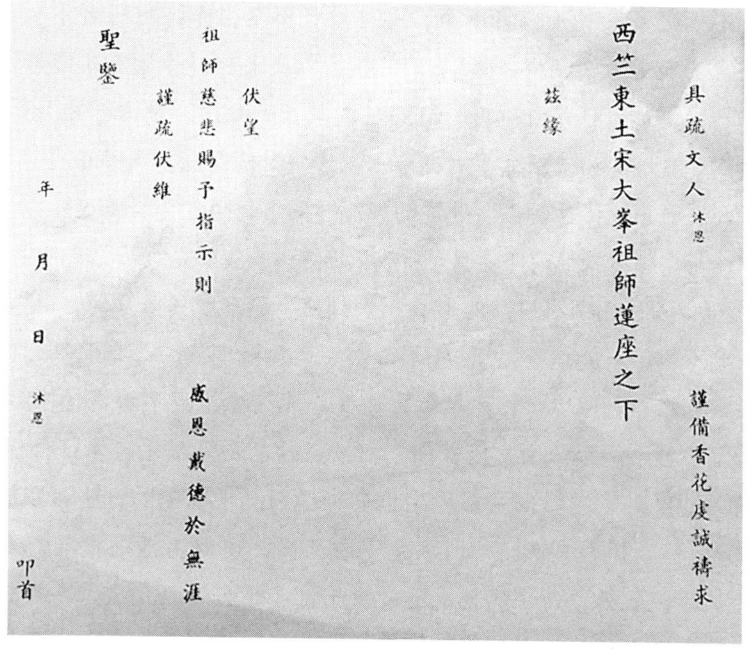
具疏文人 沐恩　謹備香花虔誠禱求
西竺東土宋大峯祖師蓮座之下
茲緣
伏望
祖師慈悲賜予指示則　感恩戴德於無涯
謹疏伏維
聖鑒
年　月　日　沐恩　叩首

图 4－24　问乩疏文

资料来源：中华善堂蓝十救济总会。

按扶乩的逻辑而言，乩文是降鸾神明通过乩手传达的神谕，乩手只是传达神谕的“灵媒”（spirit medium）。作为神明与问乩善信之间的“中介”，乩手虽要在乩盘上写字，却无须有太高的文化水平，因为扶乩时乩手所写下的一笔一画，皆是由附身的神明所支配，而不是也不允许乩手在自己的意识支配下写出乩文，他们只能忠实地记录神明的旨意。所以，乩手必须在“入神”，与降鸾神明合一之后才能启动鸾笔。潮人善堂的乩手大多有日常全职工作，有些教育水平不高，有些是受英文教育者，他们的中文基础并不深厚，所识汉字不多，但在扶乩写字时却能写出一手好字，行、草、楷书兼之，有时乩文还引经据典，或按中国传统诗词的词牌、韵律填写，颇有文采，这种现象被认为真实地反映了神明的法力。①

另外，潮人善堂对乩手的品格格外注重，强调“掌乩者，……心不诚

① 大芭窑修德善堂乩掌沈逸书访谈记录，新加坡新达城某咖啡厅，2007 年 3 月 25 日。

者（仙佛）不至，德不修者不至，不可教者不至，作奸犯科者不至。心正则乩正，心空无念，则真灵降”。因此，善堂要求“乩生须有本能慧性，及心存善念，方能胜任。乩生者，道德足取，五品无污，是为至要”。[①] 潮人善堂都有一套培训和选录乩手的标准和程序，以确保乩手人品正直，心无邪念，无私并公正地传达神谕。乩手的训练时间可长可短，长则五年以上，短则两三个月，练习扶乩前皆要遵守斋戒，训练内容主要是练习咒文（见图4－25）。据悉，乩手一般由祖师的书童负责训练，“庸者其质浮薄，粗俗不雅，旋者仅旋不书，不能达意”，这些不合格者均会被淘汰，只有那些“诚意正心，慧根、修养、理境、心地具备，临乩心无杂念，眼不斜视，神灵合一，始能柳笔飞沙，络绎成文，传神仙之所欲言”的受训乩手，才符合标准。[②] 除了练习咒文外，善堂的资深经生也会指导新乩手握笔的方法和姿势，或传与“乩灵”，助其成事。[③] 训练完毕的学员，还得由祖师批准，才能正式成为乩手。此外，每一场扶乩的乩手组别，事先皆不预告，在扶乩开始之前由执事者通过掷筶得到祖师的同意，才公布被指定的组别人选。

二　扶乩治病：施医赠药与宗教仪式的结合

如前所述，施医赠药是潮人善堂慈善事业中最基本和最重要的一项。潮人善堂所提供的医疗服务主要有两类：一类是中医诊所或医药中心提供中医治疗（有些也提供西医问诊），另一类便是通过扶乩仪式，恭请大峰祖师或其他神明降鸾为善信治病。大峰祖师本身精通医术，在世时经常治病救人。祖师圣训中，“病”的部分即倡导开设医馆，施医赠药，救人行善。因此，善堂将施医赠药和宗教仪式结合起来，由大峰祖师等神佛降鸾治病，成为其扶乩活动的一部分。

扶乩治病使用的道具包括扶乩用的乩笔、沙盘和开药时给病人的灵符。善堂乩组人员在鸾笔乩嘴的小孔上插上剪短的毛笔，用来在祖师符上蘸朱砂签“宋”字，以代表宋大峰祖师的签名。除了写字用，柳枝也可作为仪式过程中为病人搭脉、敲打、点穴的工具。黄色灵符是病人看诊

① 《仙佛下鸾为何独用柳枝?》，新加坡中华善堂蓝十救济总会文献资料，2017。

② 《仙佛下鸾为何独用柳枝?》，新加坡中华善堂蓝十救济总会文献资料，2017。

③ 修德善堂养心社副总务余义源访谈记录，2017年8月25日，修德善堂养心社。

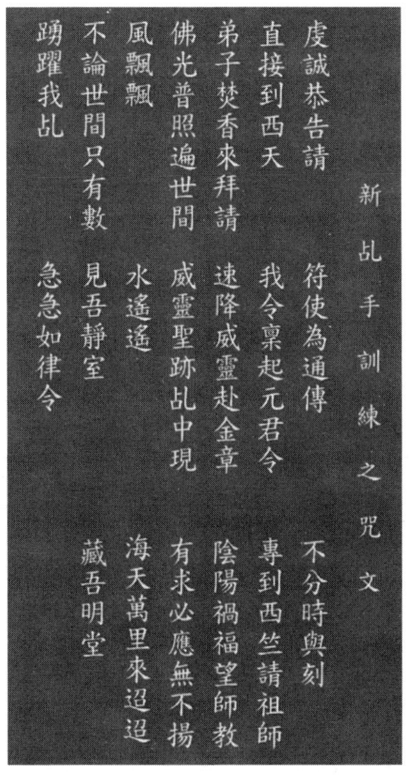

新乩手訓練之咒文

虔誠恭告請　符使為通傳　不分時與刻
直接到西天　我令稟起元君令　專到西竺請祖師
弟子焚香來拜請　速降威靈赴金章　陰陽禍福望師教
佛光普照遍世間　威靈聖跡乩中現　有求必應無不揚
風飄飄　水遙遙　海天萬里來迢迢
不論世間只有數　見吾靜室　藏吾明堂
踴躍我乩　急急如律令

图 4－25　供新乩手训练之咒文

资料来源：中华善堂蓝十救济总会提供。

时，由大峰祖师签名加盖印章后给病人的化饮符。一般将符纸烧成灰，冲水过滤后饮用。祖师也会赐予保身或安宅的灵符（见图 4－26）。

据善堂执事者所说，通常请乩治病的病人会亲自前来问病。病人大致分为三类：第一类是已经看过西医或中医但仍感觉身体不适的；第二类是在问神治病的同时求诊西医或中医的；第三类是身体不适先来问神，再去求诊中医或西医的。病人的病症包括各种类型，急性病较少，慢性病和疑难杂症较多，包括扭伤、发烧、头痛、身体发麻、中风、昏迷、麻痹、癌症、自闭症等。病人或会在疏文中告诉神明医生所说的专业医学术语，或会讲述自己的具体感受，比如身体酸痛、发麻等，有时两者兼有。病人有男有女，教育背景、社会阶层各异，年龄分布广泛，没有某一阶层或年龄段较多的现象。其中有善信，也有非善信，由亲朋好友介绍而来，还有其

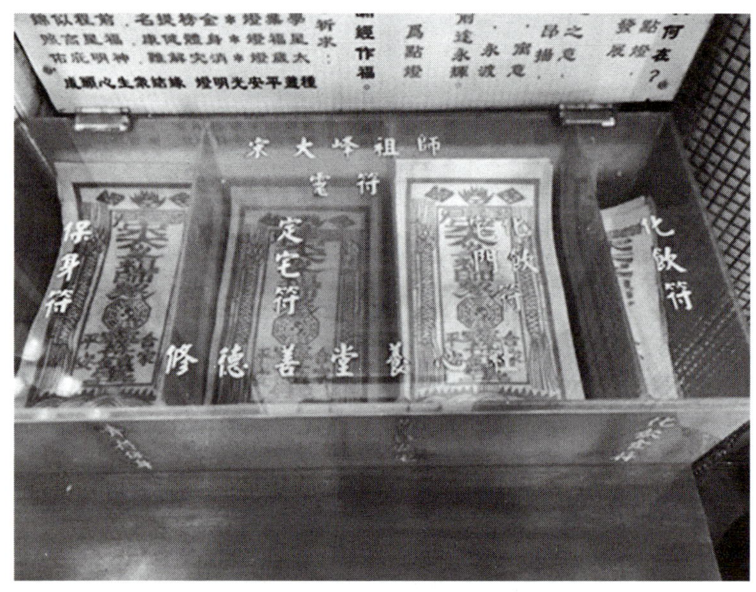

图 4－26　宋大峰祖师灵符

资料来源：笔者摄于修德善堂养心社，2017 年 4 月 5 日。

他籍贯、种族、宗教的病人由他人介绍前来问病，病人群体突破了潮人族群的界限。①

扶乩治病分八个步骤，分别为登记、降神、问答、开药并赐福、取药单/灵符、服药/喝符水（见表 4－13）。扶乩治病的整个过程不收费，也不要求病人在某一步骤敬香、烧金纸。但病人会根据自身的信仰和习惯上香、行礼祭拜、添香油钱。

表 4－13　潮人善堂神明扶乩治病步骤

1	登记	由鸾生先登记病人姓名、性别、年龄、住址，并在疏文上填上这些个人资料，记录病人描述的自身情况和想问的问题（疏文样本见图 4－27）
2	降神	众鸾生念诵请神咒，恭请神明下鸾扶乩。请神仪式如前文所述
3	问答	鸾生上疏宣读病人自己叙述的病情和问题，然后焚化疏文。接着，乩手在沙盘上逐字写出乩文，有时是直接回复病人该如何做，有时需要再向病人详问。乩手也会在仪式现场用柳枝敲点病人身体、盖印，表示神明在为病人治疗

① 修德善堂养心社财政翁泽峰与工作人员杨光访谈记录，修德善堂养心社，2017 年 4 月 5 日。

续表

4	开药并赐符	诊断结束后，神明赐予乩谕，开药，同时赐给灵符，以毛笔、朱砂在灵符上“签字”并“盖章”
5	取药单/灵符	鸾生将灵符和乩谕整理好后交给病人，会向他们讲解，说明符的使用方法和乩文的内容。有些乩文是诗词，需要讲解才能明白
6	服药/喝符水	病人按照指示去中药店买药，服药/喝符水，或去中医或西医诊所求诊

资料来源：修德善堂养心社财政翁泽峰与工作人员杨光访谈记录，修德善堂养心社，2017年4月5日。

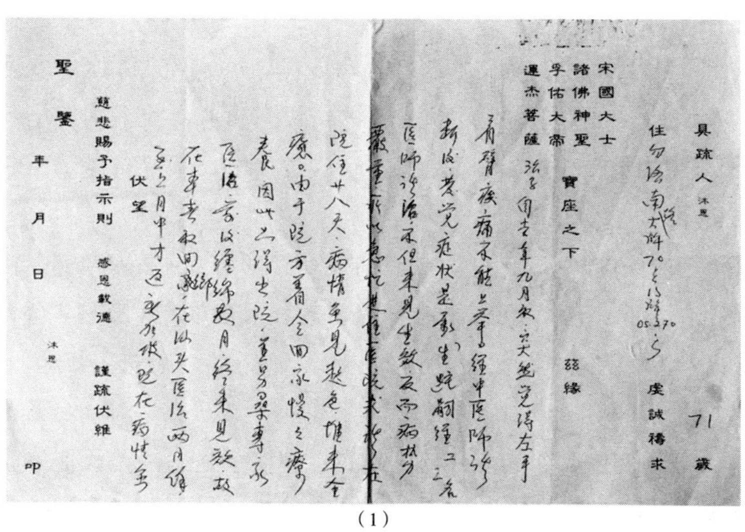
具疏人 沐恩　71　歲
住
虔誠禱求
宋國大士
諸佛神聖
孚佑大帝　寶座之下
運杰菩薩　茲緣
伏望
慈悲賜予指示則　感恩載德　謹疏伏維
聖
鑒　年　月　日　沐恩　叩

（1）

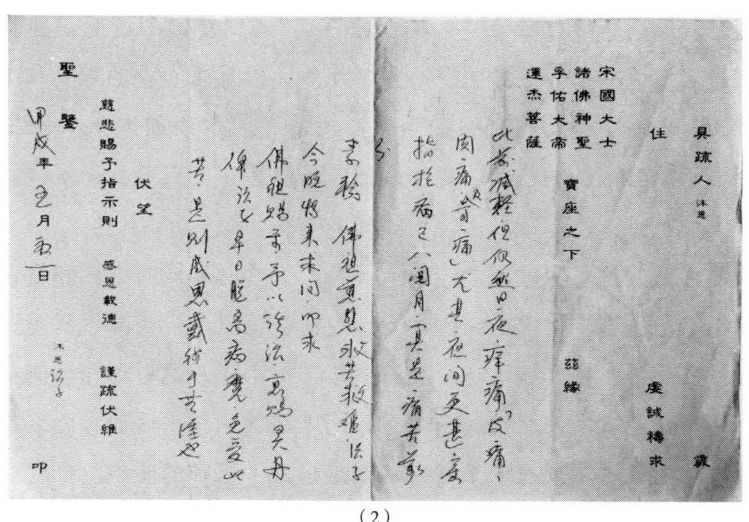
具疏人 沐恩　歲
住
虔誠禱求
宋國大士
諸佛神聖
孚佑大帝　寶座之下
運杰菩薩　茲緣
伏望
慈悲賜予指示則　感恩載德　謹疏伏維
聖
鑒　甲戌年　月　日　沐恩　叩

（2）

图4－27　修德善堂养心社扶乩求诊疏文（1994）

资料来源：求诊病人家属提供。

在扶乩治病的整个过程中，神明通过乩手写字、鸾生翻译、询问病人的方式与病人交流。乩组人员分工明确，各司其职。正乩手旁边的鸾生负责辨认并读出乩文，另一名鸾生负责抄写记录，连成一句句的批文乩谕，并将记录好的乩文详细解释给问事的病人听，还有一名助手负责登记当晚问事的病人资料和情况。乩手和这些鸾生都是善堂扶乩组的成员，均没有中医学教育背景，也没有中医药知识，[①] 但在日常仪式过程中，却能够联想翻译乩文中的药草名称，比如将“兰葛”解释成“如意兰和九重葛”。如意兰是潮汕地区对荷包兰（rhoeo discolor）的俗称，可见仪式仍以潮州话为沟通媒介，使用地方性的俗语，而非专业名词。笔者认为他们的这一读解能力主要从无数次的仪式过程中，辈辈相传及不断积累经验而得。

从治病的处方来看，我们注意到神明所开的药方主要是草药，同时写明服用方法，如三碗水熬成一碗等。药方也相对简单，主要是一些常见的具有降火、活血、通气、祛湿功用的药草，如桑叶、菊花、薏米、莲子、金银花、连翘、薄荷叶、龙尾草、甘草、桂皮、黄芪等。神明经常提供凉茶配方供民众服用（见表 4－14 乩文 2）；神明也强调清淡饮食等养生观念（见表 4－14 乩文 4）；乩文中提到的中医学用词也较简单易懂，如血气不通、血脉运行等（见表 4－11 乩文 1）遇到复杂的情况，神明会建议病人去看专业的中医、西医、心理医生等，以寻求专业的意见和治疗方法。神明在乩谕中也会提到一些当代西医的专业术语如 X 光、扫描、化疗等，显示出对西医的了解，更体现出其博学多识的形象，而不只把自己当成专业中医。

神明降鸾治病，一般还会给病人灵符，有些时候同时给药和符，有时只给符不给药，根据病人的情况而定，有时甚至只敲点头部、肩膀，将印章盖在病人后颈再用柳枝敲点。灵符对于善信来说，既有治疗功能，又有安慰作用。从笔者所调研的病例来看，病人在饮用符水后通常感到身体有所好转。从病人的主观意识来看，他们是得到了祖师的庇佑。

---

① 修德善堂养心社财政翁泽峰与工作人员杨光访谈记录，修德善堂养心社，2017 年 4 月 5 日。

值得注意的还有，神明提出的医治方法也包括灌输人生哲理，指示病人要修身养性、顺其自然、知足常乐、不计较名利得失、学会接受命运的安排等。这类的乩文也见于给一般民众的批示（见表 4 - 14 乩文 3、4）。这些人生哲理承载的醒世警世意义，在潜移默化之中对病人进行了教化，对病人的思维认知产生正面积极的引导作用。

道济和尚也经常在善堂中降鸾治病。有趣的是，善堂相关人员表示，道济和尚比大峰祖师更擅长医术。道济和尚即俗称的济公，善堂虽未曾特意介绍他的生平，但善信均听闻民间流传的济公活佛为人看病非常灵验的传说。其他曾降鸾治病的神明还有弥勒佛祖、华佗仙师或大峰祖师身边的书童等。有时，尽管没有善信或其他人问病，在善信问乩结束后，神明也会主动给出关于预防疾病的乩示，提醒众人注意身体健康。此外，在发生一些灾难事件后，例如 2003 年新加坡暴发非典型肺炎（SARS）疫情，2004 年南亚发生大海啸，神明都曾降鸾扶乩，哀悼亡者，慰藉生者（见图 4 - 28、图 4 - 29）。这对于安定人心、鼓励善信如常生活具有积极的作用，也未尝不是一种简单的心理治疗。

表 4 - 14　乩文

乩文 1	丁卯年五月初一(1987 年 5 月 27 日),弥勒佛祖乩谕 冠首:哈哈哈笑。 哈意透心气直升,哈声大咀透大厅,哈气邪风飞无影,笑性有助血脉行。 解曰:哈哈欢笑的意念,透过了心,提气往上直升;哈哈开口大笑的笑声穿透大厅;哈哈大笑的笑声充满正气,把一切邪恶的风气都吓跑了,飞得无影无踪;哈哈大笑能帮助血液和脉搏正常运行
乩文 2	癸未年三月十五(2003 年 4 月 16 日),道济师尊乩谕 逍遥自在驾云端,在在处处见忠明。 解曰:道济佛祖逍遥自在驾着云层来了,在路上到处看得一清二楚。 有关三月初一宋大峰祖师乩谕草药解非典型肺炎事,道济佛祖乩谕赐改: 花苍月著暖丹心,桂菊畅阳温心寒,兰葛闲叶启煞激,心芝麻煎熬沉气。 解曰:三月十五的月亮好圆,像是一颗温暖的心;桂皮和菊花都是清热解毒的草药;如意兰和九重葛的叶子是去积气解毒的草药;如果心若口苦,可煮芝麻蜜糊来充饥。 注释:①“月著”乃著叶也。②“桂菊”乃指桂皮、菊花也。③“兰葛”,“兰”乃指荷包兰,“葛”指九重葛(葛根)也。④“心芝麻”即“芝麻蜜糊”。 用量:自在个心自量,此乃四草药,不是一等(同一帖)药方,四方可选择一方

续表

乩文3	乙酉年四月十五(2005年5月22日),华佗仙师降鸾 佛诞圣日降修堂,子等善劳积果存。仁心医术世相传,菩萨慈悲惠人群。愉快度日身体康,清淡饮食胜馐珍。则知养性保恬淡,善信保安免问鸾。 解曰:在释迦牟尼佛圣诞之日,来修德善堂降鸾。弟子们都为了慈善而付出了劳力,积存善果;让富有仁心的医术世世代代相传,以菩萨之心来惠及社会民众。大家应愉快地度日,保持身体健康,以清淡饮食为主胜过山珍海味。自己则须知道修身养性,保持身心愉快,淡泊名利;善男信女若能保持身心安适,那么就不必来求问乩鸾了
乩文4	乙酉年十月十五(2005年11月16日) 调寄:望江南。 十月天,气温常变迁。晨昏无常冷热变,应记益食保身康。宽怀自轻松。 解曰:十月天,气温时常变化。早晨和夜晚冷热变化无常,为了确保身体健康,应该记得摄取对身体有益的食物,并放宽心胸,那身心自然会感到轻松

资料来源:《柳缘》第2辑,第6、26、54、60篇。

公元二〇〇三年五月卅一日
农历癸未年五月初一日
正乩林木强
副乩吴巧发
乩示

庆典圆满常鸾用
运杰菩萨降鸾台
虔诚门生来护法
赐福众等身康泰
怪风沙斯成过去
众等门生免担忧
九月中旬已备好
风吹草动他方法
免用赫恐发唠骚
早已备有大悲水
大悲大悲悯众生

图4-28　非典型肺炎病例出现后运杰菩萨降鸾乩示

资料来源:新加坡同德善堂告帖,2003。

总而言之,善堂的扶乩仪式有其特别之处。它既是宗教仪式,也是诊病仪式,同时又是教化仪式;既发挥了神灵的法力,又推荐了简单药草,还灌输了积极正面的传统文化价值观。通过善堂的治疗仪式,病人在身体、心灵方面都得到了治愈。心灵的照顾不只来自神圣的宗教信仰寄托,也来自乩谕灌输的人文精神和文化价值观,教给病人修养行善等哲理。除了在仪式中传达这些精神,善堂的堂员、善信还对病人予以同情关爱,这些友爱互助的善举将善的精神具象化,对病人缓解身体病痛起到了实际帮助作用,也给病人心灵带来了慰藉。

还要补充说明的是,除了扶乩治病之外,修德善堂养心社曾备有祖师药签供善信求签治病。祖师药签分为成年药签(内科)和小儿药签两类

谕

扶乩日期：缺

哈哈本僧道济赐乩谕

天风地水两相催，数地罹难无家归，

浩荡一身付水去，劫后惨况铁石悲。

阿弥陀佛

仙鹤渡人在半天，魂兮归来朝依稀。

善哉！善哉！

解曰：

好多地方的人都落难，无家可归；天灾浩劫，洪水将所有一切都冲走了。阿弥陀佛！劫后的悲惨情况，就是铁石心肠的人也会感到悲伤。仙鹤正在半空盘旋超度幽魂，孤魂野鬼回到家园来，看到家人和一切都已经不存在了。善哉！善哉！

图 4－29　新加坡大巴窑修德善堂道济祖师于东亚大海啸后乩谕

资料来源：新加坡大巴窑修德善堂提供。

（见图 4－30 和本书附录之“宋大峰祖师药签”）。但因为药签中指定使用的一些中药材已经无法在本地找到，故善堂在约二十年前已停止使用这套药签，因而药签的存在也罕为人知。

从内容来看，大部分药签记载了药物的名称、用量和服用方法，但没有描述病症或病因。从药物成分来看，所用的多是常见的中药材，以清火、滋补为主，没有毒药烈药，还有一些以粮食、蔬果为主。药方鲜少以动物为药引，只有一例以猪内脏为引（如成年药签内科 49 号），还有数张药签以人乳、羊乳为方（如成年药签 3 号、46 号等）。在用药分量上，一般剂量较轻，有些还是单方（如小儿药签 29 号：莲叶八分），因此，不会对身体造成伤害。除了药材外，药签还使用制好的成药，如仙丹、回春丸、益元散、老神曲等。早期善堂的施医赠药部门是否可能根据宋大峰祖师乩示的药方制成这些成药，或是以现成的民间验方配制而成，如今已无文献可考，不得而知。

还有一类药签特别值得注意。这类药签不使用药材，而是以宗教和宣化的方式为人治疗，教导病人向善行善。如成年药签内科列 1 号：“首占

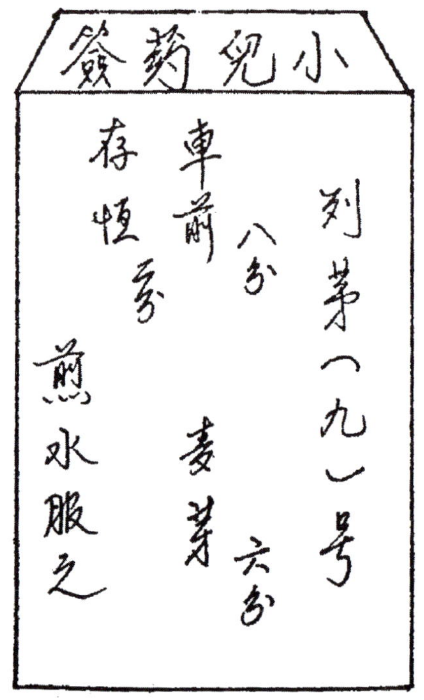

图 4－30　修德善堂养心社祖师药签

资料来源：修德善堂养心社提供。

大吉、药可免服、神力保佑、消灾除疾、宜作善举、神前添灯。”再如成年药签 45 号：“病人吃素不须云，症变宜防节后凶。祝告灶神难用药，灶书敬送有神功。许愿送敬灶君全书一部。”有些药签还说明用药时需要添加一些物品，如使用祖师灵符，服用庙内的灯芯、香炉灰等。这类药签和神明在扶乩时对病人灌输人生哲理，引导病人通过修身养性治病的观念如出一辙，有异曲同工的作用。

三　“乩”与“善”：扶乩仪式的教化意义

研究民间宗教的学者多认同“乩”与“善”是民间宗教的两个要素，也是不可分割的两个概念，这是中国民间信仰的一个特色。专门研究中国民间宗教的日本学者吉冈义丰就曾指出：对中国人而言，“善”并不止于平面的伦理道德之劝诫语词，它被视为与生命同价，甚至成为中国人的“魂”之所在。而“乩”则是透过扶鸾神圣仙佛降笔下示神谕或神训，民众对这些神谕是绝对信赖的。中国民间宗教的历史特色，正是民众相信善意和乩示，并加以护持与实践。① 吉冈义丰的观察深刻、确切。从历史的脉络中，我们可以发现“善”与“乩”的具体结合并不是一蹴而就。“至少在十七世纪末，（善）已经明显地从一种人行为上的‘价值观’或‘概念’逐渐转变落实在社会救济的场合中，民间自发性兴办的各类慈善事业如育婴堂、恤嫠会、栖留所等，都可说是‘善’这种观念的具体表征。”② 明末清初以后发展的民间慈善事业里，“善”与“乩”也结合在一起，在办善事的过程中或社会救济的场域里，“乩”发挥了它重要的影响力，而善堂本身就借着扶乩推动如放赈、施粥、育婴等各类慈善活动，迅速地吸引群众参与，扩充堂务。所以，扶乩与善堂结合的意义就是扶乩推动了慈善事业的发展，而人们行善所得的“果报”可以通过扶乩仪式获得肯定，就是这种循环关系，进一步激发民众投入各项社会救济工作，使明清的民间慈善事业蓬勃发展起来，扶乩成了个人和民间善举的主要推动力。③

扶乩仪式的这种意义至今仍然表现在潮人特有的善堂信仰上，善堂就是借着扶乩推动各类慈善活动，迅速吸引民众参与。善堂信众将“乩示”视为大峰祖师或所崇奉的其他神明示训醒世，为堂员和善男信女排忧解难、作法消灾的“圣谕”，不但深信不疑，且认为必须加以护持和遵循，他们还编辑“乩文集”，作为一种善书（鸾书）在社群中流传。④ 乩文的内容，除了为善信指点迷津、解答疑难，多带有“救劫”、“警世”和“醒世”的意义，一再劝导善信修身行善，积蓄功德，处事不可违背仁义道德，时时谦让有礼，一切厄运将随心化之（见图 4 - 31）。可见扶乩仪式不仅是一种宗教活动，在仪式的深层更有它的文化内涵和精神意义，对善信起着潜移默化的教化作用。

---

① 〔日〕吉冈义丰：《中国民间宗教概说》，余万居译，台北：华宇出版社，1985，第 5 页。

② 范纯武：《清末民间慈善事业与鸾堂运动》，硕士学位论文，台湾中正大学历史研究所，1996，第 2 ~ 3 页。

③ 详阅范纯武《清末民间慈善事业与鸾堂运动》，硕士学位论文，台湾中正大学历史研究所，1996，第 1 ~ 20 页。

④ 参见《柳缘》第 1 辑，新加坡：大巴窑修德善堂，1995；《柳缘》第 2 辑。

冠首: 四十六年 晋庙纪念 宋大峰降鸾

大芭窑修德善堂四十六年晋庙纪念

四德勤修積儲功　十念常住心靜空
六道應超佛境地　年存月累莫放鬆
晉主擇定巳時吉　廟毓鐘秀播豐隆
紀事前人安龕位　念裕后代燕貽謀

戊辰年八月十五日

注释:
四德: 仁、义、礼、智. 十念: 即佛念, 释尊的十念心; 为念佛、念法、念僧、念戒、念施、念天、念休息、念安般、念身、念死. 六道: 天上道、人间道、地狱道、阿修罗道、畜性道、饿鬼道. 念裕: 记念先人以丰裕后代.

解曰:
以四种德行（即仁、义、礼、智）勤加修练以积蓄功德, 以十念常住之心, 以达静与空的境界. 时时存着超度六道到佛境去的慈悲心, 年存月累, 积蓄功德, 不要再放松. 晋主已择定在早上十时为吉时, 庙堂的华丽映出雄伟的景象. 在安龛时, 应缅怀先人的事迹, 纪念先人能丰裕、爱惜后代.

词寄: 深院月 道济降鸾

知足樂，莫貪求，
命中有時前世修。
安適康寧便是福。
妄取非份難存留。

甲子年十一月三十日

解曰:
自己如能有满足感, 便是人生一大乐趣, 千万不要贪得无厌.
命中的因果循环应为前世所修, 安适、健康、宁静便是福气.
胡作非为以取得非自己份内应获得的东西, 也不能保留.

词寄：深院月　宋大峰祖师降鸾

痴名利，足傷神，
紙醉金迷原非眞。
修儉養廉培善性。
心虔意誠是緣人。

甲子年十一月十六日

注释：
痴：迷恋。纸醉金迷：纸为物质；金为金钱；即被物质金钱深深吸引和迷恋。非真：不真实的。修俭：修身自俭之意。

解曰：
迷恋和不择手段去争取名与利，足以伤财劳神。
物质，金钱的引诱原是虚幻之物。
应该修身节俭，养成廉洁之心，后更进一步的善养心性。
心如是专，意念真诚，才是有缘之人。

图 4－31　乩文 1、2、3

资料来源：《柳缘》第 1 辑，第 21、22、55 篇。

四　沙盘柳笔选诸贤：乩谕与章程相辅相成

善堂不仅通过神明的乩谕推动和践行其扶危救济的宗旨，推广各种慈善活动，在很大程度上，善堂同样是借“扶乩”所得的“乩示”或“神谕”制订本堂的发展计划和管理堂务，包括耗资巨大的堂所修葺或大型庆典仪式的举行。善堂的各项重大决策，无论是通过扶乩还是掷筶卜茭等仪式，都须得到祖师谕旨批准才能付诸实施，这是潮人善堂的传统。更值得注意的是，善堂还借扶乩仪式确立了善信之间的权利与义务，以及相互间的角色关系，它具有肯定领导层决策的正当性、合理性与可行性的重要功能。最典型的例子莫过于大峰祖师降鸾提名善堂董事或职员人选（见图 4－32、图 4－33）。

潮人善堂是注册于社团法令下的慈善组织，善堂章程规定，堂员（社员）拥有管理善堂的最高权力，包括选举每两年一任的董事会。董事会对善堂日常活动和大小事务具有组织和监督的权利，以及执行的职责。[1] 尽管堂员在堂员大会上得以行使社团章程所赋予的权利，善堂章程也清楚说明董事会必须经由堂员大会提名和选举，但事实上，有些设有乩坛的善堂通常先由祖师降乩推举人选后，再根据善堂章程所规定的董事会选举程序，在堂员大会上由堂员议决，选出董事、职员和经乐职员。据悉，"堂员多年都赞成由祖师选出的董事会成员"。[2] 我们可以推论，拥有最高管理权的堂员大会的选举只是为了使其符合章程的规定，所选出的董事会董事拥有章程赋予的权力与责任，但经祖师乩谕指定，他们具有更高的荣誉感和使命感，还被视为扮演神圣的角色，因而赢得了更具实质意义的威信，更能获得堂员的认同与支持，从而加强了制定政策和管理堂务的正当性、合理性与执行力。正因为如此，董事在任期内辞职的现象并不常见，他们都为善堂尽心尽力。这些都显示了通过神谕选举的形式，其认可度和权威性其实超越了章程所赋予的合法性。

己卯年正月二十日　　正乩掌：林奕光　　副乩掌：黄顺耀

接到疏文一片笺，腾云驾雾到坛前，
诸生诚意吾心欢，沙盘柳笔选诸贤。

堂规遵行莫游移，各凛精诚任职司，
告尔诸生须切记，举头三尺有神明。

注释：祖师推举人选后，再根据善堂章程所规定的理事会选举程序，在会员大会上由堂员选出董、职员和经乐职员。

图 4－32　新加坡修德善堂养心社宋大峰祖师降鸾乩选董职及经乐职员

资料来源：新加坡修德善堂养心社提供。

从以上各则乩谕，我们发现善堂之扶乩较其他民间问乩的不同是其在宣导信众向善与推广社会公益上具有正面且积极的效应。从宗教

① 参见《同德善堂念心社章程》第七章"管理和堂员大会"、第八章"董事会职员"，《修德善堂养心社注册章程》第六章"社务管理及社员大会"、第七章"组织"。

② 修德善堂养心社义务行政秘书暨经乐股负责人余义源访谈记录，2007 年 11 月 10 日。

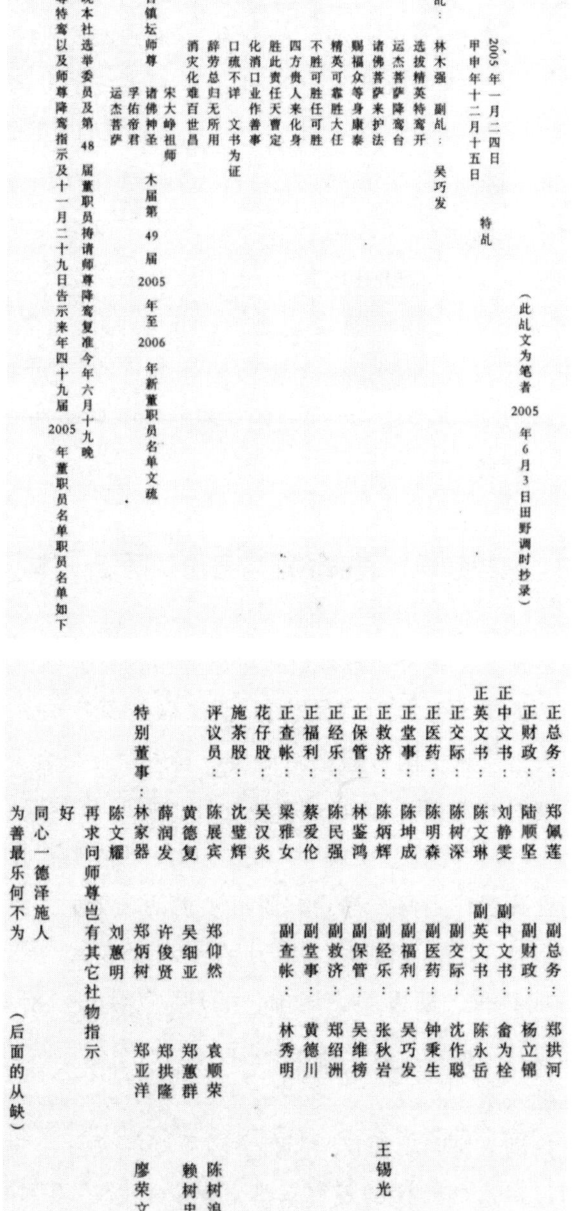
（此乩文为笔者 2005 年 6 月 3 日田野调时抄录）

2005 年一月二四日　特乩

甲申年十二月十五日

正乩：林木强　副乩：吴巧发

选拔精英特鸾开
运杰菩萨降鸾台
诸佛菩萨来护法
赐福众等身康泰
精英可靠胜大任
不胜可胜任可胜
四方贵人来化身
胜此责任天曹定
化消口业作善事
口疏不详　文书为证
辞劳总归无所用
消灾化难百世昌

宋大峰祖师
禀告镇坛师尊　诸佛神圣　木届第 49 届 2005 年至 2006 年新董职员名单文疏
孚佑帝君
运杰菩萨

今晚本社选举委员及第 48 届董职员梼请师尊降鸾复准今年六月十九晚
帅尊特鸾以及师尊降鸾指示及十一月二十九日告示来年四十九届 2005 年董职员名单职员名单如下

正总务：郑佩莲　副总务：郑拱河
正财政：陆顺坚　副财政：杨立锦
正中文书：刘静雯　副中文书：畲为栓
正英文书：陈文琳　副英文书：陈永岳
正交际：陈树深　副交际：沈作聪
正医药：陈明森　副医药：钟秉生
正堂事：陈坤成　副福利：吴巧发
正救济：陈炳辉　副经乐：张秋岩　王锡光
正保管：林鉴鸿　副保管：吴维榜
正经乐：陈民强　副救济：郑绍洲
正福利：蔡爱伦　副堂事：黄德川
正查帐：梁雅女　副查帐：林秀明
花仔股：吴汉炎
施茶股：沈璧辉
评议员：陈展宾　郑仰然　袁顺荣　陈树浪
黄德复　吴细亚　郑蕙群　赖树忠
薛润发　许俊贤　郑拱隆
特别董事：林家器　郑炳树　郑亚洋　廖荣文
陈文耀　刘蕙明
再求问师尊岂有其它社物指示
好
同心一德泽施人
为善最乐何不为　（后面的从缺）

图 4 - 33　同德善堂念心社师尊复准职员选举乩文

资料来源：杨灵芝《新加坡潮州人的宗教信仰》，硕士学位论文，新加坡国立大学中文系，2005，第 40 ~ 41 页。

角度来观察，神明乃透过柳笔、沙盘等法器经由乩掌代天宣化，警惕世人应虔诚向佛，慈悲济世；加上信众对于祖师与其他神明之乩示深信不疑，故扶乩仪式作为教化民众或社会教育的工具，其影响与意义更深远、更广泛，也有效地促进社会各方言群之间的互助互爱，提高地方社群与民间团体的凝聚力和向心力，同时带动社会慈善事业的发展。换言之，善堂的扶乩仪式蕴含与承载着许多文化价值，它们包括传承自中国的传统文化、自身的修养、对社群的关爱、对社会的奉献以及对先辈的慎终追远等价值观。当然，正如民间宗教学者 Kenneth Dean 所说："当代仪式活动是包含各种角色的许多不同参与者复杂的集体行动。"① 若无信众的参与以及社会互动，扶乩的活动与诸佛圣谕皆无法确切落实其效益与功能。

第五节　集救赎观、道德伦理与身份认同于一体：做功德

在中国潮汕地区，丧家在殡葬仪式中原有为亡灵举行亡斋或修斋的传统习俗，新加坡的潮人称之为"做功德"、"做佛事"或"礼佛"。崇奉大峰祖师的潮人善堂从中国传播至新加坡、马来西亚，也秉承祖师圣训，主张对逝者"优礼以殓并其遗骸；颂经礼忏，以超拔其魂魄，使其往生极乐"。② 故此，善堂皆为堂员提供"做功德"的服务，在灵堂设道场，由经生诵经超度死者往生西方净土，脱离尘世的痛苦，并慰藉死者家属。简言之，"做功德"是一种救赎亡灵、抚生恤死的仪式。善堂"做功德"的仪式包含多项科仪，如发关、请佛、关灯（观灯）、招灵、宣经、礼忏、交库、礼血盆、散花、转轮、过桥等，这些科仪皆建构在地缘传统的基础上，但也融入本土。

下文将讨论潮人民间功德仪式与佛教救赎观的关系、"做功德"习俗的缘起，并通过对这些科仪的观察，指出善堂"做功德"的救赎仪式蕴含着"冥孝"观，并对维护家庭、家族的秩序，乃至社会关系起着积极

① 〔加〕Kenneth Dean：《中国东南地方宗教仪式传统：对宗教定义和仪式理论的挑战》，《学海》2009 年第 3 期，第 36 页。

② 《宋大峰菩萨传》，第 10 页。

的作用。这种超度亲人亡魂、救赎亡灵的仪式的象征意义，把亲族的个人角色秩序化和制度化了。

一　“做功德”仪式之源起与救赎观

虽然中国自古即有善恶终有报的因果观念，如《易经·坤卦·文言》中就有“积善之家必有余庆，积不善之家必有余殃”之说，但在较早的传统丧葬仪式中并无救赎意识。救赎意识的产生乃受佛教“地狱观”的影响。佛教在汉代传入中国后，其“末世”与“地狱观”与中国传统的地狱信仰相结合，人们才开始有“罪感”（guilt），“主要是人们开始认知到个人的恶行在末世与死后会遭到处罚”。[①] 这样的认知，使人们相信人死后会变为鬼，会接受阎王的审判和阴司的惩罚。佛教“救赎”的出发点是基于对父母“身世罪”的认知，就如在《佛说盂兰盆经》中，目连从佛陀口中认识到母亲受难的根源是生前“罪根深结”。[②] 在佛教的“救赎观”和传统孝道思想的发酵下，人们又相信，后人可以通过超度仪式救赎祖先亡灵，使他们获得福佑而早日超生。这种认知，在佛家的《佛说盂兰盆经》中“目连救母”[③] 的故事在中国民间广泛流传后，更为深刻。于是，在丧礼中加入超度亡灵的仪式，以借助佛祖的威力救赎“罪根深结”的先人，使其脱离地狱苦海，早日超生，遂在民间普遍流行起来。

据史书所考，始于魏晋南北朝时期，由梁武帝萧衍所创之水陆法会是做法事超度亡灵的起源。有学者认为“六朝道教上的上章仪式当中即有‘为亡人首悔赎罪解谪章’之类的上章仪式，这可以视为道教为既有的观

① 钟鸣旦：《罪、罪感与中国文化》，《神学论集》，台北，1993，第 335 ~ 362 页，转引自谢世维《首过与忏悔：中古时期罪感文化之探讨》，《清华学报》2010 年第 4 期，第 736 页。

② 张禹东、刘素民等：《宗教与社会——华侨华人宗教、民间信仰与区域宗教文化》，社会科学文献出版社，2008，第 158 页。

③ 据《佛说盂兰盆经》所描述，目连“见其亡母生饿鬼中，不见饮食，皮骨连立。目连悲哀，即钵盛饭往饷其母。母得钵饭，便以左手障饭右手抟饭，食未入口化成火炭，遂不得食。目连大叫悲号啼泣。驰还白佛，具陈如此。佛言：汝母罪根深结，非汝一人力所奈何。汝虽孝顺声动天地，天神地神邪魔外道，道士四天王神，亦不能奈何。当须十方众僧威神之力，乃得解脱。”《佛说盂兰盆经》，《大正藏》卷 16。

念与焦虑而发展出来的仪式”；[①] Peter Nickerson 则指出道家罪谪伦理的转变约发生于 5 世纪，随着佛教观念的深化，道教仪式的重心也开始转向对亡祖的解救。[②] 到了唐初贞观以后，做法事超度亡灵的风俗和仪式确实开始从宫廷下传至民间。唐末五代，杜光庭编撰的《道门科范大全集》一书中也载有“上清升化仙渡迁神道场仪”和“东岳济渡拜章大醮仪”这两种为幽灵“洗罪名于黑簿，炼生质于黄华，速出泉关，早登道岸”的超度仪式。[③] 到了宋代，水陆道场盛行，民间各阶层都会请僧侣为先人办水陆法会，超度亡灵。自此，这种超度仪式逐渐融入民间丧葬仪礼中。换言之，近代丧家为超度亡灵而做法事的宗教行为可以说是民间水陆法会民俗的一种延续。

潮州人在丧葬仪式中“做功德”超度亡灵的风俗也是宋代以后才兴起的。潮州地方志载：唐高宗时常怀德出任潮州刺史，“以礼教民，民皆化之，丧葬罕用浮屠”，[④] 民间少有丧家据佛礼做法事之俗。迨至宋代，水陆法会在潮州各地普及后，在佛教的因果报应和轮回转世的思想深入影响下，民间在亲人的葬礼中亦多请僧道“做功德”，“超渡念经，引魂买水”。[⑤] 1975 年，潮安出土的宣德南戏写本《刘希必金钗记》中就有“连篇累牍的佛僧侣唱赞吹做法事，领偈礼佛之文辞。又反复唱诵《散花歌》、《佛法四时景》等佛乐法曲以超渡亡灵”。[⑥] 在戏文中提到的法事仪式还有“诵灵前经”“清净道场”“发关请佛召灵”“供佛供灵”“散花”等。[⑦] 这反映了在明代早期，民间请僧侣超度亡灵之俗在潮州已极为普遍，而其中一些仪式和今日潮州善堂“做功德”的科仪可说是极为相似。

---

① 谢世维：《首过与忏悔：中古时期罪感文化之探讨》，《清华学报》2010 年第 4 期，第 738 页。

② Peter Nickerson, *Taoism, Death, and Bureaucracy in Early Medieval China* (Ph. D. Dissertation, Berkeley, University of California, 1996), pp. 182－220；转引自谢世维《首过与忏悔：中古时期罪感文化之探讨》，《清华学报》2016 年第 4 期，第 741 页。

③ 收录于《道藏》第 31 册。

④ 光绪《海阳县志·舆地略六》，潮州市地方志办公室、潮州市档案馆，2001 年影印本，第 62 页。

⑤ 庄义青：《宋代的潮州》，中山大学出版社，1997，第 61 页。

⑥ 黄和镇编撰《礼佛度灵治丧风俗拾遗——以归仁乡风俗为范例》，香港：天马出版有限公司，2015，第 34～35 页。

⑦ 黄和镇编撰《礼佛度灵治丧风俗拾遗——以归仁乡风俗为范例》，第 35 页。

潮人的大峰祖师崇拜属于民间信仰，它没有宗教教派的教义与经文，善堂皆奉大峰祖师圣训之“生、老、病、死、苦”五字为金科玉律，以实践善举，弘扬其旨。新加坡的潮人善堂也以此五善圣训立说宣化。佛教的伦理中有八苦之说，认为人生皆苦：生苦，老苦，病苦，死苦，怨憎会苦，爱别离苦，求不得苦，五阴炽盛苦。[①] 既是苦海无边，就须佛的点化和救赎。大峰祖师生前是禅宗僧侣，不难想象他是在参透佛教经典与教义后，将其伦理浓缩撷萃为信徒较易理解和接受的哲理。从这点来看，善堂奉行的祖师圣训，以及给死者“颂经礼忏，以超拔其魂魄，使其往生极乐”的做功德仪式可说是佛教救赎观的一种实践。

二　善堂“做功德”的科仪

概括而言，新加坡潮人善堂的宗教仪式，可以归纳为以神明为祈拜对象和以先人为祭祀对象两种。前者为“红事”，主要有庆祝诸神佛圣诞，祈福消灾的祷祝和建供打醮仪式；后者是“白事”，有追荐祭祖和为先人诵经拜忏、超度亡灵的法会，也包括为丧家提供“做功德”的服务。

善堂“做功德”的科仪也分为礼佛和度灵两部分，其内容随功德规模大小而异。功德仪式规模之大小，则视丧家之选择、所支付的费用而定。“大功德”两天连宵，从上午 8 时至深夜；[②] 规模较小的为一午连宵，从下午 3 时至深夜；也有丧家从简，选择做一宵的“佛事”（见表 4 - 15）。在新加坡，较为普遍的是一午连宵的功德仪式，若举行规模稍大的一天连宵的功德，善堂会加入其他几种礼佛和度灵的科仪，如地藏宝灯、十王宝忏、天厨妙供、教食科仪；而两天连宵的大功德，还会加入杨枝早供、十献奇珍、安坛科仪、瑜伽焰口等（见表 4 - 16）。对在海上逝世的亡灵，会增加放水灯的科仪，意在为亡灵供灯，照亮黑暗的大海，引导亡灵前来法会接受超度。[③] 整体而言，善堂“做功德”的礼佛和度灵科仪多沿用潮汕地区传统的治丧礼俗，但也因应本地的生活习惯和社会环境等客

---

① 《中阿含经》卷 7，《大藏经》第 1 册《阿含部》。

② 由于受本地政府条律所限，户外宗教活动须在夜间 11 时之前停止。

③ “放水灯”科仪是为在海上逝世的亡灵所做的功德科仪，一般用瓷钵放一盏油灯，或用纸制莲花座点燃蜡烛，放到溪、河等有水流动处。

观因素而存在一定程度的在地化，有些传统科仪甚至已经弃而不用了（见表4－17）。有关“做功德”仪式的过程和道场及供台的布置、摆施（即所谓的设坛）等，笔者仅择其要点，制图表附后，不予赘述。①

表4－15　善堂午晚功德部分科仪

序号	科仪名称	唱诵经文	功能与象征	备注
日间仪式				
1	起鼓	—	功德仪式开始前善堂的武畔（锣鼓队）会敲锣击鼓，有驱逐道场内闲杂幽灵之意。起鼓后由文畔（管弦乐班）吹奏潮州庙堂音乐迎神	起鼓时段是功德科仪的前奏，一般是下午3～4时起鼓，为时15～20分钟
2	发奏关文	发关规仪	简称发关。通告天庭、往来神祇与五方土神（即土地公）是日将在此地为亡灵举行超度仪式，恭请诸神佛降临见证护守，并准备迎接佛祖。经师也会送“值符使者”赴冥府带领亡灵来坛前听经闻忏受度，并受领冥衣库财谍文（亡牒），往升天界	关文样本见图4－39，亡牒样本见图4－40。坛前置有一骑白马的纸人，代表“值符使者”，亦称“纸马将军”。经师会将关文置于纸人手中，并在其臂上插上三炷香和三副神锭。仪式即将结束前，经师以白米黑糖喂饲白马后由工作人员将之焚化，意为将白马喂饱后上路，送值符使者到冥府
3	道场请佛	请佛规仪	恭请佛祖降临道场，超度亡灵	坛前备有骑着纸鹤的纸人，代表使者骑着仙鹤。经师在纸鹤上置三炷香，表示恭请佛祖，并唱诵请佛规仪。在孝子手执纸鹤三拜佛祖后，工作人员将纸鹤焚化，意为遣送仙鹤到西天接来佛祖

① 参见陆秀玉《新加坡善堂及其功德仪式研究》，硕士学位论文，新加坡国立大学中文系，2000，第41～51页；Tong Chee-Kiong, *Chinese Death Rituals in Singapore* （London: Routledge Curzon, 2004）, pp. 27－46。

续表

序号	科仪名称	唱诵经文	功能与象征	备注
日间仪式				
4	宝忏初起	现劫千佛洪名宝忏	俗称礼忏，即诵念佛经以助亡灵在佛前忏悔，消弭生前所犯罪孽	在功德仪式开始、午间功德开始前和晚上功德仪式结束前，分三次念诵。唱诵前皆须先诵佛曲杂咒的其中一首
5	宝卷初起	金刚般若波罗蜜经	唱诵《金刚经》，主要讲述大乘佛教的空性与慈悲精神，通过唱诵《金刚经》为亡灵修福修慧消业	
6	招灵沐浴	招灵沐浴章	简称“招灵”。意在招来死者亡灵，为死者沐浴更衣，以参见佛祖，接受超度	在灵堂前进行。由孝媳在经师指引下执行这个科仪，孝女从旁协助。若无孝媳则由孝女执行。衣包是必要的道具之一。工作人员一般会以锌板隔成一小空间，以备举行仪式时焚化衣包。仪式过后，孝媳以银纸将衣包的纸灰盛入水桶内
7	灵前三经	佛说阿弥陀经，金刚般若波罗蜜经，观世音妙法连华经普门品	简称“宣经”。通过宣经礼忏告诉亡灵世事如过眼云烟，一切随缘，不用牵挂，应随佛接引往生净土，并助其早日往生极乐	分两次唱诵，开始和结束唱诵前皆须先诵佛曲杂咒的其中一首
8	填纳库财	交库科仪	简称“交库”。佛经《十王忏》记载：“且念托生之时，借天曹银贯，得获人伦，在世往往磋过，今生终日活计成家，一生不得了期，如信阴阳者，现世看经报答，其人不信者，死后无人带答，七七日外，判官迫债，声不敢言，只得受苦……”故而人们相信亡灵辞世后返回地府时，必须由其子孙将所借之钱代还阴间库官。交库仪式象征子孙为亡灵偿还所欠的库钱	此科仪由孝子与孝女在经师引导下在佛前进行。 交库科仪所需的“库钱”共有三箱，象征交付“三世”，即过去世、现在世及未来世。债钱数额由亡灵所属生肖之阴间曹官而定（见表 4 - 18），库牒样本见图 4 - 41

续表

序号	科仪名称	唱诵经文	功能与象征	备注
日间仪式				
9	礼散血盆	血盆科仪，目连救母、十月怀胎等劝世文	简称“礼血盆”。这个科仪源于佛家“血盆信仰”，《大藏正教血盆经》里有详细的叙述。* 相传妇女因月经期或生产时将污物投入河中，导致三官水府神受污，人间又经常以河水供佛，故而亵渎神明，也污染了生灵万物的生命源泉，是为罪孽，故死后灵魂会被投入地狱的血污池里，吞尽生前所污染之河水，才能转世脱胎。仪式中家眷以净水泼洒香炉，意在替亡灵净洁，又轮流喝一口红壳水，表示代母亲受刑吞下污水	此科仪在佛前进行，只限孝子孝女参与，众孝眷人手一炷香端坐于佛前，由一经师在灵前敲木鱼念诵佛经。 此仪式只适用于女性死者。未婚而不曾怀孕者，不行此科仪。 仪式结束前，工作人员在一旁指示众孝眷手持血盆钱向亡灵香炉跪拜，并依序轮流喝一口红壳水，再将用来放置亡灵香炉的椅子抬过血盆，表示亡灵已得到度脱，不再受血盆的束缚
10	散花解结	散花科仪	简称“散花”。花指女性，女人死后犹如花谢的景象，故有将“花”散去，散去花心，散掉娇气，使之清净洁心的意思	此仪式只为女性死者举行。但死者丈夫若有意或可能续弦，或另有元配或其他妻妾在世，则讳此仪式。 仪式开始前，孝子在灵前捧起亡灵的香炉及书写好的“报恩牒”（样本见图 4－43）。接着，经师右手执法铃，左手托着盛有纸裁花朵的盘子，带领孝眷以顺时针方向绕场而行，一边诵经一边掷纸花。仪式结束前，经师将福荫物，包括石榴花一枝（平安）、米一包（温饱）及硬币两枚（富裕）交给孝眷，石榴花与米收在家里米桶内，祈求常满，铜钱留着纪念祈求富贵，意为在母亲的保佑下，子孙们将一切吉祥如意
晚间仪式　晚间 7～8 时起鼓				
11	大藏法轮	转轮科仪，儒教劝世文	简称“转轮”。这是唱述儒、释、道众神佛得道的故事，如八仙的事迹及二十四孝的故事，请众神仙协助接引亡灵，增强法会的功德力，使亡灵早日升天成仙。此科仪既有规劝亡灵看破红尘俗世以赴往生之意，也有劝世人行善和奉行孝道之意	转轮仪式道具简单，佛坛前设一宝池/宝塔（女性亡灵用八层宝池，男性亡灵则是七层宝塔），宝池/宝塔最上层贴有佛像，第二层为神像，第三层是二十四孝图像，第四层是塔门。宝池/宝塔边备有水盆。工作人员在宝池/宝塔之顶端三个角落各插一炷香。众孝眷在经师引导下行经水盆时，将预先备好的硬币掷入盆中，意为布施

续表

序号	科仪名称	唱诵经文	功能与象征	备注
晚间仪式　晚间7~8时起鼓				
12	过奈河桥	过桥科仪	简称“过桥”。传说地府中有金(左)、银(右)、奈河(中)三桥,死者亡灵须经过奈河桥往生极乐净土或投胎转世。此仪式意在引导亡灵过奈河桥。仪式中子女亲友把说明亡灵生前并无作奸犯科的手牒焚烧,并投下预先备好的硬币,意为布施。工作人员也向桥官敬酒,向桥官推荐,让亡灵顺利过桥	工作人员在桥旁焚化少量的金纸(桥头)、银纸(桥尾),意在布施桥下的幽魂。同时,在四周洒上白酒,表示向桥官敬酒。经师也会默念“往生咒”
13	辞灵	送灵经文	告诉亡灵功德法会已经圆满,归灵就座,等待佛祖接往西天	
14	大谢送佛	大谢科仪	功德仪式的最后部分,即恭送此前迎来坐镇的神佛回天界	经师将三炷香置于备好的仙鹤上,再将之和金、银大谢钱交由孝眷三叩拜后,由工作人员焚化,以表心意
15	灵前诵经	阿弥陀经、金刚般若波罗蜜经、观世音菩萨普门品	念诵佛经超度死者亡灵,以助其早日往生极乐世界	顾名思义,此科仪由经师在灵坛前诵经。灵前诵经在举行以上各项仪式间穿插进行

* 有关血盆地狱信仰，详见苏芸若《明清以来的宝卷与女性文化——文本、历史与仪式实践的探索》，博士学位论文，新加坡国立大学中文系，2017，第109~143页。

资料来源：陆秀玉《新加坡善堂及其功德仪式研究》，硕士学位论文，新加坡国立大学中文系，2000，第41~51、68页。笔者据田野调查与采访记录修订。

表4－16　大功德部分科仪

序号	科仪名称	具体内容
1	地藏宝灯	礼佛科仪。在做大功德的第一天举行,全名为“关赞地藏宝灯”或“观赞地藏宝灯”,俗称“关灯”或“观灯”。以《地藏菩萨本愿经》为本,借菩萨之宏愿,即“地狱不空,誓不成佛,众生渡尽,方证菩萨”,力度众生出离三恶道(地狱、饿鬼、畜生),不再堕落受恶苦果,有劝善止恶警世之意

续表

序号	科仪名称	具体内容
2	十王宝忏	礼佛科仪。以唱赞和礼佛、菩萨与十大冥王为主。世间众生不断因贪、嗔、痴而造罪业无数，致果报现前或堕入三恶道，难以超生。此科仪唱诵历来祖师大德编写之忏法，旨在劝人忏悔，弃恶扬善，行善布施，广种福田，才不会沦堕三道
3	杨枝早供	礼佛科仪。早上五点用五果六斋供佛
4	天厨妙供	礼佛科仪。即午供，在上午11时用五果六斋供佛。佛在世时与罗汉等出家众都是日中一食，过午不食，故此供佛仪式须在中午十二点半前结束
5	教食科仪	度灵科仪。供佛之后，随即于午时以牲品、茶饭等祭亡灵
6	十献奇珍	礼佛科仪。用花（鲜花装瓶）、香（香炉）、灯（蜡烛）、涂（水）、果（大橘）、茶（茶叶）、食（素食品）、宝（如意）、珠（佛珠）、衣（袈裟），虔诚供养十方三世一切佛、法、僧三宝。主持仪式的经师先绕佛，往佛祖、菩萨、祖师殿前赞佛、唱偈，再至灵堂案前，唱赞、持咒、授三皈，施以甘露法食，使之饮足食满再听经闻法
7	安坛科仪	此科仪为奉请韦驮天将、伽蓝菩萨前来护持镇守法会道场
8	瑜伽焰口	瑜伽，相应的意思，即是指身结手印，口诵真言，意持观想，以达到身口意三密相应。而焰口即饿鬼之意，由于其体枯瘦，咽细如针，口吐火焰，面上喷火，因此又称焰口。据《救拔焰饿鬼托罗尼经》所述，焰口曾于阿难入定中显现，因而成为佛教"放焰口"仪式之缘起。瑜伽焰口施食法，便是透过法师，经由手印、真言以及观想三密相应的力量，以实现施食给饿鬼的目的，不仅解脱十方孤魂饿鬼，也可让在生父母添福增寿、丰衣足食，六亲眷属脱离三道，又可使已逝乃至七世父母都能脱离饿鬼之苦，以报答父母的养育之恩*

* 关于瑜伽焰口，参见陈省身《普济幽冥——瑜伽焰口施食》，台北：台湾书房，2012，第14~16页。

资料来源：中华善堂蓝十救济总会提供。

表4-17　潮人传统治丧仪式与善堂做功德科仪比较

	传统治丧风俗	善堂功德科仪
礼佛	设坛	√
	安放斗灯钵	√
	请神	√

续表

	传统治丧风俗	善堂功德科仪
礼佛	请佛	√
	发关	√
	召灵	√
	诵经	√
	礼忏	√
	早、午供	√
	做大功德	√
度灵	礼过河	√
	礼血盆	√
	散花	√
	沐浴顶礼	√
	荐祖	√
	拜七	× （亡灵逝世7日做功德才有此科仪）
	担经	×
	转池塔（俗称挨池塔）	√
	过桥（六月初六）	×
	交库	√
	化冥衣箱	√
	关（观）灯	√
	施食	√即施焰口
	放水灯	√
	放生	√
	大谢	√
	走孝	×

资料来源：黄和镇编撰《礼佛度灵治丧风俗拾遗——以归仁乡风俗为范例》，第13~25页。

“做功德”既是请佛祖救赎和超度亡灵，当然具有佛教文化的色彩。有趣的是，善堂“做功德”时请来的神祇，虽以佛家诸菩萨坐镇主位，但请来道场加持和观礼的也包括道教和民间信仰的神明，还采用道教的仪式和音乐，具有浓厚的道家色彩。因此，整体而言，它体现了包含儒、释、道三教思想的民间信仰的特色，同时具有明显的地缘性，整个仪式皆用潮语，贯穿丰富的潮人传统民间礼俗，可谓潮人独特宗教民俗的一个整体写照。① 这和潮人善堂文化的属性是一致的。此外，除了少数的大型宗教活动会请来佛教僧侣参与之外，善堂的宗教仪式都由本堂或友堂经师主持。主持“做功德”的主经生（亦称经师或“上师”）用潮语唱诵佛经、佛曲和一些劝世文，都是赞佛、叹亡、宣扬因果轮回、劝人修善积德和尽孝之词。唱诵经文时配以文畔（管弦乐班）、武畔（锣鼓队）。善堂做法事礼佛课颂的配乐，多属潮州庙堂音乐的“香花板”，由文畔、武畔和经生汇集而成的经、乐合一，因而成了善堂功德仪式的一个特色。而今天的善堂一般没有自己的乐师，通常是聘请（外包）相对固定的“文武畔”或个别乐师为功德仪式奏乐，在主经生的主导下，锣鼓、乐队紧密配合，构成整体的佛乐。②

表 4－18　亡灵所需付还库钱

单位：万元

各生肖冥府曹官	生肖	内	外	合计
第一曹官杜大夫	猴	4	1	5
第二曹官李大夫	鼠	6	2	8
第三曹官袁大夫	龙	9	2	11
第四曹官阮大夫	猪	9	2	11
第五曹官柳大夫	兔	8	2	10
第六曹官朱大夫	羊	10	2	12
第七曹官雷大夫	虎	8	2	10
第八曹官许大夫	马	26	6	32
第九曹官成大夫	狗	4	1	5
第十曹官纪大夫	蛇	7	2	9
第十一曹官曲大夫	鸡	5	1	6
第十二曹官田大夫	牛	28	6	34

资料来源：杨瑞发纸料商东主杨汉潮提供。

① 关于“做功德”所表现的儒、释、道三教特色和地缘性，详阅李志贤《跨越南中国海的信仰网络——潮人善堂文化在新加坡的传播与发展模式》，周照仁主编《2009 海洋文化国际学术研讨会会后论文集》，第 23 页。

② 沈广湖等编《新加坡大巴窑修德善堂庆祝金禧暨归德楼落成纪念特刊（1942～1992）》，第 92、98 页。有关潮州庙堂音乐，详阅蔡景亮、杨英伟《木鱼清磬出新声——漫谈潮州寺堂音乐》，政协潮州市委员会文史编辑组编《潮州文史资料》第 18 辑，1998，第 107～110 页。

表 4－19　“做功德”诵经礼忏所需供品、用具、纸料、帖文

各案香炉	灵衣包(沐浴用)
各案烛台	纸糊曹官(交库用)
各案一对花瓶插生花	三付库钱(交库用)
各案拜品	库牒(交库用)
三杯茶	草席血盆钱(女血盆用)
三杯酒	金银剪花(女散花用)
三佛饭	池塔(女用八宝莲池,男用七层宝塔)
五果六斋	桥头桥尾钱(过奈何桥用)
茶荖进盒	桥板粿七块(过奈何桥用)
花米	三牲一付(大谢用)
神锭	红桃一付十二个(大谢用)
贡香	酵粿一团(大谢用)
蜡烛	面条(大谢用)
灯盏	福圆(大谢用)
纸马将军(金、白直符使者)	大谢钱(大谢用)
	关文(发关用)
纸鹤(仙鹤)	疏文(参拜仪式用)
	上师帖(放焰口仪式用)
	亡牒(做功德时压在亡灵香炉下,用以证明身份,如“护照”)
做大功德安置之灯斗在功德圆满后由长孝子捧回屋内安置在桌台上照例依行围斗仪式。如长孝子因故(如过世等)不在场,则由长孙捧回,再无则由重孙捧回,如果再无就无论幼小由承长孙捧回,其他孝眷依格皆轮不到	

资料来源：中华善堂蓝十救济总会提供。

表 4－20　善堂功德仪式所用法器、乐器与乐谱

序号	仪式名称	法器	乐器	曲谱
1	发关	法铃、手炉、金刚杵、小木鱼	唢呐、扬琴、椰胡、鼓、大钵、深波、钦仔	七字偈、四洒调、观音赞
2	请佛	火炉、金刚杵、大木鱼、大音磬	唢呐、扬琴、椰胡、鼓、大钵、深波、钦仔	五字偈、三皈依
3	召灵沐浴	钵	无	七字偈、召灵赞、弥陀赞
4	交库	法铃、小木鱼	唢呐、扬琴、椰胡、鼓、大钵、吊锣、深波	七字偈、弥陀板及不知名的潮乐曲目
5	灵前诵经	木鱼	无	无
6	礼血盆	法铃、手炉、金刚杵	唢呐、扬琴、椰胡、二弦、鼓、大钵、苏锣、锣仔	由于请潮剧导师来编谱,故曲名不详
7	宣经	法铃、小木鱼、小音磬、手锣、钵仔	唢呐、扬琴、椰胡、鼓、吊锣、深波、大钵	福德词、软丝线

续表

序号	仪式名称	法器	乐器	曲谱
8	礼忏	法铃、小木鱼、小音磬、手锣、钵仔	唢呐、扬琴、椰胡、鼓、大钵、苏锣、锣仔	十杯酒
9	散花	法铃	扬琴、椰胡、二弦、鼓、大钵、深波、钦仔、锣仔、钵仔	由于请潮剧导师来编曲谱，故曲名不详
10	转轮	手炉、金刚杵、手锣、小木鱼、法铃、钵仔	唢呐、扬琴、椰胡、二弦、鼓、大钵、钦仔、深波、吊锣、苏锣、钦仔、锣仔、钵仔	由于请潮剧导师来编曲谱，故曲名不详，但其中杂有灵魂赞、弥陀赞及潮乐曲目
11	过桥	法铃	扬琴、椰胡、鼓、钵仔、深波、大钵、苏锣、大钵、锣仔	全为弥陀板
12	送灵	法铃	无	无
13	大谢	法铃	无	无

注：①在文畔乐器中，因唢呐、扬琴、椰胡为主奏乐器，而其他乐器则视人手多寡而定，故本表只列出三种主奏乐器。

②在武畔乐器中，鼓是必用的乐器，其余乐器的使用则视人手的多寡而定。使用苏锣时，则不用吊锣、深波；使用吊锣时，则必用大钵、深波。另外，在转轮仪式中，各项乐器的使用有其阶段性，不同的阶段使用不同的乐器。

③目前所采用的曲谱，有些已不知其名，故表中所列的曲谱名只为现今所用曲谱中的一部分。

资料来源：陆秀玉《新加坡善堂及其功德仪式研究》，硕士学位论文，新加坡国立大学中文系，2000，第69页。

三　冥孝观念的仪式化与身份认同的秩序化

许多社会学家和人类学家指出，中国传统丧葬仪式表现出的一个基本价值观就是中华文化最讲究的“孝”。例如唐志强就说：“生命中重要的道德价值观，如忠、孝、香火的延续、子女的天职等，都明显表现在殡葬仪式里。”① 莫里斯·弗里德曼（Maurice Freedman）也认为“儿女对父母亲尽孝的最重要行为，表现于为他们举行的殡葬仪式。这些仪式首先象征着逝世的父母已变成祖先灵魂，而祖先崇拜则是表现孝道所必要的仪式”。② 善堂的功德仪式最能体现这方面的意义，“做功德”救赎和超度亡灵的动机其实是对孝道的践行。

① Tong Chee-Kiong, *Chinese Death Rituals in Singapore*, p. 4.

② Maurice Freedman, *lineage Organizations in South Eastern China* (London: London School of Economics and Political Science Monographs on Social Anthropology, 1958), p. 148.

《盂兰盆经》中目连救母的孝行思想源于佛教的孝亲观和缘起因果说。有学者认为佛教的孝亲观分为“世间孝”和“出世间孝”，前者指对父母在世时的奉养，后者包括“鼓励父母修习净土和其他出离世间之佛法”，以及“对已逝父母、祖先的追悼供养”。张禹东等将之称为“冥孝”行为。① 佛教的冥孝观和儒家的孝道并不相左，华人的行孝观念不仅是指对父母在生时的侍奉，更延伸至对父母死后的追思与祭拜。《论语·为政篇》便曰：“生，事之以礼；死，葬之以礼，祭之以礼。”这是孔子对孝道的主张，而华人的传统殡葬礼仪基本上便是由儒家建立。其实，早在殷商时代，中国社会便有一套规范化的殡葬礼仪，汉代以后祭祀仪式成为孝道的表现，在道德价值上巩固了祭祀先人的社会意义。

善堂“做功德”仪式不只是救赎观念的实践，也是冥孝行为的一种体现和仪式化。对现代许多人而言，为先人“做功德”或只是一种“抚生恤死”的殡葬仪式，甚至经常被视为一种迷信，但在“做功德”的过程中所念诵的各种经文，所举行的各种科仪，都在宣扬为人子女必须慎终追远、饮水思源、勿忘父母养育之恩等儒家传统孝道思想。例如，在“召灵沐浴”的仪式上，儿媳为逝世的家翁或家姑（家婆）提水沐浴，展现了儿媳对长辈的孝心；又如“礼血盆”科仪，除了述颂母亲十月怀胎之辛劳，双亲如何含辛茹苦将儿女抚育成人之外，其意还在让子女协助母亲渡过血污池，脱离苦海，子女为先人吞血水受刑则代表为人子女应代母受罪以报养育之恩。还有“转轮”“过桥”等科仪，都在讲述二十四孝、因果报应的故事，具有劝人行善积德、孝顺父母和尊敬长辈的目的。家眷在亲自参与了这些仪式后，在一定程度上皆能感同身受，对这种传统伦理价值观有所体会，而将之视为“理性的行为”。②

在华人民间信仰的地狱观里，人死后要下地狱受审判，生前行善者或升上极乐世界，或轮回转世做人，而罪孽深重者将被打下十八层地狱。丧家为先人“做功德”，正是想通过宗教仪式来为死者赎罪业，减轻亡灵在地狱里所受的痛苦，并能尽快轮回转世，这可视为子女的冥孝

① 张禹东、刘素民等：《宗教与社会——华侨华人宗教、民间信仰与区域宗教文化》，第152页。

② 李志贤：《跨越南中国海的信仰网络——潮人善堂文化在新加坡的传播与发展模式》，周照仁主编《2009海洋文化国际学术研讨会会后论文集》，第23页。

行为。事实上，有不少人加入善堂成为堂员，除了因为信仰大峰祖师、秉承其行善遗训外，也可能是为了将父母或近亲列为“福荫人”，当福荫人逝世时，不仅可以享有将灵骨灰瓮和神主牌供奉于善堂的优先权，也可以安排善堂为福荫人“做功德”，超度亡灵，以期对先人“葬之以礼，祭之以礼”。①

社会学界对丧葬仪式颇为关注。有学者指出，像“做功德”这样的丧葬仪式，还带有增强家庭或家族凝聚力的功能。例如劳伦斯·G. 汤普森（Laurence G. Thompson）就强调祖先崇拜对强化家庭和家族联系所具有的重要的作用，他认为正是仪式象征性黏合、稳定了家庭和家族的结构。② 裴达礼（Hugh Baker）在总结其调查时认为祖先崇拜为社群带来强有力的凝聚力、忠诚度和延续性。③ 东方学者也有相应的观点。葛兆光就多次指出，殡葬仪式“是用一套清晰的象征方式，依靠有规律的重复，在人们心中产生暗示的行为。而且，它也是把一些共同的观念和规则，通过庄严的仪式进行合理化的方式，它所形成的观念和规则，对参与者会有影响和约束”。④ 简言之，在适当的时间以一系列象征和庄严的方式，重复展示某些观念和行为模式，将会使之成为一种“合理化”的规则，影响参与者的观念和约束他们的行为。

基于这样的理论基础，善堂为丧家提供“做功德”的服务，除了宗教上的意义，从社会学的观点引申来看，还有通过超度死者亡魂的科仪所蕴含的道德价值观来维护家庭、家族的秩序，甚至社会关系的深层意义。“做功德”

---

① 同德善堂念心社章程第三章便清楚说明为了实现其宗旨，“本机构可以提供、建设、改善、经营与维持……（ii）灵骨灰瓮安置所……（iii）祖先牌位供奉堂”；第十一章说明堂员特权则注明，“……（b）任何堂员或其受（福）荫人去世，本机构将送上祭牌和致祭彩，并按经乐部门的条例安排礼佛超度仪式。（c）若任何堂员希望将其祖先及亲人的牌位或其已去世亲人的灵骨灰安放在祖先牌位供奉堂或灵骨灰安置所……则其必须按照有关的条例提出申请”。其他善堂的章程也有类似的条例。一般堂员只需付出优惠的价格，便能享有这些“堂员福利”。“做功德”虽有预定的最低收费，但通常是以丧家“随意”赠予红包的形式收取。

② Laurence G. Thompson, *Chinese Religion: An Introduction* (Belmont: Wadsworth Pub. Co., 1995), pp. 31, 32, 52.

③ Hugh Baker, *Chinese Family and Kinship* (New York: Columbia University Press, 1979), pp. 83 - 96.

④ 葛兆光：《古代中国社会与文化十讲》，清华大学出版社，2002，第41页。

通过宗教仪式，为参与的成员创造了一种“家己人”（即自己人、“我群”）的感觉，促成了他们的同群心理。在群体中，家眷会有一种来自于血缘关系的自然感情，在“做功德”的仪式中被召唤出来。同时，通过这些科仪的象征意义，也把亲族的身份认同和个别角色秩序化和制度化了。我们经常可以在功德仪式上看到只有直系的家眷才能参与某些科仪，血缘关系较疏的远亲只能在一旁观礼，而家眷也按照亲疏关系的不同为逝者披戴不同的孝服，在经师的引导下，在这些仪式中扮演不同的角色；不符合仪式所规定的行为通常会招致其他家属或亲友的责怪或批评，这些都是很好的说明。

潮人善堂“做功德”的超度仪式，源于佛、释、道三教的救赎观、因果报应与孝道思想的融合，也是潮人丧葬礼仪的组成部分。功德仪式是由扮演不同角色的参与者（家眷亲属），伴随着文武畔演奏的潮州庙堂音乐，经师诵唱经文（仪式表演者），在香烟缭绕、悲悯肃穆的气氛中共同完成的集体活动。但它并不单纯是一种宗教信仰的实践或传统礼俗的体现，也不仅仅是为死者超度之宗教法事，它还有给予生者教育的象征仪式，所包含和传递的道德价值观的教化意义是值得重视的。从宗教的角度看，通过各种科仪，这种集体的宗教行为可以达到救赎和超度亡灵的宗教效果，从社会功能来说，它表达和加强了参与者身份的认同。但无论是从宗教功能还是社会功能来看，“做功德”的象征意义皆大于其实质意义。

堪忧的是，新加坡潮人善堂“做功德”的服务虽然相当专业，但至今还未能有效地展现和宣扬这些仪式中的象征意义与价值观，改变年轻一代将“做功德”视为迷信行为的想法。正如莫里斯·弗里德曼很早便在他所做的调查中指出：“尽管新加坡华人的殡葬仪式十分铺张热闹，但一般人对于许多葬仪程序的正确性以及仪式行为的象征意义并不很清楚。”①尤其是今天大多数年轻人不谙潮州方言，中文水平不高，更是无法听懂和看懂“做功德”所唱诵的经文，对仪式的精神意义自然难以了解、体会和认同。长久下去，“做功德”的传统习俗将式微和失传，这是潮人善堂不能不关注的严峻现实。

---

① 〔英〕莫里斯·弗里德曼：《新加坡华人的家庭与婚姻》，郭振羽、罗伊菲译述，台北：正中书局，1985，第 260 页。

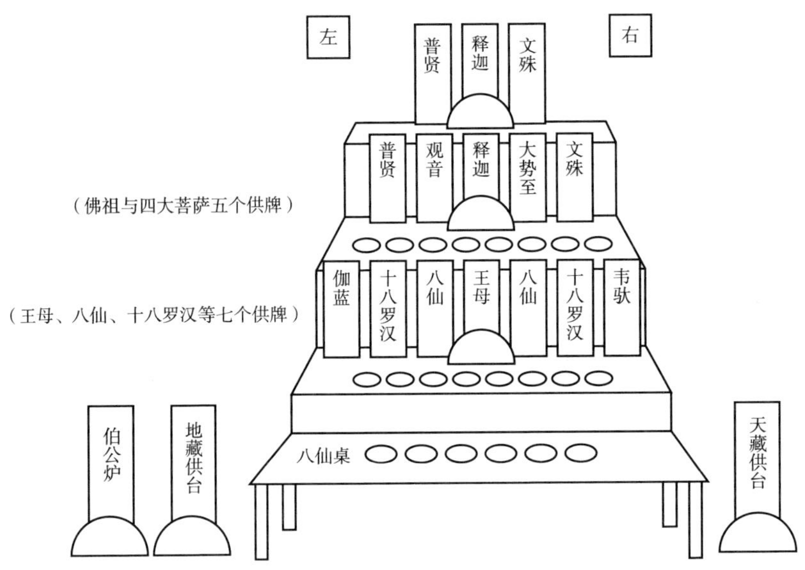

图 4-34 功德仪式的佛坛摆设

说明：⌓代表香炉。

⬭代表供品（五果、六斋、茶荖进盒、米酒、清水、饭等）。

资料来源：陆秀玉《新加坡善堂及其功德仪式研究》，硕士学位论文，新加坡国立大学中文系，2000，第 72 页；笔者据田野调查与采访记录修订绘制。

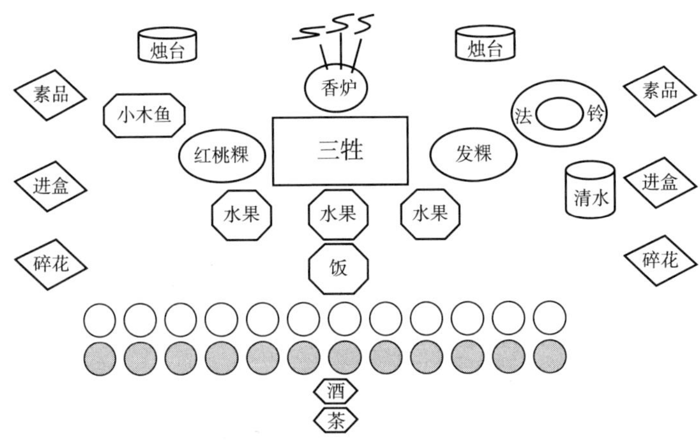

图 4-35 交库仪式供台摆设

说明：○ ●分别代表 12 杯乌豆和 12 杯甜丸，供拜 12 尊库官。现又简化为酒、丸各 3 碗，只供拜一尊库官。

资料来源：据田野调查与采访记录绘制。

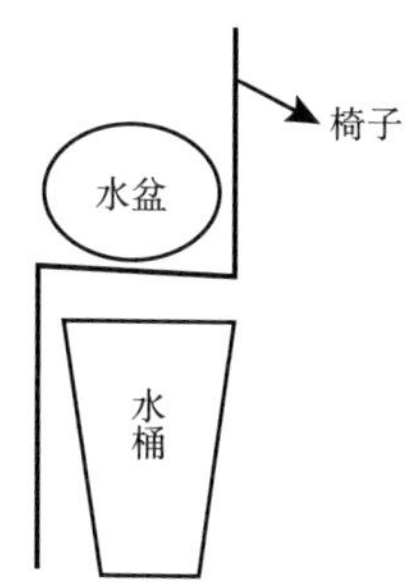

图 4－36　召灵沐浴仪式道具摆设

说明：以一张草席将椅子圈围起来，作为亡者沐浴之处。

资料来源：陆秀玉《新加坡善堂及其功德仪式研究》，硕士学位论文，新加坡国立大学中文系，2000，第 74 页。

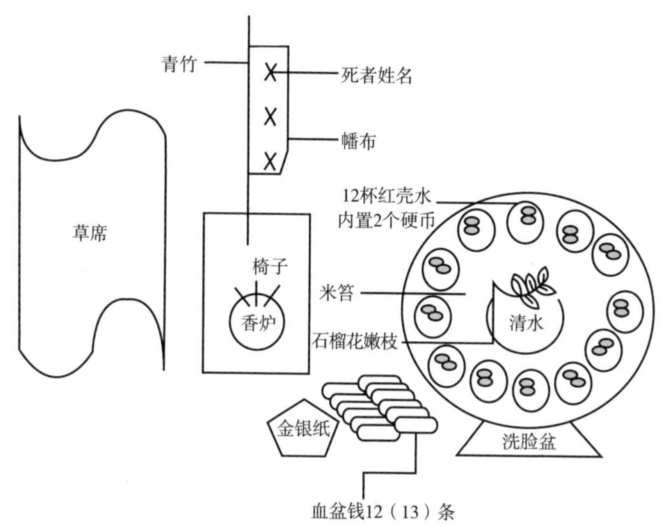

图 4－37　礼血盆仪式道具摆设

说明：◎代表血污池内的污水，若死者逝于闰年，则须置 13 杯。

在举行仪式时，由子女用石榴花水向香炉泼三下，意为替亡灵清洗。

资料来源：据田野调查与采访记录绘制。

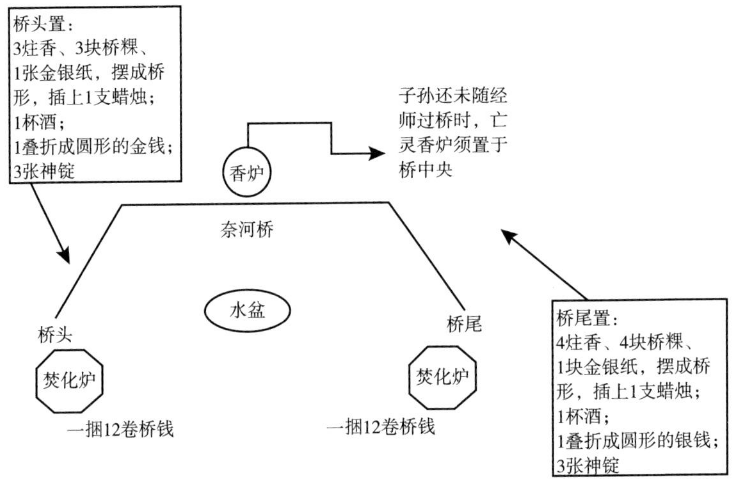

图 4－38　过桥仪式道具摆设

说明：桥粿及香取七之数代表七洲桥的意思。

资料来源：据田野调查与采访记录绘制。

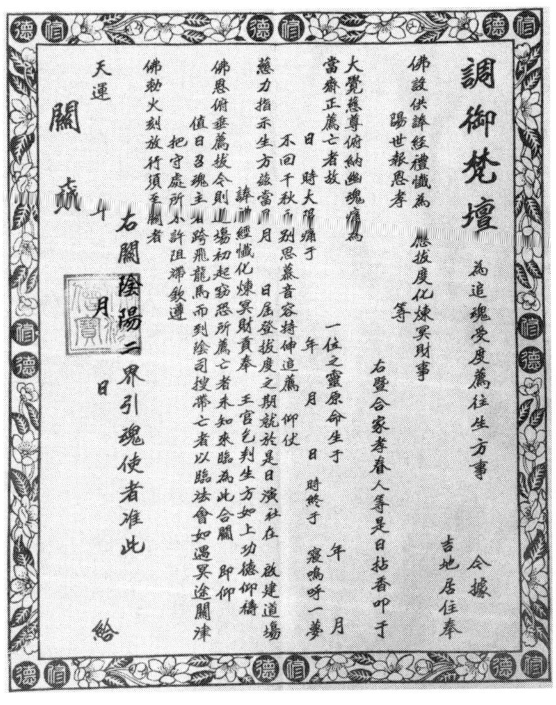

調御梵壇　為追魂受度薦往生方事

今據　吉地居住奉

佛設供諷經禮懺為　懸拔度化煉冥財事

陽世報恩孝　等

右暨合家孝眷人等是日拈香叩于

大覺慈尊俯納幽魂痛為

當齋正薦亡者故　一位之靈原命生于　年　月

日　時大限痛于　年　月　日　時終于　寢嗚呼一夢

不回千秋永別思慕音容特伸追薦　仰仗

慈力指示生方茲當　月　日屆登拔度之期就於是日演社在　啟建道場

諷神經懺化煉冥財貢奉　王官乞判生方如上功德仰禱

佛恩俯垂薦拔令則壇場初起竊恐所薦亡者未知來臨為此合關　即仰

值日召魂主者跨飛龍馬而到陰司搜帶亡者以臨法會如遇冥途關津

把守處所不許阻滯欽遵

佛勅火刻放行須至關者

右關陰陽二界引魂使者准此

天運　年　月　日　給

關

图 4－39　关文

资料来源：中华善堂蓝十救济总会提供。

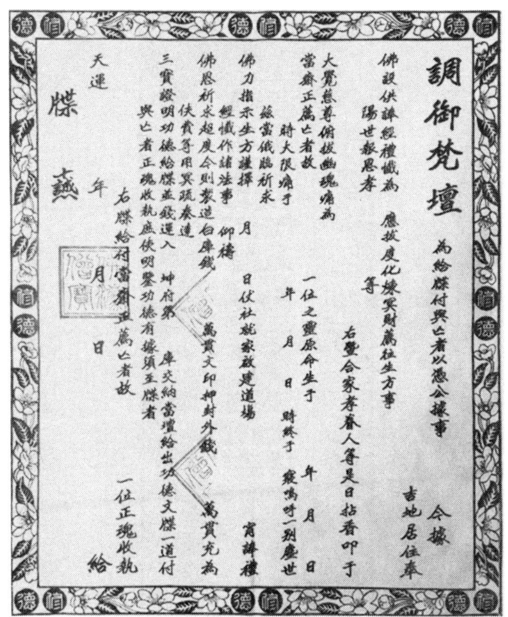

調御梵壇　為給牒付與亡者以憑公據事　　令據
吉地居住奉
佛設供諷經禮懺為　應拔度化煉冥財薦往生方事
陽世報恩孝　等　右暨合家孝眷人等是日拈香叩于
大覺慈尊俯拔幽魂痛為
當齋正薦亡者故　一位之靈原命生于　年　月　日
時大限痛于　年　月　日　時終于　寢嗚呼一別塵世
茲當俄臨祈求　日仗社號家啟建道場　宵諷禮
佛力指示生方謹擇　月
經懺作諸法事　仰祷
佛恩祈求超度今則粢造白庫錢　萬貫文印押封外錢　萬貫充為
伏貴等用冥疏奏達
三寶證明功德給牒並錢運入　坤府第　庫交納當壇給出功德文牒一道付
與亡者正魂收執庶使明鑒功德有據須至牒者
右牒給付當齋正薦亡者故　一位正魂收執
天運　年　月　日　給
牒

图 4－40　亡牒

资料来源：中华善堂蓝十救济总会提供。

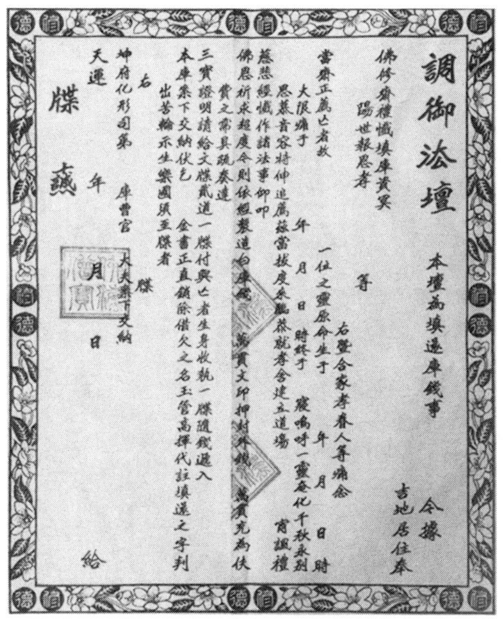

調御㳒壇　本壇為填還庫錢事　令據
吉地居住奉
佛修齋禮懺填庫貢冥
陽世報恩孝　等　右暨合家孝眷人等痛念
當齋正薦亡者故　一位之靈原命生于　年　月　日　時
大限痛于　年　月　日　時終于　寢嗚呼一靈奄化千秋永別
恩慕音容將伸追薦茲當拔度秉龍恭就孝舍建立道場　宵諷禮
慈悲經懺作諸法事仰叩
佛恩祈求超度今則依經製造白庫錢　萬貫文印押封外錢　萬貫充為伏
貴之需具疏奏達
三寶證明請給文牒貳道一牒付與亡者生身收執一牒隨錢還入
本庫案下交納伏乞　金書正直銷除借欠之名玉管高揮代註填還之字判
出苦輪示生樂國須至牒者
右　牒
坤府化形司第　庫曹官　大夫案下交納
天運　年　月　日　給
牒

图 4－41　库牒

资料来源：中华善堂蓝十救济总会提供。

图 4－42　牒文封套

资料来源：中华善堂蓝十救济总会提供。

图 4－43　报恩牒及封套

资料来源：中华善堂蓝十救济总会提供。

第五章

信仰网络：慈善事业、宗教仪式、商业关系三元互动模式

第一节　构建信仰网络的三个层面

慈善事业是大峰祖师信仰和潮人善堂文化的支柱。但是，这些慈善活动在很大程度上是建立在善信的神缘和地缘关系所带来的认同感和凝聚力这一基础上，尤其是在早期新加坡潮人社会里，这个现象更为明显。到了科技发展一日千里，人民生活相对富裕的21世纪，人们生活在高度数据化、知识型经济和全球化的汹涌浪潮中，“地球村”的概念日益稳固，人才流动迅速和频密，社会经济体制和结构急遽变化，“新加坡人”身份认同也早已确立。新加坡年轻一代西化日深，对传统宗教和民间信仰的取向明显改变，于是，地缘、神缘的维系力相对被削弱。在这种情况下，潮人善堂单靠提供传统的救济福利和宗教活动已不足以有效维持堂员对善堂的归属感和公众人士对善堂的重视。在坚持保留其独特的传统宗教仪式、突出仪式的象征意义以发挥教化功能之余，善堂只有加强与政府机构、其他非官方福利组织和利益团体（interest group）的互动，并和各有关行业建立起健全的人际与商业关系，以融入整体社会体系之中，提升自身的“社会资本”（social capital），才能避免在现代社会中被边缘化。下文将总结潮人善堂过去一个世纪的发展脉络，从慈善事业、宗教活动和商业关系这三个层面，审视潮人善堂如何在新时代的洗礼下，寻求新的定位，融入现代化社会，构建一个强大的大峰祖师信仰网络和加强对社群的影响力。

一 慈善事业：成功转型再创强大社会资源

经过一个世纪的嬗变，今天潮人善堂的慈善活动有很大的不同和长足的发展，它们在社会福利方面发挥着更重要的作用。除了传统的功能和善举赢得民众津津乐道外，它们还配合经济繁荣、社会安定下的不同需求，不再停滞于以施赠物资为主的救济方式，而是设立现代社会生活中更确切需要的疗养院、安老院、医药护理中心、洗肾中心、现代化中西医施诊所，为各种族、宗教和籍贯的人士提供登门护理、独居老人身后事服务等。善堂还筹募和设立教育基金，定期对其他慈善团体和文教机构进行捐赠，颁发奖助学金、赞助家庭教育服务中心和社区图书馆等。至今，已经有至少四所潮人善堂成立福利协会，招募来自各阶层的人士，组成人数众多的义工团队，以俾更专业和更有效地提供多元和广泛的慈善福利和公益服务。这些潮人善堂名下的福利协会皆获得政府的认可，其中一些已经获公益机构法定地位。此外，各善堂也经常组团访问中国潮汕及东南亚各地的潮人善堂，相互交流，开拓关系网络，并资助它们的建设与活动。

换言之，今天的潮人善堂，已经由一个结合宗教与慈善的传统方言组织，在承载其固有特色的基础上，改革创新，成功转型为一个为新加坡各族群人士提供多元化社会福利的民间团体，在更多领域做出贡献。它们已超越了一般只为内部成员服务的社团而变为国家社会福利体制下重要的组成部分，也因此为自己在现代社会中找到了一个强有力的新立足点，开拓更大的生存和发展空间。潮人善堂的成功转型，最关键的因素在于它能够在社会变迁下迅速自我更新，注入新元素，果断改变了传统的思维与功能，创造了新的生命力，将自己提升为有能力提供现代社会福利需求的一种重要社会资源。

尤有甚者，潮人善堂通过这些现代化的慈善活动和各族社群产生积极的互动，有效地激发各族群之间的互助精神，突出潮人善堂及其堂员在促进社区福利活动中所起的作用，更提升了善堂领导人的身份与地位。梁元生在讨论上海的慈善机构时指出："善堂组织和慈善事业为商人提供了一个管理公务甚至厕身市政的机会，以及地方官员士绅共议联治的场所。"① 陈

① 梁元生：《慈惠与市政：清末上海的"堂"》，《史林》2000年第2期，第80页。

春声也认为，在潮汕地区，大峰祖师信仰和具有现代慈善组织性质的善堂的普及，是晚清以来潮籍商人和华侨共同努力的结果。① 从同一个角度来看，我们可以发现新加坡潮人善堂也为其领导人提供了同样的机会。善堂的领导人多是商人，由于推动慈善事业、为社区群众提供福利都需要庞大的资金，故此需要拥有雄厚经济实力的商人的参与和领导。但另一方面，他们也凭借着庞大的善堂网络推动社会福利事业，管理社区慈善机构，经常在正式或非正式的场合与地方基层领袖和政府官员交流与讨论，直接或间接参与国家社会福利政策的制定与推行。例如，有些善堂和全国肾脏基金会合作在全国多个地区设立洗肾中心，中华善堂蓝十救济总会接受政府社会福利部门委托管理彩虹疗养院，同德、同敬等善堂也建立和管理安老院、乐龄护理中心，帮忙照顾社区年长者，各善堂为地方居委会或公民咨询委员会提供教育基金，赞助或联办文化活动等。从广义上说，这些举措都可视为身为绅商的善堂领导人，通过其推动的慈善活动，与官员共同管理地方上的福利建设工作。所以，随着善堂的转型与功能延伸，善堂领导人的身份也多重化了，他们既是绅商，也是善堂领导人，还是参与社区福利发展的基层管理者，并因此得以加强自身的"象征性资本"（symbolic power）②，在更大的公共领域提高自己的影响力与地位，被视为社会精英的一分子。③ 正因为如此，善堂领导

---

① 陈春声：《侨乡的文化资源与本土现代性——晚清以来潮汕地区善堂与大峰祖师崇拜的研究》，赖宏主编《第六届潮学国际研讨会论文集》，第 666 页。

② 法国社会学家布尔迪厄（Pierre Bourdieu）提出"象征性资本"的概念，认为它是一种信用和力量，它能够使已经获得足够威望的人将其影响加诸社会。见 Pierre Bourdieu, "Social Space and Symbolic Power", *Sociological Theory*, Vol. 7, No. 1, 1989, p. 22，转引自刘宏《旧联系、新网络：海外华人社团的全球化及其意义》，《中国—东南亚学——理论建构·互动模式·个案分析》，第 247 页。

③ 有些研究中国地方社会史的学者，以明清以来由民间力量主导的善会、善堂的出现及其活动来说明中国公共领域的存在。另有学者则指出，自宋代开始中国地方乡绅常借着对庙宇的掌控以延伸其领导权力和地位。参见〔美〕罗威廉（William T. Rowe）《汉口：一个中国城市的商业和社会（1796～1889）》，江溶、鲁西奇译，中国人民大学出版社，2005；Mary R. Rankin, *Elite Activism and Political Transformation in China: Zhejiang Province, 1865 – 1911* (Stanford: Stanford University Press, 1986); Robert Hymes, *Way and Byway: Taoism, Local Religion, and Models of Divinity in Sung and Modern China* (Berkeley: University of California Press, 2002); James L. Watson, "Standardizing the Gods: The Promotion of T'ien Hou ('Empress of Heaven') Along the South China Coast, 960 – 1960", in David Johnson, Andrew J. Nathan, and Evelyn S. Rawski, *Popular Culture in Late Imperial China* (Berkeley: University of California Press, 1985), pp. 292 – 324。

人和堂员在组织和参与各种慈善活动中，不仅认为自己实践了祖师救劫行善的圣训，完成了广积善德而庇及子孙的心愿而感到欣慰，还能在行善过程中获得一种强烈的满足感和成就感，堂员和善信的向心力也因此日益加强。

二　宗教仪式：强大的教化功能与凝聚力

潮人善堂至今保留着许多传统宗教仪式，整体上反映了潮州人丰富多彩的民间信仰的特色，对传承潮人民间信仰文化起着积极的作用，且在很大程度上发挥了重要的教化功能，对善信产生深远的影响。

潮人善堂的宗教仪式，象征意义大于实质意义，它们蕴含教导世人的道理，正如发扬宋大峰祖师积善救人的精神和扶弱济贫的慈善活动一样，这些宗教仪式都展现了善堂文化的内涵。就以祭祖祀典和做功德这两个仪式为例，它们通过仪式的象征意义，强有力地宣扬慎终追远、尊老敬贤、孝敬父母等传统价值观，对维护家庭秩序与增强族人的归属感和凝聚力也有积极的作用。再看扶乩仪式，大峰祖师和诸神明的乩谕在宣导信众修身向善与推广社会公益方面具有明显的效果。从宗教角度来观察，神明乃透过柳笔、沙盘等法器，经由乩掌（或称乩童、乩手）代天宣化，警惕世人应慈悲济世，加上善信对祖师与其他神明之乩示圣谕深信不疑，故透过扶乩仪式作为教化民众或社会教育的工具，其影响与意义更深远、更广泛，也有效地激发了社会各方言群之间的互助互爱精神，提高了地方社群与民间团体的凝聚力和向心力，同时带动社会慈善事业的发展。

总体而言，善堂的宗教仪式皆蕴含与承载着许多优良传统与精神，对自身的修养、对社群的关爱、对社会的奉献以及对长辈的孝道、饮水思源等价值观，都有潜移默化的教化作用。它也为善堂慈善事业的推行与发展提供了必要的精神元素与动力，且同样能增强善信的凝聚力；而强大的社群的认同感和凝聚力又加强了善信参与宗教仪式和慈善活动的意愿。如果说慈善事业是潮人善堂所凸显和重视的硬件（hardware），那么，宗教仪式则是潜在且强大的软件（software），是这股柔性的动力为善堂的慈善事业这根支柱提供了支撑。

必须指出的是，时至今日，潮人善堂还是和早期的移民社会一样，并非只是潮人祭拜祖师神祇和祭祀追思先人的场所，也不仅是办理各种善事的慈善机构，它还是潮籍人士联络感情，建立人脉网络的一个重要平台，且对潮人的方言文化起着传承的重要作用。作为一个源自潮汕地区、以潮人为主要成员的民间组织，善堂的宗教仪式和祭祀活动自然也依据潮人的习俗特色来办理，诵经乩谕皆用潮语，堂员间的沟通语言主要还是祖籍家乡的潮州方言，善信表现出了很强的方言族群认同和地缘性的凝聚力，并对自身社群的文化产生一种归属感。正由于具有这种地缘关系，善堂得以通过它所举行的各种宗教仪式，在潮人社会中负起实质的社群联谊职责，并推动各种慈善活动。这一点与其他华人会馆的成立背景和功能是相似的，不同的是，潮人善堂的宗教仪式还在潮人社群中构成一种神缘关系，越发巩固了原有的地缘关系和社群的凝聚力。虽然今天以宋大峰祖师信仰为中心的善堂网络已跨越潮人社群，并面对年轻一代地缘观念日益薄弱的挑战，但原有的这种地缘和神缘性效应仍然不失为在现代社会中凝聚潮人社群的一股无形的力量。

另外，从社会学的角度来看，今天的潮人善堂所举行的许多宗教仪式乃属集体的社会行为。无论是大型的超度建供，还是小规模的功德仪式，都不能仅视为个人、家族的一种宗教活动，它们还被扩展成为关怀社区的一种集体行为，甚至跨越血缘与地缘界限，和各种族、各阶层民众、政府机构与其他民间团体产生多层面的互动。例如许多善堂除了举办超度法会对孤魂或亡灵进行布施外，还会在法会结束后将善信所拜祀的祭品（如白米、油盐、干粮、蔬果等）捐赠给孤儿院、安老院、残障人士协会等福利机构，使社会上更多人受惠。每当国内或其他国家和地区发生严重意外事故和灾难而造成重大伤亡时，许多善堂除了在受灾现场或其他公共场所举行大型法会，邀请各界人士共同为亡灵诵经超度外，还发动民间力量筹募善款赈灾。显然，这些集体的行为不仅仅是一种宗教仪式，它们将神缘作为纽带，集合社会各阶层人士的力量，将慈善与救援工作推展至社会各层面。换言之，善堂通过这些宗教仪式将分布在各地区的个别善信、家庭、社会机关和政府部门等联系起来，形成庞大的网络，强化其社会功能。这也是善堂步入现代化，重新定位的重要条件。

三 商业关系：建立联系促进经济互动

潮人善堂的慈善与宗教活动所带来的商业资源是不容忽视的。从商业关系的层面观察，善堂的宗教仪式对地方各行各业也具有重要作用，它们为促成商业互动提供了有利的条件。例如善堂每年的节日庆典、建供或做功德等大小法事、神像装金和取香茶水仪式、盂兰盛会上标福物等宗教活动，都需采购各类香烛纸料、鲜花茶叶和荤斋食品，也需要商家提供各类服务，如交通工具、印刷宣传等。若组团到国外其他善堂进香，还须和旅行社接洽。经营有关业务的善信，以及和善堂、善信有联系的商家，都有机会为善堂提供物品和服务，从中找到不少商机。善堂也常聘请戏班演出潮剧潮乐。神戏的演出作为一种酬神的活动，同时有驱逐恶煞的用意，①还具备教育与传承中国传统文化以及宣传中国传统戏曲的功能，它实际上也间接促进了商业经济的往来。通过为善堂提供宗教活动所需的服务或物品，各行业人士与善堂产生了一种经济关系，他们之间大多数对善堂的宗教信仰有所认同，当然也有不同的宗教信仰者，通过参与善堂的活动建立了人际与商业联系，成为善堂网络的一员。从这个意义上来说，善堂所带动的商业联系，对大峰祖师信仰和潮人善堂文化的传播是存在一种相辅相成和积极的互动关系的。

如上所述，本着慈善的宗旨与功能，善堂经常将善信和商家所捐的香油钱或用来祭祀的食物赠济贫困无依者，在庆祝各节日或举办大型法会的同时，也设宴款待养老院的老人和孤儿院的残疾儿童等。这样一来，这些宗教仪式除具有宗教意义外，还借由神缘的认同与仪式的参与，把各行各业的业者、福利机构、政府机关、其他民间社团与善信联系在一起，不仅有助于加深善堂与堂信之间、善信与善信之间彼此的了解和友好关系，同时也能增进各有关行业机构之间及其与善堂、善信的联系，形成一种多层面的互动，进而促成商业经济的往来，最终构成一个庞大的商圈，带来许多商机，促进地方经济发展。

---

① 参见容世诚《潮剧扮仙戏的〈六国封相〉——新加坡的演出观察》，《戏曲人类学初探：仪式、剧场与社群》，台北：麦田出版社，1997，第133~166页。

第二节　信仰网络的形成与区域化

从前文可见，潮人善堂正是通过慈善事业、宗教活动和由此二者所延伸的商业关系三个重要层面建构出了一个庞大的“潮人善堂网络”。由这个三元模式所建构的网络促使善堂与社会各阶层产生紧密的互动。必须注意的是，潮人善堂网络成员间的互动既建立在大峰祖师信仰和善堂的慈善活动与宗教仪式的基础上，也建立在善堂、善信和其他群体间的商业关系层面。换言之，这个网络的成员，并不全是信仰大峰祖师的善堂堂员或善信，它融合了信仰大峰祖师的善堂领导人、堂员、善信，以及不信仰大峰祖师但和善堂在各方面产生互动的各界人士，他们或是善堂慈善活动的受益人，或是参与善堂举办慈善和宗教活动的地方精英（社区领袖）及社会人士，抑或是因这些慈善和宗教活动与善堂产生商业互动的商家。因此，“潮人善堂网络”的概念，虽然以大峰祖师崇拜为中心，但在定义上比学界所提出的“祭祀圈”或“信仰圈”的概念更为广泛，它不仅跨越了奉祀大峰祖师的“祭祀圈”的“村落地域”范畴，也超越了信仰大峰祖师的“信仰圈”的“信徒身份”界限，成为当地社会通过善堂的慈善活动与宗教仪式来整合人群、建构人际关系及促进商业互动的重要平台（见图5－1）。①

---

① 早在1938年，日本学者冈田谦在对台北近郊士林的研究中就提出了“祭祀圈”的理论，到了70年代，这个概念被从事台湾社会研究的学者广泛运用。据冈田谦所下的定义，祭祀圈被界定为“共同奉祀一主神的民众所居住之地域”。林美容在“祭祀圈”的理论基础上，提出了“信仰圈”的互补概念。林氏指出：“祭祀圈只是群体性（地域性）之民间信仰的宗教组织之一种，基本上它指涉及地方社区内居民因共同居一地的关系，有义务举行共同祭祀，祭拜天地鬼神等，因而，祭祀圈为地方居民之义务性的宗教组织。另一种群体性的民间信仰，其组织形态与祭祀圈大异其趣，为某一区域范围内，以某一神明和其分身为信仰中心的信徒之志愿性的宗教组织，笔者名之曰信仰圈。”概括而言，林氏认为“祭祀圈”是对应村落层次的义务性祭祀活动的范围，而“信仰圈”则是超过村落地域的志愿性祭祀活动的范围。详阅岡田謙「臺灣北部村落に於ける祭祀圈」『民族学研究』第4巻第1号、1938年、1－22頁；林美容《由祭祀圈到信仰圈——台湾民间社会的地域构成与发展》，张炎宪主编《中国海洋发展史论文集》第3辑，台北：中研院三民主义研究所，1988，第97页；林美容《彰化妈祖的信仰圈》，《中央研究院民族学研究集刊》第68期，1989年，第42页。

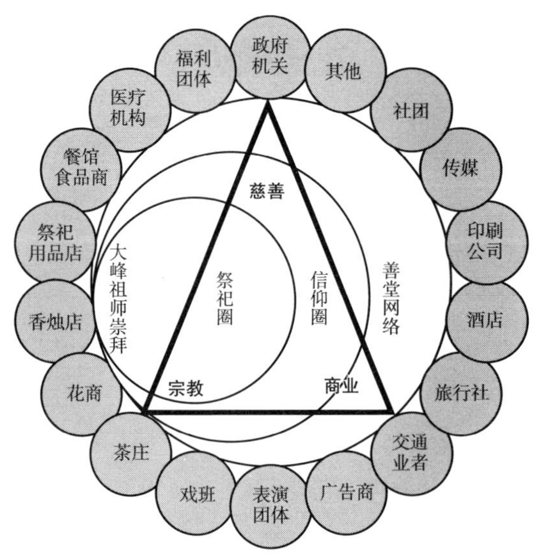

图 5-1　潮人善堂网络建构三元模式示意

我们还可以由此引申观察近 20 年以来潮人善堂跨区域网络的建构。新加坡潮人善堂继承了中国祭祀祖先传统仪式中“分灶火”“掂香灰”的精神象征,[①] 到新、马两地“分香”设立分堂。例如，修德善堂便完成了据说是大峰祖师乩示的“一总八分”的宏愿。南洋同奉善堂也在马来西亚设立了 3 所分堂。[②] 这正如 20 世纪初潮州乡民将大峰祖师的香火从潮州“分香”到新加坡一样，这种分堂、分社的网络分布，不仅使大峰祖师信仰和潮人善堂文化在异域传播开来，各地善堂所举办、联办或协办的慈善活动、宗教仪式和祭祀典礼亦作为一种彼此间交流和联谊的通道，把同一血缘、泛血缘及同一地缘、泛地缘的群体联系在一起，组成一个庞大的跨区域信仰网络（见图 5-2），尤其是 20 世纪后期以来，各地善堂的往来互动日益频繁，联系更为紧密，潮人善堂跨域网络发展得更快。

---

① 在中国，“灶”乃一家之代表，通常家中长子继承父亲的老灶，其余诸子若要“另起炉灶”，则从老灶中取出一些热炭，作为自己新家另起的新灶，这是传统中国家族香火血脉的一种延伸象征。分灶中也有分祖先牌位给诸子各家祭祀的仪式，即通过“掂香灰”仪式，择一良辰吉日把香灰从老家的旧炉掂至新香炉，子孙逢年过节必须依礼俗祭拜。

② 详见本书第三章第一节、第三节。

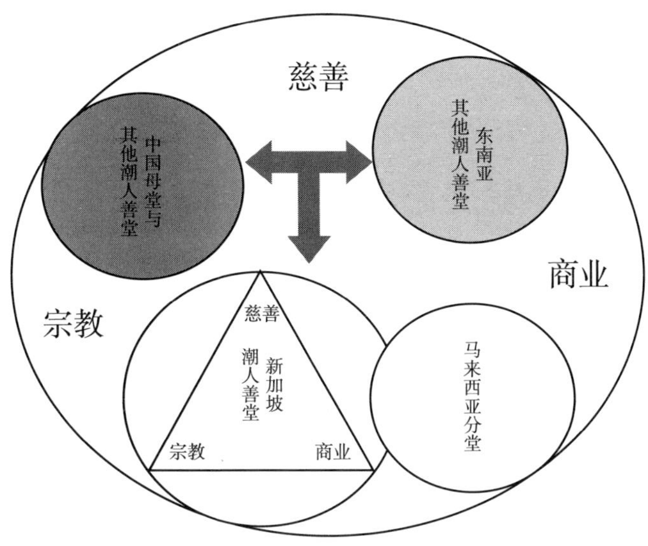

图 5－2 潮人善堂网络的跨区域互动示意

同样，各地善堂在筹办各种庆典和宗教仪式活动的过程中，不仅直接或间接带来了当地的一些商业活动，也起着促进跨区域经济联系的作用，形成以大峰祖师信仰为核心的人际网络和商业网络。这些例子多不胜举，譬如新加坡的善堂就经常应马来西亚的分堂和中国潮汕的友堂之邀，到当地举行建供仪式，而各地潮人善堂在兴建或翻新堂所时也会咨询其他地区的友堂，或通过它们的推荐，从当地聘来在潮人庙宇建筑、佛像雕塑等方面有丰富专业知识和经验的师傅（工匠），有些则向当地商家购置神像、法器、彩幡等物品。[①] 至于各善堂组织众多堂员、善信到其他地区的友堂进香、参拜祖师、交流观光所带来的各种商业互动就更是数不胜数了。

① 各地区潮人善堂出版的特刊皆刊载这方面的内容。

余论　发展趋势与信仰传承的挑战

20世纪初，过番的潮人移民将对家乡故土的怀念、大峰祖师悲天悯人与布施行善的精神，以及民间慈善组织的传统模式有机地结合起来，在新加坡创建了第一所善堂——修德善堂养心社。在当时客观的社会需求与丰富的传统文化养分滋润下，潮人善堂在当地稳健发展和传播开来，成为新、马潮人社群独特的宗教组织和慈善团体。

二战期间，潮人善堂开始跨越地域的藩篱，走进广大社区，扩大了社会功能和使命，因而深受其他社群的认同和政府的肯定。自此，潮人善堂不再被视为新加坡潮人独有的宗教场所，它被形塑为属于全社会的慈善机构。从社会功能方面来看，潮人善堂所提供的救济不仅为早期潮人移民解决了生活上的难题，在强化潮人族群的向心力与归属感上也有着重要的影响，同时还通过其宗教与慈善活动间接但有效地促进了各方言帮群的联系，对加强早期华人移民社会整体的凝聚力有一定的积极作用。因此，从广义上说，潮人善堂发展的历史脉络，也在一定程度上反映了新加坡华人社会发展进程的某个层面。

在早期潮人移民社群中，潮人善堂的组织和活动满足了个人精神上的慰藉和生活上的保障。它虽是一个民间信仰组织，但不完全依附于神庙，其组织运作与慈善事业的发展远超过一般宗教范围。潮人善堂的宗教仪式与慈善活动渗透入人们生活的许多层面，它秉持着“善”的观念，跨越了种族和地域的藩篱，宣传儒释道的传统道德精神与价值观，扶贫济弱，帮助社会上的弱势群体，并逐渐与其他社会组织相联系，在社区福利和公益事业上扮演积极的角色，还为各行业的商家提供了一个商业交流的平台。今天的潮人善堂已不只是单纯的宗教、慈善组织，更不只是一个联谊团体，它实质上汇集了宗教、医药、福利、商业、社区与政府等组织和机构，形成了一个庞大的人际与商业网络，时时与社群产生良性和积极的多层面互动。善堂通过宗教仪式与慈善活动加强了网络内个人与社群、社群与政府的交流，它起着整合和凝聚社群的作用，成为推动国家福利事业的重要慈善机构。这股由潮人善堂网络所结合而成的强大资源力量，对新加坡社会的安定与发展，从早期的移民社会到今天的高度现代化社会，都做出了极大的贡献。

此外，近年来一些潮人善堂成立了福利协会，由一个相对独立的管委会监管，并直接向政府负责，善堂董事会在福利协会管委会中也有一定的代表席位。这些福利协会成功地通过慈善事业的转型，走入广大社区，提供各种现代化的福利服务，也因此吸引了不少年轻人加入义工团队，为潮人善堂增加了不少生力军。这在一定程度上缓解了潮人善堂堂员老化、青黄不接的严峻问题，通过名下的福利协会，这些善堂呈现出一片朝气蓬勃、后继有人的大好趋势。成立福利协会，以俾更专业、更有效地推广慈善事业，成为潮人善堂未来发展的一种趋势。

成立福利协会专门推广现代化慈善与公益事业是积极的，然而，从长远来看，这样的发展趋势是否会造成潮人善堂日益偏重慈善活动而使其宗教色彩相对逐渐淡化，是一个值得深思的严肃的问题。事实上，笔者在过去和潮人善堂界人士交流时，就曾有人提出善堂究竟属于慈善团体还是宗教组织这个问题。未来潮人善堂自身的定位因此有可能被提上议程，而这对大峰祖师信仰和潮人善堂文化的传承有着至关重要的深远影响。

正如前文所述，大峰祖师信仰及潮人善堂的活动主要表现在三个层面，即慈善事业、宗教仪式和商业关系。而从另一个角度来看，我们也可以说，慈善活动、宗教仪式和商业关系是潮人善堂网络在现代社会赖以迅速发展的关键元素，三者相辅相成，缺一不可。慈善事业当然是潮人善堂的主要职能，它向世人展现了善堂在社会福利方面所能提供的资源，也增强善信的满足感、成就感和凝聚力；但潮人善堂文化之本源，乃以宗教意识为载体，结合民间慈善组织，以大峰祖师为象征性镇坛神明，提倡佛家慈悲为怀的精神，实践其积善救人的圣训。宗教意识是推动潮人善堂慈善活动的力量，宗教仪式的教化功能与深远的影响为善堂慈善事业的推行提供了必要的精神元素与动力，且同样能加强善信的认同感和凝聚力，而强大的认同感和凝聚力又加强了善信参与宗教仪式和慈善活动的意愿。

故此，在积极发展善堂文化的慈善事业之余，潮人善堂也不能忽略加强对宗教信仰的宣传，因为潮人善堂的宗教仪式和慈善事业一样，都展现了善堂文化的内涵，也是善堂独特和宝贵的文化资产。20 世纪 50 年代，潮汕地区的善堂因为政治环境和意识形态因素，不得不摒弃其宗教信仰而以福利协会的组织形式继续在当地社会推广慈善工作。此后，潮人善堂的属性被重新建构，一切宗教仪式被认为是迷信与反动，去宗教化的善堂被定位为民间慈善组织的其中一种。直至 20 世纪 90 年代中国深化改革开放后，本土宗教文化开始复苏，潮汕地区的善堂也恢复了和新、马及东南亚其他地区潮人善堂的交流。2014 年新加坡修德善堂养心社举办了祖师金像回銮大吴母堂的盛大活动，获得当地政府和民众的极大支持，参与者和观礼者有政府官员、来自国内外的潮人善堂领导人、民间宗教学者、堂员善信和当地及邻近地区的村民，仪式庄严，场面热闹。将源自潮州的善堂宗教仪式回传母堂，从宗教层面看，还原了大峰祖师信仰体系的完整性，为原乡善堂文化的修复与发展注入新的元素，有助于潮汕地区的善堂与当地政府及地方社群的互动，共同开发这一宗教资源。①

总之，潮人善堂文化要长远传承下去，必须平衡发展慈善事业与宗教仪式，并以此维持和扩大现有的跨域善堂网络。提供现代化和多元化的福利工作与社区服务的单一途径，并不足以长期有效促进民众对善堂的重视，不一定能维持堂员对善堂的归属感，所以还必须加强民众对善堂宗教仪式中的内涵与精神的认识，强化他们对善堂文化的认同，潮人善堂才能经得起长远的考验，在现代社会中继续作为潮人独特的一种结合慈善与宗教的民间组织，继续彰显灿烂的文化色彩与人文价值，在承载其固有特色

---

① 王惠：《海外移民与宗教仪式回传——甲午年新加坡修德善堂养心社宋大峰祖师金像百年回銮》，《华侨华人历史研究》2016 年第 3 期，第 59～67 页。

的基础上，创造新的生命力。也唯有如此，潮人善堂才可避免在现代社会的大环境中被边缘化，或最终变为国家社会福利体制下众多组成部分之一，就如另一个类似公益金或全国肾脏基金的慈善机构，而失去它原有的、完整的属性和富有特色的文化内涵。

今天，潮人善堂在慈善事业上所取得的成就有目共睹，它们通过各种跨域活动，有效拓展了自身的区域网络，加强了新马和中国潮汕地区潮人善堂的联系。如何在现有的慈善事业、宗教活动和商业联系的基础上，充分利用其人力、财力和各种社会资源，来宣扬大峰祖师信仰和善堂文化的内涵，确保这种传统信仰和独特的文化得以传承和可持续发展，仍然是新加坡潮人善堂领导人需要认真和及时探究的问题。而在全球化时代，作为善堂区域网络中心的新加坡中华善堂蓝十救济总会更应适时思考如何突破现有的网络架构，例如倡设国际性的联合总会，结合世界各地潮人善堂的力量，将潮人善堂文化推广到世界各地，引导潮人善堂向国际化发展。这是一项充满挑战的庞大工程，却是潮人善堂欲立足于未来所无可回避的发展之路。

参考文献

一　文献资料

（一）档案文献

《报德善堂常年堂员大会记录》，2004～2016。

《祭祖祀典》，中华善堂蓝十救济总会资料，2016。

《柳缘》第1辑，新加坡：大芭窑修德善堂，1995。

《柳缘》第2辑，新加坡：大芭窑修德善堂，2007。

《南安善堂互助部章程》（印行日期不详）。

《南安善堂章程》（印行日期不详）。

《南凤福利协会常年报告书》，2015、2016。

《南凤福利协会2016年常年报告书》，南凤善堂提供。

《南凤福利协会章程》，2008。

《南凤善堂常年会员大会议案记录》，2010～2017。

《南凤善堂互助会章程》，1961。

《南凤善堂章程》（现行版，修订日期不详）。

南洋同奉善堂第57届第7次职员常月会议记录，1989年5月15日。

南洋同奉善堂第57届第7次职员会议记录，1989年5月17日。

南洋同奉善堂会议记录簿，1960～1978、1988、1989。

南洋同奉善堂会员大会记录，1971、2008、2011～2017。

《南洋同奉善堂章程（修订版）》，2007。

普救善堂2012年常年堂友大会记录，2012年10月28日。

普救善堂2013年常年堂友大会记录，2013年7月28日。

普救善堂2016年堂友大会记录，2016年10月2日。

《海啸灾难募捐通告》，同德善堂，2004年12月30日。

《缅甸风灾/中国四川大灾难祈福与追悼会通告》，同德善堂，2008年5月22日。

《同德善堂念心社—NKF洗肾中心暨肾健资讯中心进展报告》，新加坡：同德善堂念心社，2003。

同德善堂念心社常年社员大会记录，2000、2001。

《同德善堂念心社章程》（现行版，修订日期不详）。

《请发心参加本社延聘中国浙江省宁海县青莲忏寺和种福禅寺的十五位高德法师主行梁皇法会》，同德善堂，2001。

同德善堂《同德善堂念心社晋香团》，2016年8月18日。

《同德善堂致董事、社友、善信历年通告》，2006～2016。

同敬善堂诚善社宋大峰祖师灵签（1～62号）。

《同敬善堂诚善社章程（修订版）》，1999。

卫生部发予南凤善堂之官方函件，2009年12月4日。

《仙佛下鸾为何独用柳枝?》，新加坡中华善堂蓝十救济总会文献资料，2017。

新加坡同德善堂告帖，2003。

《新加坡中华善堂蓝十总会章程》（现行版，修订日期不详）。

《新加坡众弘善堂简章》，1976。

《修德善堂养心社扶乩求诊疏文》，1994。

《修德善堂养心社章程》（现行版，修订日期不详）。

杨元璧：《生前立功堪称伟，继后分设更遥闻》，私人手抄笔记，记录年份不详。

《中华善堂救济总会章程》，新加坡国家档案馆藏，1947，微胶卷号：NA541。

中华善堂蓝十救济总会第8次会议及互选本年度职员会议记录，1953

年 2 月 18 日。

中华善堂蓝十救济总会第 12 次委员会议记录，1947 年 7 月 28 日。

中华善堂蓝十救济总会第 30 届第 2 次职员会议记录，1982 年 3 月 19 日。

中华善堂蓝十救济总会第 4 届职员结束会议及互选第 5 届职员会议记录，1955 年 4 月 12 日。

中华善堂蓝十救济总会（复兴）第二届第二次职员会议记录，1952 年 5 月 7 日。

中华善堂蓝十救济总会（复兴）第二届职员就职典礼及召开第一次职员会议记录，1952 年 3 月 27 日。

中华善堂蓝十救济总会救济委员会会议记录，1986 年 1 月 2 日。

中华善堂蓝十救济总会历届理事会议记录，1985 ~ 2016。

中华善堂蓝十救济总会临时理事会议记录，1990 年 12 月 27 日

中华善堂蓝十救济总会临时座谈会会议记录，1991 年 1 月 7 日。

中华善堂蓝十救济总会 2009 年、2010 年、2011 年议案，载中华善堂蓝十救济总会议案簿。

中华善堂蓝十救济总会 1977 年、1978 年、1983 年、1994 年、2010 年议案，载中华善堂蓝十救济总会议案簿。

中华善堂蓝十救济总会 1969 年议案，中华善堂蓝十救济总会议案簿。

中华善堂蓝十救济总会团体代表大会会议记录，1993 年 3 月 9 日；1994 年 3 月 22 日。

中华善堂蓝十救济总会文献资料，2004、2017。

中华善堂蓝十救济总会执行委员会议记录，1971 年 1 月 3 日，1972 年 4 月 26 日。

众弘善堂传真资料，2017 年 4 月 13 日。

祖师药签（成年药签 1 ~ 50 号，小儿药签 1 ~ 50 号），修德善堂养心社。

Annual Report 2014/15, Cheng Hong Welfare Service Society.

"Application for IPC Status (General Fund)", Official Letter from National Council of Social Service, July 29, 2005.

"Care for the Aged and Providing Welfare, Education, Financial Aid and

Free Medical Service for All", Tong Teck Sian Tong Lian Sin Sia, December, 2016.

"Current Registration Status for Nanyang Thong Hong Siang Tng", Official Letter from Registry of Societies Office, Ministry of Home Affairs, December 13, 2006.

（二）口述历史/访谈记录

大芭窑修德善堂掌乩沈逸书访谈记录，2007 年 3 月 25 日，新加坡新达城 Millennium Walk 某咖啡厅。

侯深湖口述"新加坡经济发展史"，新加坡国家档案馆口述采访录音，1999 年 12 月 16 日，编号：002199，Reel/Disc 13。

南洋同奉善堂副主席杨训忠访谈记录，手机短信，2017 年 6 月 16、18、19 日。

谢启发口述"日治时期的新加坡"，新加坡国家档案馆口述档案录音，1984 年 1 月 5 日，编号：000358，Reel/Disc 8。

修德善堂养心社经乐股负责人余义源访谈记录，2007 年 11 月 10 日，修德善堂养心社。

修德善堂养心社理事翁泽峰、工作人员杨光访谈记录，2017 年 4 月 5 日，修德善堂养心社。

中国汕头存心善堂会长蔡木通访谈记录，2017 年 5 月 15 日，中国汕头存心善堂办公室。

中华善堂蓝十救济总会总务杨训忠访谈记录，手机短信，2017 年 9 月 20、21 日。

众弘善堂副总务林育英电话访谈记录，2017 年 5 月 9 日。

（三）问卷调查

问卷调查资料，崇峰善堂正堂务兼经乐指导师黄舢龙提供，2017 年 8 月 15 日。

问卷调查资料，南安善堂总务许奕辉提供，2015 年 5 月。

问卷调查资料，南凤善堂座办蔡棣行提供，2017 年 5 月 25 日。

问卷调查资料，普救善堂总务庄永成提供，2017 年 6 月 8 日。

问卷调查资料，同敬善堂总务黄庆隆提供，2017 年 4 月 2 日。

问卷调查资料，众弘善堂副总务林育英提供，2017 年 4 月 13 日。

（四）田调笔记

潮人善堂做功德仪式田野调查笔记，2005、2006、2009。

大芭窑修德善堂扶乩仪式田野调查笔记，2014。

修德善堂善堂养心社“取香茶水”仪式田野调查笔记，2005。

（五）史籍、方志

潮阳市地方志编纂委员会编《潮阳县志》，广东人民出版社，1997。

李学勤主编，孔颖达正义《十三经注疏·春秋左传正义》，北京大学出版社，1999。

《潮州府志》，潮州市地方志办公室，1999。

光绪《海阳县志·舆地略六》，潮州市地方志办公室、潮州市档案馆，2001 年影印本。

潜苗金译注《礼记译注》，浙江古籍出版社，2007。

《世宗宪皇帝实录》，《清实录》，台北：华文书局，1969 年影印本。

杨伯峻译注《论语译注》，中华书局，1980。

光绪《潮阳县志》，台北：台北市潮州同乡会，1971。

（六）宗教经文

《佛说盂兰盆经》，《大正新修大藏经》第 16 册，台北：新文丰出版公司，1983 年影印版。

《正统道藏》第 53 册，台北：新文丰出版公司，1977。

《中阿含经》卷 7，《大正新修大藏经》第 1 册，台北：新文丰出版公司，1983 年影印版。

（七）报章

《新注册社团》，《南洋商报》1941年5月10日。

《中华善堂救济总会端午节施粥并施医赠药》，《昭南日报》1945年6月15日。

《普救善堂救济潮汕难民义捐经已汇出》，《南洋商报》1946年8月9日。

《南安善堂经乐部受邀赴古晋建供》，《南洋商报》1946年12月20日。

《普救善堂举行会员大会新职员就职礼》，《南洋商报》1947年3月5日。

唐史青：《新嘉坡善堂的今昔观》，《南洋商报》1947年12月15日。

《修德善堂》，《南洋商报》1948年11月19日。

《修德善堂新址落成》，《南洋商报》1948年11月22日。

《贫病者福音！修德善堂施医赠药该堂社友纷纷报效》，《南洋商报》1949年3月19日。

《普救善堂节省五拾元捐助防痨病院基金》，《南洋商报》1949年5月21日。

《陶融儒乐社将为南安学校演剧筹款　各股负责人员已选出》，《南洋商报》1949年7月15日。

《修德善堂养心社赠医施药概况》，《南洋商报》1949年7月21日。

《南安学校校舍落成演剧筹款以充裕经济，敦请陶融儒剧社义演》，《南洋商报》1949年8月5日。

《南安善堂音乐部今晚广播》，《南洋商报》1949年9月14日。

《南安善堂音乐部》，《南洋商报》1949年12月7日。

《同敬善堂举行落成典礼庆祝宋大峰祖师圣诞》，《南洋商报》1949年12月19日。

洪锦棠：《南安善堂与南安学校》，《南洋商报》1950年3月16日。

《普救善堂儒乐队今晚广播节目》，《南洋商报》1950年4月19日。

《记修德善堂》，《南洋商报》1950年6月4日。

《同敬学校获教育局批准》，《南洋商报》1950 年 11 月 6 日。

《南安善堂广播潮乐》，《南洋商报》1951 年 2 月 13 日。

《火城大火焚毁三条街　八千灾黎待赈急　本报今日派员在灾区登记难民　各方仁款昨日已收到三千余元　力克与本报篮球队定五日义赛》，《南洋商报》1951 年 8 月 2 日。

《蓝十字中华善堂明日在灾区施粥　一连十天每日上午十时及下午四时二次》，《南洋商报》1951 年 8 月 4 日。

《蓝十字中华善堂定十五日施米》，《南洋商报》1951 年 8 月 7 日。

《积极筹建住屋安顿火城灾黎　联合救济总会已组成　华民政务司任主席。李玉荣、林庆年等九人为委员　快乐世界商展延长三晚大义卖　本报代收仁款达二十一万余元》，《南洋商报》1951 年 8 月 14 日。

《蓝十字发赈白米衣物　蔡杨素梅女士亲助灾民搬运》，《南洋商报》1951 年 8 月 16 日。

《蓝十字中华善堂救济总会补赈火城灾民四户六名　赶印收据将于日间发出》，《南洋商报》1951 年 8 月 25 日。

《人民已尽最大力量与政府合作　政府亦应与灾民合作解决屋荒》，《南洋商报》1951 年 9 月 8 日。

《普救善堂庆典盛况潮帮侨领亲临观剧》，《南洋商报》1951 年 12 月 1 日。

《南安善堂发展迅速，附设学校经购地扩充已获政府津贴金》，《南洋商报》1951 年 12 月 3 日。

《蓝十字各善堂宴贺叶平玉改九日举行由普救善堂国乐部排演潮剧二晚助兴》，《南洋商报》1952 年 1 月 7 日。

《蓝十字中华善堂等团体联合宴贺叶平玉荣膺英皇 MBE 勋章　叶氏表示愿毕生尽力为人群谋福利》，《南洋商报》1952 年 1 月 10 日。

《普救善堂增设西医部并将为防痨协会筹款义演　苏璧耀捐千元为经费》，《南洋商报》1952 年 6 月 4 日。

《蓝十字总会再收到四名药费》，《南洋商报》1952 年 6 月 10 日。

《蓝十字中华善堂救济总会捐二千元赞助南洋大学》，《南洋商报》1953 年 3 月 4 日。

《芽笼灾民二千七百六十五人再领到约三万元赈物　蓝十字在灾区工作昨日下午四时结束　叶平玉盛谢圣约翰救伤队及警察》，《南洋商报》1953 年 7 月 27 日。

海容：《救灾精神值得赞扬》，《潮州乡讯》第 12 卷第 12 期，1953 年 8 月 1 日。

《南安善堂堂友捐款救济芽笼火灾，被难堂友每名先得六百元，尚在劝募中》，《南洋商报》1953 年 8 月 15 日。

《汤申律海南山一茅屋失火　邻居扑救幸未蔓延　只闽籍老寡妇一家人口遭殃》，《南洋商报》1953 年 11 月 14 日。

《粤妇丁亚兰夫死子幼亟待救援》，《南洋商报》1953 年 11 月 14 日。

《前日海南山火烧亚答屋　郭亚差处境堪怜　祖孙五口无处栖身亟待救济》，《南洋商报》1953 年 11 月 16 日。

《蓝十字中华善堂救济总会赈济郭亚差及丁亚兰　白米各一包及什咸等物各一份托交本报代为转赈》，《南洋商报》1953 年 11 月 17 日。

《普救善堂移贺仪赠新民学校》，《南洋商报》1953 年 12 月 16 日。

《修德善堂去年施赠医药　赠医一万一千余人　施药二万二千余剂　已加入南洋大学为会员》，《南洋商报》1954 年 3 月 19 日。

《南安善堂救济火灾堂友》，《南洋商报》1954 年 3 月 26 日。

《普救善堂本年度董事选出报告堂务概况及施药千余宗》，《南洋商报》1954 年 4 月 27 日。

《蓝十字同奉善堂建筑新堂本月底在后港六条石兴工估计一切费用约需十万元》，《南洋商报》1954 年 7 月 20 日。

《蓝十字救济总会六善堂联合捐款助新华学校补购桌椅》，《南洋商报》1954 年 11 月 7 日。

《普救善堂庆祝廿五周年公演“百花仙子”名剧吁请社团将礼物折赠医药费》，《南洋商报》1954 年 11 月 19 日。

《六元五角办一家小学校——乌桥南安学校特写》，《南洋商报》1954 年 11 月 29 日。

《蓝十字中华善堂获总督致函嘉勉　赞许该总会努力救灾》，《南洋商报》1954 年 12 月 16 日。

《修德善堂长期施粥　每星期二、四、六下午各一次》，《南洋商报》1955 年 3 月 8 日。

《蓝十字属堂修德善堂第一月施食受惠者五千人此项经费由热心家踊跃捐助》，《南洋商报》1955 年 4 月 12 日。

《修德善堂施药施粥》，《南洋商报》1955 年 5 月 21 日。

《中华善堂救济总会发食用品予灾民　总督柏立基爵士亲往视察》，《南洋商报》1955 年 10 月 10 日。

《蓝十字救济总会庆祝复兴五周年昨鸡尾酒会为况殊盛》，《南洋商报》1955 年 10 月 24 日。

《同奉善堂新址落成》，《南洋商报》1955 年 12 月 5 日。

《普救善堂廿六周年堂庆各界贺仪共二千五百余元》，《南洋商报》1955 年 12 月 6 日。

《同敬善堂诚善社暨同敬学校购新社址积极进行募款》，《南洋商报》1956 年 7 月 26 日。

《普救善堂廿七周年堂庆各界贺仪共二千五百余元》，《南洋商报》1956 年 11 月 28 日。

《同敬篮球队远征泰国定七日出发》，《南洋商报》1957 年 7 月 4 日。

《同敬篮球队今晨出发在泰国作两周访问赛》，《南洋商报》，1957 年 7 月 7 日。

《芽笼律廿九巷同敬善堂诚善社圣安多尼诊所十四日开幕》，《南洋商报》1957 年 7 月 11 日。

《同敬善堂西医诊所施诊部今日下午开幕》，《南洋商报》1957 年 7 月 14 日。

《同敬篮球队昨移师曼谷》，《南洋商报》1957 年 7 月 15 日。

《同敬善堂诚善社倡办施诊所开始赠药施医今日起每逢星期一三六有医生诊视》，《南洋商报》1957 年 7 月 15 日。

《本报代收善款一批捐助诚善社施诊所》，《南洋商报》1957 年 8 月 24 日。

《九洲席馆等捐资赞助芽笼律廿九巷同敬善堂施诊所》，《南洋商报》1957 年 9 月 10 日。

《同敬善堂篮球队欢宴泰国四队伍》，《南洋商报》1957 年 9 月 22 日。

《普救善堂二十八周年纪念各方贺金汇志》，《南洋商报》1957 年 12 月 23 日。

《同敬善堂庆祝宋大峰祖师诞辰设素筵招待嘉宾》，《南洋商报》1957 年 12 月 23 日。

《同敬篮球队应励志会之邀今飞往西贡作战八场》，《南洋商报》1958 年 4 月 18 日。

《同敬善堂设宴慰劳篮球队访问南越九战九胜》，《南洋商报》1958 年 5 月 15 日。

《同德善堂念心社赠医施药下月二日开始》，《南洋商报》1958 年 5 月 29 日。

《乌桥同德善堂念心社赠医施药部昨日开幕，叶平玉剪彩盛赞该堂为善最乐之精神，正主席陈辑铭希望诸位善信拥护支持潘少儒陈元弟林长龄为义务医师》，《南洋商报》1958 年 6 月 2 日。

《同奉善堂赠医施药今日开始》，《南洋商报》1958 年 12 月 8 日。

《后港六条石南洋同奉善堂救济部赠医施药组开幕十六日开始每周分两次服务》，《南洋商报》1958 年 12 月 9 日。

《普救善堂廿九周年纪念演潮剧两晚助兴各界贺仪三千五百余元》，《南洋商报》1958 年 12 月 22 日。

《南洋同奉善堂增加施药日期》，《南洋商报》1959 年 2 月 2 日。

《篮球劲旅同敬队庄卓岩任总领队下月初访问印尼将转战苏岛棉兰及爪哇各大埠为期三周，比赛十余场，日程已拟定》，《南洋商报》1959 年 3 月 28 日。

《修德善堂分堂捐助敬文学校》，《南洋商报》1959 年 7 月 29 日。

《同敬学校校友中秋月光会请母校董教参加》，《南洋商报》1959 年 9 月 17 日。

《普救善堂捐献国家剧场五十元昨日托本报代转》，《南洋商报》1959 年 12 月 20 日。

《同奉善堂救济部增设施棺赠葬组》，《南洋商报》1960 年 1 月 24 日。

《同奉善堂救济部设柔佛区施棺处》，《南洋商报》1960 年 3 月 31 日。

《修德善堂捐助国家剧场》，《南洋商报》1960年6月18日。

《同敬篮球队总领队庄卓岩设饯别宴送砂朥越篮球队》，《南洋商报》1961年1月15日。

《南凤善堂庆祝创立纪念》，《南洋商报》1962年5月9日。

《报德善堂扩建堂址》，《南洋商报》1962年5月11日。

《普救善堂音乐戏剧组》，《南洋商报》1962年5月15日。

《同奉善堂恭奉祖师金身赴雪》，《南洋商报》1962年11月24日。

《南凤善堂筹建堂宇》，《南洋商报》1963年3月13日。

《南洋同奉善堂》，《星洲日报》1964年5月10日。

《普救善堂获奖状将举行庆祝》，《南洋商报》1964年5月11日。

《南洋同奉善堂决参加祝国庆》，《南洋商报》1966年8月3日。

《同敬学校举行高小毕业典礼董部代表袁荣光盛赞离校试得百巴仙成绩》，《南洋商报》1966年11月25日。

《报德善堂施诊所订今日开幕》，《南洋商报》1967年7月1日。

《普救善堂赠医人数激增希望各界人士慷慨捐助》，《南洋商报》1968年6月5日。

《普救善堂就职典礼由名誉总理黄诗通监誓　总理陈汉成吁再接再厉继续努力为人群谋福利》，《南洋商报》1968年8月26日。

《南凤善堂庆祝八周年新堂宇建竣开幕张永祥议员主持仪式》，《南洋商报》1968年12月19日。

《普救善堂复设戏剧组将演潮剧庆祝华佗诞》，《南洋商报》1970年5月15日。

《普救善堂明晚公演潮剧》，《南洋商报》1970年8月7日。

《普救善堂庆四十一周年纪念陈汉成吁各界支持福利服务》，《南洋商报》1970年12月4日。

《普救善堂举行功德堂落成礼》，《南洋商报》1973年11月29日。

《普救善堂修订赠医施药时间》，《南洋商报》1976年3月1日。

《文德路同德善堂念心社订期举行新堂开幕典礼》，《南洋商报》1976年5月14日。

《乌桥同德善堂念心社今设素筵祝双庆盛典》，《南洋商报》1976年5

月 25 日。

《普救善堂订于六日颁渡岁红包予贫老》,《南洋商报》1977 年 2 月 1 日。

《普救善堂颁发渡岁红包予贫老》,《南洋商报》1977 年 2 月 8 日。

《同敬善堂诚善社教育基金》,《南洋商报》1977 年 8 月 9 日。

《众弘善堂设素宴庆大峰祖师圣诞暨二周年》,《南洋商报》1977 年 12 月 11 日。

《余娱儒乐社祝社庆将演潮剧龙女奇缘并为南安善堂乔迁义演》,《南洋商报》1977 年 12 月 12 日。

《为南安善堂筹建堂基金,港新天艺潮剧团将义演斩黄袍剧》,《南洋商报》1978 年 3 月 17 日。

《中华善堂救济总会暨属下善堂合捐义款三万五千以充本报济灾基金 该会主席庄卓岩主持捐款会议》,《南洋商报》1978 年 10 月 21 日。

《修德善堂养心社捐来六千元善款》, 《南洋商报》1978 年 10 月 22 日。

《众弘善堂迁新址赠医施药部开幕邀请陈清山议员揭幕庄卓岩主席主持仪式》,《南洋商报》1978 年 12 月 1 日。

《普救善堂庆祝成立四九周年捐千元予树林道联络所》,《南洋商报》1978 年 12 月 3 日。

《史拜鲁斯油船爆炸惨案调查庭报告书摘要》,《南洋商报》1979 年 3 月 4 日。

《南安善堂新堂今日举行奠基,敦请拿督斯里郑镜鸿主持典礼,斥资一百廿万元预定明年八月落成》,《星洲日报》1979 年 11 月 24 日。

《众弘善堂祝双庆,陈清山议员赞该堂所作贡献》,《南洋商报》1979 年 12 月 5 日。

《普救善堂五十年来堂务简介》,《星洲日报》1979 年 12 月 18 日。

《崇峰善堂庆三周年捐三千元予慈善机构》,《星洲日报》1981 年 5 月 30 日。

《刘德顺赞普救善堂对地方慈善福利贡献》,《南洋商报》1981 年 11 月 29 日。

《修德善堂发救济金给美世界火灾灾民由曹煜英次长主持》，《南洋商报》1982 年 3 月 11 日。

《同德善堂念心社赠医部设夜诊班》，《南洋商报》1982 年 3 月 27 日。

《崇峰善堂订期庆祝堂庆》，《南洋商报》1982 年 6 月 18 日。

《南凤善堂义顺镇新堂 11 日由蔡金钟主持奠基》，《星洲日报》1983 年 1 月 10 日。

《南安善堂献捐五千元给三间福利慈善机关》，《南洋商报》1983 年 1 月 13 日。

《崇峰善堂订期分发度岁金》，《星洲日报》1983 年 1 月 25 日。

《崇峰善堂分发敬老度岁金》，《星洲日报》1983 年 2 月 2 日。

《巴耶利峇弯南安善堂捐万元分赠十养老院》，《南洋商报》1983 年 2 月 4 日。

《南安善堂交来一万元托本报转交十慈善团体》，《星洲日报》1983 年 2 月 4 日。

《天德圣庙通告》，《联合早报》1983 年 6 月 21 日。

《报德善堂晋庙通告》，《联合晚报》1984 年 9 月 10 日。

《报德善堂晋庙通告》，《联合早报》1984 年 9 月 11 日。

《南凤善堂重建新堂落成暨宋大峰祖师圣诞、成立 24 周年纪念特刊》，《联合早报》1984 年 11 月 21 日。

《南安善堂庆祖师圣寿拨 6 万元捐助 25 机构》，《联合早报》1984 年 12 月 25 日。

《同德善堂念心社捐献五万余元义款》，《联合早报》1985 年 1 月 14 日。

《报德善堂新堂开幕》，《联合早报》1985 年 11 月 11 日。

《崇峰善堂筹建新堂呼吁各界慨捐基金》，《联合早报》1986 年 6 月 13 日。

《南安善堂捐款行善，二十四个团体受惠》，《联合早报》1986 年 12 月 8 日。

《同德善堂念心社捐两千元公益金》，《联合早报》1987 年 1 月 6 日。

《修德善堂养心社捐万元给公益金》，《联合早报》1987 年 3 月 31 日。

《南凤善堂颁首届奖学金》,《联合晚报》1988年5月22日。

《修德善堂养心社捐万余元作慈善》,《联合早报》1988年12月21日。

《同德善堂中医药施诊所周末开放》,《联合早报》1989年8月8日。

《同德善堂12日捐献公益金》,《联合早报》1989年12月10日。

《慈善晚会赞助者　新加坡中华善堂蓝十救济总会》,《联合早报》1990年2月25日。

《修德善堂养心社捐5万元慈善基金》,《联合早报》1990年12月16日。

《修德善堂养心社捐五万给慈善基金》,《联合早报》1991年1月3日。

《南凤善堂将派队参加哈尔滨冰雕赛》,《联合早报》1991年12月28日。

《白亚美、黄恩赐等代表我国参加哈尔滨国际冰雕比赛》,《联合早报》1992年1月1日。

《南凤善堂将再参加哈尔滨国际冰雕赛》,《联合早报》1992年11月23日。

《修德善堂养心社今天分发救济金,三百多名贫苦老人受惠》,《联合早报》1992年11月23日。

《众弘善堂庆祝成立十七周年》,《联合早报》1992年11月30日。

《我国冰雕队今飞哈尔滨与十六支队伍一较高低》,《联合早报》1993年1月4日。

李金嫦:《联合中华善堂蓝十救济总会同敬善堂诚善社计划创办安老院收留贫老》,见《联合早报》1993年11月29日。

《拨款150万元大芭窑修德善堂在义顺东设洗肾中心》,《联合早报》1993年12月2日。

《修德善堂养心社分红包给贫苦老人》,《联合早报》1993年12月20日。

《哈尔滨国际冰雕赛　我队三度夺得亚军》,《联合早报》1994年1月15日。

《修德善堂养心社捐义款》，《联合早报》1994年12月12日。

《同敬善堂诚善社开办学童托管中心七月投入服务》，《联合早报》1995年6月26日。

《修德善堂庆祝成立80周年捐献15万7000元义款给14个团体》，《联合早报》1995年12月21日。

《摩绵教育关怀中心将成居民活动新焦点》，《联合早报》1996年9月4日。

《大芭窑修德善堂修建后成名胜》，《联合早报》1996年10月10日。

《社长萧捷钦宣布同敬善堂将创办迟钝院》，《联合早报》1996年11月18日。

《修德善堂养心社捐义款给10机构》，《联合早报》1997年1月7日。

《中华善堂蓝十救济总会为空难死者举行七七追悼会》，《联合晚报》1998年1月23日。

《中华善堂举行空难追悼仪式》，《联合早报》1998年2月10日。

《中华善堂蓝十救济总会今早举行　胜安空难者“七七”超度会》，《新明日报》1998年2月5日。

《同德善堂念心社捐50万给肾脏基金》，《联合早报》1998年5月25日。

《耗资1000万元兴建，可容纳200名老人，同德安老院投入服务》，《联合早报》1998年8月9日。

《完成前主席遗愿同德善堂念心社开设兀兰洗肾中心月底运作》，《联合早报》1999年1月14日。

《北部肾脏病人就医更方便》，《联合早报》2000年1月24日。

傅丽云《卫生部与六机构合作推展社区保健检验计划》，《联合早报》2000年6月7日。

《同德善堂念心社扩建观音阁重建3层孝德厅》，《联合早报》2000年7月2日。

《修德善堂养心社拨款为慈善》，《联合早报》2001年1月8日。

《修德善堂捐100万建肾病预防中心》，《联合早报》2001年3月15日。

《武吉知马修德善堂50万元助建肾病预防中心》，《联合早报》2001

年12月3日。

《修德善堂养心社分发慈善金》,《联合早报》2001年12月20日。

《受兴建地铁影响,同奉善堂周末搬到盛港》,《联合早报》2002年3月4日。

《防糖尿病高血压患者肾脏衰竭肾脏基金设首间预防中心》,《联合早报》2002年7月29日。

《大芭窑修德善堂庆重建堂宇落成》,《联合早报》2002年10月3日。

《修德善堂庆重建发善款》,《联合早报》2002年10月5日。

《普救善堂捐资100万元建成本地第二所肾脏预防中心开幕》,《联合早报》2003年9月29日。

简桥:《中华善堂蓝十救济总会》,《联合早报》2003年12月16日。

《中华善堂蓝十救济总会庆祝成立六十一周年纪念暨属下蓝十彩虹疗养院一周年庆典联欢晚宴,敦请教育部暨社会发展及体育部政务部长曾士生先生为大会贵宾》,《联合早报》2003年12月28日。

《众弘慈善医药中心将为友诺士居民服务》,《联合早报》2004年6月7日。

《摩登路上传古乐　百万神台求平安》,《联合早报》2004年9月18日。

《中华善堂蓝十救济总会明天举行诸佛开光暨牌匾揭幕仪式》,《联合晚报》2004年9月25日。

潘星华:《后港普救善堂扩充无门》,《联合早报》2004年12月5日。

魏瑜嶙:《普救善堂要再申请扩建施诊所》,《联合早报》2004年12月8日。

《海啸灾难追悼法会通告》,《联合早报》2005年1月4日。

《同德善堂捐150万元设立癌症检测及关怀中心》,《联合早报》2005年6月5日。

《南安善堂医药中心明天开幕》,《新民日报》2005年7月15日。

《同德善堂念心社普度海啸罹难者》,《新明日报》2005年9月4日。

《南凤善堂首度为潮州公墓济幽超渡2万无主先贤施粮救助穷苦人士》,《联合晚报》2007年3月21日。

《修德善堂庆65周年共捐26万元》,《联合早报》2007年10月8日。

《同德善堂念心社捐20万给缅甸和中国》，《联合早报》2008年5月18日。

《义安城法事祈客如潮来》，《联合早报》2009年4月4日。

《同德善堂念心社庆祝晋庙六十周年纪念暨夏祭祀典》，《联合早报》2009年5月21日。

《与团共聚：同敬善堂诚善社赈灾筹款音乐会》，《联合早报》2009年9月14日。

《千里送筝情音乐会为台湾水灾筹款》，《联合早报》2009年9月15日。

黄丽玲：《两机构合办，裕廊居民将有中医义诊服务》，《联合早报》2011年4月26日。

邢谷一：《海南会馆中医义诊月底起延长一小时》，《联合早报》2011年9月26日。

黎雪莹：《为孤苦者免费办理后事　众弘福利协会设"施棺小组"》，《联合早报》2014年3月31日。

《应付义诊及后事料理所需，众弘举办慈善晚宴筹募百万元经费》，《联合早报》2016年4月11日。

陈坤纲：《报德善堂庆晋庙57周年，宴请各族贫老分发红包》，《联合早报》2016年9月16日。

许翔宇：《众弘福利协会让120多名老人自选礼物》，《联合早报》2016年10月24日。

邢谷一：《普救善堂派敬老度岁金　后港千名组屋居民受惠》，《联合早报》2017年1月16日。

邢谷一：《众弘中医流动所开幕》，《联合早报》2017年1月9日。

《慈善团体监管新准则，董事任期逾10年须解释》，《联合早报》2017年4月7日。

黄小芳：《最后一程伴他走完》，《联合早报》2017年4月23日。

邢谷一：《富商百年前基金助"众弘"安葬孤贫老人》，《联合早报》2017年5月1日。

邢谷一：《讲述宋大峰祖师扶危济困事迹，大芭窑修德善堂设浮雕像》,《联合早报》2017 年 10 月 2 日。

"Chinese Forming Strong Body to Provide Assistance to Air Raid Victims, Fully Supported by Authorities", *The Syonan Shimbun*, January 19, 1945.

"Chinese Charitable Union Gets to Work-Bureaux Formed", *The Syonan Shimbun*, January 23, 1945.

"Relief & Charity", *The Syonan Shimbun*, January 27, 1945.

"Charitable Union's Fund Tops $ 1000000 Within Week Of Start", *The Syonan Shimbun*, January 30, 1945.

" 'As Long As There Is Food in Syonan, None Shall Go Hungry, Suffer Distress' - Charitable Co-workers' Resolution", *The Syonan Shimbun*, February 7, 1945.

"Chinese Undertakers Form Unit to Help Bury Dead After Raids", *The Syonan Shimbun*, February 22, 1945.

"Raid Relief Helpers Receive Certificates from Commander", *The Syonan Shimbun*, March 17, 1945.

"Generous Compensation Scheme", *The Syonan Shimbun*, March 20, 1945.

"Three Chinese Relief Bodies Amalgamate", *The Syonan Shimbun*, April 2, 1945.

"Mass Feeding of Poor People Starts in Syonan: 2, 100 Blue Cross Workers Giving Good Service", *The Syonan Shimbun*, April 3, 1945.

"Syonan's Charitable Bodies Pooling Resources for More Effective Relief", *The Syonan Shimbun*, April 11, 1945.

"Blue Cross to Treat Lepers", *The Syonan Shimbun*, April 28, 1945.

(八) 特刊/通讯

陈传忠编《新加坡潮州八邑会馆成立七十周年纪念特刊》,新加坡:潮州八邑会馆,1999。

陈惠标、李声标、刘俊烈编《同德善堂念心社四十年简介(1949～1989)》,新加坡:同德善堂念心社,1989。

陈若苹主编《存心堂务(1899～2014)》,存心善堂,2014。

陈镇秋：《新加坡大芭窑修德善堂庆祝宋大峰祖师晋庙六十周年纪念暨重建堂宇落成纪念册》，新加坡：大芭窑修德善堂，2002。

传发法师：《新加坡佛教居士林简介》，新加坡：新加坡佛教居士林，1995。

大吴修德善堂养心社编印《大吴修德善堂养心社创立百周年庆典纪念特刊（1902～2002）》，2002。

郭清波编《普救善堂庆祝大峰祖师圣诞暨成立廿九周年纪念特刊》，新加坡：普救善堂，1958。

郭清波编《新加坡普救善堂庆祝华佗仙师圣诞演剧特刊》，新加坡：普救善堂，1952。

李洁颐主编《保留传统　承继文化：大芭窑修德善堂宋大峰祖师晋庙（一九四二至二零一七年）》，新加坡：大芭窑修德善堂，2017。

李声标编《新加坡修德善堂养心社庆祝宋大峰祖师圣诞暨成立七十五周年钻禧与兴建新堂落成十周年纪念特刊》，新加坡：修德善堂养心社，1992。

林胜来：《众弘福利协会十二周年特刊》，新加坡：众弘福利协会，2016。

刘英才、黄朝隆主编《中华善堂蓝十救济总会庆祝成立七十一周年纪念暨蓝十彩虹疗养院十一周年纪念特刊》，新加坡：中华善堂蓝十救济总会，2013。

《马来西亚柔佛州麻坡报德善堂50周年金禧纪念特刊（1961～2011）》，麻坡：报德善堂，2011。

《马来西亚雪隆南洋同奉善堂成立五十周年金禧纪念特刊》，吉隆坡：雪隆南洋同奉善堂，2012。

马廷茂主编《新加坡修德善堂养心社庆祝宋大峰祖师圣诞暨成立九十周年纪念》，新加坡修德善堂养心社，2005。

马廷茂主编《新加坡修德善堂养心社庆祝宋大峰祖师圣诞暨成立九十五周年纪念》，新加坡：修德善堂养心社，2010。

《南凤福利协会十五周年纪念特刊》，新加坡：南凤福利协会，2016。

《南凤福利协会属下南凤善堂医药中心十周年特刊》，新加坡：南凤善堂，2011。

《南凤善堂庆祝五十五周年纪念暨新堂落成双庆特刊》，新加坡：南凤善堂，2015。

《南洋同奉善堂筹募建堂基金结缘册》，新加坡：南洋同奉善堂，1998。

《柔佛同奉善堂建堂纪念刊》，柔佛：柔佛同奉善堂，2001。

《善缘》，新加坡：同德善堂念心社，2006。

沈广湖等编《新加坡大芭窑修德善堂庆祝金禧暨归德楼落成纪念特刊（1942～1992）》，新加坡：大芭窑修德善堂，1992。

《宋大峰菩萨传》，沙捞越：云南善堂编印，1997。

《同德善堂念心社金禧纪念特刊，（1949～1999）》，新加坡：同德善堂念心社，1999。

《同济医院一百二十周年历史专集》，新加坡：同济医院，1989。

《同敬善堂诚善社庆祝钻禧纪念特刊（1943～2013）》，新加坡：同敬善堂诚善社，2013。

王亦吾、刘英才、吴伯高编《新加坡南安善堂庆祝宋大峰祖师圣诞暨成立五十周年金禧纪念特刊（1944～1994）》，新加坡：南安善堂，1994。

吴辉勤：《大吴修德善堂养心社新堂宇落成庆典纪念册》，大吴修德善堂养心社，2011。

谢悦正编《同奉善堂志（1875～2015）》，香港：时代文化出版社，2015。

《新加坡同敬善堂诚善社庆祝金禧纪念特刊》，新加坡：同敬善堂诚善社，1993。

《新加坡修德善堂养心社庆祝宋大峰祖师圣诞暨成立八十五周年千禧纪念特刊》，新加坡：修德善堂养心社，2000。

《新加坡中医学院第三十三届毕业特刊》，新加坡：新加坡中医学院，1993。

《修德善堂养心社七十周年纪念特刊》，新加坡：修德善堂养心社，1985。

〔泰〕郑彝元编《大峰祖师传略》，曼谷：泰国华侨报德善堂，1993。

《中国汕头存心善堂善堂文化交流参访团》，存心善堂，2013。

《众弘福利协会通讯报》第1期，2016年11月。

《众弘福利协会通讯报》第2期，2017年3月。

《众弘善堂银禧纪念特刊》，新加坡：新加坡众弘善堂，2000。

《醉花林会讯》第4期，2014年4月。

《醉花林会讯》第5期，2015年1月。

《醉花林会讯》第6期，2015年12月。

《醉花林会讯》第7期，2017年2月。

二 论著

（一）专著

陈宝良：《中国的社与会》，浙江人民出版社，1996。

陈达：《南洋华侨与闽粤社会》，商务印书馆，1938。

陈省身：《普济幽冥——瑜伽焰口施食》，台北：台湾书房，2012。

陈支平：《近五百年来福建的家族社会与文化》，三联书店，1991。

崔贵强：《新加坡华人——从开埠到建国》，新加坡：新加坡宗乡会馆联合总会、教育出版私营有限公司，1994。

〔日〕夫马进：《中国善会善堂史研究》，伍跃等译，商务印书馆，2005。

葛兆光：《古代中国社会与文化十讲》，清华大学出版社，2002。

黄和镇编撰《礼佛度灵治丧风俗拾遗——以归仁乡风俗为范例》，香港：天马出版有限公司，2015。

〔日〕吉冈义丰：《中国民间宗教概说》，余万居译，台北：华宇出版社，1985。

柯木林主编《新华历史人物列传》，新加坡：教育出版私营有限公司，1995。

赖美惠：《新加坡华人社会之研究》，台北：嘉新水泥公司文化基金会，1979。

李明欢：《当代海外华人社团研究》，厦门大学出版社，1995。

李亦园：《宗教与神话论集》，台北：立绪文化事业有限公司，1998。

李志贤主编《海外潮人的移民经验》，新加坡：新加坡潮州八邑会馆、八方文化企业公司，2003。

梁其姿：《施善与教化——明清的慈善组织》，台北：联经出版事业公司，1997。

林俊聪编著《潮汕庙堂》，广东高等教育出版社，1998。

林悟殊：《泰国大峰祖师崇拜与华侨报德善堂研究》，台北：淑馨出版社，1996。

林远辉、张应龙：《新加坡马来西亚华侨史》，广东高等教育出版社，1991。

刘宏：《中国—东南亚学——理论结构·互动模式·个案分析》，中国社会科学出版社，2000。

〔英〕莫里斯·弗里德曼：《新加坡华人的家庭与婚姻》，郭振羽、罗伊菲译述，台北：正中书局，1985。

潘醒农：《潮侨溯源集》，新加坡：八方文化企业公司，1993。

潘醒农编著《马来亚潮侨通鉴》，新加坡：南岛出版社，1950。

彭松涛编《新加坡全国社团大观（1982～1983）》，新加坡：文献出版公司，1983。

区如柏：《日侵——难忘的日子》，新加坡：胜友书局，1995。

王赓武：《中国与海外华人》，香港商务印书馆，1994。

〔日〕篠崎护：《新加坡沦陷三年半》，陈加昌译，新加坡：泛亚通讯社，1982。

谢剑：《香港的惠州社团：从人类学看客家文化的持续》，香港：香港中文大学出版社，1981。

许地山：《扶箕迷信的研究》，台北：台湾商务印书馆，1994。

许云樵、蔡史君编《新马华人抗日史料1937～1945》，新加坡：文史出版私人有限公司，1984。

〔澳〕颜清湟：《新马华人社会史》，栗明鲜等译，中国华侨出版社，1991。

曾玲：《越洋再建家园：新加坡华人社会文化研究》，江西高校出版社，2003。

曾玲、庄英章：《新加坡华人的祖先崇拜与宗乡社群整合——以战后三十年广惠肇碧山亭为例》，台北：唐山出版社，2000。

张禹东、刘素民等《宗教与社会——华侨华人宗教、民间信仰与区域宗教文化》，社会科学文献出版社，2008。

〔泰〕郑彝元编《大峰祖师传略》，曼谷：泰国华侨报德善堂，1993。

〔日〕志贺市子：《香港道教与扶乩信仰：历史与认同》，香港：香港中文大学出版社，2013。

庄义青：《宋代的潮州》，中山大学出版社，1997。

劉枝万『台湾の道教と民間信仰』風響社、1994。

Cheng Lim Keak, *Social Change and the Chinese in Singapore* (Singapore: Singapore University Press, 1985).

D. K. Jordan and D. L. Overmyer, *The Flying Phoenix: Aspects of Chinese Sectarianism in Taiwan* (New Jersey: Princeton University Press, 1986).

Donald Joseph Bogue, *Principles of Demography* (New York: Wiley, 1969).

H. D. R. Baker, *Chinese Family and Kinship* (New York: Columbia University Press, 1979).

Laurence G. Thompson, *Chinese Religion: An Introduction* (Belmont: Wadsworth Pub. Co., 1995).

Maurice Freedman, *lineage Organizations in South Eastern China* (London: London School of Economics and Political Science Monographs on Social Anthropology, 1958).

Robert Redfield, *Peasant Society and Culture: An Anthropological Approach to Civilization* (Chicago: University of Chicago Press, 1956).

Song Ong Siang, *One Hundred Years' History of the Chinese in Singapore* (Singapore: Oxford University Press, 1984).

Tong Chee-Kiong, *Chinese Death Rituals in Singapore* (London: Routledge Curzon, 2004).

Yap Peng Geck, *Scholar*, *Banker*, *Gentleman Soldier*: *The Reminiscences of Dr Yap Pheng Geck* (Singapore: Times Books International, 1982).

Yen Ching-Hwang, *The Ethnic Chinese in East and Southeast Asia*: *Business*, *Culture and Politics* (Singapore: Times Academic Press, 2002).

（二）论文、论文集

蔡景亮、杨英伟：《木鱼清磬出新声——漫谈潮州寺堂音乐》，政协潮州市委员会文史编辑组编《潮州文史资料》第18辑，1998年。

蔡史君：《昭南岛的沧桑——华侨“排斥论”与“利用论”交织下的军政》，柯木林主编《新加坡华人通史》，新加坡：新加坡宗乡会馆联合总会，2015。

陈进国：《扶乩活动与风水信仰的人文化》，《世界宗教研究》2004年第4期。

陈景熙：《如来有天眼：詹天眼传略》，《德讯》第59期，2013年。

陈育崧：《〈新加坡沦陷三年半〉读后感》，《椰阴馆文存》第2卷，新加坡：南洋学会，1983。

陈志明：《善堂——中国、新加坡和马来西亚的慈善寺堂》，孟庆波译，《华侨华人历史研究》2014年第2期。

〔加拿大〕丁荷生（Kenneth Dean）：《中国东南地方宗教仪式传统：对宗教定义和仪式理论的挑战》，《学海》2009年第3期。

黄洁玲：《鸦片战争后闽粤人大量移居东南亚的原因及其文化背景》，《汕头大学学报》（人文社会科学版）1999年第2期。

黄兰诗：《漫谈“蓝十字”》，《源》2017年第2期。

黄挺：《从沈氏〈家传〉和〈祠堂记〉看早期潮侨的文化心态》，《汕头大学学报》（人文社会科学版）1995年第4期。

中国人民政治协商会议汕头市升平区委员会文史委员会编印《升平文史》创刊号《潮汕善堂专辑（1）》，1996。

金文坚、陈景熙：《潮汕善堂文征》，《汕头大学学报》（人文社会科学版）2003年第S1期。

李恩涵：《一九四二年初日本军占领星洲“检证”之考实》，《南洋学报》第41卷第1、2期，1986年。

李亦园：《民俗医生——童乩》，《民俗曲艺》1981年第10期。

李志贤：《跨越南中国海的信仰网络——潮人善堂文化在新加坡的传播与发展模式》《香茶水的信仰网络——新加坡潮人善堂宗教仪式的观察》，周照仁主编《2009海洋文化国际学术研讨会会后论文集》，高雄海洋科技大学，2009。

李志贤：《柳缘渡人：从宗教仪式看新加坡潮人善堂信仰的文化内涵——以“扶乩”仪式为例》，刘宏主编《海洋亚洲与华人世界之互动》，新加坡：华裔馆，2007。

李志贤：《新加坡潮人善堂溯源——兼论其在早期移民社会的建构基础》，黄挺主编《潮学研究》第11辑，汕头大学出版社，2004。

李志贤：《做功德：新加坡潮人善堂的救赎仪式》，张禹乐、庄国土主编《华侨华人文献学刊》第2辑，社会科学文献出版社，2016。

林俊聪：《饶宗颐纵谈善堂文化》，《汕头日报》1995年4月18日，第8版。

林悟殊：《关于潮汕善堂文化的思考》，陈三鹏编《第三届潮学国际研究会议论文集》，花城出版社，2000。

刘玲珠：《从口述历史看七十年代新加坡善堂的潮剧——以同德善堂为例》，新加坡国立大学中文系课程作业，2004年11月5日（未刊）。

刘淑芬：《北齐标异乡慈惠石柱——中古佛教社会救济的个案研究》，《新史学》第5卷第4期，1994年12月。

《1991年华东的水灾》，《中国减灾》2011年第14期。

苏庆华：《新马潮人的宋大峰崇奉与善堂——以南洋同奉善堂为例》，李志贤主编《海外潮人的移民经验》，新加坡：新加坡潮州八邑会馆、八方文化企业公司，2003。

苏庆华：《新、马潮人的宋大峰崇祀与善堂——以修德善堂养心社为例》，《马新华人研究：苏庆华论文选集》第5卷，雪兰莪：马来亚文化事业有限公司，2016。

王惠：《海外移民与宗教仪式回传——甲午新加坡修德善堂养心社宋大峰祖师金像百年回銮》，《华侨华人历史研究》2016年第3期。

王惠：《危机下的新加坡善堂：日治时期新加坡潮人社团的因应之策，1942～1945》，发表于“跨国危机的对应：1850～1950 东亚港口城市华人的社会经济生活国际学术会议”，香港，2016 年 6 月 7～11 日（未刊）。

隗芾：《论潮人文化的海洋性特征》，《韩山师范学院学报》1998 年第 3 期。

谢世维：《首过与忏悔：中古时期罪感文化之探讨》，《清华学报》2010 年第 4 期。

杨妍、李志贤：《潮人善堂鸾治与中医活动之考察：以新加坡修德善堂为例》，严家建主编《多元一体的华人宗教与文化：苏庆华博士花甲纪念论文集》，雪兰莪：马来西亚文化事业有限公司，2017。

杨妍：《在地政权与新加坡中医发展（1867～2016）》，《第 11 届科学史研讨会汇刊》，台北：中研院科学史委员会，2020。

郑群辉：《论潮汕善堂的历史起点》，黄挺主编《朝学研究》新 2 卷第 2 期，韩山师范学院、国际潮学研究会，2012。

〔日〕志贺市子：《潮人善堂仪式在东南亚华人社会的传承与转化》，张禹东、庄国土主编《华侨华人文献学刊》第 2 辑，社会科学文献出版社，2016。

〔日〕志贺市子：《潮汕善堂所刊鸾书及其救济思想》，陈春声、陈伟武主编《地域文化的构造与播迁：第八届潮学国际研讨会论文集》，中华书局，2013。

周秋光、曾桂林：《近代慈善事业与中国东南社会变迁（1895～1949）》，《史学月刊》2002 年第 11 期。

Lee Chee Hiang, “Charity, Ritual and Business Network of Teochew Charity Halls in Singapore”, *Asian Culture*, Vol. 33, June 2009.

Tan Chee Meng, “Shantang—Charitable Temples in China, Singapore and Malaysia”, *Asian Ethnology*, Vol. 71, No. 1, November 2012.

Yen Ching-hwang, “Power Structure and Power Relations in the Teochew Community in Singapore 1819－1930”，郑良树主编《潮学国际研讨会论文集》下册，暨南大学出版社，1994。

（三） 学位论文

范纯武：《清末民间慈善事业与鸾堂运动》，硕士学位论文，台湾中正大学历史研究所，1996。

黄洁馨：《新加坡潮人善堂的扶乩仪式——修德善堂的个案研究》，荣誉学士学位论文，新加坡国立大学中文系，2016。

陆秀玉：《新加坡善堂及其功德仪式研究》，硕士学位论文，新加坡国立大学中文系，2000。

苏芸若：《明清以来的宝卷与女性文化——文本、历史与仪式实践的探索》，博士学位论文，新加坡国立大学中文系，2017。

徐苑：《大峰祖师、善堂及其仪式：作为潮汕地区文化体系的潮汕善堂综述》，硕士学位论文，厦门大学人类学与民族学系，2006。

杨灵芝：《新加坡潮州人的宗教信仰》，硕士学位论文，新加坡国立大学中文系，2005。

三 主要网站

爱心服务中心网页，http：//www. lovingheart. org. sg/aboutus. html。

百度百科“分胙”词条，https：//baike. baidu. com/item/% E5% 88% 86% E8% 83% 99/9380560？noadapt =1。

百度百科“嘏词”词条，https：//www. chazidian. com/r_ ci_ cb1b4bf72d299296e4b31031d49b2d86/。

报德善堂 Facebook，https：//zh-cn. facebook. com/% E6% 96% B0% E5% 8A% A0% E5% 9D% A1% E6% 8A% A5% E5% BE% B7% E5% 96% 84% E5% A0% 82 - Poh - Teck - Siang - Tng - 1488775871437996/。

大芭窑修德善堂网站，http：//www. tpstst. org/chinese/index. htm。

《佛教的四众弟子是哪四众?》，2016 年 9 月 21 日，http：//m. liaotuo. org/foxue/changshi/164356. html。

蓝十救济总会网站，http：//bcci. org. sg。

李志贤：《从宗教仪式看新加坡潮人善堂信仰的文化内涵》，汕头大

学图书馆 · 潮汕特藏网，http：//cstc. lib. stu. edu. cn/chaoshanzixun/lishiwenhua/6895. html。

《2004 年印度洋大地震》，https：//zh. wikipedia. org/wiki/2004 年印度洋大地震。

《盘点这些史上大名鼎鼎的台风　你知道几个》，https：//read01. com/eDje4K. html。

《普救善堂》，http：//www. beokeng. com/disptemple. php? temple = phoh-kiu-siang-tng。

同奉善堂 Facebook，https：//m. facebook. com/photo. php? fbid =517132。

《新加坡众弘善堂义诊所清晨开诊　半天服务百多名病人》，联合早报网，2011 年 4 月 16 日，http：//m. 65singapore. com/view - 45013. html。

修德善堂养心社 Facebook，https：//www. facebook. com/seuteckseantong/。

《循祖训发扬救世精神　众弘协会免费为贫老办后事》，2016 年 1 月 25 日，http：//mmkkgame. com/news/shownews. php? lang = cn&id = 561。

《众弘福利协会出版〈乐聆〉让公众倾听独居老人心声》，2016 年 1 月 18 日，http：//www. 68justoa. net/newshow. asp? id = 157。

《众弘善堂九皇宫》，http：//www. beokeng. com/disptemple. php? temple = cheng - hong - siang - tng - kew - huang - keng。

附　录

附录1　中华善堂蓝十救济总会章程*

名称

第一条：本会定名为中华善堂蓝十救济总会。

宗旨

第二条：本会以救济贫难、办理下列各项事务为宗旨：

（1）施医赠药、施粥茶、施棺赠葬、救灾救难等，不分种族、语言、宗教，一视同仁。

（2）协助世界慈善公益事业。

（3）崇祀宋大峰祖师，礼佛诵经。

（4）联络团体会员感情。

（5）总会将竭尽所能，以达至以上的宗旨。

会址

第三条：本会会址设于新加坡巴诗班让律，门牌一零六号，邮区一一八五三四；或日后由理事会表决并经社团注册局批准之地址。

会员

第四条：（一）本会以团体善堂为单位，不定限额。

---

* 本章程由中华善堂蓝十救济总会提供。

（二）凡赞同本会宗旨，欲参加为会员者，须有本会一位团体会员介绍，一位团体会员赞成，经理事会通过，缴纳入会基金及一切捐款，方正式成为本会团体会员。

义务

第五条：本会团体会员应缴纳入会基金三千元及年捐五百元。年捐数额须经团体会员代表大会议决通过，方可更改。特别用途之特别捐亦须经团体会员代表大会同意，方可向团体会员征收。

权利

第六条：本会团体会员均享有选举权、被选举权、建议权及表决权。每位团体会员须派四名固定代表出席团体会员大会。每位团体会员只可投一票。

组织

第七条：（一）本会以常年团体会员代表大会为最高机关，闭会后理事会执行会务事项。

（二）凡社会贤达或为本会服务，功劳卓越而又热心慈善之人士，均可委任为荣誉/名誉主席、荣誉/名誉董事。

（三）从团体会员代表中选出下列职员及理事，共三十八名组织理事会：

· 主席：一名
· 第一副主席：一名
· 第二副主席：一名
· 副主席：七名
· 总务：一名
· 副总务：一名
· 财政：一名
· 副财政：一名
· 中文书：一名

· 英文书：一名

· 交际：二名

· 劝募：一名

· 副劝募：一名

· 救济：一名

· 副救济：一名

· 理事：十六名

（四）理事会的职务是负责策划与监督总会的一切活动与慈善事业。理事会是以团体大会的意愿为宗旨。

（五）理事会有成立小组委员会的权力，委员包括理事或非理事来执行以下的职务：

· 总会的日常运作。

· 根据总会章程，运作慈善事业及银行的财务账目。

· 应付任何突发事件。

所有的小组委员会将直接向理事会报告。

（六）理事会有权决议总会所有的新议决案。

（七）理事会有权订立或修改各小组条规，以符合本会的宗旨。

查账

第八条：（一）在间隔的常年大会中，选出两位不是在职的查账员，他们负责查核总会的来往账目，然后向理事会报告，任期两年，不得连任。

（二）在常年大会中，遴选一合格会计公司，为期两年，该公司需要在常年大会上提出全年总结账目，并向大会报告，该公司也可在主席的要求下，随时查核总会或总会所成立的慈善机构的账目，然后向理事会报告。

职权

第九条：（一）主席：对内处理会务，及担任一切会议主席，对外代表本会。

（二）副主席：主席缺席时，第一副主席代理职务，主席及第一副主席缺席时，由副主席中任选一位代理之。

（三）总务：处理及执行本会会务，副总务则助理之。

（四）财政：负责本会银项一切进支，整订账务，保管印信及银行支票簿，副财政则助理之。

（五）中英文书：处理本会一切来往文件，开会时为当然记录。

（六）交际：负责本会一切社交事宜及联络团体会员感情。

（七）正副劝募：负责办理本会对内外劝募救济捐款事宜。

（八）正副救济：负责管理本会救灾恤难、施赠银物等事宜。

（九）理事：协助各职员执行其职务。

任期

第十条：本会每届理事会职员及理事，任期两年，除正副财政一职不得连任外，其余各职可连选连任，同时，主席一职不得连任超过三届。

第十一条：两年一次召开团体会员代表大会，以单记名方式选出查账二人，职员及理事三十八名。新职员及理事选出后，应于一月内办理新旧职员及理事交卸就职手续。

会期

第十二条：（一）常年会员团体大会，规定每年 3 月份举行，报告全年会务概况及全年财政进支账目，如逢选举年，同时选举下届理事会职员、理事与查账。除此，应推选下届理事会之会计公司。

（二）遇有重大事件，得在任何时间召开特别团体会员代表大会，唯开会前一星期须通知各团体会员，在该大会上，不得超越讨论事件之外。

（三）本理事会会议，规定每三个月召开一次，总务须在开会前一个星期发出通知书。主席可在任何时间召开会议，唯开会前三天须发出通知书，开会时至少有一半理事会成员出席，会议方为有效。

（四）召开团体会员大会时，至少须有二分之一团体会员出席，方足法定人数。倘法定人数不足，则延会半小时，届时法定人数仍不足者，出席人数不论多寡都作法定人数论，唯无权增删或修改现行章程。

（五）常年团体会员代表大会，日期应于两星期前以书面形式通知各团体会员，并附上议程一份，如逢选举年，应通知各团体会员呈报其四名固定代表之名单。

财政

第十三条：（一）本会之经费，应分为团体会员之年捐、公众的乐捐、各种服务的缴费及政府机构的拨款。

（二）本会现金超过五百元时，超过之款项须由财政存入理事会所指定之银行。

（三）本会财政于理事会议时，须将进支账目造表向理事会报告，常年大会时应将全年进支账目造表向大会报告。

（四）本会之支票，应由主席或总务连同正副财政中之一人共同签署。

（五）理事会有权议决定常年的开支预算，授权不超过五十万元的主要开支，及每月不超过十二万元的经费，凡超过此数额，则须由团体大会表决通过。

（六）主席有权动用公款一万元；第一副主席、总务及财政则为两千元。

信托人

第十四条：（一）本会如置有或获捐献之不动产，则该产业须交由信托人保管，唯信托人须签订受托书，方为有效。

（二）本会信托人应：

· 信托人由各团体会员推荐一位后，由大会推选之，最少三位，最多五位。

· 除非得到大会之批准，不得任意将总会之产业抵押或变卖。

（三）信托人应离职：

· 信托人逝世或患精神病。

· 离开新加坡一年或以上。

· 行为不检，导致不适合继续担任信托人。

· 自动辞职。

·信托人达七十六高龄。

（四）召开团体会员大会，以便讨论辞退信托人，而另委他人以填补其缺，须在大会召开前两星期揭示于会所内，大会决议后，须将议决案呈报社团注册官。

（五）不动产之地址，信托人的名字以及任何之更改，都必须通知社团注册官。

禁例

第十五条：（一）本会严禁任何方式之赌博，不论有无赌注。本会亦严禁带赌具或毒品或嗜毒用具以及不正常人物进入会所。

（二）本会为一慈善团体，专办理救济灾难事务，不得涉及一切有关政治之活动。本会之基金/或会所，亦不得充作政治用途。

（三）不得用本会之基金为任何犯法之会员缴交法庭罚款。

（四）本会不得企图限制或以任何其他方式干预工商业或物价或参与新加坡现行有关工会之法今所定之工会活动。

（五）任何彩票，不论是否限定会员购买，本会均不得用其名义或职员、理事、理事会或会员之名义举办。

修改章程

第十六条：本章程如有未尽善处，得由团体会员代表大会修改之，但必须呈报社团注册官核准后，方为有效。

解散

第十七条：（一）如欲解散本会，须召开团体会员代表大会表决，经五分之三团体会员同意，方可解散。

（二）本会如依照上述表决解散，在进行时，对于本会一切合法债务，须全部清还，如有余款，可依照团体会员之决定，捐给慈善机构。

（三）解散后须在七天内，具函向社团注册官报告。

第十八条：本章程华文版本之内容，须以英文版本为标准。

附录2 中华善堂蓝十救济总会及团体会员通讯录

名称	通信地址	联系电话	传真	电邮
中华善堂蓝十救济总会（Blue Cross Charitable Institution）	106 Pasir Panjang Road, Singapore 118534	(65)64752482	(65)63866574	bluecros@ singnet. com. sg
修德善堂养心社（Seu Teck Sean Tong Yiang Sin Sia）	335, Bedok North Avenue 3, Singapore 469718	(65)64453090, 64453641	(65)64429429	seuteck@ singnet. com. sg
普救善堂（Phoh Kiu Siang T'ng）	15, Simon Lane, Singapore 546040	(65)62583424	(65)62889765	admin@ phohkiu. org. sg
南洋同奉善堂（Nanyang Thong Hong Siang T'ng）	63, Anchorvale Walk, Singapore 545060	(65)64893959	(65)64893969	thonghong @ singnet. com. sg
同敬善堂诚善社（Thong Kheng Charitable Institution）	14, Lorong 29 Geylang, Singapore 388068	(65)67428036, 67486216	(65)68468875	tkcic@ singnet. com. sg
新加坡南安善堂（Nam Ann Siang Theon）	36E Paya Lebar Crescent, Singapore 536067	(65)62840015	(65)63829643	nam_ann@ hotmail. com
同德善堂念心社（Thong Teck Sian Tong Lian Sin Sia）	1 – A, Boon Teck Road, Singapore 329578	(65)62564428	(65)62554380	—
报德善堂（Poh Teck Siang Tng）	109, Hougang Avenue 5, Singapore 538817	(65)62882032	(65)62877672	pohtecksiangtng@ singnet. com. sg
南凤善堂（Nam Hong Siang Theon）	475, Yishun Ring Road, #01 – 01 Singapore 768678	(65)62570991	(65)67520292	namhongst@ gmail. com
众弘善堂（Cheng Hong Siang Tng Chari table Organisation）	30 Arumugam Road, Singapore 409966	(65)67479942	(65)68442115	chenghst@ singnet. com. sg
新加坡崇峰善堂（Chung Hong Siang T'ng）	106, Pasir Panjang Road, Singapore 118534	(65)62547032	(65)64754807	kktan49@ yahoo. com. sg

附录3　大峰祖师崇拜大事年表

干支	时代	公元纪年	纪事
丙申	宋政和六年	1116	僧大峰，里氏不详，由闽云游至潮阳
癸卯	宋宣和五年	1123	大峰载钱归闽
丁未	宋建炎元年	1127	大峰航海重回潮阳建桥，桥成16间，是岁十月辛亥圆寂
癸酉	宋绍兴廿三年	1153	贡元蔡谆继承大峰未竟之业，完成全桥
壬午	宋绍兴卅二年	1162	蔡贡元腾让书斋改建“报德堂”，崇祀大峰祖师
戊寅	元至元十五年	1278	文天祥题刻“和平里”，大峰所建之桥相应名为“和平桥”
辛卯	元至元十一年	1351	徐来撰《报德堂记》
戊辰	明洪武廿一年	1388	修大峰墓
壬申	明隆庆六年	1572	隆庆版《潮阳县志》修毕，内收录徐来《报德堂记》
戊戌	清顺治十五年	1658	寂天，寂见重修“宋大峰忠国大师墓”
乙丑	清乾隆十年	1745	蔡君畅同兴赐重修和平报德堂
乙巳	清乾隆五十年	1785	报德堂主持兴赐立“宋大峰祖师墓道”
甲申	清光绪十年	1884	光绪版《潮阳县志》修毕，新收《大峰传》
己亥	清光绪廿五年	1899	潮阳县棉城镇棉安善堂念佛社创建，供奉宋大峰祖师圣像
辛丑	清光绪廿七年	1901	汕头存心善堂创建，潮安县庵埠镇太和善堂创建
壬寅	清光绪廿八年	1902	潮安县浮洋镇大吴乡修德善堂养心社成立，为太和善堂十二分社之一
丙辰	英国殖民地	1916	新加坡修德善堂养心社成立，由吴立声、陈四顺等自大吴乡恭请祖师圣驾莅此供奉
己巳	英国殖民地	1929	新加坡普救善堂成立，先是供奉华佗仙师，及后合祀宋大峰祖师及护天元帅
丁丑	英国殖民地	1937	新加坡南洋同奉善堂成立，1960年柔佛新山分堂成立，1962年雪兰莪分堂成立，1967年槟城分堂成立
壬午	日治昭南	1942	（新加坡修德善堂大芭窑分堂成立）新加坡中华善堂蓝十救济总会成立，由昭南岛特别厚生科管理当局授第470号准证，召集所有善堂联合组织
癸未	日治昭南	1943	新加坡同敬善堂诚善社成立
甲申	日治昭南	1944	新加坡南安善堂成立
庚寅	英国殖民地	1950	新加坡同德善堂念心社成立，其前身为1940年成立供奉运杰菩萨之“守愚社”与原供奉孚佑帝君之“念心社”合并而成
丙申	马来亚联合邦	1956	马六甲修德善堂分堂正式成立
己亥	新加坡自治邦	1959	新加坡修德善堂武吉知马分堂成立，新加坡报德善堂成立，1961年麻坡分堂成立
辛丑	新加坡自治邦	1961	新加坡南凤善堂成立
壬寅	马来亚联合邦	1962	麻坡修德善堂分堂成立
甲辰	马来西亚	1964	笨珍修德善堂分堂成立

续表

干支	时代	公元纪年	纪事
甲寅	新加坡共和国	1974	新加坡众弘善堂成立
丁巳	新加坡共和国	1977	新加坡崇峰善堂成立
丁丑	马来西亚	1997	威北平安村修德善堂分堂正式成立

资料来源：中华善堂蓝十救济总会提供。

附录4　和平报德古堂珍藏宋大峰祖师通像

资料来源：刘英才、黄朝隆主编《中华善堂蓝十救济总会庆祝成立七十一周年纪念暨蓝十彩虹疗养院十一周年纪念特刊》，新加坡：中华善堂蓝十救济总会，2013，第185页。

附录5　宋大峰祖师灵签

同敬善堂誠善社

宋大峯祖師靈籤

甲子 (1)

第一靈籤第一名　謀爲萬事萬事興
富貴榮華添福壽　蘭桂森森興門庭

上

註解

(家門)本年各事安寧宜作善業即讀經懺　(婚姻)現在成就免驚
(歲君)現在平安老者防跌小者有小疾　(求財)有財　上半春中財
(坟山)大吉　(占病)佛前許願保佑平安　(音信)月尾式秋　(謀望)秋成就
(官訟)大吉　(出外)先苦尾甘　(合夥)可合　(行人)可往平安變秋有信
(功名)有望　(行船)中平　(生理)有財　(雨水田蠶)調和大吉
(六畜)可養　(遷徙)可吉　(六甲子息)生男吉生女不祥　(四季)如意

同敬善堂誠善社

宋大峯祖師靈籤

丙子 (2)

心曠神怡少有憂　三山六海勿優遊
應防夏後官非事　路柳墻花忌採求

下

註解

(家門)今年有官非口舌疾病重重切宜守舊勿理閑事方可安上春雖然安吉夏及定有大災求神保之　(婚姻)閑花野草非是正氣切勿成方可避退
(歲君)現年有疾病官非口舌重重宜忍之閑事勿近勿出外　(求財)花靈可取正道未逢時　小財也
(坟山)不吉之卦官非口舌　(占病)求神保之　(音信)來有可間　(謀望)官非口舌
(官訟)不好　(出外)守舊平安　(合夥)勿合方吉　(行人)外憑阻之不可往信息來到小人虛耗
(功名)可中也　(行船)行之不吉　(生理)不可貪　(雨水田蠶)用時難得勿時太多中下
(六畜)不順下卦　(遷徙)守舊平安　(六甲子息)生男有阻孕婦勿出外防小人終尾中下　(四季)四季中下

同敬善堂誠善社

宋大峯祖師靈籤

戊子 (3)

到任臨民德政多　解組同去獨吟哦
群黎甚受甘棠事　好把芳名處處歌

上

註解

(家門)大吉門前生意宜祭化口舌忌之方吉人口平安老少如意科有喜慶之兆　(婚姻)少年得登科名聲顯顯同男才女有德貴人來作媒成之大吉
(歲君)現年平安爲官安然仕子得政門庭有喜老少平安　(求財)正財方可多得偏財不可取心有中正之有多財可得
(坟山)方位可換方可成福山　(占病)好安之有德好無德方還身求福德老亦可　(音信)近日亦可無也　(謀望)謀之成就
(官訟)吉　(出外)平安　(合夥)合亦可之　(行人)有至可往無利
(功名)可得高科之慶也　(行船)平安　(生理)雖有貨發勿貪作小利　(雨水田蠶)早多中平晚多大吉早多中吉晚多大吉
(六畜)平安順之　(遷徙)移之吉　(六甲子息)生男難宜求神貴子關係尾來有之　(四季)平安大吉

同敬善堂誠善社

宋大峯祖師靈籤

庚子 (4)

專心着意學傳神　下手描來又不眞
畫到三年還未肖　無非筆拙怨誰人

下

註解

(家門)家門小乖張求神方安然人口安然欲安者誦經吉　(婚姻)上春不成下春可成
(歲君)守舊免憂作事不遂求神保之老少平安　(求財)未得運勿枉想勿求可也
(坟山)不吉也　(占病)求神保之　(音信)來有信　(謀望)難成
(官訟)不吉　(出外)守舊平安　(合夥)勿合　(行人)未至出外行不吉
(功名)候下科成之　(行船)勞之無利　(生理)小利　(雨水田蠶)難調中下
(六畜)小利　(遷徙)小可　(六甲子息)生男不順生女順吉老來少　(四季)中下

同敬善堂誠善社

宋大峯祖師靈籤

壬子（5）　下

有約同人往佛庵　為何見我帶羞慚
從今別去無消息　寄借黃金又不投

註解

（家門）不義之財勿取守備方吉防小人　忍口舌求神保之求佛祖保平安
（婚姻）婚姻未可成恐內月不明　勿成免後禍　不是姻親並有意變無情
（歲君）今年此人恐有險害兩次疾病口舌勞參勿出外是白事
（求財）求財之卦蓋觀離外面好看內面空　是空非空未可定是非無常切勿行
（坟山）未吉勿取
（占病）佛前可改之願　未改故不平安
（音信）消息未有來
（謀望）生土鬼無成
（官訟）使設得勝
（出外）同心共意相關行　一去恐難可回程
（合夥）合之未可　恐尾來不妙
（行人）無信人未回可往
（功名）用工去求名此時未可行　等待明春後方可探望之
（行船）待時而動方可
（生理）小利合夥不成
（雨水田蠶）有去無來旱收方是己物
（六畜）歛切勿留
（遷徙）未可移
（六甲子息）男女求神明保平安　多生少養
（四季）春之安夏中去　秋不妙冬中下

同敬善堂誠善社

宋大峯祖師靈籤

乙丑（6）　上

釋褐采芹在這秋　鹿鳴晏罷占鰲頭
雖然未卜金甌貴　自有聲名播九州

註解

（家門）現年家門消災脫禍財利喜慶　各件厝宅平安要修祖師符
（婚姻）佳偶由前定良緣在此行　成之大吉　兩家成婚理正當稱美名
（歲君）現年上運平安老人　防有小疾尾亦安
（求財）恐是中財不是大財　如有大財秋後方可
（坟山）吉地未眞吉　中年是吉鮮
（占病）老者凶有　良醫少者安
（音信）月尾或秋季　方可得見
（謀望）初時有阻　後者有成
（官訟）可結和
（出外）先苦尾甘
（合夥）初時生阻當　尾局方可望
（行人）可往平安　交秋有信
（功名）得中與揚眉　聲名天下知
（行船）早春小利夏　秋冬中吉
（生理）小利　新創好
（雨水田蠶）早春勞苦晚春方吉　早冬少收晚冬大收
（六畜）交下春　大利
（遷徙）下春　方可
（六甲子息）爲內宜小心在意六　甲生男尾局可得
（四季）春不吉夏大吉　秋中平安冬迪吉

同敬善堂誠善社

宋大峯祖師靈籤

丁丑（7）　下

行船忽遇打頭風　一旦狂風出海中
貨物沉淪身尚在　咨嗟苦楚沒人逢

註解

（家門）今年定見大小災禍守備忍　口舌求媽祖佛門上保平安
（婚姻）婚姻難和諧衆人心不和　定無諧路現求神也枉然
（歲君）是非官非口舌平地風波　小人謀害求天公保平安
（求財）求財枉用心得財後失金　來小去多有得會無
（坟山）勿取　方妙
（占病）老者難頭眩目瞎　少者求神保之吉
（音信）音信希路途　東來有來也
（謀望）謀之無益勿　就生土鬼
（官訟）不吉
（出外）一去定無回　勿去方吉
（合夥）難久長　帶口舌
（行人）行人難回來　路上失同伴
（功名）剋下功　名不利
（行船）行之不吉
（生理）不利本境　可防外失財
（雨水田蠶）不調　中下之卦
（六畜）阻失宜求伯　公保之獲利
（遷徙）移不移　守舊平安
（六甲子息）生女不順求註生娘娘　保之行率道方有後
（四季）中下

同敬善堂誠善社

宋大峯祖師靈籤

己丑（8）　中

沉疴未愈葯醫難　難得神仙不死丹
丹粒雖無須請禱　禱神為你保平安

註解

（家門）有口舌是非老少有疾宜求佛祖　天公神明保之門前吊獅頭祭之吉
（婚姻）未可許也恐有阻當　求神保之吉
（歲君）宜守舊老者凶少者吉　要求神明保佑方可平安
（求財）中平
（坟山）中平　之地
（占病）老凶少吉　求神保平安
（音信）求神保有也
（謀望）謀難就　也不吉
（官訟）不可
（出外）守舊方吉
（合夥）未可
（行人）行人因出外　吁神回秋月
（功名）求名　中平
（行船）守舊平安
（生理）中財無利
（雨水田蠶）中平　中平
（六畜）失財不順宜　求千里神
（遷徙）勿動
（六甲子息）生女但不吉求滿通觀吉　欲求香丁光添佛前灯
（四季）求之　保之

同敬善堂誠善社

宋大峯祖師靈籤

辛丑 (9)

且喜仇人解了寃 高歌暢飲不憂煩
雖時覓得生涯路 索起祖銀學販番

中

註解

(家門)現年恐有官非口舌切忍之老少平安大吉 (婚姻)合數上春未下春成
(歲君)守舊平安忍口舌大吉 (求財)春未到候秋方吉
(坟山)非是大地 (占病)不久自然可平安 (音信)候之可也 (謀望)成
(官訟)吉 (出外)可也 (合夥)難合也 (行人)行人至不可去秋月間
(功名)成就 (行船)中吉 (生理)好利秋月可 (雨水田蠶)中吉中吉
(六畜)順利下春有 (遷徙)移之吉 (六甲子息)生女方吉後來定有 (四季)中平

星洲有利兄弟印刷有限公司承印

同敬善堂誠善社

宋大峯祖師靈籤

癸丑 (10)

惟堪別地用精神 莫學呼盧喝雉人
縱使黃金與白玉 算來無益亦損身

下

註解

(家門)家門錢財各事如意忍口舌和氣修善事逢凶化吉 (婚姻)婚姻何用許多言不給媒約信何人那知媒約苦不對惹起風波實難當 勿就可也
(歲君)現年此人守舊方可平安老者危小者吉 (求財)求財之卦不妙左手來右手去并有碍身之禍也
(坟山)須顧他人之事此地勿成吉 (占病)老凶少吉醫之 (音信)信不來候後待 (謀望)是非不恐可吉
(官訟)忍氣留財 (出外)現時勿去方吉 (合夥)不可合 (行人)未有想回求之無益
(功名)勿求方吉 (行船)守舊平安 (生理)不可合斷無財 (雨水田蠶)小水恐不順早晚先收吉
(六畜)不順防失勿貪 (遷徙)守舊勿動吉 (六甲子息)男女不順吓神尾來中平有 (四季)中平之卦

星洲有利兄弟印刷有限公司承印

同敬善堂誠善社

宋大峯祖師靈籤

甲寅 (11)

厝宅田園屬與君 箕裘克紹人傳聞
猶如九世同居者 不願遷移不願分

上

註解

(家門)現年平安諸事如意莫管閑事免受其害 (婚姻)可成就貪從速不可遲遲恐不成
(歲君)上春平安下春有阻宜求神保之大吉 (求財)上春大利下春小利
(坟山)可取 (占病)請名人醫之 (音信)八九月有信 (謀望)移你心意可成就矣
(官訟) (出外) (合夥)合之吉 (行人)外方有好友回來三天內行不出入回
(功名) (行船)順風得利 (生理)動貨可學價得大利矣 (雨水田蠶)早春中吉晚春大吉大吉
(六畜)順養薄利 (還徙)移之吉 (六甲子息)生男平安有子尾局可得 (四季)平安

星洲有利兄弟印刷有限公司承印

同敬善堂誠善社

宋大峯祖師靈籤

丙寅 (12)

共君相約會佳期 海誓山盟兩不欺
彼此恩情濃不淡 銷金帳內且怡怡

上

註解

(家門)家門平安有意可得閒事勿近老少平安如意 (婚姻)月人註定婚淑女配才子恩愛雙雙歡和合年年好
(歲君)現年大運通順男得美妻女得佳婿老少平安 (求財)財利之卦主處與東南西北地主君取正財偏財不吉
(坟山)大吉 (占病)神前求保平安 (音信)等候佳音 (謀望)遂心合意
(官訟)不吉利 (出外)平安 (合夥)合之大吉 (行人)有來出阻隔信息難料
(功名)可小得中 (行船)勿貪行方吉秋後多利 (生理)合夥可得大利 (雨水田蠶)調和茂盛
(六畜)順大蕃之血財順之 (遷徙)遷之大吉 (六甲子息)生男求神保生女平安心存孝道意可得 (四季)平安

星洲有利兄弟印刷有限公司承印

同敬善堂誠善社

宋大峯祖師靈籤

戊寅 (13) 下

春柳依依綠滿欉 夏蓮朵朵遍池紅
秋梧葉葉凋傷盡 冬雪淒淒落碧空

註解

(家門)春天吉夏小吉 秋冬有憂慮大雪吉
(婚姻)婚姻未可定免得受其驚 前日想未准受悔也無益
(歲君)今年恐有疾病之厄 宜求佛祖保平安
(求財)多來多去求多失多 貪心求財白有求無
(坟山)未安
(占病)求神保平安誦經可求 穉老凶少吉下春離
(音信)初日方可望
(謀望)小心作 不來
(官訟)有成
(出外)未可
(合夥)勿合可
(行人)上春無財無信下春亦無一 日得過一日難春季方可來
(功名)時乏咋奈何 候之方可盛
(行船)未可
(生理)小利 春夏月
(雨水)不調和
(田蠶)中平
(六畜)小利 平安
(遷徙)勿遷 大吉
(六甲子息)上春男下春女念心求神吉 尾局可執也
(四季)中平

星洲利兄弟印刷公司承印

同敬善堂誠善社

宋大峯祖師靈籤

庚寅 (14) 上

皈依善果在沙門 不貪榮華斷六根
紀念看經香一炷 蒼顏鶴髮配乾坤

註解

(家門)宜佛前誦經求神 保佑合家平安大吉
(婚姻)婚姻未可遣求宜訪問 貴人下春可成
(歲君)守齋求神保佑平安
(求財)正財中吉 偏財不吉
(坟山)中平 之卦
(占病)老凶減心 求神小吉
(音信)未有乘帆
(謀望)不成久後 可以也
(官訟)不吉
(出外)出外平安 但是小財
(合夥)未合可
(行人)未有信小利 行出好
(功名)求定 候之佳
(行船)未有厚 利可得
(生理)忠信 可作
(雨水)旱不調晚方吉
(田蠶)恐有風險
(六畜)薄利 下春吉
(遷徙)勿動 亦佳
(六甲子息)單月生男雙月生女切小心 好心看經可望
(四季)中平

星洲利兄弟印刷公司承印

同敬善堂誠善社

宋大峯祖師靈籤

壬寅 (15) 上

行船發貨有奇逢 好往南北忌西東
滾滾財源流不息 須知佛力與神功

註解

(家門)人口平安得財逢吉 佛前誦經祖師符保平安
(婚姻)有奇緣可成就
(歲君)今年交脫運宜佛 前誦經四百方吉
(求財)正財偏財俱得 但東西方無財
(坟山)大吉
(占病)平安請祖師符
(音信)秋後有信
(謀望)逢木者勿與 共事方吉
(官訟)有貴 吉之
(出外)東西方勿去 南北方正妙
(合夥)合之吉
(行人)有貴人持 送回家
(功名)達科 高中
(行船)勿往東方 自有大吉利
(生理)貨物可 居有利
(雨水)調和
(田蠶)暢茂
(六畜)平安 順之
(遷徙)東方 勿去吉
(六甲子息)生男有求祖師保之 求註生娘
(四季)平安

星洲利兄弟印刷公司承印

同敬善堂誠善社

宋大峯祖師靈籤

乙卯 (16) 中

微明月色掛天邊 樣似艮弓未上弦
又被浮雲遮過去 必須十五正團圓

註解

(家門)生口舌是非守謗方平安 居宅不順後未有熟
(婚姻)冬過中秋後合成
(歲君)上春防口舌中秋過方平安 老凶少有阻未上運
(求財)小交中秋可得大財
(坟山)中平 之卦
(占病)上春內十五過 運方吉下春好
(音信)十五可望
(謀望)候秋可行
(官訟)吉
(出外)秋後出 外平安
(合夥)秋分過 方可
(行人)不出外 冬月回
(功名)初時勞苦 尾來有之
(行船)下春行 之吉
(生理)病凶 後吉
(雨水)上半年中平下半年有吉
(田蠶)早多中吉晚多大吉
(六畜)不吉交中 秋順遂
(遷徙)候至 秋吉
(六甲子息)生女小災 尾局有子
(四季)春夏中平 秋冬大吉

星洲利兄弟印刷公司承印

同敬善堂誠善社

宋大峯祖師靈籤

丁卯 (17)

講訟公堂有口才　經官判斷未分明
錢神奪德君須記　龍虎相會奏凱來

中

註解

(家門)現年雖口舌忍之方吉 但老少都平安
(歲君)守舊忍官非口舌 勿理閒事可小安
(坟山)恐生是非
(官訟)行衙欲得錢 官司可和
(功名)頭苦尾可望 後科漸漸進
(六畜)薄利有限
(占病)求神保之 當改神愿
(出外)尾來有利 宜忍口舌
(行船)中平
(遷徙)未可動
(婚姻)貧親與貴富規正免 受後患恐破親相冲
(求財)少許防阻失敗冬可望
(音信)未有也
(合夥)勿合吉
(生理)薄利 可作
(雨水 田蠶)中平之兆 中平
(六甲 子息)生男產後不可動作平安 尾局有
(謀望)凡事將已成 欲候時而動
(行人)未曾出外生口舌 人回冬月
(四季)中平

同敬善堂誠善社

宋大峯祖師靈籤

己卯 (18)

漁翁罷釣轉歸林　耕佃秋收極稱心
樵子身疲懶伐木　牧童收倦不吹吟

中

註解

(家門)家庭多故老少不間 上春小吉下春忍口舌
(歲君)上春忍口舌平安下春 出外有水厄老者危少者安
(坟山)中吉 未薦
(官訟)凶
(功名)時來之有
(六畜)上半年吉 下半年小財
(占病)凶不吉防失土鬼 犮禳老者危小者安
(出外)守舊吉
(行船)小心 方可行
(遷徙)上春 可移
(婚姻)夏天成之方吉 祗時恐來害
(求財)春夏吉 秋冬中吉
(音信)可以到也
(合夥)春夏可合
(生理)守舊 無利
(雨水 田蠶)中平 早冬大吉晚冬中平
(六甲 子息)生男產內有阻小心 終之有之
(謀望)不順 夏月方吉
(行人)不出去無利 信不微音可歸
(四季)中平

同敬善堂誠善社

宋大峯祖師靈籤

辛卯 (19)

沐浴專心去問乩　神明說道人來遲
丁壬會合纔相遇　勿得憂愁盼望依

下

註解

(家門)今年有是非口舌忍之 求天公保佑老少平安
(歲君)恐生人來破害凡事忍之吉 小童運下老者不吉
(坟山)此地 未吉
(官訟)求神吉
(功名)到時自然有
(六畜)小利
(占病)平安丁壬日有 貴人丹醫老凶
(出外)勿去為妙
(行船)防盜方可
(遷徙)勿移吉
(婚姻)昔日定婚姻今日纔成譬 趕早勿成就方免生變憂
(求財)宜守舊勿貪心 方有利可取
(音信)未可望 宜候之
(合夥)切不可合 方免後悔
(生理)小財 不可辦
(雨水 田蠶)中下 早晚冬中卦
(六甲 子息)生男不吉生女方吉 中平
(謀望)成事
(行人)未有信 不可出外
(四季)中平

同敬善堂誠善社

宋大峯祖師靈籤

癸卯 (20)

立心作偽取偏財　到底焉能無禍災
今日正宜防鼠賊　明朝又遇小人來

下

註解

(家門)家門防盜賊忍口舌小心 大吳風波求神保平安
(歲君)今年防小人破害是非 疾病守舊忍口舌方吉
(坟山)中下
(官訟)偏貪錢 忍之免破
(功名)不得
(六畜)不順 有損失
(占病)求神保之大難 有鬼纏身
(出外)正財中下 勿去方吉
(行船)起風波當頭 勿進前吉
(遷徙)勿移自然安
(婚姻)本當是佳人豈知生佔勢 姻緣由前定成之亦枉然
(求財)求財防人背 偏財全無
(音信)此時 未有來
(合夥)切勿合吉
(生理)防小人
(雨水 田蠶)不調 早冬來吉
(六甲 子息)產內小心生女平安纔日作 太過今日作奈何老來有子
(謀望)生土鬼 不成事
(行人)路上防盜勿去 音信不定
(四季)中平

同敬善堂誠善社

宋大峯祖師靈籤

甲辰 (21) 上

枯木逢春正生枝　枝上青青甚得時
時逢一天春雨洒　洗來濃艷又清奇

註解

（家門）家門運不順今年方平安 宜修理曆屋門路大吉
（歲君）今年上運平安中年閒事 勿近老人平安少者防有阻
（坟山）老祖山 大吉
（官訟）
（功名）後來 有吉
（六畜）上半年小利 下半年大利
（占病）五步有阻 修德平安
（出外）
（行船）秋月行 之平安
（遷徙）下半年吉
（婚姻）候之方成 成之方吉
（求財）小利可作存心忠厚 自有財利入手
（音信）
（合夥）晚來方 可合
（生理）上失財 下有
（六甲子息）生男有阻生女順 先少後來多得子
（謀望）
（行人）出外可去 夏月歸
（雨水田蠶）調和之 早多小吉晚冬大吉
（四季）秋多 大吉

同敬善堂誠善社

宋大峯祖師靈籤

丙辰 (22) 上

父在母先駕鶴歸　子孫盡孝守靈幃
將來得一牛眠地　塋後兒孫益增輝

註解

（家門）家縣善明天公保佑方安 內中井有帶服門上吊天燈吉
（歲君）有是非口舌春夏有小 疾秋平安老防跌少安之
（坟山）吉穴乃是 成龍之地
（官訟）有貴人 可結和
（功名）食得苦中苦方是 人上人秋到有望
（六畜）平安 可養
（占病）不順求神明保 之老者不吉
（出外）上半年未可 下春方吉
（行船）春夏勿貪行 秋冬方有利
（遷徙）守舊也未妙 遷之定吉祥
（婚姻）此姻若有退過方吉 如草頭露有閃後吉之兆
（求財）上半年守舊秋冬有利 切宜求正財方當
（音信）等候數天 方可望也
（合夥）先難得財利 切宜忍苦方吉
（生理）順 達
（六甲子息）生男小心生女平安 心存孝道方可有望
（謀望）有貴人 謀之成就
（行人）有音信秋月 人回甚厚利
（雨水田蠶）春夏多雨下春小雨 早冬大吉小冬上吉
（四季）上春中平 下春平安

同敬善堂誠善社

宋大峯祖師靈籤

戊辰 (23) 下

雞窗篤志大糊圖　好向公門做犬夫
捕盜須尋四絕日　求醫式可用天巫

註解

（家門）家門多不祥雞犬作怪快地不 旺宅舍難安然有阻疾求神保之
（歲君）身主不旺急禱佛神仙急卑神愿保 你舊家香丁但老者有阻少年平安
（坟山）未為吉
（官訟）和為貴
（功名）難成求神 方可望
（六畜）小利 勿貪
（占病）求醫宜用天 赦日安之
（出外）守舊 平安
（行船）未可 造次
（遷徙）勿移動
（婚姻）婚姻美難求求之生害憂 此親戚不可如成生後悔
（求財）財來財去枉勞心宜運可發求財神 財寶兩有福得想富返作貧是害人
（音信）等候 之有
（合夥）害多利少
（生理）小利 平常
（六甲子息）生女安生男難求神保之平安 有先正有後
（謀望）有土鬼 人未上運
（行人）不吉外出生涯 人未回有信
（雨水田蠶）恐有多并不足 中下
（四季）中平

同敬善堂誠善社

宋大峯祖師靈籤

庚辰 (24) 中

士子勤學未出身　農家種竹沒精神
工夫博得微細利　商賈回槳眉不顰

註解

（家門）現年家宅平安宜禱神明 保佑守舊老少不宜出外
（歲君）連年勞苦守舊勿理閒事 勿出外方吉小覺未上運
（坟山）中下
（官訟）和為貴
（功名）勤苦用功 後科可得
（六畜）勿貪養 小安之數
（占病）老者危少者安 求神保之安
（出外）平安
（行船）守舊 平安
（遷徙）勿移之吉
（婚姻）一姻一反不可聽非是恩愛奈何行 三年五年未有缺擇問賣主方可行
（求財）求財不多宜守舊 方免勞神受奔波
（音信）候之 可來
（合夥）合之吉
（生理）小利
（六甲子息）生男平安 尾局有孝子
（謀望）候時 方可
（行人）來至夏月有音信 有小利年尾有回家
（雨水田蠶）中平 中下
（四季）中平

同敬善堂誠香社

宋大峯祖師靈籤

壬辰 (25) 下

壄此佳城又太低 招風入水甚無奇
青龍白虎非成局 可向他山覓改移

註解

(家門)建門不吉宜改水通 條門庭方吉 (婚姻)別尋佳偶對方可有改圓不信中之諦後日 帶是非口舌勿娶此門吉生土鬼不成冲
(歲君)數年來奔波勞苦未有財利 今年宜守舊忍口舌方吉 (求財)本地無財他方可有 但也是小利小財勿貪
(坟山)移過他處吉 (占病)防不順老凶 中小難 (音信)候之方吉 (謀望)帶土鬼不就
(官訟)未結 (出外)平安 小利 (合夥)候後來可議 (行人)有信來 有得音信
(功名)候科可得 (行船)遠往他方吉 (生理)小財 (雨水 田蠶)中平 中吉
(六畜)小利勿貪寄他人養之吉 (遷徙)移之可 (六甲 子息)不順孕難不得男 中平 (四季)中平

臺洲利兄弟印刷公司承印

同敬善堂誠善社

宋大峯祖師靈籤

乙巳 (26) 下

偷香窃玉意纏綿 促膝談心有數天
却被他人窺破綻 鴛鴦拆散不留連

註解

(家門)春夏秋平安冬忍口舌 忍讓事宜守舊門路不通條吉 (婚姻)婚姻切勿成就 方免後憂
(歲君)今年夫婦宜分床冬至後 方吉老人防有失 (求財)上半年有下半年失 秋後防小人盜之
(坟山)好香而不結 中下之卦 (占病)老凶少順求神來 應是你運遭逢 (音信)來得便 (謀望)初時大吉 尾來不祥
(官訟)凶 (出外)船小風多上半年 吉吉冬月勿出 (合夥)半吉 半不吉 (行人)不出阻人來 四夏月有信
(功名)上半 年吉 (行船)勿貪行方吉 (生理)一得 一失 (雨水 田蠶)早冬調和晚冬不吉 早冬大吉晚冬先收吉
(六畜)上春有財 交冬勿貪 (遷徙)下季勿移 (六甲 子息)春男生女不順 光南爭北後來替終 (四季)防冬月 不吉

臺洲利兄弟印刷公司承印

同敬善堂誠香社

宋大峯祖師靈籤

丁巳 (27) 上

今年五穀果豐登 布帛蠶絲價不同
六畜免灾漸過日 世間男女竟興隆

註解

(家門)吉宅萬事興田園茂盛存心 行善吉慶有餘如意無憂平安 (婚姻)物生定婚姻可用問天神此是良緣到 自可合成就 可成大吉又得貴根之兆
(歲君)歲君平安宜存心中正 合家團會老少平安 (求財)財帛之事宜小心在意方可多得 如不小心恐是有耗無實
(坟山)可取大 吉之穴 (占病)與病是犯西方之神 宜求佛祖保佑平安 (音信)候初日當 有見喜 (謀望)各事存天理 正能有應
(官訟)結好 (出外)可以 任家亦妙 (合夥)合之大吉 尾來可得大利 (行人)有音信小利 入年尾回
(功名)一名天下知 回家改門閭 (行船)順風得利 四方可去 (生理)居貨得 厚利 (雨水 田蠶)調和 早晚冬皆大吉有成實
(六畜)平安 有利取也 (遷徙)遷之亦吉 (六甲 子息)生男平安 年既自有多得 (四季)平安 大吉

臺洲利兄弟印刷公司承印

同敬善堂誠善社

宋大峯祖師靈籤

己巳 (28) 上

負笈從師學業成 文章落筆鬼神驚
登科拜爵在秋後 索債催租且緩行

註解

(家門)上春中吉忍口舌防 是非秋冬平安大吉 (婚姻)恐有阻當交秋可成
(歲君)現年此人勿出外老人 登高防跌小兒平安 (求財)正財吉 偏財中勿貪
(坟山)可取 安然 (占病)求神保 之平安 (音信)求神 可見 (謀望)未遂
(官訟)以和 爲貴 (出外)未可 (合夥)秋後方佳 (行人)出外可去 秋月有信人來回
(功名)候後科可得 (行船)外利 (生理)上春好 下春中 (雨水 田蠶)中平之卦 早冬大吉晚冬未吉
(六畜)上春中利 下春小失 (遷徙)候秋 可移 (六甲 子息)上春男下春女產內宜小心在意 尾來有 (四季)中平

臺洲利兄弟印刷公司承印

同敬善堂誠善社

宋大峯祖師靈籤

辛巳 (29)

過了高山過了津 誰知路遇赤林人

若無豪傑來相救 險被謀害險喪身

中

解註

(家門)現年帶賊厄門戶 謹慎平安方免後憂
(婚姻)婚姻未得時 破說難成 切勿放就方吉
(歲君)四五月勿出外老人勿 上高小兒勿出外方吉
(求財)小利可取也要 慎重小心在意
(坟山)凶多 吉少
(占病)不順求神 保平安
(音信)未至
(謀望)特得籌劃方 是害不成就
(官訟)不順
(出外)勿出外 方平安
(合夥)合之有凶
(行人)路遇友人 候夏人回
(功名)時運未來 勿去求也
(行船)勿行免生禍
(生理)不吉 得失
(雨水)不順 (田蠶)中平
(六畜)早賣 方吉
(遷徙)勿移動
(六甲)男女俱不順吓神 (子息)尾中吉
(四季)中平

星洲利兄弟印刷公司承印

同敬善堂誠善社

宋大峯祖師靈籤

癸巳 (30)

做這工夫難賺錢 勿愁命運總由天

勸君且守志勿餒 大振乾坤在後年

中

解註

(家門)今年病消除求土地保平安 宜守從秋後吉老少勿出外
(婚姻)婚姻候秋後方可 先阻當後成就
(歲君)運氣未通宜勞苦 自有好日
(求財)薄利 偏財無
(坟山)初時未吉 後來大吉
(占病)求神保 之平安
(音信)秋後方吉
(謀望)托人有 後可成
(官訟)不美
(出外)下春正 可有利
(合夥)候秋後 方可合
(行人)不可出外 音信未有
(功名)苦中得甘 秋後科中
(行船)秋後可行
(生理)傳財下 春可作
(雨水)早中平晚大吉 (田蠶)早晚多收大有
(六畜)上春不順 下春順吉
(遷徙)中秋後 方可移
(六甲)上春得女下春得男 (子息)尾來有子可得
(四季)春夏中吉 秋冬大吉

星洲利兄弟印刷公司承印

同敬善堂誠善社

宋大峯祖師靈籤

甲午 (31)

知君欲往外方行 驛馬日辰好起程

此去成功多得利 亦無損失亦無驚

上

解註

(家門)人口順遂老少安修 合家平安適吉
(婚姻)可結羅絲可結親姻上有德方成人 兩姓借親美成美滿理良緣可問神 成之大吉
(歲君)出入平安作事有成 生理有利可得
(求財)求財得利多鴻運之可得
(坟山)吉穴 可取
(占病)上凶下吉晚運絕 繁宜小心求神吉
(音信)即日將至
(謀望)下春吉 之可就
(官訟)吉
(出外)大吉有貴人 有人相助
(合夥)合之吉
(行人)上有未下平安可去 音信目下求人回
(功名)中之 在現時
(行船)行之吉
(生理)吉
(雨水)調和之卦 (田蠶)大吉 上吉 下吉
(六畜)有財利 之兆
(遷徙)吉
(六甲)生男平安 (子息)尾來有得
(四季)平安

星洲利兄弟印刷公司承印

同敬善堂誠善社

宋大峯祖師靈籤

丙午 (32)

月正圓時花正新 花前賞月沒精神

可憐月暗花無主 惱煞看花賞月人

中

解註

(家門)此年雖然平安老人有些暗疾 須防賊厄求佛祖保安平
(婚姻)恐被小人防阻實如致成 切勿與他知之
(歲君)有些暗病閒事勿理 求神保之方吉
(求財)綿被蓋灯謊外面好看內面空初時有尾 無賓上春小利下春至中秋期中反暗
(坟山)尾結 中平
(占病)秋月娘保之 老者凶少者佞
(音信)
(謀望)恐破說 生土鬼
(官訟)使錢 可結
(出外)少財
(合夥)勿合方吉
(行人)音信稀少 恐小負耗
(功名)時未來 來可得
(行船)守舊平安
(生理)知其貨 不可貪取
(雨水)早冬吉晚冬不吉 (田蠶)早冬吉晚冬未吉
(六畜)不可貪養 見利取利
(遷徙)守舊且可 奈何欲動
(六甲)生女平安生男不順 (子息)未得
(四季)春夏吉 秋冬不吉

星洲利兄弟印刷公司承印

同敬善堂誠善社

宋大峯祖師靈籤

戊午 (33)

時運未來心事違　勸君勿惹是閑非
雖然奔走四方去　如入寶山空手歸

下

註解

（家門）地靈切宜安𠊓防官非口舌宜求神明保佑　（婚姻）知人不知心無事是非厚毀前如和合禍起因婦淫不可成親
（歲君）春秋安夏不吉老少防危有喜事可化凶爲吉　（求財）未有利上半未有討錢人運限未可得得也不可安
（坟山）不吉難出丁　（占病）舊病恐難求神保平安　（音信）守為平安候之方有　（謀望）不成就
（官訟）凶和爲貴　（出外）切勿出可也　（合夥）未可造次　（行人）不可出外無事皆信稀人未回
（功名）現時未可　（行船）剋下守之吉　（生理）不吉勿作　（雨水田蠶）不調和早晚不吉
（六畜）　（遷徙）守舊平安　（六甲子息）空想千年計生男也無奇中下　（四季）中下

同敬善堂誠善社

宋大峯祖師靈籤

庚午 (34)

南方一處堪爲巢　盡是山靈拱輔他
若是有人點着穴　天然起鳳南騰蛟

中

註解

（家門）改換門庭水道方可居住人口平安上春中平下春順吉　（婚姻）防破說托人說合可成
（歲君）往南方居住方吉宜求神保之　（求財）正財小利偏財不吉
（坟山）分金改之吉　（占病）老凶不吉中年平安　（音信）候中秋方可來　（謀望）托有人可成
（官訟）生土鬼　（出外）轉他方才妙　（合夥）可以造次　（行人）有信可去人未回
（功名）　（行船）切改風面亦吉　（生理）向丙丁方生理可作　（雨水田蠶）調和早多中吉晚多大吉
（六畜）勿貪多財順利　（遷徙）大吉　（六甲子息）生男有阻生女平安作心中正方有子息　（四季）中平

同敬善堂誠善社

宋大峯祖師靈籤

壬午 (35)

菱花不覺已生塵　美女臨粧影未眞
幸得良工磨洗淨　依然又是舊物新

中

註解

（家門）門前生熱上春阻下春平安　（婚姻）先阻隔托有人可成就
（歲君）老人有阻少者平安　（求財）先阻後可得財
（坟山）現年未吉尾年吉　（占病）有貪安之人有邪保身求神保之　（音信）等候之有　（謀望）先阻後成
（官訟）以和氣致祥　（出外）代後可去　（合夥）欲合候秋可　（行人）未回月尾有不可出外
（功名）先阻隔候後科可中頭名　（行船）尾有剩　（生理）小利有本作之長　（雨水田蠶）上半年不順下半年吉早不吉晚大吉
（六畜）先阻下春得利　（遷徙）中秋正可　（六甲子息）生女尾局有子可得　（四季）上半年不吉下半年平安

同敬善堂誠善社

宋大峯祖師靈籤

乙未 (36)

商羊鼓舞雨飛來　潤得千紅萬紫開
四處田園盡嫩綠　漁樵耕牧喜盈腮

上

註解

（家門）家宅平安老少迪吉各事慶祥田園多收成有利　（婚姻）婚姻之事皆由天秦晉相逢在此期笙歌同飲合歡酒夫婦諧老到百年
（歲君）現年平安作事有成中年人有財喜可得老少平安　（求財）求財可望如勿貪但宜心存正直方能多得正財好偏財不吉
（坟山）可取中吉之地　（占病）漸漸如意老人凶病者求神保之吉　（音信）有可望也　（謀望）秘密勿合多人共事方可成
（官訟）忍之吉　（出外）出外小利在家方吉　（合夥）合之亦可　（行人）人回出外可往音信有利
（功名）宜于用功方可得中　（行船）有利可得　（生理）旺相以好合夥之心意　（雨水田蠶）早晚冬調和早晚冬豐收
（六畜）平安大利　（遷徙）可以行也　（六甲子息）宜子細但望天福方生男到後定有可得　（四季）平安迪吉

同敬善堂誠善社

宋大峯祖師靈籤

丁未 (37)

欲買家童不細心　明朝恐有禍來臨
須將白鏹收留起　可向東方去訪尋

下

註解

（家門）防出入門戶失胡并二三次 是非孕婦宜予田園不利　（婚姻）月老不主張淑女變花娘 冰人多哄騙是非弄一場
（歲君）今年有災害宜守舊 右奔方免風波　（求財）求財不可多守舊正大吉 貪心是惹禍有得當如無
（坟山）不可取　（占病）老少有疾宜求太陽 公保之夠安土鬼　（音信）音信未可望回 首白繫中　（謀望）托人有 凡事可成
（官訟）托使人入衙 可以結案　（出外）守舊平安　（合夥）無結局　（行人）路上小人不可 去音信無
（功名）不必用橋 運未達時　（行船）刻下 可行　（生理）平過　（雨水田蠶）不調和 中下之卦
（六畜）勿貪養見 利取利吉　（遷徙）勿移 大吉　（六甲子息）生男小心求龍生娘保平安 你顧公德方可付一香　（四季）春行冬令 夏近秋時

豐洲有利兄弟印刷公司承印

同敬善堂誠善社

宋大峯祖師靈籤

己未 (38)

喬迁大廈入城都　好把朱提買婢奴
三十餘年當改過　兒孫幾能變規模

中

註解

（家門）今年家門中平凡事 見機就舊方吉　（婚姻）婚姻欲成是不難可向西方去採蘭 有心自然生成有小心訪尋方可安 好成相沖
（歲君）出入中吉宜往西做事 慎重方可吉　（求財）經西方自有利 凡事莫急方可
（坟山）分金 改之安　（占病）延醫可吉 安之好　（音信）未可 望也　（謀望）改愿 候時吉
（官訟）和爲貴　（出外）宜小心 方吉　（合夥）未可　（行人）有信來 出外可去
（功名）更變 方可得　（行船）可也　（生理）正財得偏財中　（雨水田蠶）中平 中平
（六畜）順吉 小利　（遷徙）吉之　（六甲子息）生男屈生女安 到底有子得　（四季）夏季中 三季吉

豐洲有利兄弟印刷公司承印

同敬善堂誠善社

宋大峯祖師靈籤

辛未 (39)

此物珍藏有幾秋　勸君待價免愁憂
雖然不是連城璧　亦值多金勿賤售

中

註解

（家門）現年家門平安大吉　（婚姻）宜慎重方大吉可成
（歲君）上半年未達運下半年 方吉老少平安　（求財）正財偏財可得
（坟山）中吉　（占病）漸漸如意 小驚　（音信）不能也　（謀望）守舊之 可願
（官訟）以和爲貴　（出外）受苦方 可取利　（合夥）秋可吉　（行人）未可穩安 音信有人回秋月
（功名）思來 可得　（行船）不可也　（生理）守舊有小利　（雨水田蠶）中平 中平
（六畜）如意 順利　（遷徙）下半春可問　（六甲子息）生男阻隔生女安 貴子可得　（四季）中平

豐洲有利兄弟印刷公司承印

同敬善堂誠善社

宋大峯祖師靈籤

癸未 (40)

美輪美奐正新新　堪可安居不損人
雖然蘭孫與貴子　縱非大富終非貧

中

註解

（家門）現年四季平安合宜和氣　（婚姻）尊智可以成就
（歲君）現年安然但宜守舊　（求財）正財偏財可得
（坟山）中平 之卦　（占病）平安小 無防　（音信）吓千里老爺　（謀望）中平
（官訟）可結　（出外）小利 可也　（合夥）中平　（行人）有信小利可去
（功名）不甚高　（行船）行之可也　（生理）小利爲貨失　（雨水田蠶）中平 中平
（六畜）平安 順利　（遷徙）中平　（六甲子息）生男小心生女平安 尾來有子可得　（四季）中平

豐洲有利兄弟印刷公司承印

同敬善堂誠善社

宋大峯祖師靈籤

甲申（41）　上上

且喜郎君得弄璋　根基深固壽高長
好延西席勤教讀　直步蟾宮折桂香

註解

（家門）今年家門有喜可得但宜心存忠厚方可以有應
（婚姻）才郎淑女兩相宜　夫婦和合天註定　三生有幸結髮緣　雙連同偕到百年
（歲君）今年歲君上運平安　各事迪吉出入亨通
（求財）求財得財求子得子　各事遂心如意
（坟山）安然大吉
（占病）此病可用香灶　數分方可安然
（音信）即在近日　可到
（謀望）可成之吉
（官訟）吉
（出外）出外平安　財利可得
（合夥）合之吉
（行人）行人即日可來　並有財利可得可取
（功名）成　讀熟好
（行船）行之平安
（生理）大吉　好小凶
（雨水田蠶）小雨可得　田蠶茂盛人有收成
（六畜）小利平安
（遷徙）遷之大吉
（六甲子息）平安生貴子　今年可以得子之喜
（四季）平安大吉

[illegible]洲利兄弟印刷公司承印

同敬善堂誠善社

宋大峯祖師靈籤

丙申（42）　下

命逢天狗嗣難求　只得孤單過幾秋
放早螟蛉身有靠　養生喪死自無憂

註解

（家門）家門不和坟山重修四季　求祖師分吊門上保平安
（婚姻）不是你家之人勿得想他
（歲君）有疾病口舌之災宜求佛祖　保佑老防凶少者吉勿出外
（求財）妄想無益不如勿想財小疾多
（坟山）遷山　方吉
（占病）老者恐不順　少者求神保之
（音信）全無音信
（謀望）不成就
（官訟）不吉
（出外）中平
（合夥）未可合
（行人）未至不可去　去者無回
（功名）改換名字　小可望
（行船）守舊安
（生理）不吉
（雨水田蠶）不順生災　中下之卦
（六畜）不順生　災無利
（遷徙）移之也可
（六甲子息）生女且不吉宜出嗣過繼吉之　螟蛉方可
（四季）中下

[illegible]洲利兄弟印刷公司承印

同敬善堂誠善社

宋大峯祖師靈籤

戊申（43）　上

遊子無心賦式微　佳人有意賞春歸
桃因向暖多紅色　柳亦含陽着綠衣

註解

（家門）宅舍平安人口大吉　但防口舌是非
（婚姻）宜憐重方有大吉之妙
（歲君）平安須防女人所害　老人平安
（求財）錦被蓋鐵能外面好看　內面空之意得財不多也
（坟山）此地恐花舊　空穴
（占病）更醫方吉
（音信）信息可待
（謀望）小心為吉
（官訟）吉
（出外）平安
（合夥）中平
（行人）好無利　音信夏月才歸
（功名）運未得時　候之方吉
（行船）小利
（生理）有財
（雨水田蠶）中平　中吉
（六畜）財利小　之卦
（遷徙）可以移之
（六甲子息）生男小心生女安　有未道方人道有先人有後人
（四季）

[illegible]洲利兄弟印刷公司承印

同敬善堂誠善社

宋大峯祖師靈籤

庚申（44）　下

十畝之間自作耕　禾苗微綠花微生
良田霜降螟蛉蛀　收得三分又不平

註解

（家門）行善方吉宜忍　口舌生土氣
（婚姻）婚姻未可造次宜小心不成
（歲君）現年不順小疾　秋月防是非
（求財）今年未有大財可得　正財偏財全無不吉
（坟山）未吉
（占病）近醫求神保之
（音信）現時未有
（謀望）不成候　時為吉
（官訟）不吉宜忍
（出外）中下
（合夥）未可
（行人）無回不出外　音信少稀人未回
（功名）難得
（行船）小利
（生理）無財
（雨水田蠶）中平　小收之卦
（六畜）不順
（遷徙）勿移
（六甲子息）男女不順　中平
（四季）中下

[illegible]洲利兄弟印刷公司承印

同敬善堂誠善社

宋大峯祖師靈籤

壬申 (45)

欲擇姻親用執柯　朱陳和好結絲羅
明年乃夢熊羆兆　鼓腹歡題湯餅歌

上

註解

(家門)現年有喜可得平安
(婚姻)姓朱姓陳家更親愛兩姓和合可成註就成佳偶自然喜氣多
(歲君)有喜順之出入平安老少迪吉
(求財)有得之兆
(坟山)可此之地
(占病)陳桂湯飲之平安
(音信)不日可到
(謀望)三思托人方吉
(官訟)結
(出外)平安
(合夥)合之大吉
(行人)有回
(功名)高中魁名
(行船)平安
(生理)有利生意可作
(雨水田蠶)調之升大有之年
(六畜)順養得利
(遷徙)平安
(六甲子息)生男小心生女平安育得
(四季)大吉

同敬善堂誠善社

宋大峯祖師靈籤

乙酉 (46)

命不逢時怎奈何　一春勞苦受奔波
舌耕又遇門人少　出外定遭鼠竊多

下

註解

(家門)家門不幸不安失財多虞宜非盜賊宜求神明保之
(婚姻)誤人之言不可聽口是心非說到成姻親若說成後悔和家到六可以行
(歲君)去年脫險今年再有病災之憂求神保佑小兒勿出外
(求財)今年勿貪意外之財宜守如有大財亦不安正財小偏財全無
(坟山)老山宜修吉青草勿取
(占病)老人凶少壯求神吉
(音信)未有佳音
(謀望)候時而行
(官訟)凶宜和
(出外)不成不勉亦可安身遁口
(合夥)合之難到尾
(行人)行人千山外無人持書信山中遇猛虎林中過太平
(功名)名在西山後日可定
(行船)未可行也
(生理)薄財防小人
(雨水田蠶)小雨無時晴早冬小利
(六畜)小財勿貪平安
(遷徙)移之不吉守舊安
(六甲子息)生男不安生女切宜過房修身中下
(四季)四季並下

同敬善堂誠善社

宋大峯祖師靈籤

丁酉 (47)

專心結緣讀兵書　待得君王來聘余
展起英雄行隊伍　隨時海寇盡剿除

上

註解

(家門)家中逢年勞苦今年得安宜耐勞苦忍口舌方大吉
(婚姻)姻親之事由人愿候時成就方有緣時至陽春有消息方可稱爲喜雙全
(歲君)宜守備遠闊事臨事慎直有災閒見日之時也
(求財)財利試後方可有見早前真最勞苦久後得利
(坟山)先山迪吉
(占病)老凶且醫中年平安
(音信)剛下未有信候待方有信
(謀望)守舊候時方吉
(官訟)和爲貴
(出外)先苦後來吉
(合夥)勿自己向他人如他人向自己方可
(行人)行人在外此日未回門等候秋天後方可回家
(功名)用功有中
(行船)上春守之勿貪下春行之吉
(生理)上春中平下春秋冬吉
(雨水田蠶)早冬未妙晚冬方吉早冬中平晚冬大吉
(六畜)上半年養多立秋後可也
(遷徙)候秋移之
(六甲子息)生男有阻生女平安尾局有之
(四季)春中平夏小吉秋中吉冬平安

同敬善堂誠善社

宋大峯祖師靈籤

己酉 (48)

好爲膠鬲販魚鹽　利息孔多不計添
只可中心依舊守　馳驅別處被人嫌

中

註解

(家門)現年防盜賊忍口舌是非勿出外宜守舊防門戶方吉
(婚姻)恐被冰人所騙不如勿就方免勞心
(歲君)現年勿出外方吉防小人暗害宜修身求神保平安
(求財)勿求方吉求有三分失之七分不如勿求
(坟山)有小人暗害
(占病)老少破財且醫可也求神保之
(音信)守舊方吉
(謀望)托人靠是非守舊平安
(官訟)不可
(出外)候之也
(合夥)勿合方可
(行人)出外操心音信少人來回
(功名)候後科可得
(行船)防人暗害守舊吉
(生理)正財可得吉
(雨水田蠶)中下中下防盜賊
(六畜)順防小人害
(遷徙)勿移吉
(六甲子息)生女平安生男不吉求神保之小得
(四季)中平

同敬善堂誠善社

宋大峯祖師靈籤

辛酉 (49)

磨穿鉄硯苦多勞　考得功名不甚高
卸了青衿堪習武　三春一度振英豪

上

註解

（家門）家宅改換門庭水道吉四季不安
（歲君）今年宜守須防口舌小人凡事改過方吉
（坟山）更改方吉
（官訟）可和結
（功名）小得候後科可得文武
（六畜）上春未有財到下春方利
（占病）安自無防有大難有貴人
（出外）副吉之有好日
（行船）改方向有利可取
（遷徙）未可
（婚姻）如有三陌四鄉之後方可成就否則未可
（求財）上半年未有財利候至改變之後方可得薄利
（音信）到下未有
（合夥）難合
（生理）薄財利
（六甲子息）生男尾局有子
（謀望）凡事更改方吉
（行人）音信有交秋回家出外無貴人
（雨水田蠶）春行夏令中平早冬勞苦晚冬可收
（四季）春夏平安秋冬大吉

潮洲利兄弟印刷公司承印

同敬善堂誠善社

宋大峯祖師靈籤

癸酉 (50)

寂寞無聊久在家　感人舉荐入官衙
有緣化得囊中物　好去謀爲買票差

下

註解

（家門）求神保佑合家平安佛前添油
（歲君）今年勿出外宜守口舌
（坟山）分金不對托人成之
（官訟）和氣致祥
（功名）使錢得中
（六畜）交冬可得利
（占病）未愈求神化吉
（出外）有貴人
（行船）行之小心才吉
（遷徙）移之可也
（婚姻）求月老得成事
（求財）薄財候下半春方可
（音信）不久欲來
（合夥）托人方合
（生理）知買知賣
（六甲子息）男逢破損尾局可得
（謀望）托他人方可成事
（行人）正春無信出外秋月下春有信
（雨水田蠶）上春中下下春有之早冬吉未晚冬大吉
（四季）上春未吉下春大吉

潮洲利兄弟印刷公司承印

同敬善堂誠善社

宋大峯祖師靈籤

甲戌 (51)

此日經營歸本鄉　候門稚子喜非常
奇珍異寶盈囊橐　藏護收起治酒漿

上

註解

（家門）家門現年恐有珠麻之事但也平安大吉
（歲君）現年可以經營歲君平安
（坟山）平安之地
（官訟）吉
（功名）未逢時運宜守份
（六畜）上失下順
（占病）困不美求神爲妥
（出外）平安有慶
（行船）財利兩見之兆
（遷徙）移之吉
（婚姻）月下老人來主盟何方此親不成就依此佳人逢才子乃是前世有緣成就成之吉
（求財）白日升天財得宜存心忠善方有賺
（音信）信息在此可望
（合夥）合之吉
（生理）大吉
（六甲子息）生男吓神平安終身有子
（謀望）事有成就
（行人）好出外音信有人回來
（雨水田蠶）中平之兆豐收之兆
（四季）平安大吉

潮洲利兄弟印刷公司承印

同敬善堂誠善社

宋大峯祖師靈籤

丙戌 (52)

眼前合夥兩同心　及後少存管飽風
鷸蚌相持難捨脫　當時得利是漁翁

中

註解

（家門）防生口舌宜和氣致祥求天公保之大吉
（歲君）秋月恐有難忍口舌不安
（坟山）可安
（官訟）可和結
（功名）候後科可中
（六畜）上春中利下春大利
（占病）平安無恙老者不吉求醫方可
（出外）中吉
（行船）平中
（遷徙）中平
（婚姻）當家之婚可取也先不成後可成也
（求財）公道取得大利偏財難得
（音信）可等也
（合夥）可合之吉
（生理）公道可取大財
（六甲子息）生女平安生男不安尾育
（謀望）托人說之可成
（行人）候下信未有信人冬月回
（雨水田蠶）中平中吉
（四季）中吉

潮洲利兄弟印刷公司承印

同敬善堂誠善社

宋大峯祖師靈籤

戊戌 (53)

魑魅在天雨露休，枯焦大地無可收；
青芹玉粒高騰貴，士庶愴惶盡帶憂。

下

註解

（家門）生意不順居內有煞切宜求神天公保安
（歲君）今年宜守舊行凖須三思老者凶少者吉
（坟山）不吉之卦
（官訟）凶
（功名）勿以流求勞
（六畜）失之無財
（占病）凶鬼纏身切求佛祖保之方可望
（出外）中下
（行船）且等之吉
（遷徙）未可也
（婚姻）婚姻宜慎重遲次恐未通閏月還臨暗夾路響相逢
（求財）求之無益不如勿求爲妙時未至不可求
（音信）并候後來
（合夥）枉然之事
（生理）無利
（六甲子息）生男不順多未養
（謀望）未可行
（行人）不吉音信無人未回
（雨水田蠶）全無鮮收
（四季）中下

星洲利兄弟印刷公司承印

同敬善堂誠善社

宋大峯祖師靈籤

庚戌 (54)

珍珠遺在江城街，枉費郎君走破鞋；
不必進尋須絕念，無將此事恐裙釵。

下

註解

（家門）門內防失門戶小心勿出外防大火方保安然
（歲君）現年諸事不順且守舊勿出外老危少安求神保之
（坟山）中平之地
（官訟）不吉
（功名）未得時運候之方吉
（六畜）小利下春有利
（占病）不順請良醫
（出外）守舊平安
（行船）防失未可行
（遷徙）中平
（婚姻）婚姻未可遲次等候枝日方可
（求財）枉用心機也無益不如勿求方平安
（音信）刻下未有
（合夥）勿在時
（生理）微利
（六甲子息）生女小鬱尾局有之
（謀望）枉費心機不成
（行人）不至勿出外音信稀少人未回
（雨水田蠶）小雨之卦早冬中平晚冬中下
（四季）中下之卦

星洲利兄弟印刷公司承印

同敬善堂誠善社

宋大峯祖師靈籤

壬戌 (55)

失物易尋免費工，探親覔友即相逢；
開張市肆宜三合，出納貨財忌九空。

上

註解

（家門）春夏小雜防盜賊厄秋冬平安門戶小心
（歲君）平安勿理他人事小兒勿近生人方吉
（坟山）吉穴恐作法不對
（官訟）可成
（功名）勤苦可叶
（六畜）勿貪養
（占病）求神保之請醫貴人平安
（出外）有親友方可
（行船）上春可行下春勿貪行
（遷徙）守舊平安
（婚姻）且待時擇配方佳
（求財）求財有名無實并小人被害小心在意
（音信）半月定有可到
（合夥）三合吉
（生理）忌九空日
（六甲子息）男女不順向神誠心可得
（謀望）頭可成尾不妙
（行人）夏月有回家音信有
（雨水田蠶）中平早晚冬大吉
（四季）春夏中吉冬季大吉

星洲利兄弟印刷公司承印

同敬善堂誠善社

宋大峯祖師靈籤

乙亥 (56)

尋人不遇空回來，只得休居戶莫開；
算來林鐘夷則月，正宜納畜與求財。

中

註解

（家門）上春被阻下春平安失物防小人耗財
（歲君）上春勿出外下春平安大吉
（坟山）中平後來吉
（官訟）春夏宜忍和爲貴安秋結和
（功名）現科不中後科可得頭名
（六畜）多養交秋月得大財
（占病）老人恐防失小肚疫下春平安求神保之
（出外）下半年可行
（行船）秋後方可
（遷徙）交冬可也
（婚姻）春秋不成交冬月可成
（求財）上春無財交秋月可得大財
（音信）秋後方有
（合夥）冬至方吉
（生理）上春不可作交秋冬可得厚利
（六甲子息）上春女下春男尾局終吉
（謀望）失物難尋交七月後凡事成就
（行人）秋後回家
（雨水田蠶）早未吉晚大吉早冬中下晚冬大吉
（四季）春夏不吉秋冬方吉

星洲利兄弟印刷公司承印

同敬善堂誠善社

宋大峯祖師靈籤

丁亥 (57)

愛習工夫恐不專　習成是你有前緣

從來世上無難事　肯把心專石亦穿

中

註解

(家門)上春有阻宜和氣 下春平安

(歲君)現年諸事如藏須耐 心勞苦老凶少吉

(坟山)守過凶之 後有吉

(官訟)和為貴

(功名)欲功名宜專 心勞苦方有

(六畜)小利欲 有工飼

(婚姻)婚姻遠成方可是你人合相沖

(求財)耐苦耐勞方可有得

(占病)凶病之後 求神保之平安

(出外)初時小利 尾來亦可

(行船)尾來 有可

(遷徙)多重機可

(音信)信未至

(合夥)尾中吉

(生理)守舊勤 儉為要

(六甲子息)求神行善生男 老來有子

(謀望)托有人可成就

(行人)守舊去不得 小財有問

(雨水田蠶)小雨 早冬勞苦晚冬中吉

(四季)中吉

同敬善堂誠善社

宋大峯祖師靈籤

己亥 (58)

去歲鴛鴦正和諧　佳人喜得有胚胎

今春夢出龍蛇兆　老蚌生珠趁後來

中

註解

(家門)現年有平安 喜事恐不妙

(歲君)今年男女小安 有喜可平安

(坟山)老山吉 生章不吉

(官訟)有阻

(功名)勞苦方有望

(六畜)中利 年尾亦有

(婚姻)親事問明方可成之吉也

(求財)上春得下春失

(占病)上春中吉 下春平安

(出外)秋多月方吉

(行船)秋月吉

(遷徙)秋後遷 之吉

(音信)月終年 終可來

(合夥)秋後方吉

(生理)中平

(六甲子息)生女順吉生男有阻 老來生貴子

(謀望)托人有可成

(行人)未至可去 秋月人回來定

(雨水田蠶)上春中平下春大吉 早冬中下晚冬大有

(四季)中吉

同敬善堂誠善社

宋大峯祖師靈籤

辛亥 (59)

此子生來命已單　孤鸞入命怨是誰

向年敢許同松柏　腹裏藏刀事勿為

下

註解

(家門)不順求神保之門 上生無行善平安

(歲君)運無有災老凶少吉 宜求神保之

(坟山)未可取

(官訟)未結中直 勿聽人則上

(功名)未逢運 難求名

(六畜)薄利

(婚姻)不成相爭輸後來方可成就

(求財)無財守正財偏財無

(占病)老凶恐難免 少凶欲知醫

(出外)剛下守 之方吉

(行船)恐有大風 小心方可

(遷徙)未可

(音信)交秋 可有

(合夥)異心合之 大生理勿合

(生理)不利 取正財可

(六甲子息)男女俱不順產內子細 晨中轉月尾局小有

(謀望)難以成事

(行人)無信不可去 人問無想

(雨水田蠶)不調 早晚中中

(四季)中平

同敬善堂誠善社

宋大峯祖師靈籤

癸亥 (60)

前灘過了你心安　尚有後灘過更難

逆水行船緊不得　忽逢賊寇起波浪

下

註解

(家門)恐有風波盜賊忽是非口舌 之禍患當天禱求天公保佑

(歲君)現年宜忍口舌是非 方吉勿出外搭船記之

(坟山)移過別地 方可吉

(官訟)不吉

(功名)枉想千年計 數定不可中

(六畜)失財 不吉

(婚姻)無事惹禍來良緣變悲哀不可執方吉 恩愛如冰炭吉無禍實來

(求財)來得三分財無七分財守世平安

(占病)此病恐生命之禍 切求神保之吉

(出外)切不可去 定不祥

(行船)剛下犯退之 時切不可行

(遷徙)不吉

(音信)音信少稀未聞 忍苦耐時求天

(合夥)勿合

(生理)勿為

(六甲子息)産婦小心在意 作善念敬公姑求命理也

(謀望)勿惹是 非不成

(行人)千山萬水外 欲來也是非

(雨水田蠶)恐防大水 早晚冬中中

(四季)

同敬善堂誠信社

宋大峯祖師靈籤

罰油 (61)

六十一簽並應音　求問一點貴專心
祖師有日升天界　暫且添燈油一斤

上

註解

（家門）今年各事順遂佳吉如意有喜事一切平安
（歲君）今占此簽罰油一斤百事順遂步步平安
（坟山）移過別山方吉
（官訟）求祖師跕和
（功名）枉想千年計數定無可移
（六畜）平安
（婚姻）可成帙才子配佳人
（求財）各事存心行善自有大利可得
（占病）此病有生命求佛祖保之
（出外）有利
（行船）平安
（遷徙）移之可也
（音信）求索難苦尉求天公保之
（合夥）勿合吉
（生理）妄易辦市有利
（六甲子息）小心在意恐防危內有不妙存心行善正有可得
（謀望）勿差閑事是非
（行人）千山萬水欲來未有
（雨水田蠶）恐防亦多旱冬中吉晚冬中占
（四季）大吉

同敬善堂誠信社

宋大峯祖師靈籤

誦經 (62)

六十二簽是誦經　祖師保佑指點明
所求萬事皆如意　方知佛門是眞經

中

註解

（家門）誦經自然平安
（歲君）消火無患
（坟山）
（官訟）
（功名）
（六畜）
（婚姻）成就鸞鳳親成
（求財）有得有失
（占病）
（出外）
（行船）
（遷徙）
（音信）
（合夥）
（生理）
（六甲子息）
（謀望）
（行人）
（雨水田蠶）
（四季）

资料来源：同敬善堂诚信社提供。

附录6　宋大峰祖师药签

修德善堂
成年藥簽

內科列一號
首占大吉　藥可免服
神力保佑　消災除疾
宜作善舉　神前添燈

修德善堂
成年藥簽

內科列二號
鮮穀子一兩
鮮蓮肉五錢去皮心
陰陽水煎　空心三服

修德善堂
成年藥簽

內科列三號
人乳壹盃
三服

修德善堂
成年藥簽

內科列四號
降眞香一錢　檀香錢半
煨木香五分　沉香三分
雨水煎四服

修德善堂

成年藥簽

內科列五號

接骨木五錢

河水煎三服

修德善堂

成年藥簽

內科列六號

當歸一錢 丹参二錢

紅花四分 炙甘草六分

生羌一片 紅棗一枚

陰陽水煎服三服

修德善堂

成年藥簽

內科列七號

荊芥蘇葉各一錢

大力子茯苓各二錢

枳殼桔白各一錢

甘草三分 乙金三分

河水煎二服

修德善堂

成年藥簽

內科列八號

蓮肉五粒去心

桂圓肉十個

棗仁二十粒

芡實二十八粒

陰陽水煎三服

修德善堂

成年藥簽

內科列九號

久年艾葉六錢 紙灰酒

水煎三服

修德善堂

成年藥簽

內科列十號

弓弩弦縛腰

及燒弩牙一錢

納酒中飲之一服

修德善堂

成年藥簽

內科列十一號

白蓮肉十粒去衣

紅棗五枚去核

白荷花二錢

河水煎三服

修德善堂

成年藥簽

內科列十二號

生甘草一錢

炙甘草六分半

水煎服三服

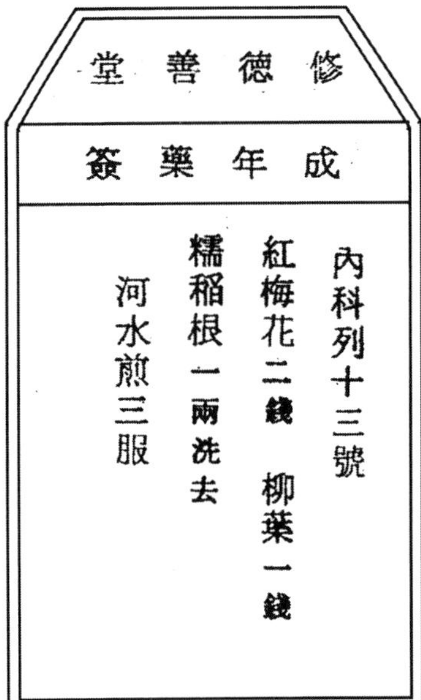

修德善堂

成年藥簽

內科列十三號

紅梅花二錢 柳葉一錢

糯稻根一兩洗去

河水煎三服

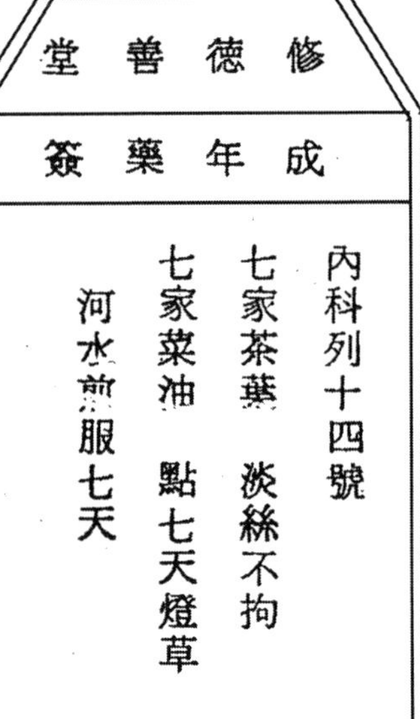

修德善堂

成年藥簽

內科列十四號

七家茶葉 淡絲不拘

七家菜油 點七天燈草

河水煎服七天

修德善堂

成年藥簽

內科列十五號

玫瑰花三朵 小麥一兩

飴糖兩半

陰陽水煎三服

修德善堂

成年藥簽

內科列十六號

荷葉一張清水洗

粳米一百〇八粒

青松毛一錢

水煎四服

修德善堂

成年藥簽

內科列十七號

隔年落蘇蒂每服二個

陰陽水煎三服

修德善堂

成年藥簽

內科列十八號

陳香櫞　鮮佛手各二錢

河水煎三服

修德善堂

成年藥簽

內科列十九號

蘇木一錢　韮菜花一錢

河水煎二服

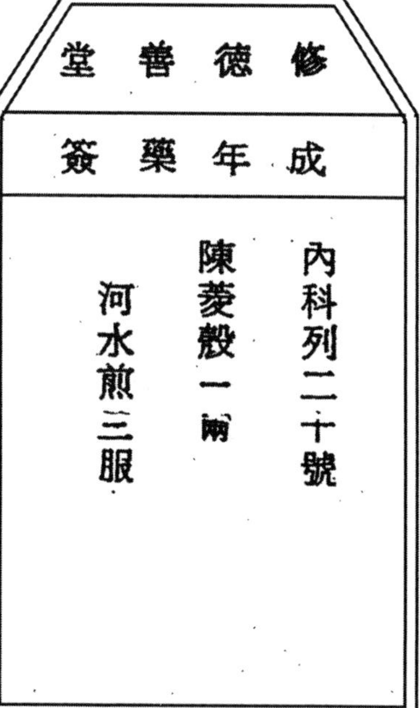

修德善堂

成年藥簽

內科列二十號

陳菱殼一兩

河水煎三服

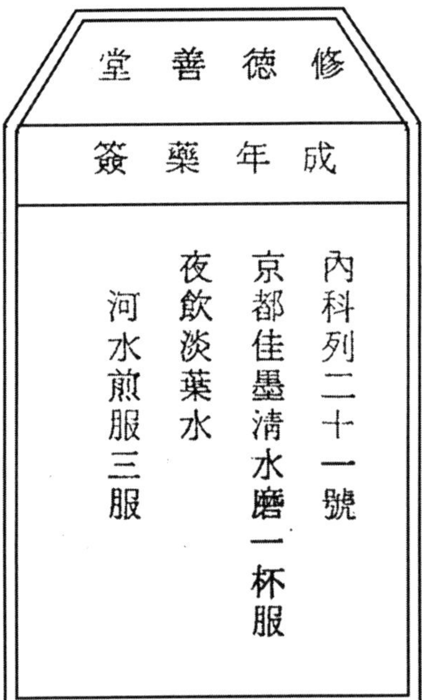

修德善堂

成年藥簽

內科列二十一號

京都佳墨清水磨一杯服

夜飲淡薬水

河水煎服三服

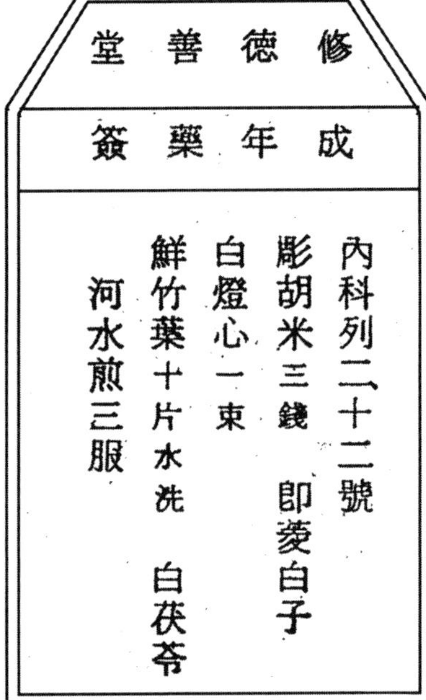

修德善堂

成年藥簽

內科列二十二號

彫胡米三錢　即菱白子

白燈心一束

鮮竹葉十片水洗　白茯苓

河水煎三服

修德善堂

成年藥簽

內科列二十三號

久年柴梳一個

河水洗去油

河水煎三服

修德善堂

成年藥簽

內科列二十四號

香爐灰五分

河水煎三服

修德善堂

成年藥簽

內科列二十五號

葱白二條　羌一片

河水煎二服

修德善堂

成年藥簽

內科列二十六號

西瓜青皮一兩

綠豆殼五錢

河水煎三服

修德善堂

成年藥簽

內科列二十七號

荷葉五錢　洗水飯上蒸

河水煎服三四次

修德善堂

成年藥簽

內科列二十八號

香粳米一兩　橘絡一錢

河水煎三服

修德善堂
成年藥簽

內科列二十九號
秋梨肉一兩　鮮笋尖
五枚　冬瓜子五錢
河水煎服三服

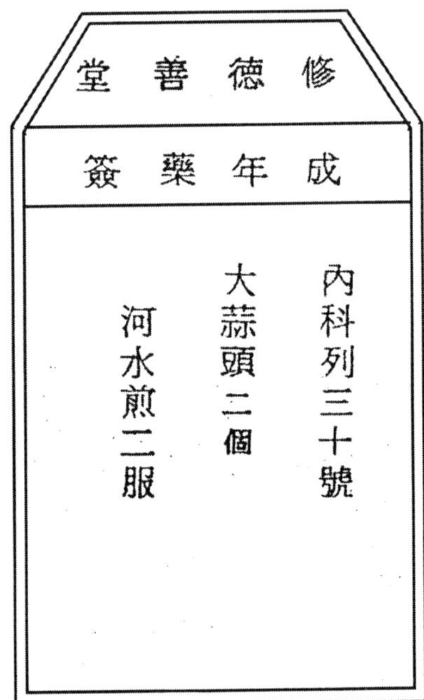

修德善堂
成年藥簽

內科列三十號
大蒜頭二個
河水煎二服

修德善堂
成年藥簽

內科列三十一號
青皮甘蔗兩二錢　白蓮藕
一兩　鮮蘆根兩二錢
甜杏仁五錢
水煎三服

修德善堂
成年藥簽

內科列三十二號
苦杏仁
白果肉去衣尖各五錢
打爤如泥開水沖二服

修德善堂
成年藥簽

內科列三十三號
松柏枝東南方面經三年
霜露者爲佳
河水煎不計服

修德善堂
成年藥簽

內科列三十四號
鮮稻葉一兩黎 白肉五錢
天門冬三錢
井水煎三服

修德善堂
成年藥簽

內科列三十五號
鑿仔柄三錢 燒灰
急流水煎二服

修德善堂
成年藥簽

內科列三十六號
荷葉邊一錢 稻柴草
錢半 杜牛七四錢
急流水煎二服

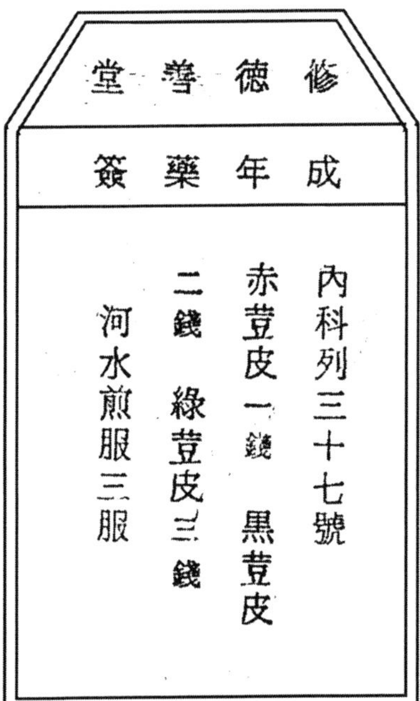

修德善堂

成年藥簽

內科列三十七號
赤荳皮一錢　黑荳皮
二錢　綠荳皮三錢
河水煎服三服

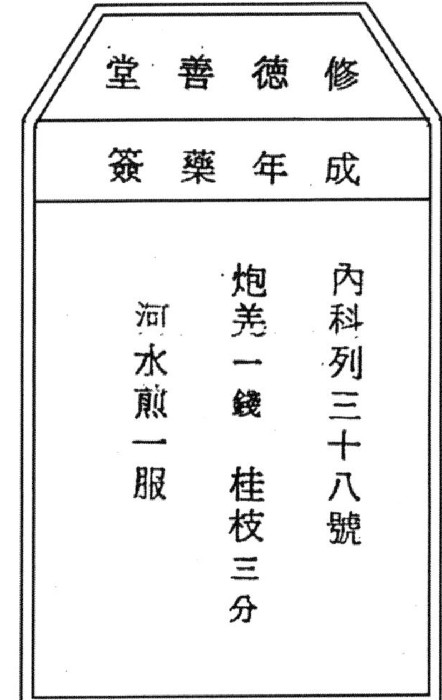

修德善堂

成年藥簽

內科列三十八號
炮羌一錢　桂枝三分
河水煎一服

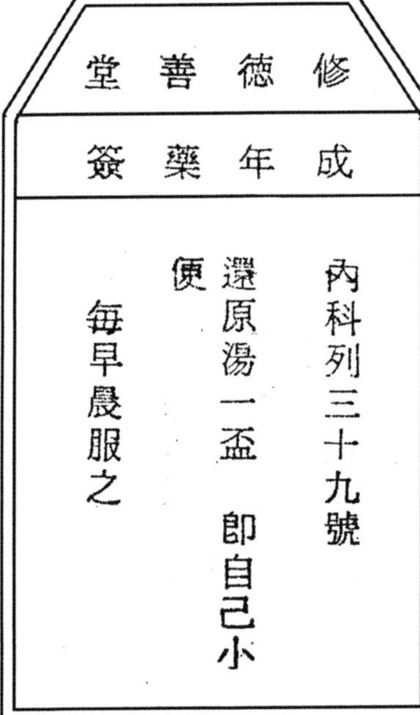

修德善堂

成年藥簽

內科列三十九號
還原湯一盃　即自己小
便
每早晨服之

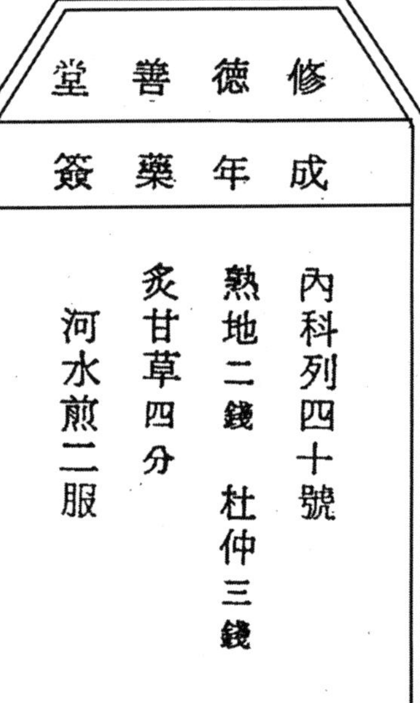

修德善堂

成年藥簽

內科列四十號
熟地二錢　杜仲三錢
炙甘草四分
河水煎二服

修德善堂

成年藥簽

內科列四十一號

燈心花七個　金葉二張

無金葉金物代之

井水煎服三服

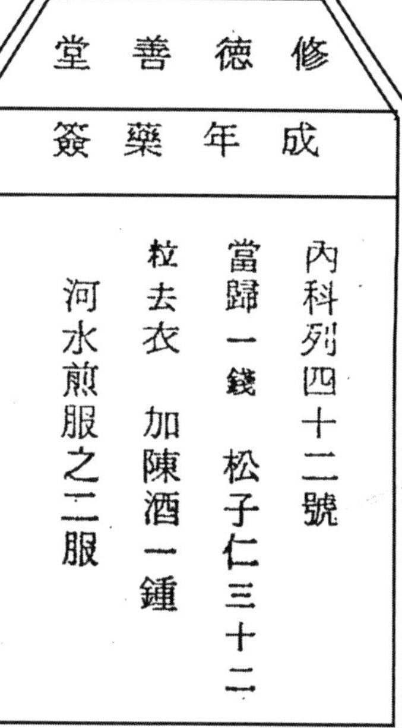

修德善堂

成年藥簽

內科列四十二號

當歸一錢　松子仁三十二

粒去衣　加陳酒一鍾

河水煎服之二服

修德善堂

成年藥簽

內科列四十三號

萬年青只一枚　銀薄二張

硃砂一錢　紅棗十枚

井河水煎二服

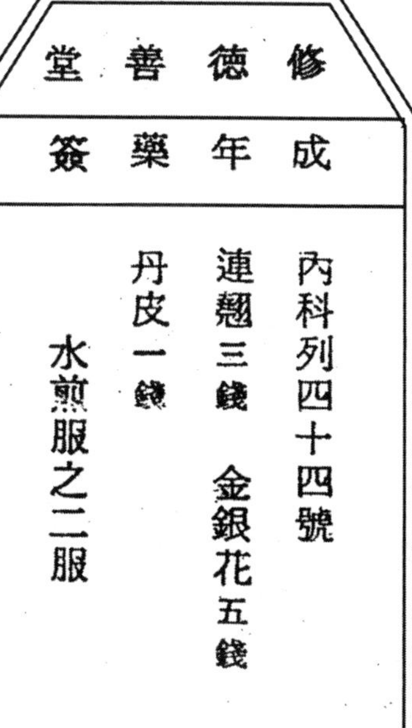

修德善堂

成年藥簽

內科列四十四號

連翹三錢　金銀花五錢

丹皮一錢

水煎服之二服

修德善堂

成年藥簽

內科列四十五號
病人吃素不須云。症變宜
防節後凶祝告灶神難用藥
。灶書敬送有神功許願送
敬灶君全書一部。
免服藥

修德善堂

成年藥簽

內科列四十六號
羊乳一盃開水溫熱
清早服之三四服

修德善堂

成年藥簽

內科四十七號
年乳一盃開水溫熱
清早服之三四服

修德善堂

成年藥簽

內科列四十八號
桔葉數片水洗
川貝三錢去心
河水煎三服

修德善堂

成年藥簽

內科列四十九號

猪肺一個　苡米二兩

耳病者用猪腎子　如

大腸風用猪腸頭　各

漂净

河水煎服之

修德善堂

成年藥簽

內科列五十號

老神曲二錢

河井水各半桑柴火煎

三服

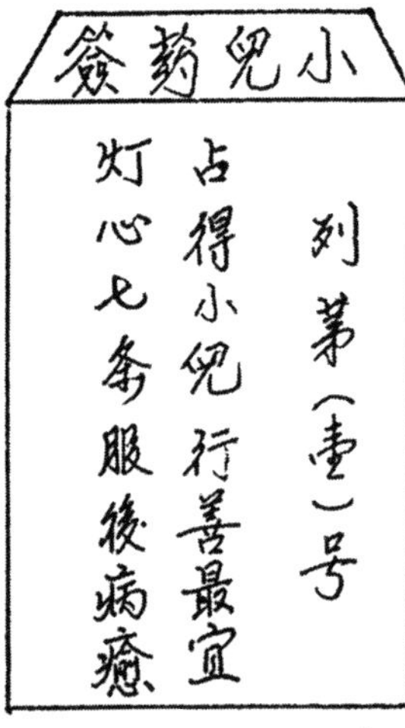

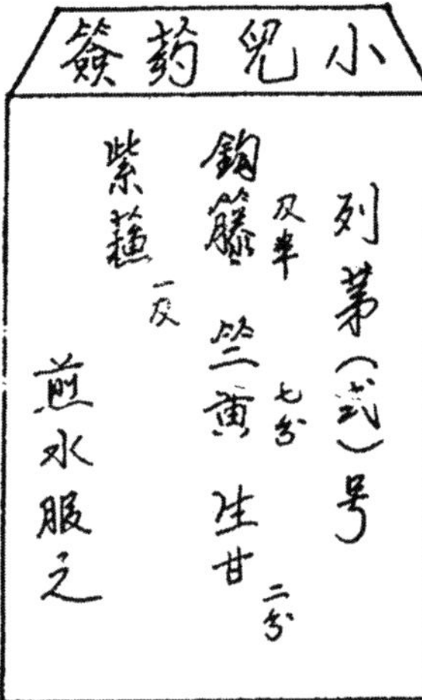

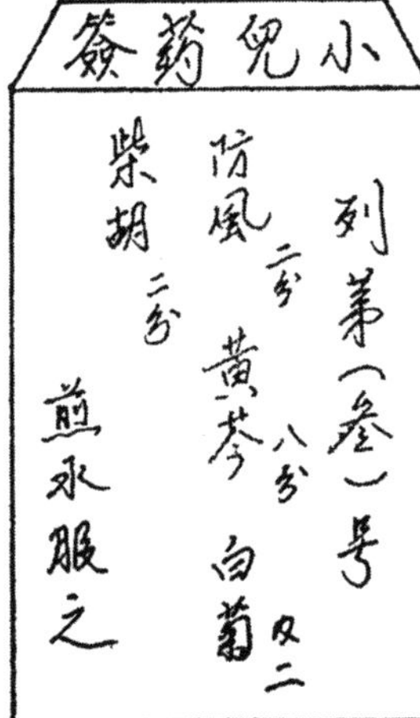

小儿药签
列第（四）号
桑白
桔梗
天花
甘草
煎水服之

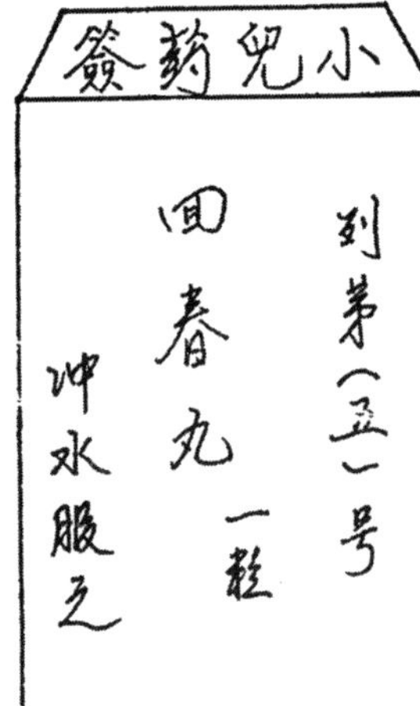

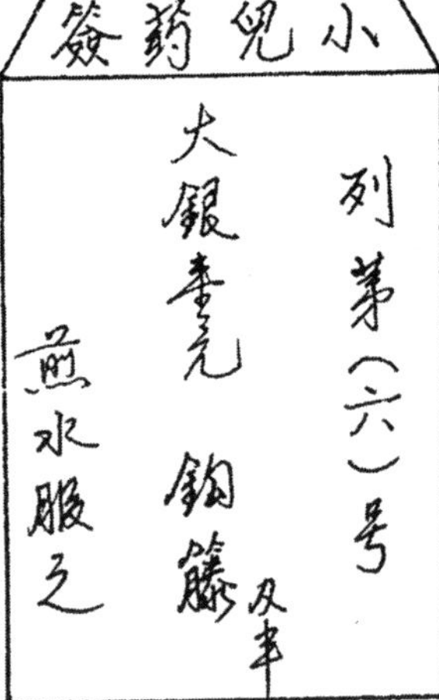

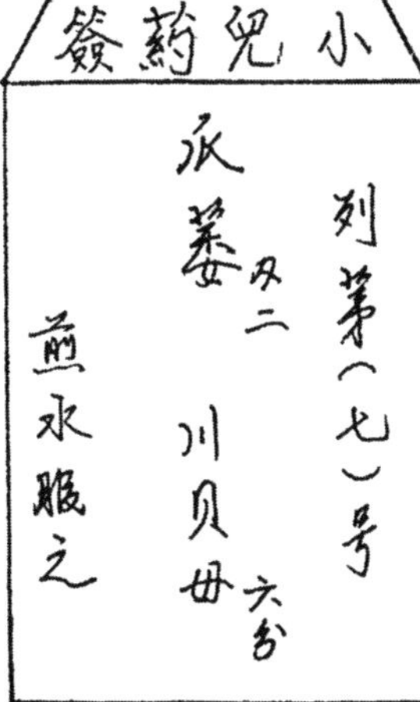
小兒藥簽

列第（七）号

瓜蔞 钱二 川贝母 六分

煎水服之

小兒藥簽

列第（八）号

元参 七分 沙参 六分

竹葉 七分

煎水服之

小兒藥簽

列第（九）号

車前 八分 麦芽 六分

存恒 分

煎水服之

小兒藥簽

列第（十）号

葛根 八分 防風 六分 甘草 二分

黄芩 钱二

煎水服之

小兒藥簽

列第（十一）号

厚朴 四分 麦芽 钱半

煎水服之

小兒藥簽

列第（十二）号

正珠 二分 柿霜 二分

牛黄 半分 硃砂 二分

煎水服之

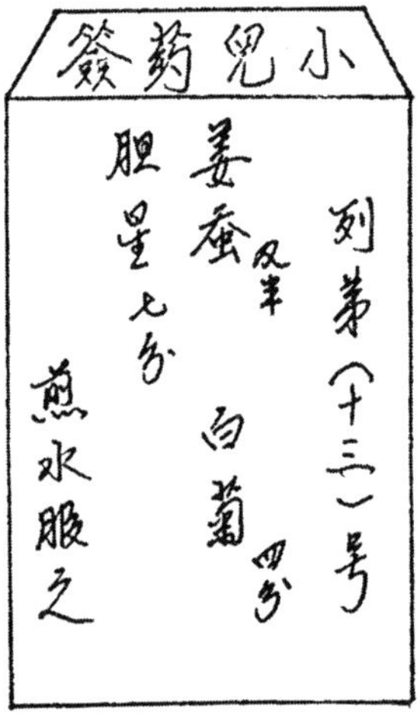
小兒葯簽
列第(十三)号
姜蚕 双半
白菊 四分
胆星 七分
煎水服之

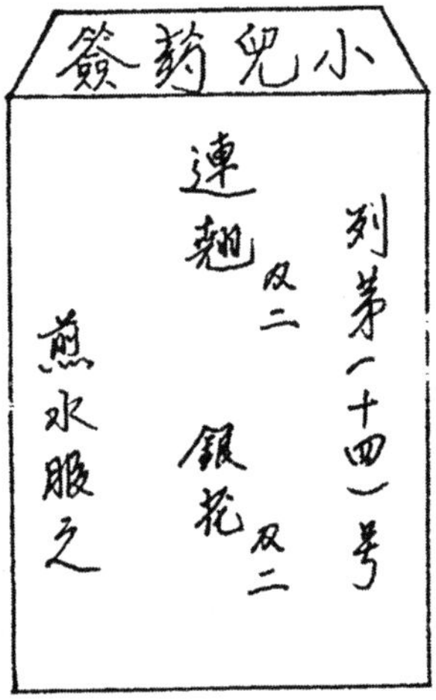
小兒葯簽
列第(十四)号
連翹 双二
銀花 双二
煎水服之

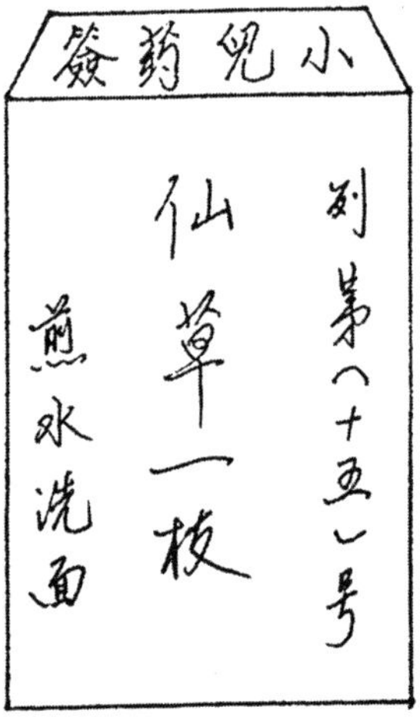
小兒葯簽
列第(十五)号
仙草一枝
煎水洗面

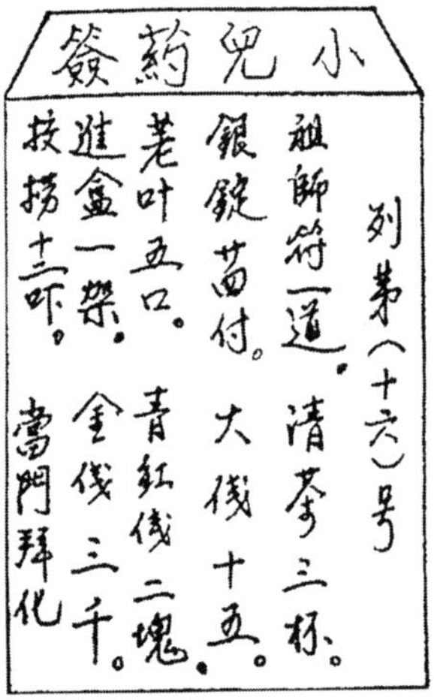
小兒葯簽
列第(十六)号
祖師符一道。清茶三杯。
銀錠苗付。大銭十五。
茎叶五口。青紅銭二塊。
進盒一架。金銭三千。
扶捞十二吓。當門拜化

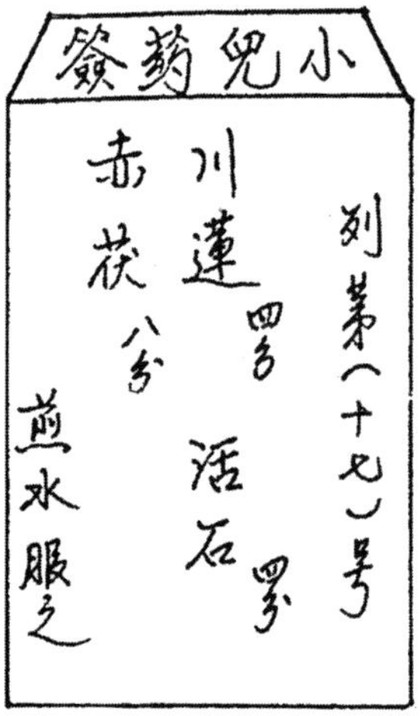
小兒葯簽
列第(十七)号
川蓮 四分
活石 四分
赤茯 八分
煎水服之

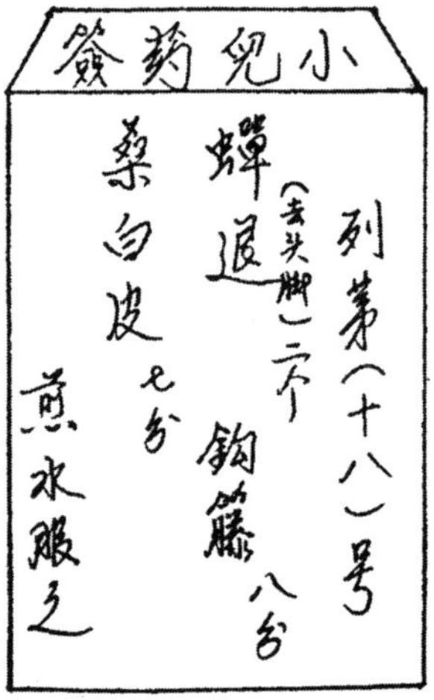
小兒葯簽
列第(十八)号
蟬退(去头脚)二个
鈎藤 八分
桑白皮 七分
煎水服之

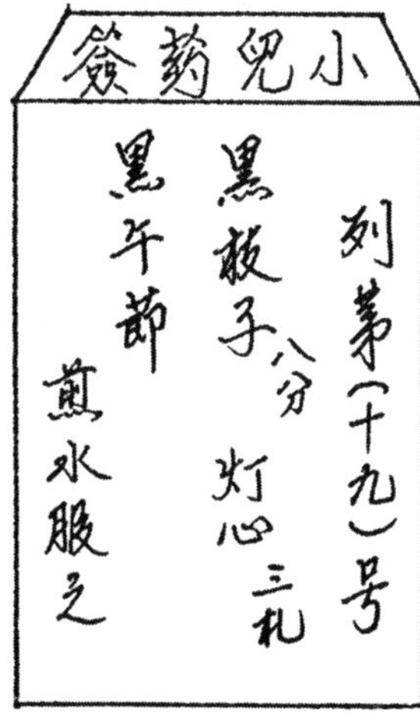
小兒藥簽

列第（十九）号
黑栀子 八分
灯心 三札
黑午節
煎水服之

小兒藥簽

列第（二十）号
竹茹 七分
柿蒂 二分
煎水服之

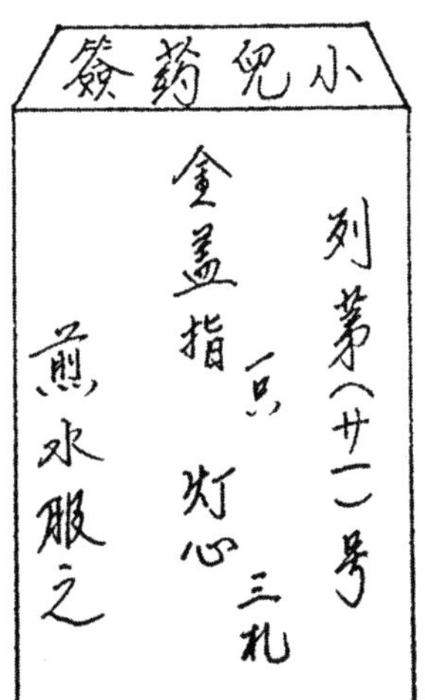
小兒藥簽

列第（廿一）号
金盏指 一只
灯心 三札
煎水服之

小兒藥簽

列第（廿二）号
白茅根 钱二
地骨皮 钱半
麦冬 七分
煎水服之
服二次

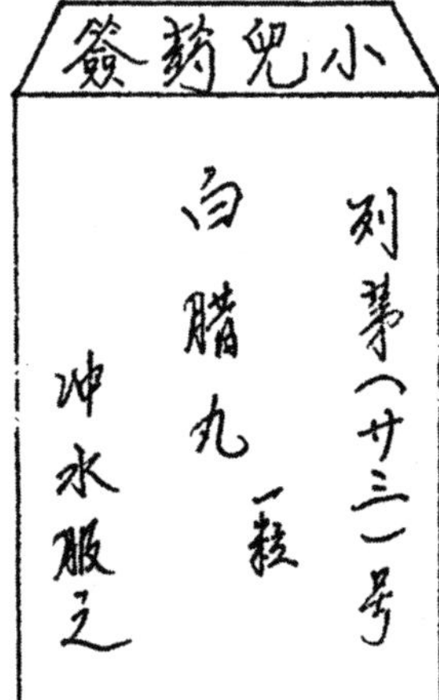
小兒藥簽

列第（廿三）号
白腊丸 一粒
冲水服之

小兒藥簽

列第（廿四）号
灯心 三札
柿蒂 一塊
煎水服之

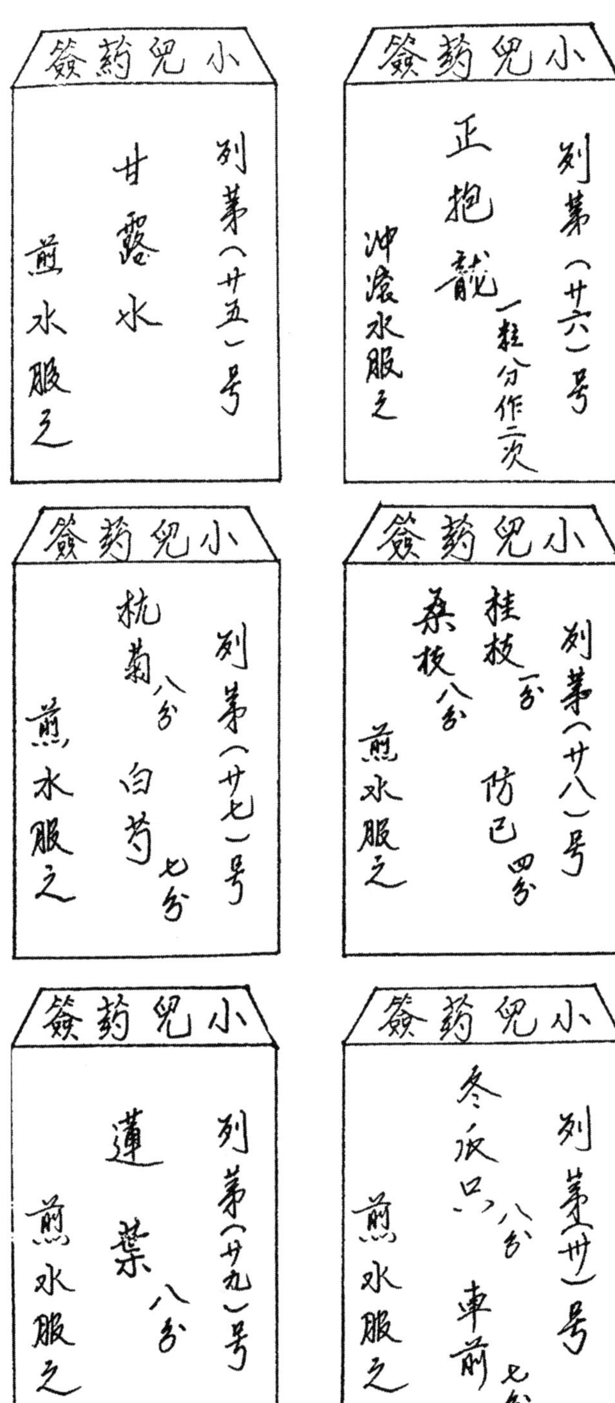
小兒藥簽
列第（廿五）号
甘露水
煎水服之
小兒藥簽
列第（廿六）号
正抱龍 一粒分作二次
沖滾水服之
小兒藥簽
列第（廿七）号
杭菊 八分
白芍 七分
煎水服之
小兒藥簽
列第（廿八）号
桂枝 一分
防已 四分
桑枝 八分
煎水服之
小兒藥簽
列第（廿九）号
蓮葉 八分
煎水服之
小兒藥簽
列第（卅）号
冬瓜只 八分
車前 七分
煎水服之

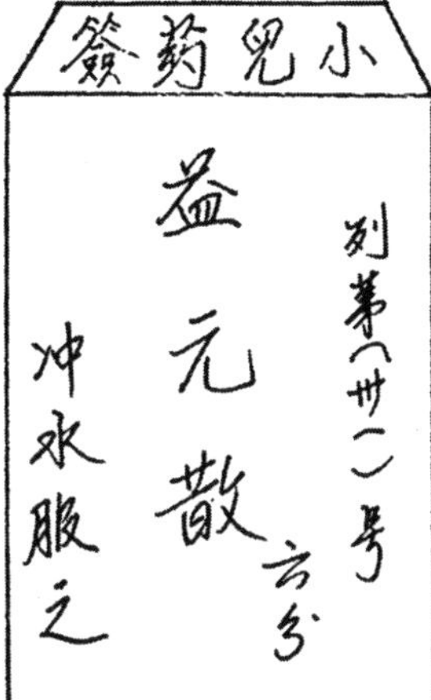

小兒藥簽

列第(卅二)号

元乙散 五分

冲滚水服之

小兒藥簽

列第(卅三)号

洋参 一分

川茯苓 三分

煎水服之

小兒藥簽

列第(卅四)号

元胡 四分

川楝 四分

陳皮 二分

煎水服之

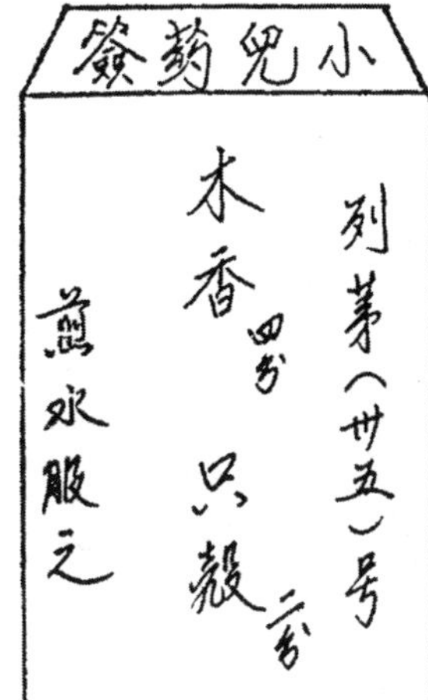

小兒藥簽

列第(卅六)号

白蔻 二及

煎水服之

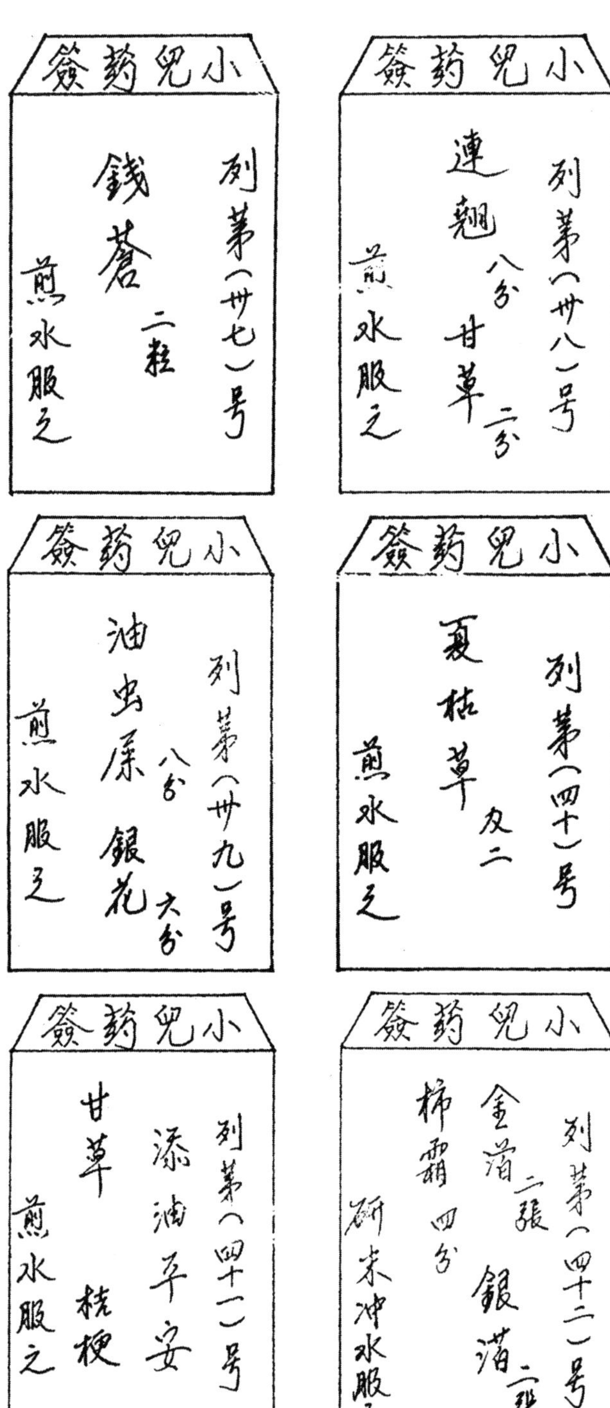

小兒藥簽
列第（卅七）号
錢蒼 二粒
煎水服之

小兒藥簽
列第（卅八）号
連翹 八分 甘草 二分
煎水服之

小兒藥簽
列第（卅九）号
油虫屎 八分 銀花 六分
煎水服之

小兒藥簽
列第（四十）号
夏枯草 及二
煎水服之

小兒藥簽
列第（四十一）号
添油平安
甘草 桔梗
煎水服之

小兒藥簽
列第（四十二）号
金箔 二張 銀箔 二張
柿霜 四分
研米冲水服之

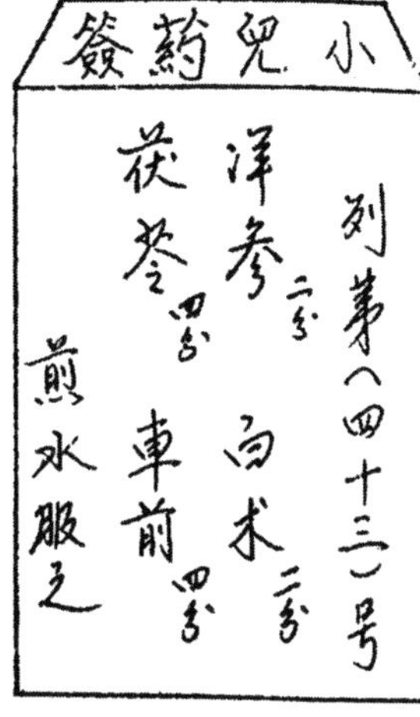

小兒藥簽

列第（四十四）号

蒲公英

煎水服之

小兒藥簽

列第（四十五）号

蓮心 四粒

煎水服之

小兒藥簽

列第（四十六）号

生地 七分

黑枝 四分

煎水服之

小兒藥簽

列第（四十七）号

茯令 二钱

腹皮 五分

煎水服之

小兒藥簽

列第（四十八）号

炒卜只 二分

陳皮 四分

煎水服之

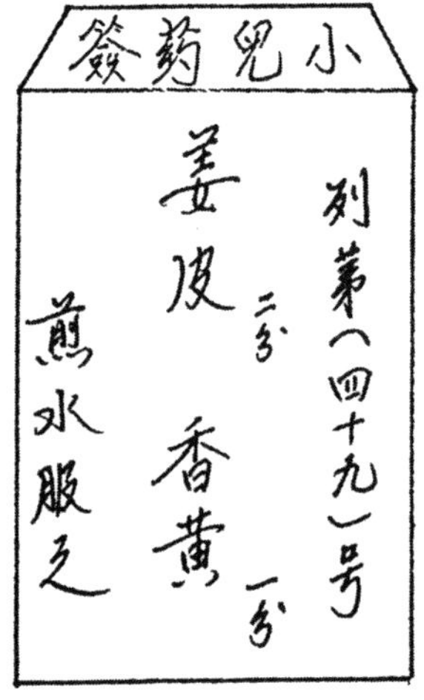

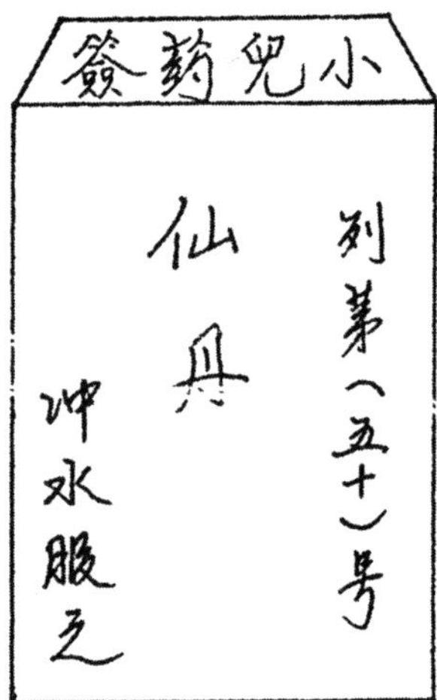

资料来源：修德善堂养心社提供。

后记

我自2004年在《潮学研究》发表《新加坡潮人善堂溯源——兼论其在早期移民社会的建构基础》一文以来，[①]即经常往返于新加坡与潮汕之间，十数年孜孜于潮汕善堂和新加坡潮人善堂的研究，并于国内外学报和文集陆续发表了多篇相关的论文。2017年，我应新加坡中华善堂蓝十救济总会之邀，在过去研究潮人善堂的基础上，用了近一年的工余时间，专注于撰写《蓝十春秋：新加坡潮人善堂考》一书。

本书初版由中华善堂蓝十救济总会资助出版后，有幸获得善堂界人士的热烈反响和学术界同行的指教与反馈，我深受鼓舞。承蒙中华善堂蓝十救济总会授权，汕头大学甄选列入“汕头大学国际潮学丛书”，由社会科学文献出版社在中国出版经修订的第二版，让我有机会将过去十余年对潮人善堂文化研究所积累的一点心得与更广大的读者分享。我在此衷心感谢汕头大学文学院院长毛思慧教授，潮汕文化研究中心、宗教文化研究中心主任陈景熙教授对拙著的认可与鼎力支持，中华善堂蓝十救济总会前任主席林细弟、现任主席邓荣钜和会务顾问翁雅铮三位先生，以及诸位理事的信任与抬爱，也感谢中华善堂蓝十救济总会十所会员善堂的诸位执事先生提供部分资料与图像。特别是杨训忠先生在百忙中为我奔走联系各善堂与其他有关团体，为资料的搜集提供许多方便，还有余义源先生多年来的指

① 此文发表于黄挺主编《潮学研究》第11辑，汕头大学出版社，2004。

点与协助，让我对善堂的宗教仪式有更多的认识，谨此向两位先生表示万分的感激。新加坡国立大学中文系主任丁荷生教授和香港中文大学历史系蔡志祥教授拨冗为本书撰写序文，多予嘉勉和鼓励，我也谨此致以谢忱。感谢社会科学文献出版社编辑李期耀博士在编辑本书时所提出的宝贵意见和协助，感谢新加坡国立大学同仁苏瑞隆教授、著名作家李永乐博士、资深媒体人兼知名作家张曦娜女士和善堂先进郑剑峰先生为本书提出许多宝贵建议，也感谢汕头存心善堂蔡木通会长提供资料与档案照片，退一步斋提供珍藏图片。此外，学棣梅国强先生、李丽声女士协助前期田野调查，研究助理已故陈传忠先生，门下张慧梅博士、翁频博士、杨妍博士、吴静玲博士及张仕隽博士生在搜集、整理资料及校对书稿等方面给予协助，在此也一并致以谢意。还必须致意的还有我的家人，感谢他们的理解与支持，让我这些年来在工余时间得以“闭关修炼”，专注于本书的撰写和修订，并如期付梓。

李志贤
2021 年 5 月 17 日谨识于宇涵轩

图书在版编目(CIP)数据

蓝十春秋：新加坡潮人善堂考/（新加坡）李志贤著. -- 北京：社会科学文献出版社，2021. 12
（汕头大学国际潮学丛书）
ISBN 978-7-5201-9223-1

Ⅰ. ①蓝… Ⅱ. ①李… Ⅲ. ①慈善事业-组织机构-研究-新加坡 Ⅳ. ①D733. 97

中国版本图书馆 CIP 数据核字（2021）第 210999 号

· 汕头大学国际潮学丛书 ·
蓝十春秋：新加坡潮人善堂考

著　　者 / [新加坡] 李志贤

出 版 人 / 王利民
责任编辑 / 李期耀
文稿编辑 / 徐　花
责任印制 / 王京美

出　　版 / 社会科学文献出版社 · 历史学分社（010）59367256
地址：北京市北三环中路甲 29 号院华龙大厦　邮编：100029
网址：www. ssap. com. cn
发　　行 / 市场营销中心（010）59367081　59367083
印　　装 / 三河市龙林印务有限公司

规　　格 / 开　本：787mm × 1092mm　1/16
印　张：23　字　数：365 千字
版　　次 / 2021 年 12 月第 1 版　2021 年 12 月第 1 次印刷
书　　号 / ISBN 978-7-5201-9223-1
定　　价 / 128. 00 元